KB264536

세계사 밖으로 뛰어라

Out of the World History

초판 1쇄 찍은 날 · 2006년 5월 15일 | 초판 1쇄 펴낸 날 · 2006년 5월 25일

지은이 · 폴 임 | **펴낸이** · 김승태

편집장 · 김은주 | **편집** · 이덕희 | **디자인** · 이승희, 이훈혜 | **제작** · 한정수
영업본부장 · 오상섭 | **영업** · 변미영, 장완철 | **물류** · 조용환, 송승철
드림빌더스 · 고정원, 노지현, 이민지

등록번호 · 제2-1349호(1992. 3. 31.) | **펴낸 곳** · 예영커뮤니케이션
주소 · (110-616) 서울 광화문우체국 사서함 1661호 | **홈페이지** www.jeyoung.com
출판유통사업부 · T. (02)766-7912 F. (02)766-8934 e-mail: jeyoungsales@chol.com
출판사업부 · T. (02)766-8931 F. (02)766-8934 e-mail: jeyoungedit@chol.com

copyright © 2006, 폴 임

ISBN 89-8350-689-X (03900)

값 17,000원

폴 임 박 사 와 함 께

세계사 밖으로 뛰어라

Out of the World History

폴 임 지음

예영커뮤니케이션

21세기, 인류 문명의 종말이 오고 있는 소리를 들을 수 있다.

로봇Robot이 결국은 인간이 가진 모든 것 – 생각, 의식, 감정, 성적 욕구 그리고 지성까지 갖게 되어 어느 분야에서든 거침없이 인간의 지능을 앞서가게 될 것이라고 한다. 복제인간이 서울 종로에서, LA 올림픽 거리에서, 뉴욕 브로드웨이에서 활보하고 맞춤인간이 우리를 향해 오고 있다. 이럴 때 일수록 우리는 '역사의 소리'에 귀를 기울여야 한다.

이 책은 역사를 전문적으로 연구하는 사람들을 위한 책이 아니고 역사책을 좋아하고 역사를 좀 더 특별한 방향에서 생각해보고자 하는 사람들을 위한 책이다.

중 · 고등학생과 대학생, 일반인과 대학교수에 이르기까지 누구나 쉽게 이해할 수 있는 책이다.

중 · 고등학교와 대학교 과정까지 10년 동안 역사시간에 배우지 못했던 모든 이야기와 놀랄 만한 흥미 있는 사실들이 펼쳐지고 있을 뿐만 아니라 역사의 본궤도를 빗나가지 않는 범위 내의 흥미로운 에피소드가 역사를 이해하는 새로운 접근법을 시사해주고 있다.

이러한 에피소드는 역사를 쉽게 이해하는 데 도움을 줄 뿐만 아니라 의외로 에피소드를 통해서 새로운 역사적 사실을 발견하게 해준다. 이 책은 우리가 세계사를 이해하는 데 필요한 모든 중요한 자료를 포함하고 있으며, 역사 교과서에서 느끼기 쉬운 '지루한' 내용은 가급적 피하고 흥미로운 사실들을 포함하고 있다. 현학적이고 학술적인 난해한 문체는 되도록 배제하고 이해하기 쉬운 간결한 표현을 사용함으로써 마치 독자들과 대화를 나누는 기분으로 이 책을 엮었다.

이 책이 갖는 가장 중요한 특색은 우리가 몰랐던 새로운 역사적 사실을 찾아냈다는 사실뿐만 아니라 이러한 사실들을 뒷받침해주는 삽화의 행진에 있다. 100장면 이상의 삽화와 사진들은 기나긴 세월 동안 일어났던 사건들의 장면을 생생하게 보여주고 있다.

역사에는 과거에 관해 가장 정확하게 들을 수 있는 소리가 담겨져 있다. 그리고 우리는 이러한 과거를 통해 미래를 알 수 있다.

헤겔이 말한 대로 인류 역사 6천 년을 통하여 볼 때 놀랍게도 역사는 사건의 유형이 계속해서 반복되고 있다. 역사가 반복될 때마다 인류의 꿈이며 이상理想이었던 '행복과 자유'가 박탈당하는 혼란과 비극의 상황도 반복되고 있다.

인류 역사 6천 년 동안 인간은 분쟁, 혁명, 전쟁과 기근, 재난과 질병으로 5,850년을 고통받아야 했다. 평화롭게 살 수 있었던 것은 겨우 150년 정도였다고 한다. 한국의 400년 역사를 통해 볼 때도 태평성대를 이루었던 시기는 겨우 100년에 불과하며 외적으로부터 800번 이상 침범을 당했다.

이와 같이 역사에는 과거에 관한 정확한 소리가 있지만 아무도 그 소리에 귀를 기울이지 않기 때문에 역사는 스스로 반복되고 있는 것이다. 그것이 역사의 잘못된 부분 중의 하나이다.

역사책을 쓰는 사학자나 역사책을 엮는 전문가들이 가장 피해야 할 것은 역사적인 편견이다. 특별히 종교를 다룰 때 그렇다.

그 점에 유의하면서 이 책을 엮었다. 역사적 사실은 추측에 의한 것이라면 신빙성이 없으며 주관성보다는 객관성이 뚜렷하여야 한다. 역사는 과거에 있었던 이야기를 다루는 학문만이 아니고, 인간이 과거를 통해 자신을 비추어보고 반성하며 미래를 개혁할 수 있는 학문이어야 한다. 인간에게 불행을 안겨주었던 종교는 지금 반성할 때라고 본다.

조찬선 목사의 기독교 죄악사를 읽어보라. 얼마나 종교가 인간을 괴롭혀 왔는가를 알 수 있다.

인류역사는 사랑과 한 조각의 빵을 찾아 헤매는 고독한 인간들에 관한 기록이다. 이 기록을 통해 우리는 내일을 바라볼 수 있는 지혜를 발견해야 한다고 헨드릭 웰렘불은 말하고 있다. 그러나 '세계사의 샛길'을 읽다보면 자기도 모르는 사이에 내가 영원Eternity으로 들어가는 빛의 마차를 타고 있음을 알게 되리라고 생각한다.

"역사에 대한 우리의 무관심은 우리가 살고 있는 시대를 스스로 욕되게 만든다. 인간은 6천 년 동안 그래왔다."고 플로베르는 말하고 있다. 세계사가 우리(한국사)와는 아무런 직접적인 관계가 없다고 해도 그것이 우리의 삶에 직·간접적으로 영향을 끼치지는 않았다고 말할 수는 없다. 세계사를 모르고서 인생의 주체가 되는 철학, 문학, 신학을 말할 수 없으며 이들이 없다면 인간이야말로 난파당한 배를 타고 있는 것과 같은 것이다.

"세계가 점점 더 사악해지고 있다고 말하는 사람들은 잘못 생각하고 있는 것이다. 왜냐하면 지켜야 할 계명이 하나밖에 없었던 인류의 조상 '아담'은 그것조차 지키지 못하고 깨고 말았지 않은가. 온 세상을 나눠 가진 사람이 단 두 사람 밖에 없었는데도 가인은 자기 동생 아벨을 살해했지 않았는가." 이 말은 사무엘 비틀러가 그의 저서 '평범한 고찰' 에서 한 것이다.

재혼하는데 걸림돌이 된다고 어린 두 아들을 죽인 비정한 어머니에 관한 이야기나 아버지를 죽인 패역한 아들에 관한 이야기를 접할 때 세상은 점점 더 사악해지고 있다고 판단을 하게 된다.

아프리카에서는 수십 만 명의 어린이들이 기아선상에서 헤매고 있으며 인도와 방글라데시에서는 하루에도 수천 명이 영양실조로 죽어가고 있다. 세계 도처에서는 아직도 크고 작은 전쟁의 불꽃이 튀고 있고, 북한의 김정일은 남침에 대한 아버지의 허황된 꿈을 실현시키고자 하고 있다.

역사는 불변하는 진실이 있다. 그것은 한 세기를 넘어갈 때마다 큰 변화가 있어왔다는 것이다. 이럴 때마다 우리는 선택을 해야 하는 갈림길에 놓이게 된다.

어제의 가치관을 생각할 여유도 없이 오늘의 가치관이 내일의 가치관으로 변하여 어제의 가치관으로는 도저히 이해할 수 없는 일이 생긴다. 이런 때일수록 역사의 소리에 귀를 기울여야 한다고 생각한다. 가장 불확실한 시대는 바로 오늘이라는 시간이기 때문이다.

"철학은 착각 속에 있고 망상인데도 사람들은 이 학문을 가장 심각하게 공부하는 것처럼, 역사는 다른 사람들의 실수와 비극을 공부하는 학문이다."라고 필립 구달라는 말했다. 사실, 인간은 자신이 살고 있는 시대의 지혜에 관해서만 지혜로울 수 있고 그 무지에 관해서는 무지할 수밖에 없다.

오늘날의 가치관으로 볼 때 위대한 사람들이라고 하더라도 자기네들의 살던 시대의 미신을 어느 정도 안고 살았다는 사실을 염두에 둘 필요가 있다. 우리는 과거를 개혁시킬 수 없다는 안타까움을 느낀다. 오늘날 우리의 가치관으로 다른 세대의 가치관을 판단하면 안 된다고 본다.

만일 오늘날에 여호수아가 살았다면 "태양아! 서라!"라고 말하지 않고 "지구야! 서라!"라고 말했을 것이다.

우리가 가장 익숙해 있어야 할 일은 뒤를 돌아보는 일이다. 우리의 뒤를 돌아보면 수많은 위대한 사람들이 태어나서 힘의 정상에 서 있다가 결국 죽고 마는 사실을 접하게 된다. 태어난다는 것은 죽음을 의미하게 되며 죽는다는 사실은 우리를 유혹하여 영원으로 이끈다. 역사는 결국 우리를 이 유혹에 빠지게 만든다.

역사의 아버지라 말할 수 있는 헤로도토스의 역사학적 사상에 기초하여 '인류이 이야기'를 저술한 웰즈H. C. Wells와 '시간의 역사'를 쓴 토인비의 인류 문명의 생성, 발전, 붕괴의 과정을 비교 연구하여 오늘의 세계 구제를 바라보는 새로운 세계 사학의 수립을 기도했던 사상을 중심해서 역사를 누구보다도 사랑했던 '핸드릭 반 룬'의 '역사이야기'와, '역사에서 대사건'을 쓴 사무엘 니제슨과, '세계 역사의 수간을 한눈으로 보다'를 쓴 알프레드 파커와, '세계를 변경시킨 사건들'을 쓴 존 캐닝 박사의 이야기를 우리의 의식 구조에 맞게 요약해서 발췌했다. 그리고 고고학적인 자료는 주로 카터 박사의 글에서, 인류학적인 자료는 마가렛 미드의 저서에서, 그리고 그밖에 수많은 책 속에서 이 책에 꼭 필요한 부문을 요약해서 발췌했음을 알린다.

이 책을 내는데 도움을 주신 분들이 많다. 한국일보 미주본사의 샤론 신, 기독교 죄악사를 쓰신 조찬선 목사, 화요 교양강좌회의 조중익 회장, 이원희씨, 이권민 총재, 이희영 교수, 나건용 목사, 조규준 목사, 유지애 시인, 구응회 회장, 오혜림(가수)씨, 박순문 회장, 황정숙씨 그리고 이 책을 공원처럼 아름답게 편집해주신 예영 커뮤니케이션 직원들과 김승태 사장님께도 감사드린다.

독자 여러분, 이 책은 당신에게 결코 실망을 주지 않을 것입니다. 무한
한 금광이 숨어 있는 광산 같은 이 책 속에서 훌륭한 광부가 되고, 수많
은 물고기들이 있는 황금어장 같은 이 책 속에서 훌륭한 어부가 될 생각
은 없으십니까?
　진심으로 독자 여러분의 행복을 기원합니다.

2006년 캘리포니아에서

폴 임

차 례 _

150억 년 전, 빅 뱅Big Bang으로 시작해서 2003년 인간 게놈 지도의 초안이 발표되기

까지 가장 중요한 역사적, 인물학적 사건들이 한 눈에 펼쳐지는 세계사의 진수

이 책을 다 읽을 때까지 한번 들어가면

나오지 못하는 다이달로스가 설계한 미로!

한번 들어가 보실까요.

1. 우주의 탄생 그리고 태양과 지구의 탄생

145억 년 전 – 우주

언젠가는 소멸되었다가 다시 태어날, 그리고 이전에도 그러한 과정을 되풀이했을 것이라고 짐작되는 우주의 탄생은 145억 년 전으로 거슬러 올라간다. 어둡고 아무것도 없는 공간을 흘러 다니던 초밀도超密度의 원시 물질이 어느 순간 갑자기 폭발을 한다. 이 폭발을 우리는 빅 뱅Big Bang이라고 한다.

태초의 우주의 크기는 0이었다. 0이라는 숫자처럼 신비스럽고 이해하기 힘든 숫자는 없다. 인도 사람들은 2000년 전에 이 숫자를 알아냈다.

빅 뱅Big Bang이 시작되는 때 아토 세컨드Attosecond(1초의 10경분의 1) 동양에서는 영겁(1초의 1000분의 1) 혹은 찰나(1초의 75분의 1)에 시작되어 10초 후에는 우주가 야구공만 했고 15초 후에는 무중력 상태에 들어갔다가 3분 만에 온 우주공간을 메우게 된다.

1만 년 이후부터 1,032℃의 고열이 식기 시작해서 10억 년 이후부터 우주다운 우주의 모습을 보인다.

우리가 마음속에 품고 있는 가장 오래된 질문은 바로 이것이다.

"우리는 어디에서 와서 무엇을 하다가 어디로 가는가?" 그러나 아무도 그 대답을 하지 못한다. 그것은 우리의 능력을 초월해 있기 때문이다.

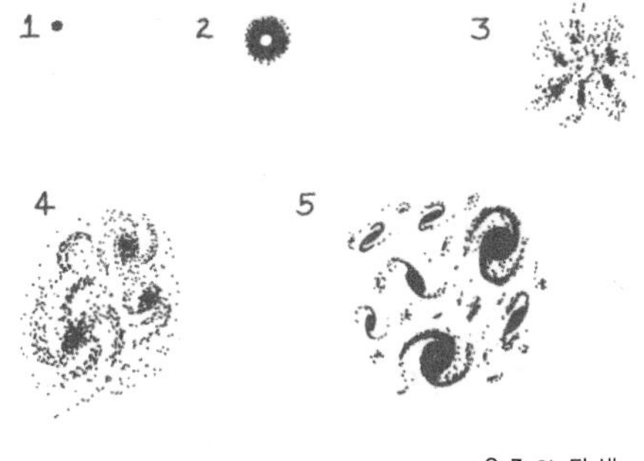

우주의 탄생

우리는 시간의 처음과 나중, 공간의 넓이를 측정할 수 없다. 천지는 무에서 창조되었는지 혹은 유에서 창조되었는지 전혀 알 수가 없다. 우리가 생각하여 알 수 있는 최고의 대상은 지성이다. 그렇다면 지성은 어디에서 왔으며 누가 지성을 인간의 마음속에 불어넣어 주었을까?

7일 동안 이 세상이 창조되었다는 이야기는 5천 년 전의 서아시아 사람들 사이에서 잘 알려져 있었고 유대인들도 자연히 이러한 영향을 받아오고 있었다. 하지만 막연하게나마 땅과 바다, 나무와 꽃, 새, 그리고 남자와 여자의 창조에 각기 다른 신들의 행위가 개입되어 있다고 믿어오던 타민족들과는 달리 유대인들은 '하나의 신(하나님)'의 존재를 인식하게 되는 최초의 민족이 된다.

태양계에 속해 있는 은하수의 모양은 둥근 모양인데 그 직경은 10만 광년이라는 거리 속에 3백억 이상의 항성이 있다. 우주의 직경이 얼마나 되는지 아는 사람은 아무도 없지만 그 안에 은하계 같은 별들의 무리가 1조나 된다고 했다.

그러나 최근(2000년) 허블 망원경이 탐사한 바에 의하면 5조가 넘는다고 한다.

지구에서 가장 가까운 별인 프록시마 세토리까지의 거리는 4.25광년이나 걸리며 만약에 우주선을 타고 간다면 87만 8천 년이나 걸릴 것이다. 그렇다면 우주 궁극의 수평선은 189,200,000,000,000,000,−000,000,000,000이나 되리라고 한다(이 숫자가 광년이든 마일이든 킬로미터든 상관할 바가 아니다).

태초에 지구는 침묵과 흑암의 공간 속을 떠다녔다. 육지도 없었으며 온 천지는 깊은 대양의 물로 뒤덮여 있었다.

은하계의 뜨거운 초기성 가스와 안개 그리고 미세한 물질의 분진들이 은하계의 두 개의 나선형 말단 중 한쪽에 운집하기 시작한다. 우리 지구나 태양 혹은 은하계의 다른 혹성들이 왜 이렇게 특정한 지역에서 형성되기 시작되었는지를 묻는다면 그 대답은 결코 간단하지 않지만 그 특정한 지역이 에너지가 아수라장으로 소용돌이치는 은하계의 중심에서 벗어난 비교적 안정된 지역이었다는 사실만은 틀림없다.

수소와 헬륨 가스 덩어리가 농축되어 형성된 우리의 태양은 수백만 도의 열을 발산하고 있으며 매분마다 수소폭탄의 위력에 맞먹는 연속적인 '열 분자 반응 폭발'을 하고 있다.

수십억 년의 세월 동안 자신의 몸을 불사른 이 태양은 지금으로부터 60억 년 후 어느 날 그 늙고 지친 몸을 마지막으로 불사르듯 거대하고 붉은 덩어리로 변해 지구를 포함한(하지만 그때쯤이면 인간들은 이미 보다 서늘하고 안전한 은하계의 다른 혹성으로 이주했으리라 짐작된다) 그때까지 주위에 남아 있는 모든 혹성들을 자취도 없이 태워버릴 것이다.

어쨌든 이렇게 새로 형성된 태양계에서 태양이 뜨겁게 불타오르고 있을 때, 그로부터 153,600,000km 떨어진 곳에서는 그보다는 서늘하고 평온한 변화가 진행되고 있다.

초기의 지구는 현재의 지구와는 전혀 다른, 그 표면이 밋밋한 구체球體

를 이루고 있었다. 그렇다면 구름과 산 그리고 폭포와 바다는 어떤 힘이 만들었을까? 그 일부 책임은 우라늄과 같은 우주가 탄생하면서 발생했다가 지구에 축적된 방사능 물질에 있다.

방사능 분열 작용은 특히 지구 중심부의 온도를 상승시키면서 그 중심부에 있던 암석층과 지구 표면에 가까이 있는 공간을 가열시켜 녹이게 되며 이때 녹아버린 암석 덩어리가 표면의 껍질이 가장 얇은 부분으로 뚫고 올라오는데 이것이 바로 언덕으로 흘러내리며 주위의 삼림을 순식간에 태워버리는 용암을 방출하는 화산의 폭발이다.

이 용암에는 모든 생명에 필수적인 수많은 가스 성분이 포함되어 있지만 이산화황과 수산화염소와 같은 지구를 부식시키는 '부패적'인 역할을 하는 성분이 포함되어 있기도 하다.

어쨌든 용암이 갖고 있는 성분 중 가장 중요한 것은 결국 수증기이다. 이 수증기가 지구를 식히며 바다를 구성하는 소중한 역할을 하고 있기 때문이다.

수백만 년을 통하여 끊임없이 발생한 화산 폭발은 수많은 산들과 거대한 물웅덩이가 있는 섬들 그리고 대륙을 형성하기 시작했다. 현재, 가스와 원자 그리고 광물질로 가득 차게 된 지구는 물에 잠겨 있다. 생명의 태동을 기다리면서…….

2. 달은 지구보다 먼저 탄생했는가?

4,500,000,000년 전 - 우주

이제 탄생한 지 약 2천만 년이 된 지구에 거대한 유성이 충돌한다. 순간 태양빛에 맞먹는 백열빛의 섬광구름과 함께 지구와 유성에서 떨어져 나온 조각들이 지구 둘레로 퍼져나간다. 곧이어 이 조각들은 하나로 둥글게 뭉쳐져 현재의 지구와 닮은 모습을 한 '달'을 형성한다.

거대한 충돌로부터 천 년이 지난 지금, 달이 서서히 형성되고 있다. 그리고 수없이 많은 위성들이 달 주위를 떠돌고 있는데 이것들은 곧 달로 흡수되어 버릴 것이다.

달의 탐험가들은 대부분의 달 표면이 유리같이 광택이 나는 어떤 물질로 덮여 있음을 밝혀냈다. 이것은 표면이(아직 밝혀지지는 않았지만) 미확인의 어떤 강한 '열'로 그을려 있다는 것을 의미한다. 한 과학자는 달이 유리로 뒤덮여 있다고도 했다. 달 탐험 전문가들은 유성들 간의 충돌로 이런 현상이 야기된다고는 볼 수 없다고 분석했다. 그러나 어떤 과학자들은 이 현상은 일종의 소신성과 같은 태양계의 강력한 폭발로 생겼을 가능성이 있다고 추측했다.

놀랍게도 달에서 유출된 99퍼센트 이상의 돌이 지구에서 발견된 것들

중 가장 오래된 돌의 90퍼센트보
다 훨씬 이전에 생겨난 것이라는
사실이 밝혀졌다. 닐 암스트롱이
이 '고요의 바다'에서 주워 온 첫
번째 돌은 36억 년이나 된 것으로
판명되었다. 그러나 당시 지구에
서 가장 오래된 돌은 약 37억 년
된 것이었다.

　그 후 달에서 각각 43억 년, 45
억 년, 혹은 46억 년 정도 된 암석
이 발견되었다. 이것은 이 암석이
지구 등의 태양계가 생겼던 비슷

지구와 태양의 탄생

한 시기 아니면 훨씬 이전에 생성된 것임을 의미한다.

　게다가 1973년에 열린 달 연구학회에서는 무려 53억 년이나 된 암석
들이 전시되었는데 더욱 놀라운 사실은 이 암석이, 과학자들이 추측할
때 가장 최근 생성된 달의 표면에서 주워 온 돌이라는 것이다.

　이런 모든 점을 고려하여 달은 태양이 탄생되기 훨씬 오래 전에 있었
던 별들 가운데서 생성됐다고 주장하는 과학자들도 있다.

　지구가 달보다 먼저 형성되었다는 이론은 오래된 가설에 불과하다.
지구가 달 없이 형성이 되었을 때 썰물과 밀물과 기후에 막대한 문제가
있어서 인간이 생존할 수 없기 때문에 창조주께서 지구보다 먼저 형성
된 달을 떼이다가 지구의 위성으로 만들었다는 이론이 성립된다. 지구
란 인간이 살 수 있도록 창조주에 의해서 디자인된 우주의 도시이다.

3. 인간은 어떻게 해서 창조되었는가?

10만 년 전 - 지구

진화 이론 중에서 가장 많은 논쟁을 낳게 하고 있는 것이 바로 원시 생물인 6천 5백만 년 전에 출현한 원숭이가 인간의 조상이라는 이론이다. 이에 과학자들이 모여 소위 '창조 과학회' 라는 것을 만들어 진화론을 공박하고 있다.

새들과 고래 그리고 쥐와 같은 동물로부터 진화된 벌레를 씹어 먹고 살던 초기 포유동물이 인간의 조상이 될 수도 있다는 이러한 이론은 우리에게 호기심과 논쟁, 그리고 심각한 우려를 가져오고 있는 가운데 어떤 이들은 이런 이론은 종교를 거부하는 혹은 '성경' 에 노골적으로 도전하는 행위라고 비난한다.

3천 6백만 년 전 주로 나무 위에서 생활하는 털투성이 영장류 동물이 지구에 번성하기 시작했다. 즉 침팬지나 고릴라 혹은 오랑우탄이나 인간들의 조상이라고 할 수 있는 '드리오피테쿠스Dryopithecus' 의 등장인 것이다.

네 발로 걷던 이 초식동물은 우리 두뇌의 1/8크기만 한 정도의 두뇌를 갖고 있었으며 물론 이 동물들의 유전자는 현재 존재하지 않지만 현대

원숭이 종류의 유전자와 인간의 유전자를 비교해보면 우리는 모두 같은 조상에서 출발했다는 사실을 밝혀낼 수 있다.

인간의 단백질의 세포 구조(특히 헤모글로빈)와 침팬지의 단백질 세포 구조의 99.6％가 서로 닮아 있는데 또 한 가지 흥미로운 것은 침팬지와 고릴라의 단백질 구조들이 서로 닮은 비율도 99％라는 사실이다.

결국 그것은 침팬지와 고릴라가 같은 조상으로부터 출발했다는 것을 말해주는 것만큼 인간과 침팬지가 같은 조상으로부터 출발했다는 이론을 뒷받침해 주고 있는 것이다.

인간의 조상을 밝혀주는 계보는 아직도 연구 중에 있지만 근래에 발표된 한 연구 결과는 인간이 갖고 있는 23쌍의 유전자 중 18쌍이 침팬지나 고릴라 그리고 오랑우탄의 유전자와 닮아 있다는 사실을 밝혀주고 있다.

이 사실은 결국 같은 조상, '드리오피테쿠스' 로부터 세 종류의 영장류가 최초로 갈라져 진화되었다는 것을 말해주고 있다.

즉 먼저 오랑우탄(그 다음은 고릴라)이 갈라져 나오게 되면서 곧 아프리카 평원에는 오랑우탄과 고릴라 그리고 침팬지와 인간을 합쳐놓은 것같이 생긴 영장류들이 어슬렁거리게 되었던 것이다.

고릴라로부터 갈라져 나온 마지막 영장류는 극히 적은 유전자의 변형을 갖게 되면서 2천만 년 전경에 침팬지와 인간이라는 두 개의 종으로 다시 진화된다. 현재 지구에 생존하고 있는 모든 동물 중에서 침팬지와 가장 가까운 종은 우리 인간이다.

수화手話를 사용하여 서로의 의사를 전달할 수 있는 침팬지의 기능도 그렇지만 갓 태어난 침팬지는 새끼의 발육을 늦출 수(인간의 성장 기간 수준으로) 있다면 인간과 너무나 닮은 모습으로 성장한 침팬지를 볼 수 있을 것이다.

앞의 손들은 4종류 현대 영장류들의 운동 기능과 생존 기술을 잘 반영해주고 있다.

점프 능력이 대단하고 나무에 잘 달라붙는 타르시어는 비교적 끝이 넓적한 손가락을 갖고 있다. 나무 사이를 잘 탈 수 있도록 튼튼한 손가락을 갖고 있는 긴팔원숭이의 손과 침팬지의 엄지손가락이 도구를 만들 수 있도록 짧게 진화되었다.

엄지손가락의 안쪽이 기민성의 극대 효과를 위하여 첫째 손가락 쪽으로 향해 있는 인간의 손 모습을 볼 수 있다.

진화 사슬

인류의 종이 현대 영장류의 가지로부터 본격적으로 갈라져 진화되기 시작한 것은 초기 원숭이 종의 출현과 최초 인간의 화석(400만 년 전)을 근거로 하여 800만 년 전으로 추산하고 있지만 이 시대 화석의 절대적인 부족으로 인류 진화사나 현대 영장류의 조상을 밝혀내는데 많은 곤란을 겪고 있다. 현재까지 발견되고 있는 극히 제한된 화석은 과학자들의 궁금증만을 증가시키고 있다. 초기 영장류로부터 인간으로 진화되는 단계의 연대보年代譜는 그릴 수 있지만 그 단계를 이어주는 사슬은 보다 더 확실한 증거가 나타날 때 비로소 완성될 것이다.

아프리카에서 출현한 인류는 160만 년 전에 직립인간으로 진화되어 인간다운 인간이라 말할 수 있는 호모 사피엔스Homo sapiens로 진화하는 데 150만 년 이상의 시간이 소요되었다.

10만년 전에 출현한 호모 사피엔스는 상상을 불허하는 빠른 속도로 진화 혹은 발전을 하고 있음을 알 수 있다.

아프리카 유럽 그리고 아시아 지역에서 최초로 출현하기 시작하여 그 후 점차 북미 지역을 거쳐 오스트레일리아 지역으로 퍼져나간 현대 인간의 직계 조상 '호모 사피엔스 사피엔스Homo sapiens sapiens'는 인류의 거대한 진화의 발자취를 보여주는 듯한 특성들을 갖고 있었다.

정교하게 발달한 두뇌를 갖고 있었던 것이다. 돌칼이나 창 혹은 화살촉과 같은 날카로운 연장을 만들 줄 알았을 뿐만 아니라 맹수를 사냥할 때면 가까이 접근하는 것보다는 활과 화살 또는 창을 쓰는 무기를 이용하여 멀리서 공격하는 효과적이고도 안전한 전략을 생각해 낼 줄 아는 지능이 있었다.

'영리하고sapiens', '영리한sapiens'이라는 의미의 이름을 갖게 된 이 근대 원시인들은 여러 인종으로 갈라지게 된 현대 인간들의 시발점이며 현재 우리들의 곁에 변형된 형태로 남아 있는 수많은 습관들의 창시자이다.

3만 년 전 이 근대 원시인들은 그들이 거주하고 있던 동굴의 벽에 그림을 그리기 시작했는데 고고학자들에 의하여 프랑스나 스페인에서 발견된 벽화의 화려한 색감이나 정교한 묘사는 그들의 높은 예술성을 잘 말해주고 있으며 특히 들소와 순록 그리고 풀을 뜯고 있거나 사냥꾼을 보고 놀라는 모습을 한 동물이 정교하게 그려진 한 벽화(13,000년 전)가 발견된 동굴은 '고대 역사의 교황청'이라는 이름이 붙여져 지금까지 보존되어 오고 있다.

그림이나 조각을 총망라하여 인류에게 가장 인기 있는 예술 표현의 대상은 '수확'을 상징하는 건강한 여인의 모습이다.

1만 8천 년 전경, 인류가 처음으로 가축을 기르기 시작하면서 사냥에만 의존하던 식생활에 변화를 가져오게 되었지만 그로부터 8천 년 후, 인류는 역사의 흐름을 바꾸게 되는 더욱 획기적인 발전을 하게 된다.

한 곳에 정착하여 씨를 뿌린 다음 그 '수확'을 거두면 곡식이나 야채 그리고 과일을 찾아 헤맬 필요가 없다는 사실을 배우게 된 것인데 아마

호모 사피엔스(Homo sapiens)

도 이러한 발전이 가능케 된 것은 인류가 다시 평원 지방으로 되돌아갈 때까지 6만 년 동안 지구의 기온을 떨어뜨렸던 빙하가 물러간 직후였을 것이다.

어쨌든 이러한 변화는 9천 년 전 본격적으로 형성되기 시작한 초기 농경 사회로 향하는 그리고 그로부터 4천 년 후에 싹트기 시작하는 '인류 문명의 먼동' 즉 초기 도시가 형성되는 전환점이 되었다.

인류가 10만 년 전부터 지금까지 예측을 불허하는 빠른 속도로 발전하는데는 어떤 당연한 이유가 있을 것이다.

노벨상 수상자인 프랜시스 크릭Francis crick 박사와 레슬리 오르겔 Leslie Orgel 박사는 "지구상의 최초의 생명체는 아마도 먼 행성에 있는 우주인E.T.I 의 존재에 의해서 의도적으로 파종된 것이라는 새롭고 놀라운 이론을 발표했다.

이어 두 과학자는 지구상의 모든 생물은 어찌하여 단 한 개의 유전 부호Genetic Code만을 가지고 있는가 하는 의문을 제기했다.

대부분의 생물학자들이 믿듯이 생명체가 '원시 수프'에서 시작되었다면 당연히 여러 가지 다양한 유전 부호를 가진 유기체가 생겨나야 하는 것이다.

모든 생물은 같은 유전 암호를 사용한다. 이것은 생명이 단 하나의 사건으로 단번에 창조되었음을 의미한다.

매트리들리는 '게놈Genome'에서 창조이론에 대하여 좀 더 구체적으로 말하고 있다.

종교를 가진 사람들은 이 사실이 그들의 창조론을 대변해주는 아주 좋은 증거라고 생각할 것이다.

물론 생명이 다른 행성에서 생긴 다음 우주선을 타고 이 지구상에 뿌려졌을 수도 있다. 또는 처음에 수천 개의 다른 생명이 생겼지만 태고의 혹독한 환경에서 루카만이 살아남았을 수도 있다. 그러나 1960년 유전암호가 밝혀지기 전까지 현재 우리가 알고 있는 것, 곧 모든 생명이 하나라는 것을 알지 못했다.

바닷말은 우리의 먼 사촌이며 탄저병균은 우리보다 진보된 친척이다. 생명이 공통이라는 사실은 경험에서 이끌어 낸 것이다. 에라스무스 다윈은 놀라울 정도로 그러한 사실에 접근했다.

"모든 생명의 근원은 하나의 동일한 생명에서 유래하였다."

인간 곧 호모 사피엔스Homo sapiens의 출현은 기본적으로 수백만 년이 걸리는 진화의 시간과 발전의 개념에서 보면 하룻밤 새에 갑자기 일어난 사건 같으며 또 직립원인 호모 에렉투스Homo erectus로부터 점진적으로 진화되었다는 증거도 없다.

곧 사람 속Homo 인촉人蜀 호모 제누스Homo genus 사람과人類의 동물homicide은 진화의 산물이다. 그러나 '호모 사피엔스'는 어떤 갑작스런 혁명석 사건의 산물이다.

직립원인으로부터 호모 사피엔스Homo spiens로 진화될 때까지 150만 년이란 시간이 걸렸는데 호모 사피엔스Homo spiens의 출현은 너무나 갑작스러운 경이로운 사건이다.

호모사피안 같은 인간다운 인간으로 출현해서 불과 10만 년만에 오늘날 우리와 같은 인간으로 발전했다는 것은 어떤 진화론자도 예상 못했던 사건이다. 아마도 이렇게 되기 위해서는 수백만 년 혹은 수천만 년 걸릴는지 모르는 일이며 그것도 어떤 확실한 보장도 없다.

오늘날 인류학자나 진화론자들도 이것을 설명할 방법이 없는 것은 연결 진화 사슬을 발견해 내지 못하고 있기 때문이다.

침팬지와 인간의 유전자는 99.6 %가 같다. 다른 부분은 세포들의 공간적인 구성일 뿐이다. 문제는 0.4 %가 의미하는 것이다.

현생 인류는 원숭이로부터 진화되어 온 것이 사실이지만 - 10만 년 전부터(호모 사피엔스)는 전혀 다른 유형의 유전자를 갖고 진화되어 오늘날에 이른 것이다.

다시 말하면 '원인' 으로부터 진화된 원인이 어떤 사건으로 인해서 '인간' 으로 새롭게 창조된 것이다. 이것을 하나님이 창조한 아담으로 생각하고 싶다.

천왕성Uranus이 1781년 발견될 때까지 태양계에는 더 이상의 행성이 없는 줄 알았다. 그러나 65년 이후인 1846년에 해왕성이 발견되었고 1930년에는 미국 천문학자 통보박사가 명왕성을 발견했다. 지금 우리가 아는 한 더 이상의 행성이 우리 태양계에 없다고 단정 지을 수 있다. 그러나 1979년 미 해군 천문대의 해링턴 박사는 명왕성에서 24억 킬로 떨어진 곳에 위치한 지구의 약 3배 정도 크기의 행성이 존재한다고 했다.

그리고 1981년에는 미 해군 천문대의 밴플린 박사도 지구보다 약 5배 큰 행성이 명왕성에서 20억km 떨어진 곳에 있다고 발표했다.

명왕성은 태양으로부터 멀리 있어 영하 150도의 차가운 온도를 보여주고 있는데 이 행성보다 20억km 떨어진 곳에서 온도는 영하 300도가 넘을 것이다.

그러나 이곳에서 사는 우주인들E.T.I.은 지구인들보다 상상을 불허할 정도로 과학을 발전시키고 있어 빛보다 더 빠른 '타치온'이란 속도를 이용해서 지구까지 24시간 내에 도착할 수 있다고 한다. 그리고 가장 중요한 것은 인조 태양을 만들어 제12행성에 위성으로 만들어 돌리고 있어 지구의 하와이같은 지상 파라다이스의 기후를 즐긴다고 한다.

나사NASA에서도 1982년 6월에 외계 답사선 Pioneer 10호가 X행성(제12행성)의 존재 여부를 확인하는 작업을 이미 끝낸 것으로 보도했다.

1930년 명왕성이 발견되었을 때 전 세계는 일시적이나마 큰 흥분의 도가니에 빠져 있었다. 만약에 지금 제12행성에 대한 존재를 알리면 문화충격과 종교충격은 6,500만 년 전 소행성이 지구를 강타했을 때보다 더 큰 충격(정신적인 면에서)을 예상하기 때문에 나사NASA는 X행성의 발견을 미루고 있는 것 같다.

U.F.O가 지구에 상륙한 역사적 기록은 고대 스메르의 고문서에서나 이집트의 알렉산드리아 도서관에서 혹은 성경(에녹과 엘리야)에서 발견될 수 있다. 바울 사도도 기독교로 개종하고 나서 성경에 위배되는 귀중한 고서와 문헌들을 폐기시켰다.

BC 234에 이탈리아 상공, BC 200년 중국, 1700년경 영국과 스위스, 19세기는 이탈리아 영국, 중국, 세계 각처, 20세기에는 한국, 프랑스, 미국, 멕시코, 세계 각처에서 U.F.O가 나타났다는 기록이 있다. U.F.O에 대한 이야기는 너무나 황당한 사실 무근일 때가 너무나 많고 가짜인 경우도 많아서 책에서 이야기를 쓴다는 것은 바람직하지 않다고 본다.

인산 세놈 프로젝드가 2003년에 완성되어 인체 설계두의 비밀이 적나라하게 알려지게 되었다.

게놈Genome이란 단어는 유전자Gene와 염색체Chromosoce의 합성어로, 인체에 담긴 유전 정보 전체를 의미한다. 인체에는 60조의 세포로 이뤄져 있고 그 각 세포의 핵에는 1쌍의 성 염색체를 포함한 23쌍의 염색체가 존재한다.

이 염색체가 구성하고 있는 주요 성분은 유전자를 감싸고 이중 나선형으로 내려간 DNA이다.

유전자의 비밀을 한눈에 볼 때가 왔다. 유전공학 과학자들은 미래에는 유전자를 들여다보고 자유자재로 여아를 남아로, 저능아를 슈퍼 베이비Super baby로 탄생시킬 수 있다고 한다.

현재에 와서 고질병인 당뇨와 백혈병 같은 것을 유발시킬 수 있는 유전자는 갈아치울 수도 있고 또 병든 유전자를 치료를 할 수 있다고 한다.

10만 년 전 지구가 온화해지자 아마도 제 12행성 혹은 다른 은하계에서 온 U.F.O가 지구에 상륙했을 것이다.

다른 행성에서 사는 우주인들E.T.I들은 지구에서 사는 인간들보다 과학이 100만년 더 앞서 있다고 가정해 보자.

지구에 온 우주인들은 혹은 하나님께서 의도적으로 보낸 천사들이 160만 년에 직립인간으로 출현해서 아무런 큰 진화도 없이 허송세월만 보내고 있는 원숭이 같은 모습을 하고 있는 호모 사피엔스Homo Sapiens에게 유전자 조작이란 인류 역사에 있어서 가장 큰 이벤트를 행하였다고 가정해 보자. 이들은 미리 선정된 두 종류의 염색체를 결합하여 보다 진보된 인간으로 창조적 진화를 시키는 새로운 창조의 문을 열었다.

이렇게 유전자의 조작으로 새롭게 태어난 인류는 호모 사피엔스Homo Sapiens에서 출발하여 네안 데르탈인, 크로마뇽인 그리고 현대인의 조상이라고 할 수 있는 호모 사피엔스 사피엔스Homo spiens spiens로 불과 몇만 년 만에 진화되었던 것이다.

인간은 창조되었다. 그러나 진화적으로 창조되었다.

4. 이집트인들의 문자 발명 그리고 역사 기록의 시작

BC 3000 - 이집트

이집트, 나일 강 계곡의 문명은 서부 대륙의 것보다 몇 천 년 먼저 시작되었다. 따라서 서부 대륙 사람들이 집, 포크, 바퀴 등을 고안해내기 시작했을 때 이미 이집트의 문명은 고도로 성장해 있었다. 그러므로 인류 역사상 최초의 학교가 서 있었던 지중해 남동 연안을 가보면, 우리는 동굴 안에서 위대한 선조들의 삶의 터전에 발디딜 수 있을 것이다.

이집트인들은 우리에게 많은 것을 가르쳐주었다. 그들은 뛰어난 농부들이었다. 처음으로 개관법을 알아냈고, 오늘날 교회의 초기 모델이기도 한 사원을 후에 그리스인들이 보고 따라할 정도로 훌륭하게 건축했다. 또한 그들은 시간을 세는 유용한 도구로 달력을 고안해 냈는데 오늘날 우리는 거의 수정 없이 그들의 발명품을 이용해오고 있다. 그러나 무엇보다도 제일 중요한 것은 이집트인들이 인간의 말을 후세에 남기는 방법, 비로 문자 체계를 고안헤냈다는 사실이다.

현재 우리는 신문, 책, 그리고 잡지를 읽는 데 익숙해져 있기 때문에 읽고 쓰는 것을 인간의 선천적인 능력으로 받아들일지도 모른다. 그러나 모든 발명품 중에서도 문자는 비교적 최근에 고안되었다. '글' 이라는

이집트 벽화

매개체가 없었다면, 우리는 개나 고양이처럼 자기 새끼들에게 어떻게 먹이를 찾는지 가르칠 수 있는 존재밖에 되지 못했을지도 모른다. 그리고 쓸 줄도 몰랐기 때문에 고양이나 개를 키웠던 경험담을 후세 사람들에게 전해 줄 수도 없었을 것이다.

로마인들이 이집트에 왔을 때, 그들은 계곡에 새겨진 이집트의 역사와 관계있는 것처럼 보이는 작은 그림들을 발견했다. 그러나 로마인들은 본래 낯선 것에 호기심을 보이지 않는 사람들이었다. 그렇기에 왕궁의 벽들과 사원 벽돌을 뒤덮은 신기한 그림 혹은 숫자가 뭘 의미하는지 그리고 파피루스로 만들어진 종이가 무엇에 쓰이는지 알려고 하지 않았다.

또한, 불행히도 그 그림 글자들의 의미를 알고 있는 이집트의 신앙인들은 그로부터 몇 년 전에 죽고 말았다. 따라서 아무도 그 그림들을 해독할 수 없었기에 이집트인들은 인간이나 맹수들에게 똑같이 필요 없는 역사적인 자료들을 보관하기만 했다.

이집트를 미지의 나라로 남긴 채 17세기는 그렇게 지나갔다. 그러나 1789년 보나파르트라는 프랑스의 장군은 영국령 인도 식민지들을 공격할 준비차 동부 아프리카를 방문하게 되었다.

그는 나일 강 너머로 항해하지는 못했다. 그러나 나폴레옹 군대가 총채에 도달했을 때 모세 때처럼 강이 갈라져 걸어서 무사히 이집트 땅에 갈 수 있었다는 이야기도 있다.

그의 동료들도 마찬가지였다. 그러나 아주 우연한 기회에 보나파르트는 탐험을 통해 고대 이집트인들이 남긴 그림문자의 의미를 알아낼 수 있었다.

로세타 강(나일 강의 입구)에 작은 요새를 세우고 무료한 나날을 보내고 있었던 한 프랑스 장교는 나일 강 유역에 있는 유적들을 샅샅이 찾아내면서 지루한 시간을 보내고 있었다. 그러던 중, 그는 어떤 기이하게 생긴 돌을 발견하게 되었는데, 이집트에 있는 다른 돌처럼 그 돌 위에도 신기한 그림문자들이 적혀 있었다. 그러나 이 흑색 현무암은 이제까지의 것들과는 다른 데가 있었다. 그 돌 위에는 세 종류의 그림글자들이 새겨져 있었는데 그 중 하나는 그리스어였다(그리스어는 이미 널리 알려져 있었다). 순간적으로 그의 머릿속을 스치는 것이 있었다.

'그리스 책을 보면서 이집트의 그림문자들을 비교해보면 이게 뭘 의미하는지 비밀을 캐낼 수 있겠구나!'

그럴듯한 생각이었지만, 그 수수께끼를 푸는 데는 무려 20년이 걸렸다. 1802년 샹폴리앙이란 프랑스 교수는 그리스어와 그 로세타 돌(로세타 강에서 발견된 돌이라 하여 그렇게 명명되어졌다)에 적힌 그림문자들을 비교히기 시작한 결과, 1823년 돌 위에 그려진 14개의 그림문자들의 의미를 알아냈다고 공식적으로 발표했다.

직후 그는 과로로 숨을 거두었지만, 이로써 비로소 이집트인들의 문자 체계는 밝혀지게 되었다. 오늘날, 나일 강 계곡에 관한 이야기는 미시시피 강의 것보다 많이 알려져 있다. 아마도 4천 년 간의 긴 역사를 적은 기록이 있기 때문일 것이다.

우리는 현대에 살고 있다. 그러나 고대 이집트의 상형문자들은 역사를 기록하는 중요한 매개체였기에, 후세를 위하여 말을 기록하는데 쓰인 고안품이 어떤 것이었는지 우리는 알아둘 필요가 있을 것이다.

물론 우리는 사인 랭귀지Sign Language에 대해 알고 있다. 서부 평야의 인디언 이야기책들을 보면 몇 마리의 코뿔소들이 죽었는지 사냥꾼들이 몇 명이었는지를 알려주는 작은 그림들이 있다. 이런 메시지가 담고 있는 의미를 해석하는 것은 어려운 일이 아니다.

그러나 고대 이집트인의 문자는 이런 사인 랭귀지가 아니다. 이미 오래 전에 나일 강의 이집트인들은 그 수준을 넘어서 있었다. 그들의 그림은 단지 하나가 아닌 여러 뜻을 내포하고 있었으며, 그것들이 바로 내가 독자 여러분들에게 소개하려는 것이다.

자, 우리 모두 샹폴리앙이 되어 상형문자로 뒤덮인 파피루스 종이를 들고 있다고 가정해 보자. 처음에 톱을 든 남자의 그림을 보았다면, 아마도 우리는 그 그림을 이렇게 해석했을 것이다. '어떤 농부는 나무를 자르기 위해서 밖으로 나간다.' 라고

자, 그렇다면 다른 파피루스를 살펴보자. 문장 중간에 톱을 든 남자의 그림이 보인다. 그리고 52세의 여왕은 톱을 들고 있지 않다.

그러므로 이 그림은 앞 그림과는 다른 뜻을 가지고 있을 것이다. 그것은 무엇일까! 이것이 바로 샹폴리앙 교수가 풀었던 수수께끼이다. 그는 이집트인들이 처음으로 소리문자를 고안해 낸 선구자들임을 밝혔다. 즉 말소리를 연구하여 음소 체계를 기초로 한 문자를 확립한 것이다. 그리하여 우리가 의사소통하는 데 쓰는 모든 말소리를 점, 사선, 갈고리 형

그림들을 이용하여 문자 형태로 바꾸어놓은 것이다.

　일단 톱을 든 소년이란 문구를 다시 생각해보자. 'saw'란 단어는 두 가지의 뜻을 가지고 있다. 첫째는 대장간에서 발견되는 연장, 둘째는 'to see(보다)'의 과거 시제이다.

　'saw'는 그 두 가지 뜻을 가지고 있다. 그러나 맨 처음 그 단어에는 연장이라는 뜻만 있었다. 그러다 후에 연장의 의미는 사라지고 동사의 과거 시제형이 되었다.

　그러나 몇백 년 후, 이집트인들은 두 가지 의미를 잊게 되었고 그림은 단 하나의 문자 'S'를 표현하게 되었다.

5. 정신세계의 요람, 고대 인도인의 모습

BC 2000 - 인도

소는 배부르고 인간은 굶주리고

인도 경찰과 비밀군사기동대는 정치범(공산주의자들)과 현 정부에 저항하는 모든 사람들에게 무차별 고문을 가했다. 몸을 담배와 초로 지지기, 구타하기, 굶기기, 강간과 수간을 하는 고문이 있었다. 그리고 1970년 이후로 고문사례들을 문서화시켰다. 인도의 캘커타에는 1,000만의 인구가 있다. 그들은 찌는 듯한 더위와 숨 막힐 듯이 탁한 공기 속에서 가난에 시달리며 살아가고 있다.

10명 중 1명이 길거리를 방황하며 수십 만 명의 나환자들이 길거리에 널려 있고 수만 명이 굶주린다. 인도에는 180개의 서로 다른 언어와 700개의 방언 종교가 있다. 그들은 또 힌두교로서 윤회설을 믿고 카스트에 따라 3천 개의 종파로 갈라진다.

또 소를 신성하게 여겨 절대로 해치지 않기 때문에 인도 전체에는 소위 신성이 있고 관용어인 힌두어는 겨우 35%만이 말할 수 있을 뿐이다. 길거리를 어슬렁거리는 소들은 마음껏 풀을 먹을 수 있다. 소는 배불리 먹고 인간은 굶어 죽어간다.

히말라야에서부터 세이론 페르시아, 아프가니스탄에 이르는 방대한 면적을 지닌 인도는 세계 전체 인구의 6분의 1을 자랑하는 나라이다.

기원전 2천 년에서 천 년까지 인도인들은 1930년 미국의 뉴딜 정책과 유사한 ‘길드 무역’ 조직을 만들었고 그들의 협동무역조합은 노동분쟁뿐 아니라 남편과 아내 즉, 부부간에 싸움까지 해결해 주는 중재위원회를 갖추고 있었다.

오늘날까지 인도인들은 귀족, 승려, 농부, 그리고 노예계급인 ‘수드라’라는 특이한 고대 계급 제도인 카스트 제도caste system를 인정하고 있다.

그러나 인도에는 카스트 제도의 네 계급 외에도 부랑자계급이 있다. 인도인들은 그들이 거리를 지나가기만 해도 그들의 그림자가 다른 인도인들에게 저주를 가져다준다며 그들을 터부시해왔다. 인도인들의 또 다른 독특한 제도는 여성에 대한 남성들의 의식 구조에서 찾아 볼 수 있다. 인도의 여성들은 괴로움을 겪지 않거나 혹은 방해받지 않고 공공장소 어디도 활보할 수 없었다. 이는 여자들은 선천적으로 남자들을 유혹하는 생명체이기에 남자들보다 오히려 여자들이 더 위험한 존재라고 믿어졌기 때문이었다. 따라서 혹자는 남자들은 심지어 근친 간의 여성들과도 신성한 장소에서 가까이 앉으면 안 된다고 말하였고 인도의 철학자들은 “여성들을 조심하라 여성들의 입술에는 독이 묻어 있다.”라고 주장하였다.

이처럼 비이성적인 사회상과는 다르게 인도 지역에서 우리는 가부좌跏趺坐를 틀고 전혀 미동 없이 묵상하고 있는 심오한 구도자들을 쉽게 찾아 볼 수가 있다.

그들은 단지 몰입의 세계에 이를 때까지 단지 코, 배꼽 혹은 태양을 바라보면서 장님이 될 때까지 앉아 있기도 하고, 50년 동안 철못이 뾰족뾰족 솟아 있는 침대에 벌거벗은 채로 누워 지내는 방법을 택하기도 한다. 또 나무에 묶여 매달려 있거나 혹은 손톱이 살을 뚫고 손등으로 나올 때까지 주먹을 꼭 쥐고 있는 고행을 택하는 사람들도 있다.

이처럼 고통스런 요가를 수행하는 수행자들은 무념무상의 세계인 '나르바나'에 이르기 위하여 스스로의 전 생애를 심신수행을 하는데 바쳤다.

수행자들은, 한 인간이 신의 천국으로 이르는 과정에 수많은 유혹과 고난을 이겨내야 한다는 수행 교리 원칙을 따라야 했는데 그 수행 교리 원칙을 살펴보면 다음과 같다.

고대 인도인들

첫째로 수행자들은 스스로를 정화시키고 공부함으로써 모든 세속적인 욕망을 버려야만 했다.

둘째로 수행자들은 올바른 수행 자세를 취해야 했는데, 오른쪽 발을 왼쪽 정강이 위에 얹고 양손을 십자로 가로질러 양쪽의 엄지발가락을 쥐고서 턱을 가슴에 대고 시선은 코를 응시하면서 모든 '흥'적인 행동을 멈추어야 했다.

셋째로 정신적인 활동을 하는데 필요한 최소량의 공기만 들이마실 수 있도록 천천히 호흡해야 했다.

마지막으로는 모든 것을 잊고 단 하나의 생각에 몰두하는 묵상의 시간을 가져야 한다는 것이었다.

　수행자들은 이른바 무아지경의 세계에 이를 때까지 지속적으로 '옴' 하는 소리를 반복함으로써 최면상태를 유지, 이런 최면상태를 몇 년 동안 지속시키기도 했다.

6. 바빌로니아 여인들의 비애

BC 1850 - 바빌로니아

함무라비는 역대 바빌로니아의 대제들 중의 한 사람으로 매년 국력을 신장시키고 나라의 전반적인 발전을 꾀하는 실력 있는 지도자였다. 그리고 탁월한 행정가였다. 따라서 그의 왕국은 '바빌로니아의 황금 세대'라고 일컬어진다. 함무라비는 기원전 1850년과 기원전 1750년 사이의 약 43년간 바빌로니아를 통치하였다.

함무라비는 300년이나 된 고대법들을 개정함으로써 새로운 법체계를 확립시켰는데 이것은 그의 이름을 붙여 함무라비 법전이라고 명명했다.

또한 그는 최고 한계 가격과 최저 임금 제도를 제정했고 공정하고 능동적이며 효과적인 세금 제도를 만들었다. 또한 모든 지방의 지도자들은 행정 제반에 관한 모든 일들을 왕에게 상세하게 알려야 하는 중앙집권제를 추구하였다. 그가 재임하는 동안에는 건축업도 활기를 띠었다. 이외에도 함무라비는 언어 개혁도 단행하여 함무라비 법전에 쓰여진 아카디아어를 고대 메소포타미아의 모든 문인들 문자의 근간이 되게 하였다.

함무라비 법전은 수메르와 아카디아의 법들을 기초로 함무라비 왕이 이를 개정하고 수정하여 만들어 낸 법전이다. 이 법전은 이웃 동방 국가들의 문명에도 영향을 미쳤다. 300개의 법 조항을 망라하는 함무라비 법전은 오판, 미신, 군 복역, 토지 매매와 상업 규칙, 임금 무역, 가정법, 대출 이자 등 모든 분야를 다루었다.

이 법전의 이념은 강자가 약자에게 무력을 행사할 수 없다는 것이다. 따라서 이 법전은 바빌로니아 신들과 국가의 권위를 바탕으로 개인의 권리에 근간을 둔 사회 질서를 확립했다.

함무라비 법전이 새겨진 비석은 1901년 이란의 수사susa에서 발견되었는데 이는 엘람의 왕이 전쟁 기념물로 비석을 뽑아 옮겨 놓았었기 때문이다. 함무라비 법전은 다음과 같은 조항으로 시작된다.

다른 사람에게 저주를 퍼부은 자는 그 저주가 정당치 않음이 밝혀지면 사형을 면치 못하리라. 둘째 조항의 내용도 이와 비슷한데 그 당시에서부터 불과 몇 세기 전까지 마녀나 외던 주문을 연상시킨다. 그 다음부터는 인간의 윤리와 도덕과 관계된 법 조항이 열거된다. 도망친 노예를 숨겨주는 자는 사형을 받을 것이나 반대로 그 노예를 잡아 주인에게 되돌려 보내는 자는 크게 후사를 받으리라.

게으름으로 자신의 둑 돌보기를 게을리하여 다른 사람의 논에 물이 범람하는 결과를 초래한 장본인은 반드시 피해자에게 손해를 변상해 주어야 할 것이다.

남의 집에서 몰래 물건을 훔치려다 들킨 자는 그가 숨어 들어가려 했던 벽 틈 사이에서 사형을 당하고 그곳에 묻힐 것이다. 화재가 일어났을 때 피해자의 물품에 손을 대는 소방대원은 불길 속으로 던져질 것이다. 또한 국가의 반역자가 술집에서 은밀히 만나는 것을 보고도 왕에게 알리지 않는 술집 주인은 죽음을 면치 못할 것이리라.

이외에도 많은 조항이 실려 있다. 수도원에서 몰래 빠져 나와 술집에 들어가 술 한 모금이라도 마신 여자 성직자는 산 채로 타 죽게 될 것이다. 빚을 지고도 갚지 아니하는 자는 대신 아내, 딸들, 누이들이 노예로 팔려 3년 동안 일을 해서 빚을 갚아야 한다.

따라서 일정 시간 후에 그들이 집으로 돌아오게 되면 빚은 갚게 되는 것이다. 결혼한 여자가 뭇 남자와 간음을 하게 되면 그녀와 정부는 함께 묶여 강물 속에 처넣어질 것이리라(단, 남편이 간음한 부인을 살려 두기를 원치 아니하고 왕 또한 이에 동의했을 경우). 한편 남편이 이혼을 원하고 부인이 무일푼이면 남편은 부인에게 지참금을 돌려주어야 한다. 그러나 평상시 부인이 가사를 게을리했거나 가정을 돌보지 않았을 때에는 남편은 부인에게 단지 "너는 이혼 당했다."라고 말하는 것으로 족하나니 따라서 부인은 그대로 친정으로 돌아가야 하며 남편은 그녀의 지참금을 돌려주어야 할 어떤 법적인 책임을 가지지 않는다.

아내가 병상에 있을 때 남편이 다른 여자와의 결혼을 원한다면 그는 법적으로 전 부인과 이혼할 수 없을 뿐더러 부인이 살아 있는 한 평생 그녀를 돌봐 주어야 한다.

자식이 주먹을 들어 올려 아비를 친다면 그 자식의 손목은 잘려나가게 될 것이다. 또한 선량한 시민의 눈알을 빼놓은 자는 그의 눈알 또한 빠지게 될 것이며 어떤 노예의 눈을 애꾸로 만들거나 뼈를 부서뜨리는 자는 그 노예의 주인에게 노예 몸값의 반을 지불해야 한다.

건축업자가 집을 지었을 경우, 부실공사로 집이 무너졌을 때 호주가 죽었다면 그 건축업자는 죽음을 면치 못할 것이다. 마찬가지로 의사가 수술시 부주의로 환자를 죽였을 경우 그 의사의 손은 잘리게 될 것이다. 이는 다시금 같은 실수가 반복되지 않게 하기 위해서다. 그러나 법으로 해결할 수 없는 문제도 있다. 다음이 그 예이다. 미친 황소가 인도에 나타나 시민을 받아 죽였다 해도 어떤 법적인 대응책은 없다.

이런 모든 것들이 함무라비 왕 아래의 바빌로니아에서 지켜지던 법규
들이다. 어쩌면 우리에게 섬뜩하고 거칠게 느껴질지도 모른다. 그러나
이런 감정들과는 별도로 함무라비 법전은 우리에게 그 시대의 사회가
어떠했는지를 알려주는 역할을 한다. 분명 함무라비 왕의 바빌로니아는
발전적인 사회 구조를 하고 있다.

그들의 사회는 시민층인 '아메루', 중하층인 '미쉬케누', 노예인 '와
두'로 구성되어 있다.

바빌로니아에서 노예는 완전히 정착된 집단이다. 그러나 아무리 노예
라 해도 분명 그들은 법적인 권리를 가지고 있었으며 죄 없이 함부로 다
루어질 수 없었다.

역사를 통틀어 보여지는 것처럼 사회는 주로 남자들에 의해 이끌어져
왔다. 따라서 사회의 법은 남자의 권리 추구를 위한 경향이 많았다. 그러
나 바빌로니아에 있어서 여자는 더 이상 노예가 아니었으며, 결혼은 보
통 업무에서처럼 반드시 공문으로 남겨져야 하는 남자와 여자 간에 애
정을 계약하는 상호 평등한 조약이었다.

따라서 아내가 이유 없이 유린당한다면 그녀는 친정으로 돌아가기 전
에 지참금을 돌려달라는 권리를 요구할 수 있었다. 한편 남편이 죽었을
때 부인은 아들과 재산을 반반씩 나누어 가질 수가 있었다.

여자 노예도 법적으로 결혼식을 치를 수 있었으며 남편이 죽었을 때
그녀와 자식은 노예의 신분에서 해방될 수 있었다. 따라서 경제적인 관
점에서 볼 때 바빌로니아 사회는 부유한 사람들과 가난한 사람들 그리
고 그 사이에 중산층이 넓게 퍼져 존재하는 사회였다. 많은 사람들이 상
업에 종사하고 있었으며 특히 의사와 변호사 같은 전문직도 활기를 띠

었다. 바빌로니아 사회에서 종교도 빼놓을 수 없는 중요한 위치를 차지하고 있었다.

바빌로니아에는 갖가지 신들과 여신들을 숭배하는 많은 신전들이 있었던 것으로 보인다. 각각의 신전 안에서는 남녀 성직자들이 아무런 소유 없이 금욕 생활을 하며 살았다. 그러나 이런 모든 것들 위에는 왕이 이끄는 정부가 있었고 그 왕은 최고 성직자이자 지도자의 역할을 동시에 수행했다. 이것은 곧 왕이 종교와 국정의 최고 권력자였음을 의미한다.

인간이 정착하여 처음으로 사회라는 체계를 가지고 문명화의 길로 들어섰을 때 보여지는 여러 모습들은 석기 시대의 문화와는 분명히 다르다. 몇 세기에 걸쳐 아니 몇 천 년에 걸쳐 인간의 사회는 문명화되어 오고 있다.

그러나 이런 문명은 인생이라는 길 위에서 모든 사람들의 공동생활에서 얻어지는 경험들을 토대로 몇 세대를 통해 이루어진 결과인 것이다. 그러나 이런 인간들의 공동사회 생활 속에서 법에 대한 필요성이 대두되었다.

사유 재산이 인정되는 곳에는 반드시 도둑과 강도들을 처리하는 입법자가 있어야만 한다. 그리고 권력을 가지고 그 법을 실행시킬 사람도 있어야 한다. 사회의 계층이 나뉘어져 있는 곳에서는 계층 간의 불화를 없애고 평화를 유지할 수 있는 사람이 있어야만 한다. 그리고 서로 경계선을 넘지 말아야 한다고 알려주는 사람이 있어야 한다. 종교적인 관리가 관계된 곳에서는 분명 신의 종사자들과 왕의 신하들 간에 알력이 존재하게 될 것이다.

이때에는 무엇이 우위인지가 반드시 밝혀져야 한다. 이런 복잡한 사회를 안정적 체계 속에 놓기 위해 함무라비가 고안해 낸 것이 바로 함무라비 법전인 것이다.

때때로 혹자는 함무라비는 법전의 창시자가 아니라 단지 선조에서부터 내려오던 모든 법들을 모아 고치고 개정하여 다시 옮겨 놓은 사람에 불과하다고 말할지 모른다. 그러나 설사 그렇다고 해도 그의 업적은 한 치도 등한시 될 수 없다.

그가 바로 만인이 인정하는 공평한 법 규범에 대한 필요성을 제일 먼저 깨닫고 법전을 만들어 이를 실행시킨 사람이 아니던가!

또한 만일 단편적이나마 초기 시대의 법전이 발견된다 해도 감히 함무라비 법전에는 상대가 될 수 없을 것이다. 누구나 인정하듯 함무라비는 일단 고대 시대 최초의 입법자이고 그의 법전은 오늘날까지 이어지는 모든 문명을 주도해 온 법들의 아버지이다. 상상해보건대 바빌로니아의 대제 함무라비는 그의 법전 사본을 조각가들에게 주고서 이미 만들어져 있는 기둥 위에 그것들을 새기라고 지시했을 것이다.

그리고 그 과정을 지켜보면서 승리의 기쁨을 만끽했을 것이다. 마침내 일이 완성되었을 때 함무라비는 자신이 선택한 신전 안으로 기둥을 옮겨 세웠다.

드디어 조각가들의 노고를 치사하고 기둥의 제막식을 거행하는 날, 그날은 분명 바빌로니아의 역사에 길이 새겨질 날이었다. 또한 우리가 기억해야 할 날일 것이다.

바빌로니아가 새 법전을 창시함으로써 문명의 발전을 꾀했던 다른 경우에서처럼 인류를 문명의 세계로 인도했기 때문이다.

함무라비 법전

바빌론 1왕조 6대 왕, 함무라비Hammurabi가 고대 오리엔트에서 가장 유명한 왕인 까닭은 그의 치세에 관한 기록이 많이 남아 있기 때문이다. 그 중 가장 유명한 것은 그의 법전 전문 282조다. 높이 2.5미터, 둘레 1.8미터의 둥근 기둥 모양의 탑에 새긴 것이 남아 있다.

7. 사라진 아틀란티스

BC 1599(?) - 대서양에 있었던 큰 섬

일본이 바닷속으로 가라앉는 장면을 상상해 본 적이 있는가? 대서양의 파도에 휩쓸려 천천히 사라져 영원히 진흙 속에 묻히는 일본 열도! 영화 속에서만 가능한 일일까? 그렇지 않다. 수백만 가지의 불가사의가 가능한 곳. 원칙과 공식으로는 도저히 이해할 수 없는 것들이 생겨났다 사라지는 곳. 자연의 세계에서는 얼마든지 일어날 수 있다.

1백만 년 후에 이 땅에서 살게 될 사람들은 지금의 우리들을 어떻게 기억하게 될까? 골동품 수집가들은 우리야말로 역사 속에서도 희미한 옛 사람들, 심지어 지도상에도 나타나 있지 않은 나라에 살았던 사람들, 혹은 현재 우리가 기억하는 원시부족의 마지막 후예처럼 우리들을 신화 속에 나오는 주인공쯤으로 생각할지 모른다.

어쩌면 우리는 일생 동안 그저 한두 마디 정도 꺼낼 수 있을 정도의 희미한 기억 속에나 존재하는, 혹은 빛바랜 고서의 맨 뒤에나 실려 있는 그런 사람들로 기억될지 모른다. 마치 지금 우리가 아틀란티스인들에 대해 알고 있는 그 정도로 말이다.

한때 고대 문화를 선도했던 아틀란티스Atlantis. 그러나 어느 날 흔적도 없이 사라졌던 아틀란티스. 우리의 운명도 아틀란티스 인들과 다를 것이 없다. 당신은 아틀란티스에 대해 얼마나 알고 있는가?

아틀란티스는 고대 문명이 살아 숨쉬는 문명의 땅이었다. 수천 년의 역사에 걸쳐 존재했던 아틀란티스의 문명. 그러나 이제 화려했던 아틀란티스를 기억하는 이는 많지 않다. 거센 파도가 집어 삼킨 것은 아틀란티스만이 아니었다. 그 속에서 잉태된 문명마저 영원히 우리의 기억 속에서 사라지게 했기 때문이다.

아틀란티스가 사라지는 순간 사람들은 무엇을 하고 있었을까? 한가로이 따뜻한 오후를 보내고 있었을지도, 스포츠를 구경하기 위해 운동장으로 몰려가고 있었는지도, 혹은 풀밭에 누워서 내일을 계획하고 있었는지도 모른다. 어쩌면 지진이나 별똥별이 떨어지는 등 자연은 아틀란티스의 운명을 예고했었으나 이를 모르는 채 사람들은 성가를 부르면서 평온한 하루를 맞고 있지 않았을까? 아니면, 점술가들만이 불길한 징조를 예감하고 앞으로 다가올 재앙을 막아달라고 기원했을지도 모를 일이다.

아틀란티스는 미국에 고대 마야 문명이 시작되기 훨씬 이전에 존재했던 대륙으로 북아프리카의 바베Barbe족에게는 과거 속에 사라진, 고대 바빌로니아인들과 크테타인들에게는 그보다 훨씬 이전의 과거 속의 땅이다.

포르투갈에서부터 중앙아메리카의 해안선까지 대서양을 따라 걸쳐 있는 이 대륙에는 누가 살고 있었을까? 무역선을 지중해 연안으로 보내며 분주히 하루하루를 보내는 무역상인들과 그 무역선을 짓던 흑인노예들, 사람들에게 늘 칭송과 존경을 한 몸에 받는 성직자들, 골Gaul에서 잡혀 온 금발머리의 소녀들과 하렘에서 향연을 즐겼을 황제, 태양숭배를 기리기 위해 지어진 사원들, 거리를 활보하는 장대 같은 키의 군인들. 아틀란티스에서는 이러한 사람들이 살고 있었을 것이다.

지구가 세 개의 거대한 섬들로 이루어져 있었던 선사 시대에 아틀란티스는 가장 큰 섬이었다. 오늘날 지도에서 카나리아 섬, 아조레, 그리고 카르베르가 있는 그 땅은 바다의 밑바닥으로 가라앉은 거대한 대륙이 있었던 곳의 일부분이다.

아틀란티스는 한때 지구에서 가장 많은 사람들이 살았던 곳이다. 타국과는 견줄 수 없을 없는 막강한 국력으로 알려진 곳이기도 하다.

더불어 2천여 개에 이르는 신의 동상들, 타에레와 바빌론에서 온 기름 상인들, 아카디아산의 값비싼 천들, 그리고 사람들이 밝게 웃는 웃음소리와 이야기 소리들이 들리는 신도시, 니네베. 이 모든 것들이 한데 어우러져 아틀란티스 특유의 분위기를 만들었다. 이뿐 아니다. 대중 광장에서는 검투사들이 스포츠에 열광하는 관중들을 즐겁게 하기 위해 성난 맹수들과 싸웠고, 항구에는 바다 위를 나는 긴 나방처럼 줄지어 들어오는 배들로 북적였으며, 술 취한 선원들은 애환을 달래주는 바다연가를 부르며 하루를 보냈다.

이곳이 바로 아틀란티스이고 아틀란티스의 문명이 숨어있는 비밀의 땅이었다. 지금은 깊은 바닷속으로 사라진 아틀란티스. 그러나 우리가 잊지 말아야 할 것이 있다. 아틀란티스는 인류 문명의 시발지로서 사람들에게 신의 존재를 일깨워 주고, 후손들이 문명을 이룰 수 있는 그 모태가 된 문명의 땅이었다는 점이다. 플라토Plato는 제자들에게 아틀란티스 섬에 대해서 종종 이야기하곤 했다.

8. 바다의 무역인들

BC 1550

이집트와 힛타이트 제국은 쇠퇴하지만 페니키아는 번영하다

이집트와 힛타이트 제국 내의 위기는 동부 지중해 연안의 무역 상인들인 페니키아인들에게는 더없이 반가운 일이었다. 게다가 코르시카, 사르디니아, 그리고 시실리로부터의 잇따른 침입과 전쟁으로 야기된 혼란 속에서도 페니키아인들은 스스로의 힘을 키워 강해져가고 있었다.

각각 독립적인 도시 체제를 갖추고 있는 그들이 항구들은 이집트와 메소포타미아 사이의 중간에 자리 잡고 있었기 때문에 선원이자 중간 상인들인 페니키아인들은 지리적인 이점을 이용해 지중해를 통한 무역망을 확보한 후 양국과의 무역으로 이득을 볼 수 있었다.

우가리트, 아라두스 그리고 시돈 같은 많은 도시국가들은 페니키아의 성장에 시샘을 하여 페니키아인들을 공동의 적으로 삼고 뭉쳤는데 후에 그 도시들은 아시아들과 지중해의 해적들의 침입으로 무너지게 되었다. 그 결과 두로만이 살아남았는데 시돈에서의 망명자들의 합세로 강력해져 두로는 라방 일대에서는 가장 강력한 도시국가로 성장했다.

페니키아인들은 아프리카와 사실리아의 해안선을 따라 개척된 지역에서부터 멀리 스페인까지, 그리고 두로와 시돈에서부터 이베리아 반도까지 무역망을 확충시켰는데 특히 이베리아 반도에서는 각종 물품들 -스페인에서 들여 온 구리, 옷감, 영국과 브리타니에서 들여온 주석, 동방에서의 향신료들 - 을 무역 거래했다.

세계 최초의 무역인들은 페니키아인들로 그들은 약탈은 했을지언정, 약은 꾀 혹은 술수를 써서 무역을 하지는 않았다.

일찍이 그들은 안경과 금속제 식기류들을 제조했고, 해상 통로를 통해 지중해 연안의 전 도시에 술, 곡식, 그리고 섬유들을 수출했으며, 무역의 실무에 밝은 사업가들은 당시 무지했던 스페인의 원주민을 설득해 엄청난 양의 금을 얻어내고 답례로 기름만을 주기도 했다. 심지어는 하도 많은 돈(금전)을 선박에 실어 배가 가라앉은 적도 있었다고 한다.

또한 솜씨 좋은 페니키아인들은 닻에서 철과 돌을 빼내어 속을 비운 후 그 속을 은으로 꽉 채우고 유유히 스페인의 해상을 떠나기도 했다. 페니키아인들은 스페인의 땅을 자신 소유의 노다지로 귀속시키고 스페인인들을 과도한 노동으로 혹사시켰다. 그리고 사업과 속임수, 혹은 정직과 약탈을 마치 똑같은 의미로 여기는 사람들처럼 바다의 무법자가 되었다.

레바논의 언덕을 경계선으로 약 100마일의 길이와 10마일의 너비에 지나지 않은 손바닥만한 땅 덩어리에서 살면서도 그들은 제 1의 선원이 되있다.

선박 밑을 낮고 길게 그리고 좁게 만들었고 돛대 기둥 위에 사각형의 돛을 단 새로운 스타일의 선박을 탄생시켰다.

즉 페니키아인들은 역사상 최초로 돛대를 단 배를 만든 것이다. 물론

바다의 무역인들

처음에 그들의 배는 마치 애벌레처럼 천천히 바다 위를 나아갔다. 그러나 오래지 않아 페니키아 선원들은 북극성을 기준으로 용감히 바다로 나아갔고 급기야는 아프리카 대륙 일주를 성공적으로 마칠 수 있었다.

이는 16세기에 있었던 포르투갈인의 일주보다 2천 년이나 앞선 일주였다.

콜럼버스가 미국을 발견했을 때 세계 사람들이 기쁨의 환호성을 지르며 그날을 기억했듯이 페니키아인들의 선박이 세계 일주를 마치고 이집트로 무사히 돌아왔던 날을 우리는 기억해야 할 것이다.

아주 급속도로 고대 무역의 황태자가 된 페니키아인들은 그들의 도시들을 이 세상에서 가장 부유한 도시로 탈바꿈시켰다. 고대의 베니스라 불리며 아름다운 항구로 유명한 섬 도시 '두레'는 아직까지도 그 건축물들이 로마의 것들보다 더 웅장하고 정교하다고 말해질 만큼 페니키아인들의 도시들 중 가장 유명한 도시로 알려져 있다.

그러나 이런 문명의 발전에도 불구하고 위에서도 잠깐 언급했듯이 페니키아인들은 과격하고 야만스런 근성을 가진 민족이었다. 특히 그들의 몇몇 관습들은 고대인들에게까지 거부감을 일으킬 정도였다. 군중들의 아우성과 심벌즈의 요란한 소리 속에서 페니키아인들이 불길이 치솟아

나오는 모로크의 입 안에 자식들을 던지는 관습은 고대인들에게도 ‘혐오’ 그 자체였다.

이러한 혐오스런 관습은 모순되게도 페니키아인들의 후손인 ‘카르타’ 인들에게까지 이어졌고 기원전 시대가 끝나고 서기 시대가 시작될 당시까지도 계속 전해져 내려왔다.

물론 페니키아인들의 야만적이 삶은 우리의 문명화된 생활과는 상당한 거리가 있으나, 반면 상당한 진보를 이룩한 물질문화에 있어서 우리는 페니키아인들이 물려준 훌륭한 유산을 기억해야 할 것이다. 즉 무역의 필요성과 거래의 손쉬움을 위한 공용어의 필요성을 깊이 느낀 페니키아인들은 복잡한 이집트의 그림 문자와 수메르 인들의 S자형의 꼬부랑글씨를 벗어나 현대 알파벳의 근원인 22개의 소리문자를 고안해 낸 것이 바로 그것으로, 따라서 무역의 거장 페니키아인들은 모든 현대 언어와 문학의 직계 선조라 불릴 수 있는 것이다.

9. 모세, 시내 산에서 십계명을 받다

BC 1420 - 시내 산

지금으로부터 2천 년 전 어느 때에, 그때까지만 해도 인류의 역사에 중요치 않았던 작은 셈족의 양치기들은 유프라테스 강 어귀에 있는 고향 우르를 떠나 바빌로니아 왕의 땅에서 새 목초지를 찾게 되었다. 그러나 그들은 왕의 군사들에 의해 쫓겨나 아무도 정복하지 않은 땅을 찾아 서쪽으로 이주해야 했다. 천막을 치고 살 수 있는 땅을 찾아야 했기 때문이다.

이 양치기들이 히브리인들, 바로 유대인들이다. 그들은 이리 저리 떠돌아다녔다. 그리고 꽤 오랫동안 떠돌다가 이집트에서 그들의 쉼터를 찾을 수 있었다. 500년 이상 동안 그들은 이집트인들 속에 섞여 살 수 있었는데 이집트가 힉소스족 - 이집트의 이야기에서 이미 언급된 것처럼 - 에 의해 침입을 당했을 때도 유대인들은 힉소스인들에게 처세를 잘 해 어떤 소유권도 박탈당하지 않은 채 지낼 수 있었다.

그러나 긴 전쟁에서의 승리로 이집트인들이 힉소스인들을 나일 강 계곡에서 내쫓게 되자 유대인들은 이집트인들의 노예가 되어 일을 하거나 왕가의 길을 닦았으며, 피라미드를 건축하는 데 불려나가 막일을 하는 등 고통의 나날을 보내야만 했다. 게다가 변방은 이집트 군인들에 의해 지켜지고 있었기 때문에 탈출을 하는 것도 불가능했다.

이런 고난의 시간을 보낸 후 유대인들은 모세라 불리는 젊은 유대인에 의해 자유를 찾을 수가 있었다. 모세는 오랜 시간 동안 사막에서 살면서 호화롭고 안이한 외부 문명의 타락됨을 거부했을 뿐더러 도시와 도시 생활을 원치 않았던 선조들로부터의 많은 지혜를 습득한 현인이었다.

아브라함 시대 이전부터 동방의 왕들은 아라비아 사막의 북쪽과 서쪽을 돌아 호렙 산이라고 하는 시내 산까지 길을 냈다. 모세가 40일 밤과 낮을 보내는 동안 시내 산은 짙은 구름으로 가려져 있었다. 천둥소리와 함께 뇌성이 짙은 구름 벽을 뚫고 나왔고 지진과 불가사의한 나팔소리, 산을 뒤덮는 무서운 불꽃, 웅장하게 전율하는 뇌우 속에서 하나님은 모세에게 십계명을 말씀하시고 율법을 주셨다.

시내 산은 연기가 자욱하였다. 하나님께서 불 속에 내려오셨던 것이다. 가마에서 뿜어 나오듯 연기가 치솟으며 산이 송두리째 뒤흔들렸다. 나팔 소리가 점점 크게 울려 퍼지는 가운데 모세가 하나님께 말씀을 올리자 하나님께서 천둥소리로 대답하셨다.

드디어 모세는 여호와의 율법이 새겨진 두 개의 돌 판을 가지고 시내 산을 내려왔다. 하지만 불행히도 유대인들은 그들의 지도자가 없는 틈을 타 좋지 않은 행실을 저지르고 말았다. 그가 기강을 잡지 못하고 있던 사이에 그들은 그들의 요새를 이집트인의 마을과 같이 만들어 놓았던 것이다.

여자들은 그들의 장신구를 벗어 내어 오래 전부터 나일강의 민족들이 섬기고 있는 신성한 소를 연상케 하는 우상을 만들었으며, 모세가 광야로 내려왔을 때는 그들이 실제로 금으로 만든 우상 주위를 돌며 춤을 추

모세, 시내 산에서 십계명을 받다.

고 있었다.

모세는 대단히 분노하였다. 멀리까지 들려오는 노랫소리를 듣고 그것이 무엇을 의미하는지 알게 된 것이다. 분노에 찬 그가 돌 판을 땅에 내던지자 그것은 부서지고 말았다. 그리고 나서 금으로 만든 우상을 끌어내 부수어 버린 후 그는 이 무례한 자들을 처단할 지원자를 모집하였다.

모세가 진지 어귀에서 서서 여호와의 편에 설 사람은 다 나서라고 외치자 레위 후손들이 다 모여들었다. 모세를 지지하는 지파는 모든 지파 중에서도 가장 큰 힘을 갖고 있던 레위 지파뿐이었다. 모세가 그들에게 일렀다.

"모두들 허리에 칼을 차고 진지 이 문에서 저 문까지 왔다 갔다 하면서 형제든 친구든 이웃이든 닥치는 대로 찔러 죽여라."

레위 후손들은 모세의 명령대로 하였다. 그날 백성 중에 맞아 죽은 자가 3천 명 가량이나 되었다.

그날 밤 유대족의 진영에는 평화의 장막이 내리고 살해 되어 땅에 널브러진 3천 명의 보이지 않는 눈은 최초의 대선지자에게 인간들의 불의와 비겁함이 얼마나 어리석은 짓인가를 말해 준 여호와가 계신 시내 산

정상을 응시하고 있었다.

이 사건으로 깊은 실망을 하게 된 모세는 더욱 엄격한 태도로 유대 종족을 이끌게 되면서 그의 종족에게는 인간적인 통솔력보다는 글귀로 기록된 법과 연장자들의 말을 존중하게 만드는 방법이 필요하다는 것을 느끼게 되었다.

그렇지 않으면 그들의 무리는 중심을 잃고 혼란 상태에 빠지게 될 것이고 남녀로 구성된 유대인들의 통일 민족은 기대할 수도 없는 일이었다.

그리하여 모세는 다시 한 번 시내 산 정상에 올라갔으며 산에서 돌아오는 모세의 얼굴에는 이제껏 어느 누구도 보지 못했던 무엇을 보았다는 징표가 뚜렷이 나타나고 있었다. 그의 두 눈에는 광채가 쏟아져 나와 아무도 그의 얼굴을 오랫동안 쳐다보지 못했다. 모세가 가져온 돌 판에는 그의 민족이 금송아지를 섬기는 것을 보고 그가 버렸던 돌 판에 새겨져 있던 것과 똑같은 계율이 새겨져 있었다. 이것이 여호와가 유대인들의 행동 규범을 위하여 모세에게 준 계명이다.

> 제 일은, 너는 나 외에는 다른 신들을 네게 있게 말지니라.
> 제 이는, 너를 위하여 새긴 우상을 만들지 말고, 또 위로 하늘에 있는 것이나, 아래로 땅에 있는 것이나, 땅 아래 물 속에 있는 것의 아무 형상이든지 만들지 말며, 그것들에게 절하지 말며, 그것들을 섬기지 말라.
> 제 삼은, 너는 너희 하나님 여호와의 이름을 망령되이 일컫지 말라.
> 제 사는, 안식일을 기억하여 기록히 지키라.
> 제 오는, 네 부모를 공경하라.
> 제 육은, 살인하지 말지니라.
> 제 칠은, 간음하지 말지니라.

제 팔은, 도적질하지 말지니라.

제 구는, 네 이웃에 대하여 거짓 증거 하지 말지니라.

제 십은, 네 이웃의 집을 탐내지 말지니라.

모세가 십계를 받은 지 3500년이 지난 오늘날 생각해 보면 모세는 어느 나라 말로 십계명을 받았는지 그것이 의문이다. 이집트인들의 상형 문자로 받았다는 말도 있지만 알 수 없다. 그 당시에는 히브리어가 글자로 형성되어 있지 않았기 때문이다.

10. 18세 소년 투탕카멘왕의 저주

BC 1338 - 이집트

투탕카멘왕의 저주 때문일까?

1922년 고고학자 하워드 카터와 로드 카나본은 투탕카멘왕의 무덤을 파헤치고 수많은 비밀을 밝혀냈다. 하지만 로드 카나본은 5개월 후에 카이로에서 죽었다. 그날 밤 카이로 시의 모든 전기가 나가고 영국에서는 카나본의 개가 짖다가 갑자기 죽었다. 카나본은 모기에 물린 볼이 갑자기 악화되어 죽었는데 이상하게도 투탕카멘왕 미라의 왼쪽 볼에도 똑같은 상처가 있었다.

또 카터는 1939년에 죽었고 무덤에서 파낸 보물 목록을 만들었던 베렐은 49세에 자살했으며, 1966년에 전시회를 위해서 그 보물을 파리에 보내기로 동의한 이집트 관리인 모하메드 아브라함은 회의를 끝내고 나오다가 자동차에 치어 이틀 후에 죽었다. 뿐만 아니라 무덤에 들어갔다 나온 카나본의 친척 허버트는 복막염으로 죽었고, 무덤을 방문했던 이집트 왕자 일리화니 베이는 런던 호텔에서 살해당했으며 그의 동생은 자살했다. 조지 J. 구우드는 무덤을 방문했을 때 걸린 감기가 악화되어 죽었다. 이처럼 투탕카멘왕의 무덤에 발을 들여놓은 사람마다 이상하게 죽어가자 '투탕카멘왕의 저주'라는 말이 생겨났는데 첫 희생자는 영국계 이집트 학자 휴 이블린 화이트였다.

　그는 왕의 무덤에 갔다온 뒤부터 알 수 없는 병으로 시름시름 앓다가 결국 1924년 '투탕카멘왕의 저주로 죽는다'는 혈서를 남기고 목매달아 죽었다. 캐롤린 스탕거 필립 박사는 사람들이 계속 죽어간 이유가 투탕카멘왕의 저주 때문이 아니라 무덤에 묻힌 과일과 야채들이 썩으면서 만든 곰팡이 때문이라고 주장한다.

　투탕카멘은 18세의 나이에 죽었다. 다음은 그의 죽음이 간직된 금 제가면 위에 씌어져 있는 글이다.

　"… 당신의 오른쪽 눈은 밤(태양신)의 배요 당신의 왼쪽 눈은 낮의 배입니다. 당신의 눈썹은 에니에드(이집트의 9신들)의 것들과 같습니다. 당신의 목덜미는 호루스의 것들과 같습니다.

　당신의 머리 타래는 타소커의 것과 같습니다. 지금 당신 앞에 있는 오시리스는 당신에게 감사하고 있습니다. 당신이 그를 신의로의 길로 인도했고 당신은 그를 위해 싸웠으니까요. 이제 그는 헬리오폴리스의 거대한 왕궁 안에 있는 에니에드 앞에 당신의 적들을 내던질 것입니다……."

　이집트인들은 투탕카멘의 몸을 신격화시키면서 그의 가면과 시신을 보호해오고 있다. 이것은 오늘날까지도 이어지고 있는 믿음, 즉 아무리 왕이 투탕카멘처럼 어리다 할지라도 왕은 내세로 인도되어 신이 된다는 믿음을 가지고 있기 때문이다. 투탕카멘의 무덤 안에 안치된 생전에 투탕카멘이 쓰던 물건들과 의식용 도구들은 화려하게 장식되어 있고 대부분이 금으로 된 잎으로 덮여 있었다. 시체실은 왕과 그의 무릎에 앉아 왕이 따라준 술을 마시고 있는 왕비 안케세나멘을 묘사한 장면들로 장식되어 있다.

안케세나멘 왕비는 아케나덴의 딸이다. 다른 쪽에는 그 어린 왕이 꼬리를 잡고서 호랑이를 죽이려하는 모습이 보이고 있다. 그것은 그때 당시 왕의 용맹성을 묘사하는데 자주 이용되었던 장면이다.

투탕카멘의 관들은 네 개의 감실들에 의해 보호되어 있다. 첫 번째 감실은 오시리스 신과 안정의 상징인 '제드 기둥' 들과 이시스를 상징하는 매듭으로 장식되어 있다.

그리고 다른 감실들에는 내세의 신들이 묘사되어 있다.

11. 알파벳을 발명한 페니키아인들

BC 1200 - 페니키아

인류 최초 문자 체계를 고안하다

수메르는 고대 메소포타미아의 남부에서 일어난 민족으로 티그리스 강과 유프라데스 강 사이에서 BC 5000년경부터 집단생활을 했다고 한다. BC 3000년경부터는 성곽도시城郭都市를 이룩하고 원시적인 그림문자인 설형문자楔形文字를 썼으며 천문학(달력), 법전法典 연대기年代記, 벽돌 건축과 같은 문화를 형성하여 이집트 문명에 지대한 영향을 미치기도 했다.

인류 최초의 문명인 수메르인은 인류 최초로 문자 체계를 고안해낸 최초의 사람들이다. 그러나 인간의 생각을 글로 표현하는 데는 많은 어려움이 있을 뿐만 아니라 많은 시간이 소비되었다.

유대인들의 이웃인 페니키아인들은 초창기 시대에 지중해 연안에 자리 잡은 셈족이었다. 그들은 두 개의 '시돈'과 '두로' 라는 강대 도시들을 세웠다. 그리고 단시간 내에 서해상에서의 단독 무역망을 확보했다. 그들의 배는 정기적으로 그리스, 이탈리아, 스페인 등으로 넘나들었고

이집트에 정박해 있는 페니키아인들의 선박. 페니키아인들은 장거리 무역상인들이었는데 옷감을 사기 위해 멀리 영국까지 항해했다.

심지어 그들은 지브랄터 해협 너머로까지 항해를 하여 시실리 섬에서 주석을 사들여오기도 했다. 그리고 가는 곳곳마다 작은 무역항을 세웠다. 그들은 그것들을 식민지라 일컬었다. 그 몇몇 마을들이 바로 카디즈, 마르셀리 같은 현대 도시들의 전신들이다.

페니키아인들은 그들에게 이윤을 가져다주는 것이라면 어떤 것이든지 사고팔았다. 그들에게는 양심이라는 것도 없었다. 그들은 정직, 청빈 등의 말들이 무엇을 의미하는지조차 모를 사람들이었다.

그들은 금괘로 가득 차 있는 보물창고만이 모든 사람들이 추구하는 이상이라고 여겼다. 그들은 늘 외로워했다. 그리고 삶의 즐거움도 느끼지 못했고 곁에 단 한명의 진실한 친구도 없었다. 그런 그들이 전후세인들에게 길이 남을 업적을 남겼는데 그것이 바로 알파벳의 창조이다.

페니키아인들은 원래 수메르인들이 고안해 낸 문자 표기법을 알고 있었다. 그러나 쓰는 데 오랜 시간이 걸리는 수메르인들의 S자형의 꼬부랑 글씨를 페니키아인들은 비실용적이라고 느껴 왔다. 실질적인 사람들이었기에 몇 개의 문자를 쓰는 데 많은 시간을 소비하기를 원치 않았기 때문이었다.

　그리하여 수메르인들의 글자들보다는 더 나은 것을 만들기 위한 작업이 착수되었는데 그 결과 오늘날의 알파벳이 창조된 것이다. 알파벳을 만들어내는 데 있어서 페니키아인들은 이집트인들의 그림을 인용하기도 했고, 수메르인 문자의 길게 늘어진 획을 잘라내어 글자 모양을 간단히 만들기도 했다. 즉 겉으로 보기에 수메르인들의 것보다는 덜 고상해 보여도 쉽게 빨리 쓸 수 있다는 실용성에 중점을 두었던 것이다. 그리하여 수메르인들의 몇 천 자나 되는 글자들을 대폭 줄여 단 22개의 문자로 된 알파벳을 고안해낸 것이다.

　그 후 이 알파벳은 에게 해 그리고 그리스까지 전파되었다. 그리스인들은 페니키아인들의 알파벳에 몇몇 문자들을 첨가시켰고 이 문자들은 이탈리아로 전래되었다. 로마인들은 전래된 알파벳들을 약간 수정, 개정한 후 그 알파벳들을 서부 유럽의 미개인들에게 가르쳤는데 그 미개인들이 바로 미국인들의 조상이었다. 그렇기에 미국인들은(물론 한국인들까지) 지금 이집트인들의 상형문자가 아닌 페니키아인들의 알파벳으로 글을 쓰고 있는 게 아닌가!

12. 술 여자 노래, 그리고 철학

BC 800 - 그리스

그리스의 매력적인 여성들

그리스 남자들은 부인을 집에 두고서 기생들과 함께 밤을 보내는 것을 당연하게 여겼다. 그러나 그리스의 기생들은 현대사회에서 생각하는 그런 기생들과는 차원이 다른 여자 철학자에 가까운 사람들로서 외모가 뛰어나게 아름다울 뿐 아니라 이지적인 여성들이었다. 그리스의 남성들은 기생을 만나고 싶을 때 아내를 재운 뒤 기생들이 머무르고 있는 살롱으로 가서 그들과 정치 종교 사랑에 관한 이야기를 나누었다. 대부분의 가난한 부인들은 집안에 머물면서 바느질이나 하는 등 남편의 부속품으로 간주되었던 반면 기생들은 여러 방면에서 해박한 지식을 가진 교육 받은 신 여성들이었다.

기원전 4세기 경에 살았던 '프린느'는 그 유명한 기생들 중 하나였다. 프린느는 자산을 털어 테베 성벽을 쌓는데 일익을 담당했고 비너스 신을 위한 의식 행사 도중 옷을 벗어 던진 채 많은 사람들 앞에서 알몸으로 바다로 걸어 들어간 적도 있었다. 그때 유명한 조각가였던 '피치아스'는 이 모습에 반해 프린느를 전 세계적으로 유명한 걸작품인 비너스 여신상을 조각하는데 모델로 삼았다고 한다.

그러나 그리스의 기생들 중 가장 매력적인 여성은 귀족 출신으로 아테네를 30

년간 독재했고 단호한 성격으로 유명한 페리클레스의 정부였던 '아스파시아'였다. 귀족 자손인 페리클레스는 매일 도서실에서 책을 읽었고 밤에는 거리를 산책했다. 그는 차갑고 쌀쌀맞은 성격의 소유자였지만 그는 아테네의 아름다운 건물들을 짓게 했고 예술가와 시인들을 격려 지지하여 아름다운 그림 시, 그리고 문학 작품을 남기게 함으로써 아테네를 제 1의 도시로 만드는데 주력한 장본인이었다. 페리크레스는 아름답고 지적인 아스파시아와 함께 살고 있었지만 아스파시아가 외국에서 출생했다는 이유로 정식 결혼을 할 수가 없었다. 한편 이처럼 유능한 페리클레스의 정치에도 불구하고 의외로 그를 반대하는 적들도 적지 않았다.

그들은 페리클레스를 공격하기 위해 그가 사랑하는 아스파시아를 이단자라는 명목으로 체포해 페라클레스를 곤경에 빠뜨렸는데 아스파시아가 배심원들인 아테네인들 앞에 서게 되었을 때 사랑하는 여인을 위해 무릎을 꿇고 눈물을 흘리며 배심원의 자비를 간청했던 그를 아는 대부분의 아테네인들은 평소 그를 존경했을 뿐 아니라 그 동안의 업적을 고려해 아스파시아를 풀어 주었다. 아스파시아의 생명을 구해 준 것은 이와 같은 새로운 사법과정이었다.

즉 그리스는 배심원들이 변호인의 의견과 간청을 고려하여 판결을 내리게 하는 제도를 도입한 것이다.

그리고 우연히도 이 제도를 도입시킨 장본인은 페라클레스 자신이었다. 마치 미래를 예견하기라도 했듯이… 따라서 아스파시아의 사면은 정치적일 뿐 아니라 인간적인 면을 반영한 민주주의적 판결이라 할 수 있을 것이다.

주신을 기리는 드라마

그리스인들에게 연극 관람은 축제와 다름없는 일일 행사였다. 그리스인들은 희극 한 편 뒤에 연속으로 이어지는 서너 편의 연극을 관람하고 해가 진 후에야 집으로 돌아오곤 했기 때문이다. 극장들은 언덕을 깎아만든 둥근 원형 경기장 같은 구조를 가지고 있었다. 원래 관객들은 비탈진 풀밭에 앉아 연극을 관람했지만 기원전 4세기부터 돌로 된 좌석이 만들어졌다. 그래서 사람들은 각자 쿠션을 가지고 와 편안하게 앉아 연극을 관람할 수 있었다.

보통 앞줄은 재판관 성직자, 혹은 주요인사들이 차지했고 그들 앞에는 오케스트라라고 불리는 평평하게 깎여진 원형의 무대가 놓여 있었는데 그곳에서 배우들은 연기를 했고 20명의 단원들은 파이프에 맞추어 춤을 추었다. 무대 뒤의 '스킨'이라 불리는 방에는 무대 장치와 무대 의상들이 쌓여 있었다.

이 스킨이 후에 무대의 배경으로 탈바꿈하게 된다. 연극의 주제는 주로 술과 풍요의 신 디오니소스를 기리는 노래들과 춤과 더불어 종교의 기원을 다루었다. 또한 희곡 작가들은 널리 알려진 전설을 소재로 글을 썼고 연극이 상연되는 동안 남성 관객들은 기뻐하거나 야유를 보내는 등 연극에 관한 감상을 노골적으로 나타냈다. 심지어 어떤 사람들은 돌을 던지기도 했다. 최초의 희곡 작가들은 모두 아테네인이었는데 비극 작가들인 에스키루스 소포클레스 유리피데스와 희곡 작가인 아리스토파네스 등이 모두 아테네인이었다. 연극 축제가 끝나면 일등 작가와 배우들은 상아로 된 월계관을 받았다. 한편 연극 축제 기간 동안 모든 그리스인들은 휴업을 하고 연극을 관람했으며 심지어 죄수들도 이 때 만큼은 감옥에서 풀려 나와 연극을 볼 수 있었다.

가장 흥미로운 것들 중 하나는 그리스인들이 놀이를 즐겼다는 것이다. 많은 노예들 종들, 그리고 사람들(모두 남자들만을 일컫는다) 덕분에 그리스인들은 많은 게임을 고안해 낼 수 있었다. 가정에서 즐길 수 있는 게임은 술잔치를 벌이거나 대화를 나누는 것이다. 물론 남자들만 참석할 수 있었다. 특히 그리스인들은 지적인 대화, 즉 철학과 정치 이야기를 즐겼다. 그러나 술과 음식이 나오면 엄숙했던 분위기는 사라지고 사람들은 즐겁게 술을 마신다.

칼을 가지고 춤을 추는 댄서와 가수들, 마술인, 악사, 곡예사 등 파티의 흥을 한층 더해 주는 이들 유희들은 모두 전쟁포로로 잡혔거나 혹은 미모로 뽑힌 노예 소녀들이었다. 간혹 이때 파티 장에 있던 남자들은 노예들의 미모에 사로잡혀 사랑에 빠지고 자식까지 낳았지만 결혼은 허용되지 않았다고 한다.

술병에 새겨진 그림을 보면 이 노예 소녀들이 남자들에게 안겨 춤을 추거나 웅크리고 앉아 조용히 술을 따르는 모습이 보인다. 시인 '제노펜스' 는 이 파티장의 분위기를 다음과 같이 묘사하고 있다.

"노예소녀들은 곡조에 맞추어 춤을 추었다. 그리고 나서 뾰족한 칼날이 세워져 있는 둥근 기구가 들어오면 이 소녀들은 공중제비를 돌며 칼날의 안과 밖을 들어갔다 나왔다 하는데 이때 남자들은 술잔을 부딪히며 흥미로운 눈으로 이를 지켜보았다. 노예 소녀들은 다치지도 않고 무사히 곡예를 마쳤다."

수수께끼도 인기 있는 게임이었다. 문제를 풀지 못한 사람은 소금 탄 술 한 바가지를 들이켜야 한다. 그리고 '스토리아' 라고 불리는 리레(작은 하프 같은 악기)에 맞추어 손님들은 노래를 불렀다. 이때 노래의 주제는 정치적인 내용이 많았는데 어떤 사람들은 기원전 514년에 자결한 히파초스를 노래하고 어떤 사람은 하르모디오스와 아리스토제이톤이 독재를 몰아내고 아테네인들에게 자유를 주었을 때 했던 것처럼 칼을 빼들고 노래했다.

춤과 노래 그리고 춤이 어울리는 파티, 주신인 디오니소스를 기리는 매년의 축제 때도 그리스인들은 술을 마시며 노래를 부르고 즐겁게 시간을 보냈는데 이때 각각 아테네의 10개 부족은 대표를 뽑아 총 50명의 소년들로 이루어진 합창단을 한 팀씩 만들어 노래 대회에서 경합을 벌이게 했다.

그들이 노래 부르고 경쟁하는 동안 그들의 가족들은 이들을 자랑스러운 마음으로 지켜보곤 했었다. 모든 축제에는 음악이 곁들여졌다. 간단한 예로 거위의 다리를 가졌다는 신인 '팬' 은

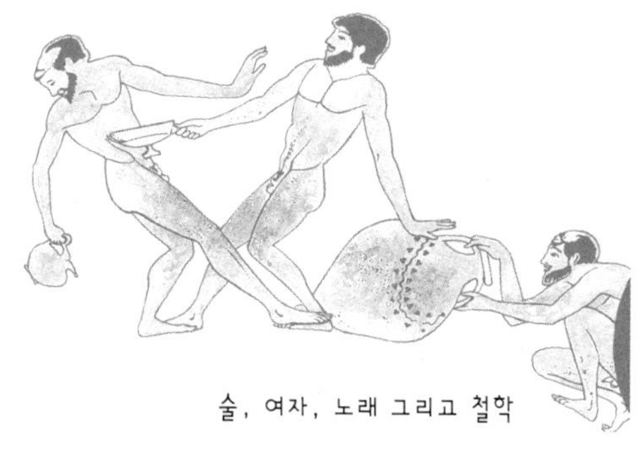

술, 여자, 노래 그리고 철학

갈대를 이용해 파이프를 만들어 음악을 연주했다고 한다. 7현으로 된 수금악기인 리레도 연주용으로 이용되었다. 아테네에서 발견된 무덤 안에서도 거북이의 껍질로 만들어진 악기와 단풍나무로 만들어진 목관악기가 발견되었다고 한다.

'호머' 또한 「일리아드」에서 당시를 풍미했던 악기를 다름과 같이 소개하고 있다.

> '뮈르미든' 이 이끄는 선박 옆에 숨어 있던 그들은 아킬레스가 에션(도시)을 점령할 때 약탈한 리레를 연주하며 승리를 기뻐했다. 또한 은구슬 굴러가듯 청명하고 맑은 소리가 리레에서 퍼져나갈 때 아킬레스는 리레를 연주하면서 기쁨을 노래했다.

13. 초기 올림픽 경기, 벌거벗고 뛰다

BC 776 - 그리스

기원전 776년은 고대 그리스가 분쟁으로 갈라지며 흑사병으로 황폐화되고 피해가 심각할 때였다. 그 당시 엘리스의 왕은 이러한 문제들의 해결책으로 예전에 거행됐던 고대 그리스의 종교 의식 경기를 부활시키라는 신의 계시를 받았다. 그 후 그리스의 모든 도시인들의 참여를 끌어들인 체육 경기를 4년마다 한 번씩 서부 펠로폰네소스 지역에 있는 올림피아에서 치르기 시작하였다.

초기에는 달리기와 권투 그리고 수레 경기와 레슬링 등 몇 개 종목뿐이었는데 점차 경기 종목이 늘어나고 경기 기간도 5일이 되었다. 우승자에게 상당한 상품과 영예가 주어졌던 이 경기는 393년 기독교인 테오도시우스 황제에 의해 폐지되었다가 현대에 들어서면서 1896년에 부활된 후 세계대전 중 한 번의 경기 중단을 빼놓고 현재까지 이어져 내려오고 있다.

그 당시 초기 올림픽 경기에 출전한 선수들은 모두 옷을 벗은 상태로 경기에 임하였는데, 오르시포스라는 남자 선수가 달리기 경주 중에 허리에 찬 요포腰布를 땅에 떨어뜨린 것이 유래가 됐다. 떨어진 요포를 줍

초기 올림픽 경기 모습

다가는 기록이 늦어질까봐 그냥 달려 승리를 거두었는데 이 일이 있은 뒤 사람들은 모두 벌거벗은 상태로 경기를 한 것이다.

더욱 흥미로운 것은 이러한 벗은 남자들의 모습을 보고 부끄러워한 여성은 단 한 사람도 없었다. 당시 여성들에게는 참여는 물론 참관도 허락되지 않았기 때문이다.

먼동이 트기 전 많은 사람들(남자들)은 러닝트랙과 올림피아 운동장으로 이어지는 올리브나무 숲으로 걸어가기 시작한다. 8월의 뙤약볕은 오후 중반까지도 강하게 내리쬐기 때문에 나무 그늘 아래 자리를 잡으려면 부지런히 서둘러야 한다.

태양이 떠오르면 나팔 소리가 올림피아 운동장에 퍼지고 그와 동시에 빨간 튜닉을 입은 재판관들은 그들의 자리에 입석을 한다. 그리고 나면 알몸 위에 기름을 듬뿍 바른 선수들은 출발 지점에 서고, 곧 그들의 경주가 시작된다.

운동선수들이 발가벗은 채로 러닝트랙을 돌거나 레슬링 시합에서 땀을 뻘뻘 흘리며 경기하는 것을 지켜보는 50만 명의 그리스인들에게 올림픽 게임은 단지 힘겨루기 시합을 넘어서 그 이상의 의미를 가지고 있었다.

올림픽 게임의 진행자들은 모든 그리스 도시들을 방문하여 재능 있는 그리스 시민들이 올림픽 경기에 참여할 수 있도록 주선해 주었다. 그리고 모든 선수들은 팀으로서가 아니라 개인별로 시합을 벌였으며 출전 선수들은 게임보다 한 달 전에 올림피아에 도착해 트레이닝을 받을 수 있었다.

올림픽 게임은 매번 일정한 날에 시작되었기 때문에 게임이 시작된 지 3일째 되는 날에는 하지 이후 두 번째 보름달이 떴다.

이것은 올림픽 경기가 8월 혹은 9월에 열렸음을 의미한다. 그러나 그때까지도 몹시 더운 날씨가 지속되었기 때문에 선수들이 시합을 하기에 적합한 시기는 아니었다. 하지만 그때가 되어야만 농부들이 추수를 마치고 오랜만에 한가로운 시간을 가질 수 있었기 때문에 이때를 맞추어 올림픽 경기가 열린 것이다.

14. 로마는 어떻게 제국으로 성장했을까?

BC 700 - 로마

로마 군사들이 수많은 전쟁에서 승리하고 돌아왔을 때 그들은 아주 성대한 환영을 받았다. 그러나 이런 갑작스러운 영광이 로마에 있어서 반드시 좋은 일만은 아니었다. 수많은 전쟁으로 인해 로마의 농부들은 많은 어려움을 겪어야 했기 때문이다.

즉 전쟁에 사용한다는 명목 아래 로마는 백성의 곡식과 재산을 빼앗아 소수 권력가들의 개인 재산으로 만들었는데, 소수의 장군들과 그들의 가까운 친지들만이 부를 누릴 수 있게 하였기 때문이다.

구 로마 공화국 시절의 로마인들은 선인들이 모범을 보여 왔던 검소함을 큰 자랑과 자부심으로 생각하였다. 그러나 신 로마국 사람들은 선조 시대 때 유행했던 풍습과 절도 있는 생활 규범들을 거추장스럽고 부끄럽게 여겼다. 그리고 이제 로마는 부자들에 의해 다스려지고 부자들만을 위한 나라가 되어버렸다.

그 후 150년도 못 되어 로마는 지중해 연안의 모든 땅을 지배하는 나라가 되었다. 그때 전쟁 포로들은 자유를 박탈당하고 노예가 되었다. 로마는 전쟁을 아주 중요한 사업이라고 여겼기에 일단 지배하기 시작한 지역은 무자비한 방법으로 다스렸다. 카르타고를 멸망시켰을 때 로마인들은 그 지역의 여자들과 어린아이들을 모두 로마인들의 노예로 팔았다. 그리고 그리스와 마케도니아, 스페인과 시리아의 주민들이 로마에 대항하려 하면 로마인들은 그들 역시 카르타고 주민들의 신세처럼 만들어버렸다.

2천 년 전 노예는 기계의 일부분에 지나지 않았다. 즉 오늘날 부자들이 공장에 자신의 돈을 투자하는 것처럼 당시 로마의 부자들(정치인, 장군, 전쟁 사업가 등)도 자신들의 재산을 토지나 노예들을 사는 데 투자하였다. 그들은 새로 착취한 지역의 땅을 사거나 그냥 차지했고 공개 노예 시장에서 노예들을 가능한 한 싼 값에 사려고 했다. 특히 기원전 3세기에서 2세기까지는 노예들이 많았다고 한다. 땅 주인들은 노예들을 혹사시켰고 과중한 노동 때문에 노예들이 죽고 나면, 로마인들은 가장 가까운 노예 시장에서 카르타고나 코린트의 포로들을 노예로 사오곤 했다.

다음은 어떤 로마 농부에 대한 이야기이다. 그는 로마를 위해 자신의 임무를 다했으며 전쟁터에서도 용감하게 싸웠다. 그러나 몇 십 년이 지난 후 귀환했을 때 그의 땅은 잡초로 덮여버렸고 그의 집은 거의 폐가가 되어 있었다. 하지만 그는 용기를 잃지 않고 다시 새로운 생활을 시작했다.

씨를 뿌리고 밭을 가꾸고 수확을 기다렸다. 그리고 수확한 곡식을 자신이 기른 가축과 함께 시장으로 가지고 갔다.

하지만 그는 대토지의 소유주들이 많은 노예들을 시켜 땅을 경작하게 한 후 그 수확물들을 자신보다 더 싼 가격에 팔아 많은 이익을 얻는다는 것을 알게 되었다.

그래서 그는 지난 몇 년 동안 땅만을 집착했던 스스로를 비웃으며 고향에서 근처 다른 도시로 떠났다. 그리고 그 도시에서 그 농부는 자신의 처지와 비슷한 수천 명의 농부들과 함께 굶주림에 허덕이며 비참하게 생활했다.

그들은 대도시 변두리 지역의 돼지우리 같은 지저분한 오두막에서 함께 모여 살았다. 또한, 그들은 그곳에서 무서운 전염병에 감염되어 쉽게 죽기도 했다. 차츰차츰 그들 사이에서는 불만이 싹트게 되었다. 조국을 위해 싸웠건만 이후 그들에게 돌아온 것은 비참한 생활뿐이었기 때문이다. 굶주린 독수리들처럼 그들은 가난한 마을을 떠돌아다니는 선동가들의 연설을 주의 깊게 들으며 로마를 불신하고 증오했다. 그들은 이제 국가의 안전을 위협하는 존재가 된 것이다.

그러나 신흥 부호들은 어깨를 으쓱하며 말했다.

"우리는 폭도들을 다스릴 군대와 경찰들이 있으니 걱정 없어."

그리고 나서 그 부자들은 자신들의 화려한 저택 안에서 어떤 그리스 노예가 라틴어로 번역한 호머의 시를 읽고 정원을 가꾸며 편안한 나날을 보냈다. 그러나 모든 신흥 부호들이 이런 태도를 취한 것은 아니었다. 몇몇 소수 부호들은 옛 관습처럼 연방 국가를 위해 지속적으로 봉사를 하기도 했다.

시피오 아프리카누스의 딸 코넬리아는 그라투스라는 한 로마인과 결혼하여 티베리우스와 가이우스라는 두 아들을 낳았다. 그 형제들이 성장하여 정치가가 되었을 때 그들은 개혁을 시도하였다. 한편, 그 시대의 통계 자료들을 보면 이탈리아 반도의 대부분의 땅은 약 2천 명의 귀족 가문들이 소유하고 있었다.

이때 호민관이 된 티베리우스 그라투스는 위에서 말한 두시이 평민들을 도우려 했다. 그리고 그는 한 사람이 제한된 토지를 소유해야 한다는 고대의 법을 다시 되살렸다. 이런 식으로 나라에 중요했던 옛 계급인 소규모 자영 자유농민들을 되살리고 싶었기 때문이었다.

하지만 신흥 부호들이 이런 그를 고운 눈으로 볼 리가 없었다. 신흥 부호들은 그 형제들을 도둑이다, 역적이다 하며 몰아세웠다. 그리고 산발적으로 폭동들이 일어나는 것을 이용, 폭력 조직을 고용해 티베리우스 그라투스를 죽이라고 시켰다. 그리하여 티베리우스 그라투스는 어느 날 회의장에 들어오는 순간 살해되었다.

10년 후 티베리우스의 동생인 가이우스는 귀족층의 이익을 줄이고 평민들의 생활을 개선시킬 수 있는 개혁을 시도했다. 즉 가난한 사람을 보호하는 '빈민법'을 고안하였다. 그러나 의도와는 달리 그 법은 많은 로마 시민들을 가난한 거지로(전문 거지)로 만드는 폐단을 낳았다고 한다.

또한 가이우스는 로마 제국 내의 몇몇 지역을 가난한 사람들을 위한 특수 지역으로 만들었지만 큰 성공을 보지 못했다.

그러다가 다른 새로운 개혁들을 시작하기도 전에 가이우스 그라투스는 살해되었고 그의 부하들 또한 살해되거나 추방당했다.

이렇듯 그라투스 형제는 로마 제국의 평민들의 생활 개선을 위한 최초의 개혁가들이었다. 그러다 그들의 사후, 새로운 개혁가들이 등장했는데 그들은 직업 군인이었다. 술라와 마리우스가 그들이었다. 술라는 대지주들이 지지하는 사람이었고 마리우스는 튜턴족과 킴메르족이 무너졌을 때 알프스 어귀에서 벌어진 대전투에서 승리한 전사이자 가난한 자유농민들의 영웅이었다.

기원전 88년경에 로마의 원로원은 아시아에서부터 흘러들어온 소문에 매우 긴장하고 있었다. 흑해 연안의 폰투스의 왕이었던 미트리데이트와 그의 외가 쪽 친척격인 한 그리스인이 알렉산더 제국의 영광을 되찾기 위해 기회를 엿보고 있다는 소문을 들었기 때문이었다. 즉 미트리데이트는 소아시아에 있는 모든 로마인들을 죽인 인물과 세계 정복의 꿈을 실현하려 했던 것이다.

전쟁이 시작되었을 때 로마의 원로원은 폰투스에 대항할 군사들을 보냈다. 그러나 누가 그 군대의 지휘관이었을까? 당시의 집정관은 술라였기 때문에 원로원에서는 술라를 지명하려 했다. 그러나 일반 대중들은 마리우스를 지지했는데 마리우스는 이미 다섯 번이나 집정관을 지냈고 그만이 자신들의 수호자라고 믿었기 때문이었다. 하지만 결국 술라가 지휘관이 되어 미트리데이트를 무찌르기 위해 동쪽으로 떠났다. 반면 마리우스는 아프리카로 쫓겨나게 되었다.

마리우스는 아프리카에서 술라가 아시아에 도착했다는 소식을 들었을 때 그와 뜻을 같이하는 불평불만의 자들과 함께 이탈리아의 로마로 들어왔다. 그리고 5일 낮 5일 밤을 지내며 원로회에 있는 모든 적들을 죽이고 스스로를 집정관에 임명하였다. 하지만 집정관이 된 지 14일 만에 그는 의문의 죽음을 당하게 된다. 그 후 4년 동안 로마 시민들은 지도자 없는 혼란 속에서 살아야만 했다.

한편 미트리데이트를 무찌른 술라는 귀환 소식을 로마에 알리고 군사들과 함께 사전 작업을 하기 시작했다. 여기에서의 사전 작업이란 부하들을 시켜 그를 반대하는 사람들을 죽이는 것이었다. 한번은 마리우스 군대의 일원이었던 젊은이를 교수형에 처하려 했던 적이 있었다.

그때 어떤 사람이 나타나 "그 젊은이는 너무 어리니 죽이지 말게."라고 말했다. 결국 그 젊은이는 풀려났다. 그때 젊은이를 살린 그 사람이 바로 줄리어스 시저이다.

그 후 술라는 로마의 유일한 통치자를 의미하는 '군주'가 되었다. 그리고 로마를 4년 동안 통치한 후 조용히 죽음을 맞이하였다.

그는 죽기 전 마지막 여생을 밭에서 양배추를 가꾸며 지냈는데 이것은 과거 로마의 정치인들이면 누구나 자신들의 과거를 참회하면서 일생을 마감할 때 하는 관습과도 같은 것이었다. 술라가 죽은 후에도 로마의

늑대의 젖을 먹고 살아난 로물르스와 레무스 형제
(로마의 건국 신화)

상태는 나아지지 않았다. 차라리 더욱 악화되었다는 표현이 옳을 것이다. 그때 술라의 절친한 친구였던 그누스 폼페이라는 장군은 로마의 영원한 적이었던 미트리데이트와의 전투를 위해 동쪽으로 떠났다. 그는 지칠 줄 모르는 미트리데이트를 산으로 후퇴시켰고, 그곳에서 미트리데이트는 스스로 독약을 먹고 자살했다. 자신이 패배할 것이라는 것을 예감했기 때문이었을 것이다.

그 후 폼페이는 시리아를 점령해 로마의 위세를 다시 한 번 떨쳤으며 계속 예루살렘을 점령하고 과거 알렉산더 대왕의 신화를 재창조하기 위해 서아시아 일대를 휩쓸고 다녔다. 그리고 결국에는 12척의 배에 가득 채울 만큼 많은 왕들, 왕비들, 그리고 장군들을 태워서 로마로 돌아왔고 4천만 달러어치의 약탈품들을 로마의 시민들에게 안겨 주었다.

당시 로마 정부는 로마를 다스릴 강력한 통치자를 찾고 있었다. 그러던 중 도박으로 전 재산을 날려 보내고 도둑질로 그 손해액을 되찾으려 했던 카틸린이라는 귀족이 로마를 다스릴 뻔했었지만 정의로운 법률가였던 키케로가 카틸린의 음모를 알아내어 원로원에 이를 알려 결국 카틸린을 강제로 추방시켜 버렸다. 그 시대에는 이런 비슷한 음모를 꾸미고 있는 젊은이들이 많았지만 이들 모두를 다스리기에 정부의 세력은 약했다. 그렇기에 더욱 로마가 안정을 찾는 데 많은 시간이 걸렸을 것이다.

이때 폼페이는 삼두 정부를 구성하여 그 정부가 나라의 정사를 책임지게 했고 자신은 자경단의 우두머리가 되었다. 스페인의 총독으로 유명했던 가이우스 줄리어스 시저가 서열 제2위의 책임자였고 서열 제3위는 크라수스라는 인물이었다. 크라수스가 뽑힌 이유는 그가 엄청난 부호인데다가 전쟁 물품 공급에 있어서도 탁월한 능력을 발휘했기 때문이다. 하지만 크라수스는 파르티아와의 전투에서 전사했다.

시저는 외부와의 전쟁에서 더 많은 승리를 거두어야 셋 중에서 가장 능력 있는 인물로 영웅이 될 수 있을 것이라 생각했다. 그리하여 그는 알프스 산을 넘어 지금은 프랑스라 불리는 그 당시의 지역을 점령했으며, 그 후에도 라인강을 가로지르는 나무로 만든 다리를 세운 후 거친 튜턴족의 땅을 점령했다. 그 이후 그는 배를 타고 영국을 방문하기도 했다. 그러나 하늘만이 그의 운명을 알고 있었을 것이다.

한편 이탈리아에서는 시저가 없는 사이 폼페이가 군주로 추대되었다. 이것은 시저가 이제 은퇴한 것과 다름없는 장군이 되었음을 의미했고 시저는 이 소식을 듣고 가만히 있지 않았다.

그는 지난날 마리우스의 추종자로서 인생을 시작했었던 것을 기억하고 원로원과 폼페이와 정면으로 맞서야겠다는 결심을 굳혔다. 그리고 시셀핀골 지역과 이탈리아를 가로지르는 루비콘강을 건넜을 때 그는 가는 곳곳에서 대중들의 환호를 받았다.

그리하여 어려움 없이 시저는 로마로 입성할 수 있었는데 시저가 오고 있다는 소식을 들은 폼페이는 이에 놀라 그리스로 도망쳤다. 시저는 그를 쫓아가 피살루스 근처에서 그의 부하들을 전멸시켰다. 폼페이는 다시 배를 타고 지중해를 건너 이집트를 건너 피했다. 하지만 상륙하자

마자 폼페이는 이집트의 젊은 왕 푸톨레마이우스의 명령에 의해 살해되었다.

하지만 며칠 후 시저가 이집트에 도착했을 때 자신 역시도 함정에 걸려들었다는 것을 깨닫게 되었다. 이집트 군대와 폼페이에게 충성했던 로마의 남아 있는 군사들이 시저의 진지를 공격했던 것이다. 하지만 다행히도 시저는 역습으로 이집트의 함대에 불을 지르는데 성공했다. 그때 불타는 이집트의 전함에서 튄 불꽃이 알렉산드리아의 그 유명했던 도서관의 지붕에 떨어져 그 도서관 전체를 태웠다.

그 후 시저는 계속해서 이집트의 군사들을 공격해 그들을 나일강으로 몰아 죽였고 푸톨레마이우스 역시 자신의 군사들과 운명을 같이했다. 그리고 시저는 그 이집트 왕의 여동생인 클레오파트라를 왕위에 앉히고 새 정부를 세웠다. 그러나 얼마 후 미트리데이트의 아들이자 후계자인 파르나스가 전쟁 준비를 시작하고 있다는 소식을 듣고 북으로 진군해 5일 만에 파르나스의 군대를 무찔렀다. 이때 시저는 자신의 승전 소식을 다음과 같은 유명한 말로 로마에 전했다.

"왔노라, 보았노라, 그리고 이겼노라."

이집트로 돌아온 후 클레오파트라와 사랑에 빠진 그는 로마를 다스리기 위해 그녀를 데리고 로마로 귀국했다. 그때 시저의 네 번의 승리를 경축하는 가두 행진에서 그는 맨 앞에 서서 시민들의 환호성을 들으며 당당하게 걸었다.

그 후 시저는 자신의 모험담을 이야기하기 위해 원로원에 참석했고 원로원은 그를 향후 10년간의 군주로 추대하였다. 하지만 그것은 앞으로에 있어서 치명적인 일이었다.

어쨌든 새로운 군주가 된 시저는 로마의 개혁을 위해 여러 가지 중요한 시도를 했다. 그는 일반 시민들도 원로원의 회원이 될 수 있도록 했다. 그리고 과거 로마에서 행했던 것처럼 먼 지역에 살고 있는 사람들에게도 시민권을 부여하였다. 결국 그는 외국인들도 로마의 정사에 참여하게 했던 것이다. 특정 귀족 가문에서 사유화했던 지역의 땅에 대한 행정 조직도 바꾸게 했지만 이런 그의 행정이 소수 귀족에게서 불만을 얻을 수 있는 정치를 했던 것이다.

귀족들의 불만은 곧 현실로 이어져, 약 50명의 젊은 귀족들이 '공화국을 살리자' 라는 구호 아래 비밀 모임을 결성했다. 그리고 그해 3월에(시저가 이집트에서 가져온 달력에 따르면 정확히 3월 15일) 시저가 원로원에 참석하려 했을 때 그는 살해당했다. 이리하여 로마는 다시 한 번 통치자 없는 나날을 보내게 되었다. 그러던 어느 날, 시저의 영광을 지속시키고자 하는 두 사람이 나타나게 된다. 시저의 전직 참모였던 안토니우스와 시저의 조카로서 그의 재산을 관리했던 옥타비아누스라는 자였다. 옥타비아누스는 로마에 계속 남아 있었지만 안토니우스는 마치 모든 로마의 장군들이 그랬듯이 클레오파트라의 미모에 빠져 그녀의 곁에 있고자 이집트로 떠났다.

그러나 그 후 이 두 사람 사이에서 전쟁이 일어났다. 악티움 전투가 그것인데 이때 옥타비아누스는 안토니우스의 군대를 무찔렀고, 안토니우스는 자결했다. 그리하여 클레오파트라만이 남게 되었다. 그녀는 옥타비아누스가 자신을 사랑하게 하려고 온갖 유혹을 했지만 그녀의 그런 노력이 헛수고로 돌아가자 클레오파트라는 스스로 목숨을 끊었다. 그리고 이때부터 이집트는 로마의 속국이 되었다.

옥타비아누스는 매우 현명한 젊은이로 과거 삼촌인 시저가 행한 실수를 거듭하지는 않았다. 그는 왜 국민들이 군주의 명령에 불만을 품는지 알고 있었다. 때문에 그는 로마로 돌아가서 자신의 주장을 세우는데 매우 조심스러워했다. 또한 그는 군주가 되는 것을 원치 않았고, 행정관이라는 지위에 만족했다. 하지만 몇 년이 지난 후 원로원에서 그에게 아우구스투스라는 칭호를 내렸을 때 그는 이를 거부하지 않았다.

한편 몇 년 후 로마의 시민들은 그를 시저라 불렀지만 군인들은 옥타비아누스를 자신들의 대장이라 부르는데 익숙했기 때문에 옥타비아누스에게 대장, 혹은 황제라는 칭호를 붙여 주었다. 한편 이 시기에 로마 공화국은 제국의 형태를 갖추게 되었지만 로마의 국민들은 이런 사실을 인식하지 못했다.

서기 14년까지 옥타비아누스는 로마의 통치자로서의 입지를 확고히 굳혔고 그는 신에게만 부여되는 권력까지 누리게 되었다. 따라서 그의 후계자들도 진정한 황제가 되었는데, 이때 로마의 황제는 세계에서 가장 위대한 제국의 절대적인 통치자를 의미했다. 하지만 실제로 로마의 내부를 자세히 살펴본다면 대부분의 시민들은 무정부와 혼란에 병들어 가고 있었음을 알게 될 것이다. 그들은 누가 통치자가 되던지간에 거리의 폭동이 사라지고 평화로운 도시에서 살고 싶어 했다.

옥타비아누스는 신하들에게 앞으로 40년 동안 평화롭게 나라를 다스리겠다고 다짐했기 때문에 그는 더 이상 영토를 확장하려 하지 않았다.

하지만 튜턴족이 살고 있는 북서부의 황야 지대의 침략은 예외로 뒀다. 그러나 장군 바루스가 튜턴버그 산림 지대에서 부하들에게 살해당하자 그 황야 지대마저도 침범할 욕심을 버렸다.

대신 로마 내의 심각한 내정 문제를 해결하는 데 모든 노력을 기울였다. 하지만 이미 문제의 심각성이 너무 커져 어디부터 손을 대야 할지 모를 정도였다. 200년 동안의 수많은 혁명들과 외국과의 전쟁으로 이미 젊고 유능한 젊은이들이 많이 죽음을 당했으며 자유농민 계급은 몰락하였다.

노예 노동력이 사회 전반에 자리잡고 있어 가난한 자유농민들은 이런 대규모의 노예 농장에 비교가 될 수 없었기 때문이었다. 결국 로마는 도 망쳐 나온 가난하고 병든 농민들이 득실거리는 장소로 변해갔다.

또한 거대한 관료 제도의 형성으로 부패한 관료들의 세력이 커져 그 들은 뇌물 교환을 일삼아 가족들을 먹여살리는 등 사회는 악순환을 거 듭했으며 더욱이 사람들은 이제 폭력과 피로 얼룩진 거리를 보며 다른 사람들의 고통에 기뻐하며 스스로의 안락만 추구하려 했다.

한편 서기 1세기 동안 로마 제국은 영토 확장에만 주력했기 때문에 이 에 비하면 지난날 알렉산더 제국은 작은 지역 중 하나에 불과할 정도라 할 수 있을 것이다. 그러나 이런 영광의 뒤에는 가난하고 병든 수백만 명의 시민들이 있었다.

즉 로마의 시민들은 마치 무거운 돌 아래 열심히 집을 짓는 개미들과 같은 생활을 하고 있었던 것이다. 즉 그들은 애써 일했지만 어떤 이득도 얻을 수 없었기 때문에 황량한 벌판에서 남은 곡식을 동물들과 나누어 먹는 거지들과 다를 바 없었다. 이런 변화 없는 생활 속에서 아무런 미 련 없이 죽을 수도 있다고까지 생각했으니까.

로마 제국이 세워진지 753년이 되는 해에도 가이우스 줄리어스 시저, 옥타비아누스, 아우구스투스는 자신의 제국을 다스리며 팔라틴 왕궁에 서 살고 있었다. 이때 시리아의 한 작은 마을인 베들레헴의 마구간에서 목수 요셉의 아내 마리아가 아들을 낳았다.

그러나 로마 왕궁의 옥타비아누스와 마구간에서 탄생한 예수는 머지 않아 대적할 운명을 가지고 태어났지만, 예수가 승자가 될 거라는 사실 은 오직 하늘만이 알고 있었을 것이다.

15. 마라톤 전투

BC 490년 9월 - 페르시아

마라톤 42.195km에 얽힌 수수께끼

마라톤 경주는 기원전 490년, 아테네군이 페르시아 대군을 마라톤 들판에서 물리친 승전보를 아테네 시민들에게 전달한 전령을 기념하기 위하여 제 1회 근대 올림픽 대회 때부터 채택되었다.

그러나 여기에는 몇 가지 수수께끼가 있다. 첫째로 승전보를 알리기 위하여 달렸던 사람이 실제로 있었는지의 여부이다. '페르시아 대전사'를 쓴 역사가 헤로도트스(BC 484?~BC 425?)는 흥미 있는 이야기라면 하나도 빠뜨리지 않고 기록하고 있는데 이 이야기에 대해서는 전혀 언급이 없다.

둘째로 이것만으로도 후세에 유명한 사건임에 틀림없는데 전령의 이름이 페디피데스, 페르시모스, 에우쿠레스 등 여러 가지 이름으로 전해지고 있을 뿐 정확히는 알 수 없다는 것이다.

셋째로 마라톤 경기의 거리인 42.195km가 어떻게 산출되었는지 모른다는 점이다. 1927년의 마라톤에서 아테네 사이를 실측했더니 36.75km 밖에 되지 않았다고 한다.

마라톤 전투

페디피데스는 마라톤에서 아테네까지 달렸다. 기원전 490년 9월 페르시아 제국의 강력한 통치자인 다리우스 1세는 도시국가인 아테네를 공격하기 위하여 군대를 파견하였다. 그의 군대는 아테네에서 겨우 몇 킬로미터 떨어진 마라톤 평야에 도착하였다.

수적으로 열세인 아테네는 스파르타의 동맹군에게 구원을 요청하기 위하여 당시 최고의 경주자였던 페디피데스를 선발하여 파견하기에 이르렀다. 그는 달리면서도 도시를 벗어나고 야생 염소들만이 겨우 지나갈 수 있는 거칠고 바위 많은 지대를 열심히 가로지르며 낮과 밤을 달렸다.

240km를 달린 다음날 아침에야 그는 스파르타에 도착하여 침략군들이 몰려옴을 전할 수 있었다.

그는 소식을 전하고 하루 만에 그 거리를 왕복으로 다시 달려가 아테네 군에 합류하였다. 그리하여 아테네 군과 페르시아군은 며칠 후에 그 유명한 마라톤 전투에서 충돌하게 되었다. 예상과는 달리 아테네군은 페르시아군을 결정적으로 물리쳤다.

페디피데스도 전투에 참가하여 열심히 싸웠다. 그는 동료들과 마찬가

지로 전투가 끝났을 때 지칠 대로 지쳐 있었다. 그러나 그는 아테네 시민들에게 승리의 소식을 전하기 위해 아테네군 대장의 청을 용감하게 수락하고 다시 경주자로 나서게 되었다.

지친 페디피데스였지만 무거운 무기를 벗어던지고 그의 마지막인 위대한 달리기를 시작했다. 마라톤에서 아테네까지의 거리는 36.7km, 페디피데스에게는 단 몇 시간만에 달릴 수 있는 거리였지만 그는 너무나 지쳐 마지막 숨을 쉬며 겨우 "승리했다! 승리했다!"고 외친 후 숨을 거두었다.

그 후 아테네인들은 이 고귀한 애국적인 페디피데스의 희생정신을 추모하여 여러 종류의 달리기 경기를 포함한 운동 경기를 제정하였다. 1896년 올림픽 경기가 부활되었을 때 마라톤이라고 불리는 도로 경주가 정기적인 행사로 제정되었는데 1924년에 마라톤의 거리는 42.195km로 정해졌다.

16. 부귀영화를 뿌리치고 설법자가 된 인도 왕자

BC 482 - 인도

부처님 부처님

　　싯다르타 고타마에게 있어서 마지막 만찬은 예수의 최후의 만찬과 마찬가지로 운명적이었다. 둘 다 만찬 이후에 죽었지만 그 이유는 다르다. 부처는 음식 자체 때문에 죽었고 예수는 그렇지 않았다. 기원전 563년에 왕자로 태어난 고타마는 궁전에서 온갖 진귀한 진수성찬만 먹고 자랐다.

　결혼한 지 13년이 지난 30세에 그는 종교적인 회심을 경험하면서 독신생활로의 부름을 받았다. 그래서 아내와 아들, 게으르고 호사스런 궁전 생활을 과감히 버리고 거지의 옷을 걸친 후 인도의 황무지에 있는 굴속으로 과감히 들어갔다. 그곳에서 그는 이 세상은 번뇌와 고통으로 일관되어 있다는 사실을 알았다. 그 깨달음이 후에 불교의 이름으로 정립되었다. 굴속으로 들어간 후 먹는 것이 가장 문제였다. 그가 먹은 것은 보라라고 불리는 이끼나 부리 날곡식 등이었으며 가끔 들에 자라는 열매뿐이었다. 그는 이런 허잘 것 없는 것들을 먹어야 진리에 도달할 수 있다고 생각했던 것이다. 그 결과 그는 몹시 쇠약해져서 "빈약해진 영양상태 때문에 내 사지는 관절이 마디마디 맺혀있는 곤충같이 되어 버렸다."라고 자신의 건강상태를 표현했다. 어쨌든 그는 이 생활로 인하여 건강에 치명적인 해를 입었다. 부처는 자신의 모습을 자랑스럽다는 듯이 생생하게 표현하고 있다.

"나의 엉덩이는 들소의 뿔과 같이 튀어나오고 갈비뼈는 고가古家의 서까래 처럼 늘어져 있으며 눈은 아주 깊숙이 꺼져서 빛나는 물과 같다."

그는 자주 현기증을 일으키며 쓰러지곤 해서 제자들은 그가 죽은 것이 아닌가 생각하기도 했다. 그는 또 "내 두개골은 쪼그라들고 몸의 털들은 그 뿌리부터 망가져서 모두 빠져 버렸다." 라며 빈약한 영양상태의 몸을 사실적으로 묘사하였다. 부처는 마침내 깨달음이 굶주림으로부터 오는 것이 아니라는 것을 알게 되었다. 그 후 전통적인 인도인의 식생활로 바꾼 뒤 체중은 늘었으나 한 번 얻은 십이지장궤양으로 인해 위의 통증과 장이 타는 듯한 고통을 겪어야만 했다.

부처는 기원전 483년 파바 마을에 있는 망고 언덕에서 설법을 마친 다음 식사를 하였는데 이것이 아마 그의 죽음을 가져오게 한 것 같다. 당시 쿠다라고 불리는 성공한 대장장이가 부처를 환영하기 위해 큰 잔치를 벌였다. 잔치 상에는 푸짐한 고기와 각종 양념을 한 밥, 돼지고기를 으깨어 만든 죽순 음식, 우유, 수카라 마다바라고 불리는 매운 돼지고기 등으로 가득했다.

고타마는 이 음식을 먹고 갑자기 위경련과 타는 듯한 장의 통증을 느껴 식사를 채 마치지도 못하였다. 현대 의학자들은 말하기를 "십이지장궤양 가까이 있던 큼직한 동맥이 터져서 많은 피가 장 속으로 들어갔다."라고 했다. 고타마는 그의 증세를 아무 것도 아닌 것처럼 숨기려 하였으나 항문 출혈이 너무 심해 그의 제자들을 깜짝 놀라게 했다.

고타마는 '쿠시나가라라'는 지방에서 설법을 하기 위하여 제자들의 부축을 받아 도보로 여행하기 시작했다. 그러나 얼마가지 못해 출혈에 의한 탈수현상으로 생긴 갈증 때문에 길가에 쓰러져서 물을 달라고 애걸하게 되었다. 다행히 가까이 있던 시냇물을 마시고 갈증은 해소했으나 이로 인해 장에 자극을 받아 증세는 더욱 심해졌다. 아마 시냇물이 음료수로는 맞지 않았던 것 같다. 출혈과 구토로 인하여 심신이 허약해진 이 철학자는 '쿠시나가라라'의 외곽지대에 도착하자마자 피로로 쓰러졌다.

그의 제자들은 그가 큰 고통 없이 해탈의 경지에 이르러 마침내 죽었다고 주장한다. 순간순간 의식이 명료해졌을 때 그는 그를 따르는 사람들에게 모든 사람은 결국 죽는다는 것과 목적을 다하여 최선을 다하라는 말을 남겼다.

오늘날 의사들이 부처의 생애에 대한 가장 오래된 기록을 보고서 급성 소화 불량이 동양의 가장 위대한 철학자 중의 한사람을 죽게 했다고 판명하였다. 부처는 위궤양과 함께 결장암으로 고생하였다. 이 철학자는 심한 항문 출혈과 구토로 인한 탈수현상이 계속되어 산소부족에 시달리다가 결국엔 심장마비로 죽었다.

고타마의 시체는 화장되었는데 8개의 집단으로 나뉘어진 그의 추종자들은 누가 그의 재를 보관할 것인가에 대해 많은 논쟁을 벌였다. 평화를 가르쳤던 부처의 유물을 가지고 싸우는 것이 부질없음을 인식한 이 집단의 지도자들은 마침내 이 재를 똑같이 나누었다. 금으로 만든 8개의 유골 단지는 인도 내에 있는 8개의 왕국에 전해졌고 이 유물 앞에 제단을 만들어서 숭배하였다. 가장 눈에 띄게 뛰어나온 부처의 복부는 우리로 하여금 그가 어떻게 해서 죽었는가를 다시 생각나게 한다.

한때는 왕자였던 탁발 수도승이 중생 계몽을 위한 설법을 위해서 인도 전역을 돌아다니고 있었다. 이 싯타르다 고타마라고 불리던 왕자는 네팔산맥 기슭에 카필라베스투라는 지방을 통치하던 영리하고 유명한 아버지와 그를 낳은 지 일주일 만에 사망한 어머니 마야 데비 사이에서 출생하였다. 전설에 의하면 그의 어머니가 일찍 사망한 것은 그녀의 아들이 거지 인생으로 전락하는 것을 보는 괴로움을 피하기 위한 것이었다고 한다.

그는 그의 기질과 맞지 않게 화려하고 정치적인 배경에서 성장하였으며, 아들이 왕관을 사양할 것을 눈치 채고 이를 두려워하게 된 그의 아버지는 이 아들을 모든 인간의 고뇌가 보이는 환경으로부터 격리시키려고 애쓰지만 그의 노력은 실패로 끝나게 된다.

어느 날 마차를 타고 가던 왕자가 카필라베스투 동쪽 문에서 쇠약해진 노인의 고통을 목격하게 되는 것을 시작으로, 두 번째 날은 남쪽 문에서 질병으로 고생하는 자를, 세 번째 날은 죽은 자를, 그리고 마지막 북쪽 문에서 탁발 그릇을 든 중이 지나가는 것을 목격하게 된 것이다.

이 네 가지 광경을 머릿속에서 지우지 못하고 있던 왕자는 마침내 왕자의 자리를 버리고 중이 될 것을 결심한다.

그 당시 인도의 종교계는 필연적인 윤회사상을 가르치는 브라만 계급에 의해 독점되고 있었다. 그러나 싯다르타는 그들의 가르침을 받아들이지 않았다. 그는 나이란자나 강변의 우루벨라 지방으로 들어가 6년을 머물다 마침내 보리수나무 아래서 해탈을 하고 '깨친 자' 라는 의미가 있는 부다Buddha가 되어 열반에 들게 된다.

부다가 주장하는 네 가지 진리는 첫째로 이 세상은 모두 고해의 바다라는 것, 둘째로 욕망이 이러한 고뇌를 부르고, 셋째로 욕망을 누르면 이러한 고뇌를 이길 수 있으며, 넷째로 이러한 욕망을 누르기 위해서는 정견正見, 정어正語, 정업正業, 정명正命, 정념正念, 정정正定, 정사유正思惟, 정정진正精進, 팔정도八正道를 따라야 한다는 것이다.

부다의 깨우침과 구함을 위한 이러한 설법은 브라만 계급을 포함한 모든 대중에게 전파되었다.

기원전 563년 경 인도의 대표적인 종교는, 기원전 2천 년 경에서 기원전 천 년 사이에 씌어진 베다의 가르침이 날로 늘어가는 바라문 혹은 사제들 수의 영향으로 기원전 천 년 경에 다시 주목을 받기 시작하였다. 그 가르침을 정리하여 만든 경전이 토대가 되어 시작된 것이 바라문교였다.

이 베다주의는 그 당시 종교적인 배경을 갖는 인도인들의 모든 일상
생활이나 행동에서 반드시 따라야했던 종교의식이었다. 그 수가 다양하
면서도 각각 독립된 초월적인 존재로서의 신들을 섬기던 종교이다.

주로 자연적인 대상이나 힘을 신격화하는 이 베다주의는 섬기는 신
중에서도 그 모든 신을 초월한 여러 가지 형태로 섬겨지던 - 으뜸가는
유일 신 - 존재가 따로 있던 것이 고대 종교와의 차이점이다. 기도와 희
생 제물로 섬겨지던 두려운 존재로 인식되어 오던 베다주의의 신들이
바라문교에서는 희생제물과 경문의 암송으로 달랠 수 있는 존재로 변화
된 것 또한 이 두 종교의 차이점이다. 이는 초월적인 힘을 마구 휘두르
는 신보다는 종교의식으로서 조정할 수 있는 신을 섬기는 새로운 형태
의 종교가 형성되는 계기가 되었다.

바라문 사제들은 이러한 종교의식으로 모든 인간들의 일상사는 물론
심지어는 신들의 행동도 조정할 수 있다고 믿었다.

이 종교는 기본적으로 엄격한 종교의식이나 절차 또는 계율을 통하여
착하고 정직하며 올바른 인간의 상태에 도달할 수 있는 인생의 방법을
가르쳤다. 그러나 바라문의 사제들이 이러한 종교의식과 절차는 오직
사제들의 손을 거쳐야만 효과가 있다고 대중들에게 가르쳤기 때문에 보
통 사람들이 바른 인생의 방법을 얻기 위해서는 사제들에게 의존할 수
밖에 없었다.

신과 인간의 교통이라는 아주 중요한 역할을 맡고 있던 이러한 사제
들에게는 당연히 신성이 부여되있으며, 이러한 현상은 사제들이 종교의
식을 주관하는 모든 형태의 종교에서 절대적 권력을 갖게 하는 계기가
되었다. 또한 보통 사람들보다 우월한 존재로 군림하던 사제들이 그 당
시 인도사회의 계급제도에서 제일 높은 계급층을 차지하게 된 매우 당

연하고도 확실한 원인이 되었다.

바라문교의 가르침은 '신의 계시가 담긴 것'과 '신의 계시가 담기지 않은 것' 두 가지 종류의 경전을 바탕으로 하고 있다. '신의 계시가 담긴' 경전에는 주로 만다라나 베다 혹은 바라문의 경문이 담겨져 있고, '신의 계시가 담겨져 있지 않은' 경전은 주로 산문이나 기도문 혹은 바라문 사제들을 위한 규정들이 담겨져 있으며 종교의식을 강조하는 목적으로 사용되었다.

바라문 교리와 밀접한 관계가 있는 「아라니야카스」 혹은 「우파니사드」라고 불리는 접신학Theosophy이 서술된 이 논설집에는 오랜 세월을 통해 존재하였던 수많은 철학자들의 사상이 모여 있다. 이것은 바라문 교도(그리고 현대 힌두교도)들에게 철학적인 문제에 있어서의 중요한 기준을 마련해 주고 있다.

바라문 교도들은 그들의 최상의 실존 브라마Brahama를 첫째 인격을 초월한 절대적인 존재, 둘째 모든 존재의 기초, 그리고 셋째로는 손수 모든 것을 창조하고 통치하는 유일신의 존재로서 받아들이고 있다. '신의 계시가 담겨 있지 않은' 경전에 포함되어 있는 '마누의 계율'은 바라문 교도들을 출생에서 무덤까지 따라다니는 계율과 철학의 방향을 자세히 제시하여 주고 있다.

이 밖에도 바라문 교도들에게 독특한 계율을 가르치고 있던 경전으로는 「마하바라타」와 「라마야나」 두 가지를 들 수 있다. 이 중 인도의 '일리아드'라고 불려지는 「마하바라타」는 힌두교의 으뜸 신 크리쉬나를 찬양하는 성가인 "바가바드-지타"가 실려 있어 종교시의 최대 걸작품 중하나로 꼽히고 있다.

이러한 것이 기원전 530년 경 네팔의 남쪽 끝에 걸쳐 있는 크샤트리아 계급층에 속한 시키아족의 수도 카필라베스투 지방을 여행하고 있던 마야가 그 네팔 국경의 룸비니 정원에서 아들을 낳았을 때의 당시 인도의 종교적 배경이었다.

마야는 아리안족의 혈통을 이어받은 숟도다나라는 매우 부유한 사키아족 라쟈 왕자의 부인이었으며 그 당시 그들이 속했던 크샤트리아 계급층은 최상 계급인 브라만 계급 다음으로 가는 높은 계급이었다.

싯다르타 고타마라는 이름을 얻게 된 이 아기, 즉 부다의 일생은 그가 죽은 후에도 몇 백 년이라는 세월이 지나도록 전혀 알려지지 않았기 때문에 실제로 그에게 어떠한 일이 특정한 시기에 발생했는지는 사실과 전설이 뒤섞여 있다. 하지만 이러한 것들이 윤곽이 되어 역사적인 사실로 받아들여지고 있는 것은 사실이다.

아이가 성장하면서 뛰어나게 영특했을 것이라는 점은 별로 의심이 가지 않는다. 그러한 위치에 있던 모든 소년들처럼 그는 사회적 위치가 요구하는 모든 교육과 훈련을 받는 한편, 물질적인 만족에 실증을 느낄 정도로 풍요로운 삶을 살았을 것이기 때문이다.

그의 결혼에 관한 이야기로는 그가 16세 때 무술경기에서 우승하여 얻은 부인에게서 라훌라라는 아들을 얻었다는 설과 28세에 야소다라와 결혼하여 그 다음해에 라훌라를 낳았다는 설의 두 가지가 있다. 그 중 어느 것이 정설인지는 모르지만 그가 29세 때 집을 떠난 후 51년 동안의 그의 인생 중 오직 한번 집에 돌아온 적이 있었다는 것만은 밝혀진 사실이다. '대상봉'이라고 불리는 그의 유일한 귀가는 일련의 명상 끝에 얻어진 결심에 의한 것으로 추측된다.

세상의 모든 불행에서 격리된 환경에서도 그것들을 끝내 외면하지 못하는 그의 이야기는 이렇게 시작된다.

마차를 타고 가다 처음에 노인을 보게 되는 것을 시작으로 그 다음에는 병자를 그리고 세 번째에 죽은 사람을 보게 된다. 그가 그의 마부에

부귀 영화를 뿌리치고 설법자가 된 인도 왕자

게 이러한 죽음의 의미가 무엇인지를 묻자, "이러한 일들은 인간에게 항시 일어나고 있다."라는 마부의 대답을 얻게 되면서 그는 그 문제에 대해 곰곰이 생각하게 되었다.

그러던 중 그는 결국 이러한 문제들이 출생에서 비롯된다는 결론을 얻고 이렇게 괴로운 출생으로부터 인간을 구제하고 싶은 욕망에 사로잡히기 시작한다.

그 당시의 대중 종교 바라문교에서도 만족을 얻지 못한 욕구까지 불타오르던 중 이번에는 그의 눈에 삭발을 하고 누런 가사를 걸친 남자가 보였던 것이다. 그의 마차를 끌던 챠나에게 그의 정체를 묻자 챠나는 "그는 가정이 없는 인생을 택한 사람들 중 하나"라고 대답한다.

그날 밤 자태가 요염한 그의 시녀들에게 둘러싸여 명상에 잠겨있던 그는 마침내 즐거운 인생이라는 것이 과연 무엇이며 그것을 어떻게 얻을 수 있는가를 문득 깨닫게 된다. 즉시 자리를 떠나 그의 아들을 껴안고 평화롭게 잠들어 있는 아내의 침실로 다가간 그는 침묵의 작별을 하고 마부 챠나와 애마 칸타카를 데리고 왕궁을 빠져 나온다.

숲을 빠져 나와 말에서 내린 다음 자신의 검으로 머리를 자른 그는 챠나에게 그의 애마를 맡겨 왕궁으로 돌아가게 한 후 길가에서 만난 거지에게 자신이 입고 있던 화려한 의복을 벗어주고 거지의 떨어진 옷으로 바꾸어 입는다. 이제 그는 자신이 찾고 있는 것이 무엇인지 알고 있다.

이 세상에 인간들을 괴롭히고 있는 것은 여러 형태로 나타나는 욕정과 이기적인 욕망이며 이러한 것들이 거듭되는 운명의 수레바퀴에서 벗어나려면 우선 욕망과 욕정의 불길을 꺼야 한다는 것이다. 그것을 달성한 자만이 그 괴로움에서 벗어날 수 있지만 인간의 삶에서 어떻게 그러한 욕망과 욕정을 없앨 수 있을 것인가?

그는 이러한 문제를 가지고 먼저 당대의 유명한 현인 알라라 칼라마를 찾아간다. 하지만 그에게서 만족할만한 해답을 찾지 못하고 또 다른 현인 우다카를 찾아간다. 하지만 결과는 마찬가지였다.

이렇게 전국을 헤매던 그는 마가다국의 우루벨라 지방의 작은 숲의 나무 밑에서 깨우침을 위한 금식 수도에 정진하기 시작한다. 그는 이 곳에서도 깨우침을 얻지 못한 채 6년이라는 세월을 엄격한 수도 생활로 보낸다. 그러던 중 줄곧 그를 괴롭히고 있던 두려움과 육체의 욕정을 이겨내는 마음을 지배할 수 있는 능력을 얻게 된다.

아직도 혼란에 빠져 있던 그는 갑자기 그가 열중해 있던 고행적인 형태의 수도로서는 깨우침을 얻지 못한다는 것을 깨닫고 나서, 수가타라는 여인이 권하는 우유죽 한 그릇을 먹은 다음 목욕을 한다.

목욕을 마치고 다시 나무 밑동에 자라고 있는 풀 위에 앉아 깨우침을 얻기 위한 명상에 잠기는 그의 모습을 오월의 보름달이 비추고 있었다.

그 때 '마라' 라는 마귀가 그의 부하들을 이끌고 나타나 그가 풀로 엮어 만든 옥좌를 내놓을 것을 강요한다. 하지만 그는 마라의 온갖 공격을 물리치면서 풀 옥좌를 끝내 포기하지 않는다. 마침내 마귀들이 물러가면서 그는 깊은 명상에 완진히 빠져들었다. 드디어 그 마귀리는 존재기 인간의 마음을 괴롭히는 주원인이며 또한 그것을 물리칠 수 있는 상대라는 것을 깨닫는다. 그와 동시에 그가 원하던 깨우침을 얻고 부다, 즉 '깨친 자' 가 된다.

그가 제일 먼저 달마, 즉 고뇌에서 벗어나는 길을 가르치려고 마음먹은 상대는 그가 고행 수도를 할 당시 그의 곁에서 함께 수도를 하던(그가 고행수도를 포기하자 그들은 그의 곁을 떠났다) 다섯 명의 동료 수도승이었다.

비나레 근처의 사나쓰 사슴공원에서 그들을 찾아낸 부다는 칠월의 보름달 밑에서 그들에게 최초의 설법을 전한 다음, 부다에게 배운 달마의 진실을 대중들에게 가르치라고 그들을 떠나보낸다.

그 후 45년 동안 부다와 그의 제자들은 인도 전 지역을 돌아다니며 전도활동을 계속하였고 수많은 사람들 특히 상류계급에 있던 사람들이 '달마교' 로 개종하게 되었다. 이는 그들이 신봉하고 있던 바라문교에서는 상징적으로만 다루어지고 있던 '참된 인생의 길' 을 부다의 가르침에서 더욱 흡족하게 구할 수 있었기 때문이라 할 수 있다.

이리하여 부다의 본부라 할 수 있는 수도원이 제타바나 삼림 속에 세워지게 된다. '삼가' 라고 불리던 이 수도원은 엄격한 회원제로 출입이 통제 되었다. 이 수도원의 유일한 생계 방법인 구걸은 비쿠스, 즉 탁발승들에게만 허용되고 있었다. 초기에는 탁발을 위한 그릇과 누런색의 가사를 걸친 이 탁발승의 자격이 남자들에게만 주어지다가 후에 여승 제도가 마련되면서 여성들에게도 허락되었다.

오직 한 번 그가 부친의 궁궐에 다시 들렀을 때 그의 아들이 다가와 그에 상속을 원하자 부다는 수제자 사리푸타를 돌아보며 "뜻대로 받으라."고 말하여 사키야 왕국의 왕이 될 그의 아들마저 중이 된다.

부다는 80세 때 파바 지방을 방문하고 있던 중 쿤다라는 대장장이의 식사초대에서 먹은 음식으로 병을 얻게 된다. 병든 몸을 이끌고 말라스 지방의 살라 숲에 도착한 부다는 그를 위해 펴 놓은 자리에 누워 제자들에게 둘러싸인 채 숨을 거둔다.

일주일 후 그의 몸이 태워지고 그 재는 여덟 개의 그릇에 나누어져 그가 살았던 그리고 숨을 거두었던 땅의 주인 라자왕에게 보내진다.

부다는 다섯 명의 동료 수도승을 상대로 부다가 베푼 최초의 설법, 즉 불교의 핵심이 되기도 하는 그 설법에서 다음과 같은 네 가지 진리를 제시하고 있다.

> (1) 세상이 곧 고뇌이다. 아무도 출생과 죽음에서 해방되지 못한다.
>
> (2) 고뇌의 원인은 세속적인 욕망과 절망을 부르는 욕심에서 비롯된다.
>
> (3) 욕망을 누른 무념의 상태만이 고뇌를 벗어나는 유일한 길이다.
>
> (4) 이러한 열매를 얻기 위해서는 올바른 도리, 올바른 말, 올바른 행동, 올바른 생활, 올바른 목표와 노력, 올바른 기억, 올바른 명상, 그리고 올바른 신념의 팔정도에 정진해야 한다.

불교사상에 궁극적인 목표는 그들이 최고신의 경지인 열반에 도달하는 것(니르바나, Nirvana)이다. 열반이란 자신의 희생, 사랑하는 마음, 선행, 그리고 모든 욕망을 배제하는 수련을 통하여 자신을 극복한 자만이 얻을 수 있는 영적인 단계이며, 이 열반의 달성은 두 단계로 나누어진다. 속세에서 얻을 수 있는 자아가 없어지는 단계와 죽은 후에 얻어질 수 있는 완성의 단계, 즉 개체가 영원으로 합쳐지는 단계이다.

불교 사상은 종교의식의 준수가 핵심이 되는 바라문교와는 달리 도덕적인 원칙에 입각한 정확한 삶을 추구하는데 모든 중점을 두고 있다. 희생과 기도, 그리고 제사와 사제를 원하는 신에게 의지하기보다는 죽은 인간의 영혼은 다른 육체를 가지고 이 세상에 다시 태어나는 것이 거듭된다는 윤회사상을 강조하고 있다.

불교 사상이 승려들에게 요구하는 도덕적 기준 역시 매우 엄격하여 살생과 남의 것을 소유하는 행위, 간음, 거짓말, 음주, 그리고 금이나 은의 소유가 엄격히 금지된다.

신들에 대한 봉사만을 강요하던 타종교와는 달리 자신들의 삶에서 완성의 길로 갈 수 있는 방법을 제시하는 불교 사상은 짧은 시기에 인도를 기점으로 하여 미얀마, 중국, 한국 그리고 일본 등의 전체 아시아 지역으로 전파된다. 이 불교 사상은 2500년이 흐른 지금까지도 전 세계를 통해 교세를 떨치고 있으며, 그 신도 수는 3억이 넘는다.

위대한 종교의 탄생

불교

불교는 지금부터 약 2500년 전에 기원전 약 563년부터 483년 사이에 인도 북동부 지역에서 살았던 고타마 싯다르타에 의해 창설되었다. 그는 '부다'라는 이름으로 알려져 있는데 범어의 '깨달음을 얻은 자'라는 뜻의 명칭이다. 불교의 중요 사상에 대해서는 팔리 법전-팔리는 불교 성전에 쓰인 고대, 중세의 인도어-이라고 불리는 여러 권의 성전에 나타나 있다. 범어, 티베트어, 중국어로 씌어진 광대한 분량의 성전들이 있다. 현재 3억 명의 불교 신자가 있으며 주로 동남아시아와 극동 지역에 퍼져 있다.

기독교

기원전 7년부터 서력기원 30년 사이에 살았던 예수 그리스도에 의해 약 2천 년 전에 만들어졌다. 기독교 사상이 담긴 책을 바이블이라고 한다. 전 세계적으로 12억의 신자가 있으며 그 중에서 로마 가톨릭 교도는 8억 6백만 명, 개신교도는 3억 4천 3백만 명, 동방 정교회 신자는 7천 4백만 명이다.

유교

기원전 551년부터 479년 사이에 살았던 철학자 공자에 의해 약 2,500년 전에 시작되었다. 라틴어로 그의 이름은 콘푸시우스로 알려져 있다. 그의 가르침은 「논어」에 담겨 있는데 논어는 그리스어로 '아나렉타'로서 '사실과 언행'이라는 뜻이다. 주로 중국과 대만에 현재 약 2억 7천 5백만의 신자가 있다.

힌두교

힌두교는 '사나타나 다르마'의 유럽어이며 '영원의 율법'이라는 뜻이다. 「리그베다(시편)」로 불리는 가장 오래된 힌두 성전은 기원전 천 년경에 씌어진 것으로 알려진다. 그러나 가장 잘 알려진 성전은 「우파니샤드」, 「브라마나」, 「푸라나」이며 통들어 '베다' 또는 '지식'으로 불린다. 또한 가장 유명한 성전은 「바가바드지타」이다. 현재 인도와 전 세계 인도인 공동체 내의 힌두교 신자 수는 약 5억이다.

이슬람교

서력기원 570년에서 632년에 살았던 예언가 마호메트에 의해 약 1,400년 전에 창시되었다. 이슬람교의 성전은 서력기원 651년에 아랍의 학자들에 의해 씌어진 것으로 '코란'이라고 불린다. 현재 전 세계적으로 11억의 신자가 있다.

유대교

약 4천 년 전에 유대인 족장인 아브라함에 의해 창시되었는데 아브라함은 유일신인 여호와 또는 야훼를 섬기도록 자기 민족에게 가르쳤다. 유대교의 주요한 가르침은 「토라」와 「탈무드」에 씌어 있는데 유대교의 종교적 율법과 민법을 담고 있다.

「토라」는 「모세의 5경」(구약성서의 첫 번째 부터 다섯 번째 편까지를 이르는 것)에 씌어진 것과 같은 하나님의 뜻을 계시하고 있다. 현재 전 세계적으로 1천 4백만 명의 유대인이 있으며 그 중에서 6백만 명은 미국에 4백만 명은 이스라엘에 50만 명은 영국에서 살고 있다.

신토

일본의 민속 신앙과 그 역사를 같이 할 정도로 오래되었다. 이것에 관한 성전은 없으며 그 계율의 원칙은 불교와 유교에서 유래한다. 서력기원 6세기경부터 일본의 천황은 종교적 신으로 간주되었는데 1946년에 히로히토 천황에 의해 그 신성은 공식적으로 부인되었다. 그 대신 그는 합헌적 군주로 자리 잡았다. 현재 일본에 9천 8백만의 신자가 있다.

시크교

서기 1469년부터 1539년경에 살았던 구루 나낙에 의해 1,500년경에 인도에서 창립되었는데 구루 나낙은 시크교도의 열 명의 구루(종교 지도자) 중에서 제일 첫 번째 구루이다. 시크교의 주요한 가르침은(아디 그란스)에 씌어 있는데 펀잡 지방 말로 '제일 첫 번째 책'이라는 뜻으로 다섯 번째 구루인 아르준에 의해 1604년에 집대성되었다.

전 세계적으로 1천 4백만의 신자가 있다.

도교

유사 이전에 시작되어 지금으로부터 약 2,600년 전에 기원전 600년경에 살았던 노자에 의해 기술되었다. 노자는 명상과 무위의 생활을 신봉하였다. 중국어로 '길'을 의미하는 '도'는 자족과 도피를 추구하는 길을 의미하며 노자는 이기적이며 속세의 야망을 버려야만 획득할 수 있는 길이라고 선언하였다.

노자의 신념과 말씀은 '도덕경'에 씌어 있다. 전 세계적으로 약 3천만 명의 신자가 있다.

조로아스터교

예언가인 조로아스터 또는 차라투스트라에 의해 페르시아에서 약 3천 년 이전에 시작되었다. 그의 철학과 도덕의 가르침 - 선악의 끊임없는 투쟁에 관한 - 은 범어와 동류 어인 아베스타어로 씌어진 '가다'(찬송)속에 그대로 나타나 있다. 조로아스터교는 한때 페르시앙 제국의 종교였으나 이제는 주로 인도 서북 지방이나 이란에 13만 명의 신자밖에 없는 세계에서 제일 소규모의 주류 종파로 전락하였다.

17. 공자는 과연 죽어야 하는가?

BC 479 - 중국

공자가 죽어야 나라가 사는가?

"유교는 처음부터 거짓을 안고 출발했다. 많은 사람들이 모르고 있지만 유교의 씨앗은 쿠데타로 왕권을 쟁탈한 조갑이라는 한 중국인 사내의 정치적 탐욕을 감추려는 목적 아래 뿌려진 것이었다. 기원전 1,300년경 황하 유역에서 일어난 이 사건의 현장을 우리는 고대 동양 문화의 실록인 갑골문에서 발견하게 된다. 공자의 도덕은 '사람'을 위한 도덕이 아닌 '정치'를 위한 도덕이었고 '남성'을 위한 도덕이었고 '어른'을 위한 도덕이었고 '기득권자'를 위한 도덕이었고 심지어 '주검'을 위한 도덕이었다. 때문에 공자의 도덕을 딛고 선 유교 문화는 정치적 기만과 위선, '남성적 우월', '젊음과 창의성의 말살' 그리고 '주검 숭배가 낳은 우울함'으로 가득할 수밖에 없었다. 그리고 이 이방인의 문화는 조선 왕실의 통치 이데올로기가 되어 우리의 삶 속으로 들어왔다. 그리고 그것은 사농공상으로 대표되는 신분사회, 토론 부재를 낳은 가부장 의식, 위선을 부추기는 군자의 논리, 끼리끼리의 협잡을 부르는 혈연적 폐쇄성과 그로 인한 분열 본질, 여성 차별을 부른 남성 우월 의식, 스승의 권위 강조로 인한 창의성 말살 교육 따위의 문제점들을 오늘날까지 지속시키고 있다. 이것들은 오

늘날 우리들 삶의 공간에 필요한 투명성과 평등, 번득이는 창의력, 맑은 생명들
과는 너무도 동떨어진 것들이다. 유교의 유효 기간은 이제 끝난 것이다."

『공자가 죽어야 나라가 산다』에서

*공자(Confucius) : 중국의 대철학자, 유교의 개조이다. 성은 공(孔) 이름은 구(丘). 기원전 551년에 태어나 기원전 479년에 죽었다. 아버지 숙량흘과 어머니 안징재의 11번째 아들로 세 살 때 아버지를 잃고 집이 빈곤하여 젊어서 위리(委吏)와 승전(乘田) 등 관직에 있었다.
공자의 도가 그 당시에는 실행되지 못하였지만 뒤에 한무제의 표창을 거쳐 지금까지 2천4백 년 동안 중국 사상계를 지배해왔다.

15세에 배움에 뜻하고

공자는 제자들을 불러놓고 말했다. "나는 15세에 배움에 뜻하고 30세에 뜻을 세웠고 40세에 미혹당하지 않았으며 50세에는 하늘의 뜻을 알고 60세에는 다른 사람의 말을 들을 줄 알았으며 70세에는 나의 마음이 원하는 바를 따르되 법도를 넘기지 않았다."

공자가 말하되, "지위가 없음을 염려하지 말라. 무엇에 의해 확실하게 입신할 수 있는지를 염려하라. 아무도 나를 인정해주지 않음을 염려치 말고 인정을 받을 수 있는 가치 있는 일을 하기에 힘쓰라."

공자가 "나는 성품이 강직한 자를 보지 못했다."라고 말하자 누군가가 어떤 제자의 이름을 말했다. 공자는 "그는 탐욕스런 성품을 지녔다. 그가 어찌 강직할 수 있겠는가?"라고 대답했다.

어떤 제자가 말하되, "제가 스승님의 도를 싫어하는 것이 아니라 저의 힘이 닿지 않습니다."

그러자 공자가 대답하되 "힘이 닿지 않는 자는 중도에서 포기하지만 그대는 지금 스스로 선을 긋고 있구나(즉 스스로 한계를 정해 놓고 있구나)."

공자가 말하되 "지금까지 나는 어진 것을 좋아하고 어질지 못한 것을 미워하는

공자는 과연 죽어야 하는가?

사람을 보지 못하였다. 어진 것을 좋아하는 사람은 더할 나위가 없으되 어질지 못한 것을 미워하는 자는 바로 그 사실로 인해 인仁을 실천하고 있는 셈이다. 그들은 어질지 못한 자들이 그들에게 영향력을 행사하는 것을 허용하지 않고 있기 때문이다. 하루 종일 어진 것에 자신들의 힘을 쓸 수 있는 자가 있는가? 나는 힘이 부족한 자는 한 번도 본 일이 없다. 문제는 힘이 아니라 그 마음가짐에 있는 것이다.”

어느 날 공자의 제자가 효도에 대하여 물었다. “오늘날 효도를 행하는 자들은 생계에 필요한 것들을 공급하고 있다고 말하지만 개와 말까지도 보호를 받고 있는데, 부모님께 대한 존경심이 없다면 그 차이가 무엇이겠는가?”

또 다른 제자가 효도에 대하여 물었다. 대답하되 “항상 즐거운 표정으로 효도하기란 어려운 것이다. 그러나 일이 있으면 젊은이들이 수고를 하고 술과 음식이 있으면 나이든 분들에 대접한다. 이것만을 가지고 효도라 할 수 있겠는가?”

공자의 제자 중 한 사람인 지후아가 다른 나라 사신으로 가니 또 다른 제자인 장지가 지후아의 어머니 분分의 곡식을 청하였다. 공자는 얼마만큼의 양量을 주라고 말했다.

장지가 더 많은 양을 요구하자 공자는 양을 늘려주었다. 여전히 만족하지 못한 장지는 지후아의 어머니에게 공자가 지시한 것보다 더 많은 양을 드렸다.

공자는 말하되, "지후아가 떠나갈 때에 그는 살찐 말을 타고 갑옷을 입고 있었다. 나는 훌륭한 사람은 가난한 사람을 도와주나 부유한 자의 부를 더해 주지는 않는다고 들었다."

어떤 나라의 왕이 정치에 대하여 공자에게 물었다. 공자는 대답하되 "왕은 왕다워야 하고 신하는 신하다워야 한다. 아버지가 아버지로서 행동을 하지 못하고 자식이 자식으로서 행동을 하지 못한다면 음식이 있다 한들 내가 어찌 그것을 먹을 수 있으리오."라고 말했다.

왕이 말하기를 "옳은 말씀이오. 왕이 이끌지 못하고 신하가 다스리지 못하고 아버지가 아버지로서 행동을 하지 못하고 자식이 자식으로 행동을 하지 못한다면 음식이 있다 한들 내가 어찌 그것을 먹을 수 있으리오."라고 말했다.

공자가 이르되, "지자智者는 물을 좋아하고 인자仁者는 산을 좋아한다. 지혜로운 자는 근면하고 어진 자는 고요하다. 지자는 인생을 즐기고 인자는 오래 산다." 공자가 말하되, "멀리 생각하지 않는 사람은 반드시 가까운 곳에 근심이 있다."라고 했다.

공자孔子라고 불리던 철학자는 노나라의 창평향昌平鄕, 취읍趣邑, 즉 지금의 산둥성에서 태어나 국가의 곡식 창고를 관리하는 정부 관리직에 머물기도 하다가 자신을 정사正事에 조언을 하는 고문으로 써줄 당대의 시도사를 찾던 노력을 포기한 후 개인교습에 나시게 된다. 그 후 그기 사망할 때까지 그의 사상을 더욱 다듬는 일에만 몰두한다.

공자의 사상을 기초로 하고 있는 유교가 가르치고 있는 핵심은 모든 것에 부여된 자연스럽고 올바른 자신의 위치를 뜻하는 도道이며 사람들,

특히 정부 관리들은 이러한 자신의 도를 튼튼히 하기 위해서 개인의 도덕적인 책임을 완수하는 것은 물론 사회를 향한 도덕적 책임을 게을리하지 말아야 한다는 것이다.

그 당시 이러한 그의 사상은 특정한 질서가 요구되는 집단 혹은 가정에서 실질적으로 이용되면서 적극적인 호응을 얻게 되었다. 그것은 연장자와 보다 나은 위치에 있는 사람들에 대한 존경심 혹은 사회에서 외면당하고 있던 하류 계급층에 대한 공평한 대접 등의 사상이 당대 집단의 질서를 튼튼히 해줄 수 있었기 때문이다.

1945년 북한에서 김일성이 집권을 했을 때, 제일 먼저 유교에 관한 책들을 불태웠다고 한다. 1966년 문화 혁명 때 모택동은 공산주의와 관계없는 공자의 「논어」부터 불태웠다. 하지만 한국은 지금까지도 유교문화의 지배적인 영향을 받고 있다. 만약에 공자의 아버지 숙량흘과 어머니 안징재가 산아제한을 하여 공자가 태어나지 않았다면 한국은 세계 5대 선진국 대열에 들었을지도 모를 일이다.

18. 의학의 아버지 히포크라테스

BC 430 - 그리스

히포크라테스의 맹세

나는 다음 맹세와 서약을 최선의 능력과 최대의 판단력을 동원하여 지킬 것을 모든 남신과 여신을 증인으로 하고 치료의 신 아폴로를 걸고 맹세합니다.

나는 이 의술을 가르쳐준 스승님을 내 친부모나 다름없이 존경하고 사랑하겠습니다. 내가 지닌 재산을 함께 나누며 도움이 필요할 때 아낌없이 도와주겠습니다.

그의 자손을 내 형제와 같이 생각하여 그들이 이 의술을 원하면 대가와 조건 없이 가르쳐주겠습니다.

나는 이 의술을 내 아들뿐만 아니라 나의 스승님의 자녀들, 맹세와 서약에 의해 맺어진 제자들에게 의술의 법칙에 따라 훈계와 강의와 어떤 방법이든 다 동원하여 반드시 전하겠습니다. 내가 사용하는 치료법은 환자의 유익을 위해서만 사용할 것이며 그들을 상하게 하거나 해치는 데는 결코 쓰지 않겠습니다.

어떤 사람이 부탁한다 할지라도 결코 독약을 쓰지 않을 것이며 도움이 되는 상담도 하지 않겠습니다. 특히 여자들의 낙태도 돕지 않겠습니다. 어떤 집에 가서라도 모든 잘못과 타락한 행실을 억제하고, 특히 남자의 유혹이나 여자의 유혹,

후환이 있든 없든 어떤 비행에도 빠지지 않겠습니다.

환자를 돌볼 때나 또는 환자와 관계없는 일이라 할지라도 사생활에 관한 한 무슨 일을 보든 듣든 신성한 비밀인 것처럼 침묵을 지키겠습니다. 순수함과 거룩함이 나의 의술과 생활을 지킬 것입니다.

히포크라테스

모든 질병의 원인은 신성의 개입으로 설명될 수 없는 자연적인 원인으로부터 비롯된다는 히포크라테스의 가르침과 그의 사상이 그리스 도시 국가 의사들의 의술 정신이 질병에 접근하는 데에 지침이 되고 있다. 근간에 펴낸 『신선한 질병에 관하여』(On the Sacred Diseases)라는 제목의 저서에서는, 간질이 신에게서 내려지는 질병이라는 사회적인 인식을 부인해 사회적인 충격을 주었다.

히포크라테스는 자신이 질병을 '신성한' 이라고 표현한 이유는 무식하지 않게 보이기 위함이었다고 설명했다.

아나톨리아의 남서쪽 해안으로 떨어져 있는 조그마한 섬 코스Cos에서 출생한 히포크라테스는 그리스 본토를 두루 돌아다니며 의학생들을 가르치거나 환자들의 질환을 연구하는 한편, 환자에 대한 기록은 냉정하게, 치료는 따뜻하게 그 자신의 특유한 의술을 베풀었다.

"나는 나의 모든 능력과 판단을 바탕으로 한 나의 의술을…"이라고 시작되는 히포크라테스의 선서는 의사들의 일반적인 윤리 강령으로 채택되고 있다.

19. 독약을 마시는 소크라테스

BC 399 - 그리스

그리스에서 가장 잘 알려져 있던 인물 중의 하나인 도덕철학자 소크라테스Socrates가 70세에 사망한다. 청소년들을 타락시키고 신들을 경배하지 않았다는 죄목이 걸린 재판에서, 그를 모략하던 자들에 의해 유죄 판결을 받게 된 것이다.

그는 이 재판에서 이러한 죄목의 혐의를 부인하였으나 자신에게 주어진 변론의 대부분을 명성과 부를 좇기보다는 맨발로 다니는 가난함을 추구하는 자신의 '인생 스타일'을 설명하는 데 열중했다. 그 결과, 소크라테스를 거추장스럽게 여기는 그 당시의 이기주의적 정치가들에게 그를 없앨 수 있는 좋은 기회를 스스로 마련해 주게 된 것이다.

펠로폰네소스 전쟁에 참전하기도 한 소크라테스는 잠시 도시 고문의 일을 했지만 델피 신탁소神託所의 사도들에 의해 그 인생이 바뀌게 된다. 시성소의 사도들이 소크라데스를 기리켜 가장 뛰어난 현인이라고 하자 소크라테스 자신은 자신의 지혜를 스스로 의심한 나머지 그 당시 지혜와 덕망이 있다고 이름난 몇몇 정치가들을 불러 그들의 지혜를 시험하기 위한 질문을 한다.

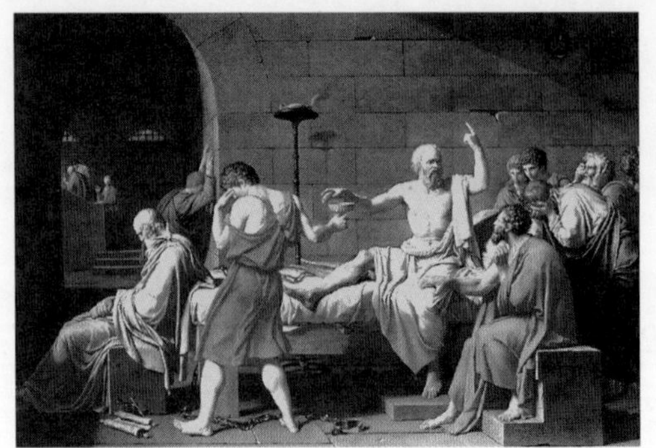

독약을 마시는 소크라테스

  그의 독특한 질문 방식, 즉 스스로 현명하다고 믿고 있던 그들의 생각
이 사실상 무지의 소산이라는 결론을 끌어내는 한편 처음부터 무식하
다고 내세운 자신의 유리한 입장을 이용한 소크라테스는 결국 무안과
창피를 당한 정치가들이 복수의 칼날을 갈게 만든다.

  그 후 질문을 거듭하여 진실을 얻어내는 이 소크라테스의 독특한 '변
증법 철학' 은 아테네의 젊은이들로부터 명성을 얻게 되어 그의 방법을
배우고 싶어 하는 많은 젊은이들이 소크라테스의 주위로 몰려들기 시작
한다. 그런데 이렇게 소크라테스의 변증법을 배워나간 젊은이들은 대중
들에게 끊이지 않는 질문을 퍼부어 그들을 궁지에 몰아넣기가 예사였다.

  사실상 소크라테스는 그 재판에서 벌금이나 추방 정도의 형을 받게
돼 있었다. 그러나 그리스 젊은이들에게 가치관과 지혜를 가르친 자신
의 업적은 영구 연금으로 보상받아야 한다고 주장한 그의 태도는 재판
관들의 미움을 사게 되었고 결국 사형선고를 받게 된다.

  감옥에 갇혀 사형을 기다리던 그는 결국 탈출의 기회를 사양하고 그
들이 주는 월년초에서 뽑은 독물의 잔을 들어 입술로 가져간다.

가장 유명한 재판

소크라테스는 70세에 두 가지 죄목으로 기소되었다. 신앙심이 없다는 것(그는 나라에서 인정한 신들을 받아들이지 않았다)과 아테네의 젊은이들을 도덕적으로 타락시킨다는 죄목이었다. 그러나 이 죄목들은 아테네에서 영향력 있는 이 웅변가를 제거시키려는 날조된 음모였다.

501명의 배심원들 앞에서 3명의 기소자들은 다음과 같은 행위 때문에 소크라테스를 고발했노라고 밝혔다. 그들의 말에 의하면, 소크라테스는 지속적으로 국영 기관 및 관직자들을 비난했고 아테네 젊은이들을 선동하여 그들 역시 비판적 시각으로 국가를 보게끔 부추겼다고 했다. 소크라테스는 자신의 생각을 말했다(플라톤이 그의 저서 '변명'에서 밝힌 것처럼). 그러나 소크라테스는 이 죄목들을 반박하는 대신, 자신은 '진리의 추구자'라는 입장만 고수할 뿐이었다.

60표 차이로 소크라테스는 유죄로 판정되고 사형이 언도되었다. 그의 친구들은 소크라테스에게 탈출을 권유했지만, 그는 사형이 신념을 위해 기꺼이 목숨을 바칠 수 있는 기회라며 거절하였다. 그는 마지막 순간까지도 슬픔에 겨워하는 친구들을 위로하면서 침착하게 독약을 마셨다.

소크라테스의 시장 풍경

소크라테스의 생활이 검소하다는 것을 아는 친구들은 그가 항상 화려한 물건들을 판매하고 있는 시장에 가서 걸어 다니는 것을 보고 놀랐다.

"소크라테스, 자네 시장에 가서 무엇을 사나?"

"나는 아무것도 사는 것이 없네."

"그렇다면 무엇 때문에 시장에 가나?"

"인간에게 필요하지 않은 물건이 얼마나 잘 팔리나 보러 가네."

어리석은 세상을 사는 현자의 침묵이 폭발하는 소리

드디어 소크라테스의 사형 집행일이 하루 앞으로 다가왔다. 그가 다음날 죽는다는 사실에 집착했는지 어떠했는지는 모르겠지만 한 가지 분명한 것은 겉으로 너무나 태연했다는 것이다. 소크라테스는 깊은 생각에 잠겨 있다가 갑자기 '폭소'를 터뜨렸다. 옆방에 감금되어 있는 죄수가 원인을 몰라 물었다.

"선생님, 무엇이 그렇게 우습습니까?"

"어리석은 세상을 사는 현자의 침묵이 폭발하는 소리네. 폭소란 지상에서만 가능한 일이고, 지옥에서는 불가능한 일이며, 천국에서는 합당치 못한 일이네."

이 세상에서 마지막으로 보내는 달 밝은 밤에 소크라테스는 명상에 잠겨 있었다. 이때 어디에선가 맑고 고운 목소리로 시를 읊는 소리가 들려왔다. 소크라테스는 심금을 울리는 소리에 깊은 감명을 받은 나머지 시 읊는 법을 배우고 싶어했다.

그는 간수를 불러서 시를 읊고 있는 사람과의 면담을 요청했다. 간수는 소크라테스를 무척 존경하고 있었을 뿐만 아니라 그가 지상에서 보내는 마지막 밤이라서 그의 소원을 들어주었다. 소크라테스가 그 사람에게 시 읊는 법을 가르쳐 달라고 하자 옆에 있던 간수가 물었다.

"선생님, 내일이면 사형을 당하실 텐데 이것은 배워서 무엇하겠습니까?"

그러자 소크라테스가 혀를 끌끌 차며 말했다.

"이런! 말세로군, 내일 세상이 망한다 해도 나는 오늘 한 그루의 사과나무를 심겠네."

* 스피노자는 소크라테스의 말을 인용해서, 이 말을 유명하게 만들었다.

20. 플라톤은 어떻게 죽었나?

BC 347 - 그리스

말세는 언제?

기원 전 2천 년경에 새겨진 아시리아의 비문에 "오늘 날 우리 세대는 타락해 가고 있다. 곧 말세가 올 것이다."라고 되어 있었다. 그리스 시대의 철학자 소크라테스도 그 시대의 아이들이 제멋대로이고 어른들이 방에 들어가도 일어나지 않는다고 말했다. 플라톤도 당시의 젊은이들이 되먹지 않았고 어른들을 존경할 줄 모르며 부모에게 맞서고 법률과 질서를 지키지 않으며 스승에게 반기를 든다고 한탄하였다.

이렇듯 옛날부터 지금까지 말세니 도대체 진짜 말세는 언제일까?

플라톤

공화국의 내용

플라톤은 「공화국」에서 핵가족이 없어져야 한다고 제의하였다.

"남자들과 여자들이 한 집안에서 살아야 하고 식사 때 같이 만나야 한다. 누구도 자기 개인의 소유물을 가져서는 안 된다. 또 그들은 함께 성장해야 하며 서로 사귀어야 한다. 그리하여 본성의 필요에 따라 자연스럽게 서로 합하여 성 관계를 가질 수 있어야 한다. 내 생각에 필요라는 말은 그렇게 강한 표현이 아니지만……. 그리고 우리 후견인들은 아내와 아이들을 공동으로 가져야 한다. 어떤 사람도 누가 그의 자식인지 어떤 자식도 누구 자신의 아버지인지 알아서는 안 된다."

플라톤의 예언

구약의 이사야서 53장에는 예수 그리스도의 탄생이 예언되어 있다. 예수 탄생 500년 전에 살았던 그리스의 철학자 플라톤도 절대 왕이 태어나 죄인으로 십자가에 못 박혀 죽을 것이라고 예언했다. 또 기원전 42년경에 쓰여진 「전원시 Vergil's Eclogue」에서도 예수의 탄생과 생애가 예언되어 있다.

세계 최초의 여류시인 사포(BC 600)는 레즈비언적인 에로티시즘을 즐기다가 18세 소녀의 사타구니 속에 얼굴을 파묻고 죽었으며 알렉산더 대왕의 부왕인 필립(339)은 승리의 순간에 경호원의 손에 암살되었다. 교황 마틴(655)은 크리미아로 추방되어 그곳에서 굶어 죽었으며 줄리어스 시저(BC 44)는 심복 부하였던 브루투스와 그의 일당에 의해서 살해되었고 브루투스는 그의 가장 친한 친구이자 부하였던 스트라토(BC 42)에 의해 피리피에서 살해되었다.

중국 당나라 현종(754)의 며느리이며 애첩이었던 양귀비는 안녹산의 난 때에 마와파에서 배나무에 목을 매달아 자살했다. 바벨론 평원에서 아라비아 원정을 준비하던 알렉산더(BC 323)와 몽고의 징기스칸(1227)은 모기에 물려 말라리아에 걸려 객사하였다.

로마의 칼리굴라(BC 40) 황제는 닥치는 대로 주변 사람들을 죽이다가 경호실장의 칼에 죽었다. 네로의 친모인 아그립바(45)는 남편 클로디우스를 독살시키고 17세의 네로를 황제로 등극시켰으나 네로는 어머니가 정치적인 걸림돌이 된다고 생각하여 자객을 보내 암살시켰다.

플라톤(BC 347)은 결혼식에 참석했다가 졸도해서 죽었으며 훈의 아틸라 왕(453)은 결혼식을 끝내고 첫날밤에 복상사하였다.

비잔티움의 황제인 나이스포러스(968)는 자신의 오른손이자 경호실장이며 아내와 내연의 관계에 있던 존 지미스케스에 의하여 왕궁에서 난폭하게 살해되었다. 또 영국의 사자 왕인 리차드 1세(1199)는 반란군이 쏜 화살에 맞아 11일 동안 병상에 누워 있다 죽었으며 에피쿠로스(BC 241)는 추하고 늙은 몸을 보이기 싫어 화산의 분화구에 몸을 던져 자살하였다.

영국의 왕 에드워드 2세는 왕비인 이사벨라와 그녀와 내연의 관계에 있던 로저 모티나에 의해서 독살당했으며 프랑스의 왕 헨리 2세(1559)는 딸의 결혼식을 축하하기 위한 마상 시합에 나갔다가 말에서 떨어져 죽었다. 터키 제국의 황제인 세림 2세(1558)는 술취한 상태에서 목욕을 하다가 실족하는 바람에 터키탕에 쓰러져서 뇌진탕으로 사망했으며, 마호메트(632)는 62세 때에 그의 신성을 시험해 보기 위하여 어느 신자가 탄 독배를 마시고 죽었다.

프랑스의 왕 헨리 4세(1610)는 가톨릭교의 광신적인 신부가 찌른 칼에 살해되었으며, 석가(BC 483)는 설법을 마친 후 음식을 먹고 급성 소화불량으로 객사하였다. 프랑스의 유명한 극작가이며 코미디언인 모우레(1670)는 자신이 쓴 극 중에서 주연으로 연기를 하다가 무대 위에서 쓰러져 죽었다. 하와이를 발견한 제임스 쿡(1670)은 하와이 원주민이 찌른 칼에 맞아 사망했으며 스웨덴의 무서운 왕 커스타브스 3세는 극장에서 오페라를 관람하다가 괴한이 쏜 총에 맞아 죽었다.

프랑스 혁명의 기수 잔 폴 마라(1793)는 피부병을 치료하기 위해서 더운물로 목욕을 하다가 몰락한 귀족의 딸이 찌른 칼에 맞아 즉사하였다.

몰몬교의 교주인 조셉 스미스(1843)는 경찰과의 총격전에서 사살되었으며 부교주인 브리감 영(1877)은 급성 맹장염으로 죽었다.

이탈리아 독재자 무솔리니(1945)는 유격병들에 체포되어 그의 애인 클라라 페타시와 함께 거꾸로 매달려서 교수형을 당했다.

히틀러(1889~1945)는 15년 동안 동거했던 에바 브라운과 벙커Bunker에서 결혼식을 올리고 그 다음날인 1945년 4월 30일 에바와 동반 자살을 함으로써 생을 마감했다.

21. 마케도니아의 필립왕

BC 337 - 마케도니아

필립왕은 알렉산더 대왕의 친아버지이다. 마케도니아 필립왕의 공격으로부터 힘겨운 방어를 해오던 아테네의 지도자들은 아테네의 전통적인 독립을 포기한다는 조건이 걸린 필립왕의 평화 제의를 받아들인다. 그 동안 야만인이라고 멸시 받아오던 이 마케도니아인들은 20년 전에 시작된 전쟁을 통해 자신들의 전력은 물론 그들의 우월한 정치 전략의 힘까지도 입증한 셈이다.

마케도니아의 필립왕은 그 동안 치렀던 크고 작은 전쟁에서 계략적인 정책을 비롯한 사회 혼란 선동 또는 재력과 뇌물, 심지어는 혼인 관계를 동원한 모든 전략을 사용하여 많은 도시들을 함락시키는 한편 북방의 일리리아를 성공적으로 견제하며 그들과 같이 아테네의 동맹이었던 켈시다이스의 지원을 받아 그의 영토 남부 에게Aegean 도시를 튼튼히 방어해 오고 있었다.

그들의 만만치 않은 경쟁 아테네가 기원전 352년 전략의 요충지인 테르모필레 협곡의 주도권을 잡게 되자 마케도니아의 필립왕은 아테네와 거짓 평화 협정을 맺은 다음 테베의 '성전'에 스스로 참전하여 아테네와 동맹 관계에 있던 포시아인들을 무자비하게 공격한다. 결국 이 전쟁에서 테베는 껍질뿐인 승리자로 이용당하게 되며 필립왕이 실질적인 승리자가 된다.

그 후 한때 일부 도시들로부터 '평화의 사도'라고까지 추대 받던 필립왕은 기원전 341년 아테네의 동맹 트라키아를 공격한다. 몇 년 동안 팽팽하게 맞서던 두 나라의 전쟁은 기원전 338년 카에로니아 전쟁에서부터 그 양상이 달라진다. 이러한 전환점은 필립왕의 군대가 많은 시체를 남기고 거짓 후퇴를 하면서 시작되었다. 이들의 책략에 속아 넘어간 아테네인들은 그들을 쫓아 맹렬한 추격을 하지만 그들을 기다리고 있던 것은 필립왕의 아들 알렉산더가 이끄는 기병들의 매복 기습이었다.

이러한 전환점을 계기로 전쟁은 급속히 진전되어 테베는 마케도니아인들에게 정복당하고 만다. 그 후 인근의 자치 정부들은 계속 그 명목상의 존재를 인정받지만 페르시아의 공격에 보복하려고 결속하는 새로운 동맹 '고린도'에 의무적으로 가입하게 된다. 그 희생의 대가는 컸지만 그리스의 통일이 이루어진 것이다.

한창 승리감에 도취되어 있던 필립왕이 살해당한다. 자신의 동상이 올림피아의 새로운 신으로 전시되는 예식에 참석하였던 필립왕이 아내가 고용한 자객(왕실 호위병 파우세니아스)의 칼에 찔려 살해당한 것이다.

그의 뒤를 이어 20세의 젊은 나이로 왕위를 계승하게 된 알렉산더는 젊은 나이에 비해서 이미 전술과 행정을 두루 익힌 노련한 정치가로 발돋움하고 있는 중이었다.

4년 전 그의 아버지 필립왕이 비잔티움으로 원정을 나가 있을 당시에도 알렉산더는 트라키아인들을 상대로 하는 국소전을 지휘하는 마케도니아의 사령관 역할을 훌륭히 해낸 것을 비롯하여 카에로니아 전투에서 보여준 그의 용맹 또한 그리스 전역에 알려지고 있었다.

마케도니아의 수도 펠라에서 어머니 올림피아스의 영향을 받으며 어린 시절을 보낸 알렉산더는 주위의 젊은 귀족들과 어울리며 강도 높은 정치 훈련을 비롯하여 다각적인 교육을 받았다. 그러던 중 어머니의 인척 레오니다스를 통해 호머의 서사시에 실려 있는 전설적인 인물들과 접하게 되면서 그것을 실질적은 삶을 비롯한 전술과 항해의 지식을 얻는 지침서로 삼게 된다.

필립왕

그가 14세가 되자 그의 아버지 필립왕은 그를 당시 유명한 철학가 아리스토텔레스의 문하생으로 만들어 미에자에 있던 그의 저택에서 의학, 기하학, 웅변술, 문학을 총망라하는 교양 교육을 받게 한다.

필립의 아내이며 알렉산더의 어머니인 올림피아스가 남편을 죽이게 되는 이유는 마마보이인 알렉산더를 왕으로 만들기 위함과 필립왕이 클레오파트라라는 젊은 여인과 중혼을 했기 때문이다.

22. 알렉산더 대제, 위대한 장군인가?

BC 323 - 마케도니아

콜럼버스가 미 대륙을 발견했고 알라딘이 공주에게 청혼을 해 결혼을 했고, 나폴레옹과 시저가 많은 적을 무찔렀다는 이야기들처럼 역사 속 이야기 가운데 빠져서는 안 될 인물이 있는데 바로 알렉산더 대제가 그 인물이다.

지금으로부터 2337년 전 마케도니아에는 우리의 유년시절처럼 책읽기와 상상하기를 좋아했던 소년이 있었다. 그러나 그 소년은 우리들과 유달리 다른 점이 있었다. 그것은 바로 그 소년이 20세가 되자 책을 던져 버리고 상상의 세계를 바로 현실로 옮겼다는 사실, 바로 그것이다.

즉 20세가 되던 그해부터 그는 10년 동안 자신이 어릴 적부터 꿈꾸어 온 희망을 실천에 옮겨 전 세계의 4분의 3이 넘는 엄청난 땅을 정복했던 것이다. 그리고 정복지에 자신의 과학적, 철학적 지식을 실현시킬 제국을 건설할 결심을 했으며, 서로 다른 신들을 숭배하고 다른 언어로 말하는 정복된 이민족들을 한 제국 안에 융화시키려는 노력을 했다.

언젠가 알렉산더가 디오게네스라는 현인을 찾아간 적이 있었다. 디오게네스는 알렉산더가 나이가 어리다는 이유로 충성을 거부한 철학자였다. 그가 누워서 일광욕을 하고 있는 것을 보고 알렉산더가 "내가 당신에게 해 줄 것이 있느냐?"라고 묻자 그는 이렇게 대답했다.

"네! 비켜 주십시오, 당신이 태양을 가리고 있습니다."

그날 처음으로 알렉산더는 세계를 정복하는 일보다 한 철학자의 마음을 사로잡는 일이 더 어렵다는 것을 깨달았다고 한다.

알렉산더는 지칠 줄 모르는 정복자였다. 군대를 이끌고 늘 전쟁터로 달려갔고 피비린내 나는 전쟁이 끝난 막간을 이용해서는 전쟁을 주제로 한 호머의 서사시를 큰 소리로 읽곤 했다. 알렉산더는 문학작품에도 조예가 깊었다.

'가자'를 점령했을 때 그는 '가자'의 지도자를 잡아 양쪽 발에 구멍을 뚫고 그의 몸을 끈으로 묶은 후 마차 뒤에 매달아 도시 전체를 휘젓고 다녔는데 이는 트로이의 유명한 시에서 아킬레스가 헥토의 시신을 묶어 마차 뒤에 매달아 끌고 다닌 것을 읽고 그대로 인용한 것이었다.

친한 벗이 죽었을 때 알렉산더는 그 친구를 치료했던 의사들을 죽였고 그래도 마음을 가눌 수 없어 방황하다 한 조용한 마을에 내려 1만 명이나 되는 마을 사람들을 칼로 죽여 버렸다고 한다. 해학적이게도 알렉산더는 페르시아에서 정복한 어떤 마을의 명칭에는 자신의 애마 이름을, 다른 마을의 이름에는 애견 이름을 붙였다고 한다.

알렉산더 대제는 세계 역사속의 주연 배우였고 동서양을 하나로 단일화시켰으며 역사적으로 길이 남을 문명을 전 세계에 전파시켰다.

그러나 이런 업적을 많이 남기면 남길수록 알렉산더는 스스로가 초인간적이 영웅이라는 착각에 깊이 빠져들었다.

한 예로, 스스로 신이라 생각했던 그는 전투 중 부상당했을 때 다른 사람들과 같은 색깔의 붉은 피가 나오자 충격을 받았다고 한다. 스스로 '이코르'라는 신의 피를 이어받았다고 여기고 있었기 때문이다.

알렉산더 대왕

또 다른 예로 알렉산더는 전쟁이 없거나 호머의 시를 읽지 않을 때면 술로 시간을 보냈는데 술을 마시는 외중에도 스스로는 초인간처럼 보이기 위해 신처럼 술을 마셨다고 한다.

또한 술 취한 기생이 농담 삼아 "페르시아 왕의 궁전에 불을 지르세요."라고 한 애기를 연회 도중 그 자리에서 즉석으로 실천한 적도 있었다. 술 경연대회를 열어 1등 수상자에게 금으로 된 왕관을 주기로 했는데 12쿼터나 되는 술을 마신 수상자는 왕관은 구경도 못하고 치사량 이상의 폭음이라는 우스운 병명으로 죽었다. 그뿐 아니라 참가했던 다른 이들도 같은 이유로 죽었다고 한다.

바빌론에 내려온 알렉산더는 거대한 규모의 함대를 건설할 것을 지시한 후 자신의 직접 감독 아래 유프라테스에 천 척의 선박이 들어설 수 있는 항구의 건설에 착수한다. 아라비아 반도를 돌아 바빌론에서 이집트로 통하는 해상로를 개척하려는 그가 세운 계획의 일부였다. 후에 그는 자신의 제 1제국 제일 북쪽 끝에서는 카스피안 해협으로부터 북해로 빠질 수 있는 해상로를 찾으려고 시도하게 된다.

그해 여름 출발을 위해 모든 준비가 끝나고 출발을 위한 날짜까지도 잡혀진 당시, 친구들과 어울려 이틀 밤을 지낸 알렉산더는 난데없는 고열에 시달려 잠에서 깬다.

처음엔 대수롭지 않게 생각했던 주위 사람들의 생각과는 달리 그는 차츰 혼미 상태에 빠져 들어간다. 궁궐이 발칵 뒤집혀지고 장군들을 비롯하여 의사들이 모여드는 한편 사제들이 희생 제사를 드리며 그의 회복을 기원하였으나 그의 병세는 점점 악화될 뿐이었다. 잠시 정신을 회복한 알렉산더는 누가 다음 후계자가 될 것이냐는 질문에 '가장 나은 자'라고 대답한다.

그의 모든 군사들이 한 명씩 차례로 그의 병실 앞을 지나며 위대하였던 황제의 마지막 길에 작별을 한다. 전해지는 이야기에 의하면 알렉산더는 그 당시 자신의 앞을 지나가는 군사들의 이름을 하나하나 모두 기억하고 있었다고 한다.

세상이 낳은 가장 위대했던 군인은 결국 술 때문에 인생의 막을 내리게 된다. 36시간 동안 벌어진 술 파티에서 미세한 모기에 물려 얻은 병으로 죽음의 검은 장막 속으로 서서히 사라지고 말았다. 그때 그의 나이가 33세였다.

알렉산더 대왕 – 영웅은 역시 다르다!

어느 날 말을 파는 한 상인이 왕궁에 부케파라스라는 아름다운 말을 팔러 왔다. 그러나 이 말은 기운이 드세어서 뒷다리로 올라타려는 사람들의 접근을 거부했다.

왕은 이를 불쾌히 생각하고 데리고 가도록 했다. 그러자 소년티를 아직 벗지 못한 왕자가 "이렇게 훌륭한 명마를 놓아주다니……."하고 아쉬워했다. 이를 본 부왕은 "네가 말을 다룰 수 있겠느냐?"하고 물었다

왕자는 "이 말 정도라면 다룰 수 있습니다."하고 대답했다. 이야기를 듣고 있던 주위 사람들이 모두 웃었다. 말 값은 13달란트나 하는 거액이었다. 왕자는 말에게 다가가 고삐를 쥔 뒤 태양이 내리쪼이는 방향을 향해 섰다.

아까부터 말을 유심히 관찰하던 그는 말이 자신의 그림자에 놀라고 있음을 알아 차렸기 때문이다. 잠시 동안 쓰다듬어 말이 안정을 되찾자 훌쩍 올라타면서 앞으로 달려 나갔다. 이를 지켜보던 사람들이 환호성을 질렀음은 물론이다. 이렇게 해서 내기에 성공한 왕자는 명마 부케파라스를 부왕으로부터 선물을 받아 자신의 애마로 삼았다. 이 왕자가 훗날의 알렉산더 대왕(BC 356~BC 323)이다.

친구를 죽이다

20세에 왕이 되어 33세에 죽을 때까지 13년 동안 동서로 종횡무진하였던 알렉산더 대왕은 죽마고우이자 한때 전쟁터에서 자기의 생명을 구해주었던 은인이기도 한 크레이토스가 많은 사람들이 모인 연회석상에서 술에 취하여 자신에게 폭언을 퍼붓자 그에게 창을 던져 죽였다. 그러나 분노한 마음이 풀리자 친구를 살해한 죄책감 때문에 몸져누워 이틀 동안이나 잠을 이루지 못했으며 순간적으로 분노했을 때 참지 못했던 마음을 영원히 후회하고 슬퍼했다고 한다.

알렉산더 대왕이 병으로 죽자 부장과 군부는 대왕의 이복동생 아리다오스를 왕으로 추대하였다. 그러나 얼마 못가서 아리다오스를 비롯하여 왕비 롯사네 그리고 죽은 이후에 태어난 아들과 친모 올림피아스와 친척 등 대왕과 관계가 있었던 사람들은 알지 못하는 자객의 검에 차례로 살해되었다.

알렉산더의 성적 취향은 지금도 커다란 연구거리다. 그는 가정적인 남자에서부터 동성애자까지 다양한 평가를 받고 있다. 그에게 가장 중요한 여성은 일단 어머니였다.

그는 스물세 살이 되어서야 비로소 여성과의 성관계를 가졌던 것으로 추측된다. 그 중 일부는 나이 든 여성들이었으나(카리아의 아다 여왕, 페르시아의 시시감비스 여왕 등이 그들인데 아마 어머니와 닮은 여성을 찾았을지도 모른다) 젊은 여성들에 대한 그의 태도는 확실하지 않다. 그리스 역사가들이 전하는 말을 믿는다면 그는 포로로 잡힌 다리우스의 왕비 스타테이라 - 그녀는 당시 아시아 최고의 미녀로 꼽혔다 - 와의 접촉을 드러내놓고 피하면서 그녀의 아름다움을 '내 눈의 고통'이라 불렀다.

23. 스톤헨지

BC 280 - 영국

스톤헨지는 영국 윌트셔와 솔즈베리 평원에 있는 선사시대의 거석주군이다.

세계에서 가장 단순하면서도 가장 놀라운 건축물 중 하나인 스톤헨지 Stonehenge는 잉글랜드 남서쪽 솔즈베리 평원의 한적한 곳에 자리 잡고 있다.

수천 년 전 누군가에 의해 거대한 바위로 세워진 이 놀라운 건축물은 수세기 동안 고고학자와 역사학자들에게 풀 수 없는 수수께끼였다. 그 중 많은 돌들이 지금은 넘어져 땅바닥에 깔려 있지만 도랑, 구멍, 바위 등의 건축 배열이 원래 기본적으로는 하나의 중심을 가진 원의 연속임을 알 수 있다.

91m의 고리 모양 도랑이 가장 바깥의 원을 형성하고 있는 이 건축물은 중심으로 가면서 다음번의 원이 흙으로 채워진 56개의 원형 구멍(홀)을 이루고 있다. 스톤헨지를 연구한 영국의 골동품 연구가의 이름을 딴 이들 '오브리 홀'은 그 넓이가 각각 2m이고 깊이는 1m이다. 이 원형 안에는 Y와 Z홀이라는 작은 홀로 된 두 개의 원형이 있다.

세 번째는 각각 높이 4m로 포스트 앤드 린텔(Post and Lintel : 수직과 가로로 놓여 진 큰 돌)식으로 세워진 거대한 사르센 돌들로 원형을 이루고 있다. 가장 내부는 가로놓여진 돌 없이 수직의 사암으로 이루어진 원형으로 되어있다.

사암으로 된 원형 안에는 5개의 거대한 삼석탑으로 된 말편자 모양의 돌이 있는데 이는 두 개의 수직 기둥 돌 위에 린텔이 가로로 놓인 7m 높이의 거대한 돌들이다. 삼석탑은 각각 30톤이 넘는다. 말편자 모양은 알 모양

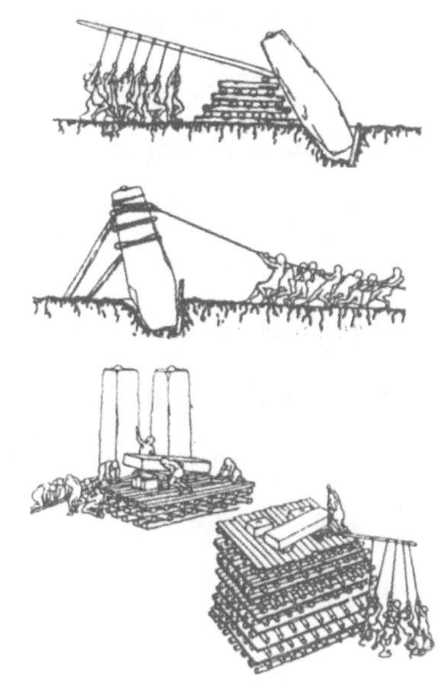

스톤헨지(Stonehenge)

의 사암을 둘러싸고 있으며 이 사암은 차례로 중앙의 '제단' 돌을 둘러싸고 있다.

선사 시대의 사람들에게는 돌기둥 위에 가로지르는 거대한 돌을 올려놓는 것만도 힘든 일이었을 것이다. 스톤헨지 중 어떤 바위들은 48km나 떨어진 채석장에서 가져온 것들이다. 그러나 이 돌들이 운반된 실제 거리는 거의 2배나 된다. 고고학자들은 사암들이 웨일즈의 프리셀리 마운틴에서 운반되어 왔으며 가장 쉬운 길이 육지와 강을 지나는 380km의 거리라고 말하고 있다.

뗏목과 굴림대를 쓴다고 해도 이것은 굉장한 작업이다. 이 돌 하나를 운반하는 데에 적어도 800명의 인원이 필요했을 것이다.

스톤헨지의 내부 원형 건축에는 7년 정도의 기간이 걸린 것으로 추측

된다. 전체 건축에는 150만 명의 노동력이 필요했을 것으로 추정된다. 선사시대 사람들이 돌 하나로 이루어진 이런 이상한 기둥을 건축하는 데 왜 그처럼 열심이었는지는 아직도 의문으로 남아있다.

이 건축물들은 수세기 동안 이교도의 사원으로 사용된 것으로 여겨지는데 이는 오브리 홀에서 태운 뼈들이 발견되었기 때문이다.

그러나 금세기 초에 이르러 스톤헨지가 일종의 계절 시계라는 주장이 나왔다. 그 주축이 하지 때(6월 21일) 태양이 떠오르는 방향을 곧바로 가리키고 있다는 데에 착안된 것이다. 스톤헨지 구조물은 고대인들에게 작물과 파종 및 수확 시기를 가르쳐주는 일종의 원시적인 경보 시계로 사용되었을 것이다.

24. 미식가 에피쿠로스

BC 271 - 그리스

세계 최초의 남녀 동등관자

기원전 342~241년 동안 살았던 에피쿠로스는 '인생의 최고선은 쾌락'이라는 쾌락주의Epicureanism를 제창했다. 또 그는 최초로 여성을 제자로 받아들인 여성 우월주의자였다. 추하고 늙은 몸을 보이기 싫어 화산에 올라가 분화구에 빠져 죽었다는 이야기도 전해지고 있다.

만일 당신이 좋은 음식과 포도주를 좋아하고 세련되고 까다로운 감각으로 그것들을 즐기는 사람이라면 당신을 미식가epicure라고 부르는 것이 합당할 것이다.

비록 이 단어를 어떻게 사용하는 것이 원래의 Epicurean(쾌락주의자로 번역되는 철학파의 사람들로서 정신적 쾌락을 최고선으로 삼았다)에게는 욕이 된다 할지라도 그리스의 철학자 에피쿠로스Epicouros(BC 342?~BC 270?: 에피쿠로스주의의 시조)는 다른 무엇보다도 중용을 강조했는데 기쁨이 최고 선이기는 하나 모든 즐거움은 고통에 이어서 오는 것이므로 절제할 줄 알아야 한다고 가르쳤다.

그러나 영어권에 사는 사람들은 오늘날 영어 단어 epicure와 epicurean은 '먹고 마시고 즐기다' 또는 '그런 사람'으로 사용하고 있다. 만일 이 사실을 에피쿠로스와 그의 제자들이 알면 매우 유감스러워할 것이다.

위대한 사상의 탄생 - 주요 사상 학파

아리스토텔레스파

그리스 사상가 아리스토텔레스(BC 384~BC 322)에 의해 시작된 철학의 학파. 아리스토텔레스는 선이란 양극단의 중도에 서는 것이라고 주장하였다. 그는 존재하는 모든 것을 '자연의 사다리'로 표현된 위계질서 속에 집어 넣었는데, 생명이 없는 물체는 그 사다리의 맨 밑바닥에 속하고 인간은 사다리의 맨 위에 위치하고 있다.

퀴니코스주의(견유철학, 냉소주의)

그리스의 철학자 디오게네스(약 BC 400~BC 325)에 의해 시작되었으며, 그는 행복을 추구하는 최선의 방법으로 간단하고 자족하는 생활을 옹호하였다. 현대에 냉소주의로 사용되는 이유는 인간을 경멸하던 그의 태도에서 비롯되었다.

변증법

한 가지 명제에서 시작하여 그 명제를 반박하는 명제를 해명함으로써 얻어진 종합된 명제를 새로운 명제화하여 종합된 명제를 다시 풀어내는 과정을 되풀이, 결국 진실을 풀어 나가는 방법을 일컫는다.

예를 들어보면, 인간은 기본적으로 선하다(명제). ; 인간은 기본적으로 악하다(대립 명제). ; 인간은 선하기도 하고 악하기도 하다(종합 명제). 변증법은 독일의 철학자 헤겔(1770~1831)에 의해 만들어져서 나중에 칼 마르크스(1818~1883)에 의해 그의 이론 '변증법적 유물론'을 발전시키는 데 사용되었다.

경험론

17세기 영국의 철학으로 인간의 지식은 눈으로 보고 실험을 하여 얻어진 감각적 경험에 의해 유도된다고 하는 철학. 이 철학의 지지자는 프란시스 베이컨(1561~1626), 존 로크(1632~1704)와 데이비드 흄(1711~1776)이다.

쾌락주의

아테네의 철학자 에피쿠로스(BC 341~270)에 의해 시작되었으며 인생의 최고 선은 쾌락이며 고통은 악이라고 주장하였다. 그러나 모든 일의 절제와 선행의 중요성도 강조하였다.

에피쿠로스(Epicurus)

실존주의

인간 자신 외에는 다른 어떤 절대적 가치가 없는 세상에서 인간에게는 스스로 선택할 자유가 가장 중요한 것이며 따라서 결과에 대한 책임도 떠맡는 것이라고 주장하는 학파. 주창자로서는 덴마크의 키에르케고르(1813~1855), 독일의 하이데거(1889~1976), 프랑스 사르트르(1905~1980)와 카뮈(1913~1960)이다.

인문주의

20세기에 다시 일어난 르네상스 시대의 철학이며 초자연적인 모든 형태의 믿음을 부인한다.

관념론, 유심론

물체는 허상이며 오직 정신적으로 존재하는 것만이 실체라고 주장하는 학파. 주창자는 독일 철학자 헤겔(1770~1831)과 아일랜드의 철학자이며 주교인 조지 버클리(1685~1753)이다.

논리실증주의

지식은 과학적 원칙에 입각한 감각의 경험, 즉 관찰에 의해 습득된다고 생각하는 20세기의 사상 학파. 비엔나에서 시작된 이유로 비엔나 학파라고도 불린다. 주요 인물로는 독일 태생의 철학자 모리츠 슐리크(1882~1936)와 루돌프 카르나프(1891~1960)가 있다.

마르크스주의

19세기의 철학으로 '변증법적 유물론'이라고 불리기도 하는데 대립하는 두 경제 집단 간의 끊임없는 투쟁을 역사라고 해석하고 있다. 이 사상의 창시자인 독일 사상가 마르크스에 따르면 이 투쟁의 궁극적 결과는 계급이 없는 사회의 출현이라고 한다. 즉 공산주의를 이른다. 독일의 철학자 엥겔스(1820~1895)가 이 철학을 발전시키는 데 기여하였다.

실용주의

19세기 미국에서 생겨난 주의로서 한 가지 생각의 뜻과 가치는 그것의 실용적인 결과에 따라 결정된다는 주장이다. 주요

주창자인 찰스 피어스(1839~1914)는 이것을 '생활 속의 행위에 의해서 결정되는 것'이라고 불렀다. 다른 인물들로는 윌리엄 제임스(1842~1910)와 존 듀이(1859~1952)가 있다.

예정설

인간의 삶은 신에 의해 미리 결정된다고 하는 주의. 그러므로 자유 의지란 하나의 환상에 불과하다. 이 사상은 성 아우구스티누스(354~430)에 의해 초기 기독교 교회에 소개되었다.

이성론, 합리론

17세기 유럽의 철학으로 이성만이 진실된 지식이라고 주장한다. 경험론에 반대되는 사상이다. 주요 인물들로는 네덜란드의 사상가 스피노자(1632~1677)와 독일 철학자 라이프니츠(1646~1716)가 있다.

회의론

모든 것은 의심해보아야 한다고 주장하는 그리스의 사상. 나중에 프랑스의 철학자인 데카르트(1596~1650)에 의해 채용되었으며, 그는-시발점으로서-자기 자신의 마음의 활동에 의한 결과 이외에는 모든 것을 의심하였다.

스토아 철학

신 – 명예도 이니고, 기족도 아니고, 게산도 아니다 – 만이 인생의 가장 가치 있는 것이고 선한 사람은 어떤 역경 속에서라도 행복을 달성할 수 있다고 믿는 철학. 주창자로서는 그리스의 사상가 카프로스의 제논(약 BC 334~262년경)과 로마의 정치가 세네카(약 BC 4 ~AD 65년경)가 있다.

선험적 철학, 초절론

19세기의 사상으로 철학은 반드시 경험의 한계를 벗어나야 한다고 주장한다. 주창자는 미국의 작가이며 자연주의자인 헨리 데이비드 소로우(1817~1862)와 미국의 수필가이며 시인인 랄프 왈도 에머슨(1803~1882)이 있다.

공리주의

선은 최대 다수의 최대 행복을 창출해내는 데 있다는 믿음. 주요 인물로는 영국의 철학자인 제레미 벤담(1748~1832)과 제임스 밀(1773~1836), 존 스튜어트 밀(1806~1973), 그리고 헨리 시지위크(1838~1900) 등이 있다.

25. 진시황과 만리장성

BC 221 - 중국

진시황의 객사

진시황의 객사는 13명의 아들과 10명의 딸들에게 충격을 주었다. 진시황이 죽을 때 태자를 정하지 않았기 때문이다. 그래서 맏아들 호해는 자기가 무난히 황제가 되기 위해서 12명의 형제와 10명의 누이를 모조리 참수시키지 않을 수 없었다.

만리장성 사람들

만리장성을 쌓았던 사람들은 이 성안에서 태어나 이 성안에서 자라고 이 성안에서 결혼하고 이 성안에서 늙어 이 성안에서 죽고 이 성안에 묻혔다.

인간의 손으로 만들어진 지구의 구조물 중 달에서 유일하게 볼 수 있었던 것이 중국의 만리장성이었다고 한다. 인류 역사상 인간의 손으로 모든 작업의 도모를 능가해 완성된, 지구의 적도를 가로지르는 여덟 척 높이의 이 장성은, 쌓는데 사용된 돌만 해도 그 양이 엄청나다.

동쪽으로는 황해의 상해관으로부터 서쪽 고비 사막 지대의 자위관까지 연결되는 이 만리장성은 산들과 사막 그리고 평야를 가로지르며 총 길이 2,400km를 뻗어 나간다. 하지만 장성이 만들고 있는 모든 곡선들까지 감안한다면 그 실제 거리는 2,720km, 그리고 이 장성에서 뻗어나간 모든 소성까지 계산하다면 그 총 길이는 4천km로 연장된다. 이 성 또한 2만 4천 개의 성문과 전망대가 일정한 간격으로 설치되어 있다.

특히 동쪽 지역의 이 장성은 그 평균 높이가 7.5m나 되며 6~9m 넓이의 기초가 위로 올라가면서 성의 최상층부에서는 4.5m의 넓이로 좁아져 있다. 물론 전체 성곽은 돌이나 벽돌로 덮여 있으며 이러한 규모의 성곽은 그 위로 6명의 말탄 기병이 자유롭게 통행할 수 있을 정도다.

이에 비하여 서쪽 지역은 간혹 돌로 쌓아진 부분도 있지만 대부분이 단지 흙으로만 쌓아 올렸기 때문에 이 부분의 성이 현재 많이 허물어져 있거나 밀려드는 모래에 덮여 있다.

어쨌든 1700년이 걸려 완성된 이 작업은 단연 역사상 가장 길었던 공사였다고 할 수 있다. 이 성을 쌓는 역사力事의 첫발은 '중국'이라는 국호를 처음으로 사용한 진시황의 명령에 의하여 기원전 3세기경에 출발한다. 진시황은 11년간의 통치 기간 중 그가 통일한 중국 전 지역에서 징발한 수많은 노동자를 이 공사에 투입하였는데 수많은 노동자들의 생명이 이 공사 중에 희생되기도 했다.

그의 사망 후 이 공사는 수세기 걸쳐 진행되어오다가 중국이 명나라 시대에 접어들면서 본격적인 진전을 보게 되어 드디어 완성되었다.

하지만 아직도 명확히 밝혀지지 않고 있는 한 가지 의문점은 이 거대한 공사의 참 목적이 무엇이었느냐 하는 점이다. 원래 이 성의 목적이 중국 북방에 있는 몽고족의 침입을 막기 위한 것이었다고 하지만 완성된 이 성의 높이로는 중국을 침입하려는 어떠한 군대도 충분히 막을 수 없다는 것이 관계 학자들의 중론이다. 실제로도 이 만리장성은 그 동안의 중국 역사를 통하여 적군에 의하여 수없이 파괴되기도 하였다.

더욱이 어떠한 면에서는 이 만리장성이 오히려 몽고족의 공격을 유도하고 있었다는 인상도 주고 있다.

평야에 살고 있던 몽고족들이 그들에게 절실히 필요한 물을 찾기 위해서는 때때로 그들의 수원지를 막고 있는 이 장성을 어쩔 수 없이 넘어야만 했던 것이다.

또한 이러한 사실들을 종합하여 이 성이 단지 중국 영토의 경계선을 나타내기 위하였던 것이라고 주장하는 일부 학자들도 있다(중국인들의 이러한 성향은 그들의 거의 모든 옛 도시 주변에 쌓아올린 성에서도 볼 수 있다). 성 안쪽으로는 중국 땅 그리고 성 밖의 땅은 무조건 미개척지라는 중국인들의 전통적인 인식인 것이다. 실제로 이 성은 수백 년의 세월 동안 동양과 서양의 경계선 역할을 훌륭히 해오고 있었다.

이 밖에도 이 만리장성의 목적이 그 당시 인정되지 못했던 중국의 민심을 다스리기 위한, 중국민들에게 일자리를 제공해주기 위한 것이었다는 견해도 있지만 그 목적이야 어쨌든 만리장성은 인간의 손으로 이룩한 가장 어마어마한 규모의 건축물인 것만은 틀림없다.

기원전 204년부터 시작하여 기원후 214년에 완성된 7m높이의 이 만리장성은 흙으로 쌓아올린 후, 돌과 벽돌 그리고 회반죽으로 그 벽을 발라 건축하였다. 성 꼭대기 역시 돌이나 벽돌이 깔려 있으며 북쪽으로 향하는 쪽이 비교적 낮게 설계되어 있다. 이 성을 건축하던 인부 중 못이 들어갈 만한 틈새를 남기는 자는 그 자리에서 처형을 당했다고 한다.

시황제라고 불리던 중국 최대의 풍운아 진시황은 12세에 진나라의

진시황이 타고 다니던 마차

황제가 된 후 38세 때 동방의 여러 나라를 점령하여 중국 천하를 통일하였다.

수많은 희생자를 낸 긴 전쟁을 통하여 주변의 국가들을 차례로 정복하면서 그의 전국戰國시대를 성공적으로 마친 진시황은 그의 각료들을 소집하여 자신이 이룩한 이 거대한 제국을 장차 어떻게 다스릴 것인가를 의논한다. 이 제국의 장래에 막대한 영향을 끼칠 정책이 논의되는 것이다.

보수주의 각료들은 제국의 영토를 분할하여 각 영지領地를 왕실 가족이나 측근들이 다스리는 고대 봉건 군주 제도를 추천하였으나 진시황은 이 제의를 물리친다. 그러한 제도는 또 다른 영지 분쟁을 불러일으킬 수 있다는 생각 때문이었다.

그 대신 그는 중앙정부에 소속된 급여직의 관리들에게 통치를 맡기는 직할 통치제도를 채택한다.

각 영주들의 세력을 자신이 직접 견제할 수 있게 한 것이다. 또한 장차 우려되는 반란에 대비하여 모든 무기들을 거두어들여 녹이는 한편 아직도 세력이 남아있는 정복 국가의 옛 왕족들을 진나라의 수도로 이주시켜 편안한 생활을 제공하는 대신 그들의 동태를 가까이서 철저히 감시한다.

민법 또한 통일된 제국에 걸맞게 새로 보강·제정하며 각 지역에서 사용되던 서로 다양한 공문서 형식을 사용하도록 권장한다. 또한 새로운 도량형의 기준을 통일하고 그 당시 도로 사정에 맞지 않는 큰 바퀴가 달린 마차들을 엄격히 통제시킨다.

이러한 진나라의 엄격한 제도는 점차적으로 전 중국 땅 구석구석까지 퍼져 나간다. 제국의 세력을 더욱 튼튼히 하기 위하여 '진' 나라가 언급되지 않은 모든 고서들을 비롯하여 유교에 관한 서적들을 모두 거두어 들여 불태운, 즉 '소적燒籍'이라고 불리던 기원전 212년에 발생한 사건이 그 대표적인 것이라고 할 수 있다. 진시황은 또한 400명 이상의 학자들을 처형하는 한편 수많은 백성들을 만리장성을 쌓는 노역에 밀어 넣기도 하였다.

그는 세계 7대 불가사의 중의 하나인 만리장성을 쌓게 했고 1만 3천 명의 부인을 거느리기 위하여 1만 개의 방이 있는 아방궁을 지었는데 이 아방궁을 짓기 위하여 땅을 빼앗긴 집들이 8만 호가 넘었다. 늙는 것이 두려워 불로초를 구해 먹었던 이 당대의 풍운아는 49세에 요절하였다.

기원전 210년 그가 사망한 후 4년 만에 진나라의 세력은 무너지고 중국은 또다시 수많은 작은 국가로 분열되지만 그가 이룩하였던 진나라의 '중국 통일'은 중국인들의 가슴에 열망으로 남게 된다.

26. 한니발 장군의 로마 침공

BC 218, BC 146 - 카르타고

오래 전부터 로마에게 '서방의 강적'이 되어오던 고대 카르타고는 제 1차 카르타고 전쟁에서 로마에게 패배하면서 해상의 주도권을 빼앗기게 된다. 그 후 로마를 자신의 '영원한 적'으로 맹세한 카르타고의 한니발Hannibal 장군은 그들에게 빼앗긴 세력을 되찾을 기회를 노리고 있던 중 로마 밀정의 경고를 무시한 채 동부 스페인의 사군툼을 공격, 점령하는 것을 시발점으로 고대 역사상 가장 참혹했던 '제 2차 카르타고 전쟁'을 시작한다.

이탈리아 본토로 진입하려는 그의 진의를 숨기려는 전략으로 고올(Gaul : 현재의 프랑스) 방향으로 진군하던 한니발 장군은 진군의 방향을 갑자기 남쪽으로 바꾸어 로마의 선단을 이끌고 스페인을 향하여 오고 있던 로마의 장군 스피시오 아프카누스를 따돌리고 알프스 산을 향한다.

알프스를 넘어 돌연히 나타난 카르타고의 군사는 놀라 당황하는 로마군들을 상대로 그들의 본토에서 트래비아, 트리시마내 호수 그리고 칸네의 3대전을 치른다.

카르타고의 명장 한니발이 기원전 218년 가을 6만 명의 병사와 6천

한니발 장군의 로마 침공

명의 기병 그리고 수많은 코끼리를 이끌고 얼음 덮인 알프스를 넘었을 때 가장 장관을 이루었으리라 짐작되는 것은 그 행군 대열에 끼였던 수많은 코끼리 떼인데 그것은 우리가 상상하는 것처럼 수천 마리의 코끼리 떼는 아니었고 그저 말보다는 조금 큰 40마리의 북아프리카산 코끼리였다.

그리고 한니발의 군대가 가을에 알프스를 넘기 시작하여 봄이 되었을 때에는 이 40마리의 코끼리 중 한 마리만이 살아남았고 6만 명의 병사 중 2만 6천 명만이 간신히 살아남을 정도였다.

29세의 한니발 장군은 알프스를 넘는 행군에서 39마리의 코끼리와 3만 4천 명의 병사를 잃은 셈이다.

결국 한니발은 그의 동생 핫드루발의 지원을 받게 되지만 해상의 주도권을 뺏겨 군수 물자의 지원에 곤란을 겪다가 점차 힘들게 얻은 점령시를 모두 잃게 된다.

드디어 로마의 한 명장이 이듬해에 벌어진 쟈마 전투에서 17년간을 끌어온 카르타고와의 전쟁을 끝낸다. 스키피오Scipio라는 이름을 가진 25세의 이 젊은 명장은 자신의 군사를 이끌고 적들이 '신新 카르타고' 라고 이름 붙인 스페인의 전선 후면을 공격하여 전투의 기선을 잡는다. 이에 당황한 한니발의 동생 핫드루발의 군대가 피레니스를 넘어 이를 지원하지만 결국 이 지원 작전은 실패하고 로마군에게 모두 격퇴된다.

이미 과거의 전투를 통하여 기병 전술을 비롯한 많은 전술을 적장 한니발에게서 배운 스키피오 장군은 이들을 아프리카까지 추격한다. 두 장군은 다시 쟈마에서 만나 팽팽한 접전을 벌이지만 한 줄에 80마리의 코끼리를 앞세운 한니발 장군의 독특한 전략이 이번에는 먹혀 들어가지 않고 오히려 아군의 전선만을 어지럽힐 뿐이다.

시실리오 장군은 한니발에게서 배운 기병 전략을 이용하여 적의 측면을 공격하여 전열을 흩트린 다음, 카르타고군을 차례로 격퇴한다. 결국 카르타고국의 세력은 완전히 분쇄되고 로마는 또다시 무적을 자랑하는 세계의 최대 강국의 위치를 확보한다.

그 후 한니발에게는 자신의 유일한 삶의 목표였던 로마를 향하여 불타던 복수심을 가슴에 묻고, 또한 자신이 사랑하는 조국이 차츰 허물어져가는 것을 방관할 수밖에 없는 치욕적인 삶이 주어진다.

카르타고Carthago도 완전히 사라진다. 모든 도시의 건물들이 잿더미로 변해 주저앉았으며 5만 명의 카르타고 시민들은 모두 노예로 팔려 나가는 신세로 전락한다. 한때 북아프리카의 반짝이는 보석, 카르타고가 로마의 광포에 무릎을 꿇고, 로마는 또다시 명백한 지중해의 지배자의 위치를 확인한 것이다.

핫드루발 장군이 로마의 공격을 받고도 끝내 항복을 하지 않자 로마의 원로들은 카르타고를 완전히 쓸어버릴 것을 결정한 뒤 6일 동안 밤낮으로 카르타고 전역을 샅샅이 뒤져 가며 공격한 끝에 드디어 카르타고인들이 항복을 받아낸 것이다. 이 전쟁 중 한 가지 특이했던 사실은 900명의 로마병이 집단으로 탈주하였다는 점이다.

이들 탈주병들은 자신들이 잡히면 처형당한다는 것을 잘 알고 있었기 때문에 에에스쿨라푸스 신전을 점령한 뒤 끝까지 대항하다가 마침내 신전에 불을 지른 후 모두들 스스로 불에 타 죽는다.

어쨌든 카르타고의 핫드루발 장군은 도시의 항복을 상징하는 올리브 가지를 들고 로마의 사령관 스키피오의 명령에 따라 그의 발밑에 무릎을 꿇으며 핫드루발 장군의 아내는 이러한 남편의 치욕적인 행동에 항거하여 자녀들을 데리고 불타는 신전에 뛰어들어 자살한다.

이 전쟁은 제 2차 퓨틱 전쟁(카르타고 전쟁) 후 재빠르게 세력을 회복한 카르타고가 로마의 동맹 마시니사를 공격한 것을 응징하기 위한 로마의 선전포고로 시작되었다. 그러나 실질적으로는 아프리카를 방문하였던 로마의 원로 카토에 의하여 이미 그러한 카르타고의 심상치 않은 움직임이 간파되어 로마 정부는 이들의 동태를 경계하고 있던 참이었다.

결국 로마는 이 전쟁에서 승리를 하지만 전쟁의 초반은 로마군에게 한때 불리하게 전개되기도 하였다. 시시피오 장군의 탁월한 전략에도 불구하고 전쟁 경험이 많지 않았던 로마 군사들은 몇 차례의 전투에 패배한 후 사기가 몹시 저하되기 시작하였던 것이다.

그러나 군사들을 강하게 재훈련시킨 시시피오 장군의 노력이 결실을 맺어 사기가 높아진 로마군은 카르타고의 한 전략 요충지를 점령한다. 이곳을 전략기지로 삼은 로마군은 카르타고 군들을 공격하는 한편 해안을 통해 들어오는 카르타고 군의 군수 지원로를 봉쇄한다. 카르타고는 또 다시 50척의 전함을 구축하여 이에 대항하지만 이 전투선 단마저도 로마군에 의해 격퇴되고 만다.

이제 카르타고의 멸망이 도래한 것이다.

27. 노예 폭동

BC 73년 6월 - 로마

주변의 모든 문명의 땅을 휩쓸며 정복하던 로마의 군단과 지중해를 장악하고 있던 로마의 전투선단들은 해마다 수만 명의 노예들을 로마로 끌어오고 있었다.

로마 권력가들에게 헐값의 소모성 노동자로 팔리게 된 이 노예들은 주로 사슬에 묶인 채 가혹한 감독 밑에서 혹사당하거나 외지의 험한 땅으로 끌려가 가축을 돌보는 농노 신세로 전락했는데 이때 특정한 노예들은 로마 귀족들의 오락 경기의 희생물인 검투사로 뽑혀 훈련을 받은 후 혈투를 벌이다 참혹한 죽음을 당하고 있었다.

이렇게 가혹한 환경에 처해 있던 노예들 사회에서 폭동이라는 피할 수 없는 자연적인 현상이 발생한다. BC 135년, 시실리에서 발생한 노예 폭동이 진압된 후 또다시 트라키아 출신, 스파르타쿠스 Spartacus가 이끄는 노예 폭동이 BC 73년 6월 발생한다.

이 폭동을 진압하기 위하여 크라수스 장군이 이끄는 4만 명의 로마군이 투입되었으며 결국은 6천 명의 노예들이 사로잡혀 다른 노예들에 대한 경고 감으로 십자가에 매달리는 처형을 당한다. 어쨌든 이 노예 폭동은 비록 실패로 돌아갔지만 다가오는 로마의 멸망을 예고해 주고 있었다고 할 수 있다.

BC 73년 6월의 어느 날, 74명의 검투사들이 남부 이탈리아 카푸아 지방에 있던 훈련장을 부수고 도망쳐 나온다. 훈련장에 있던 무기로 무장한 노예들은 도시를 빠져 나와 베스비스 산으로 향한다.

이윽고 정상에 도착한 이들이 진영을 치자 주변의 마을과 농장의 노예들이 합세하기 시작한다. 점차 이들은 트라키아 출신인 스파르트쿠스와 두 명의 고을 출신, 크라수스와 오에네마우스의 지휘 아래 고을족과 트라키아족들의 특성으로 한데 뭉쳐진 강인한 세력의 집단으로 성장하게 되는데 3명의 지도자들 중에서도 훈련장 탈출을 주도했던 스파르타쿠스가 단연 대표적인 지도력을 행사하게 된다.

로마 정부의 명령을 받은 집정관, 클라우디우스 장군이 그들을 포위하여 폭도들을 해산시키려 하지만 산언덕에서 쏟아져 내려오며 공격하는 폭도들에게 밀려 참혹한 패배를 당한다. 이렇게 첫 승리를 얻게 된 노예 군대는 계속 도망쳐 나와 그들의 진영에 가세하는 노예들로 그 세력을 더욱 증강시켜 남쪽 지방을 완전히 장악하게 되는데 이렇게 계속적으로 불어나던 노예 군대는 기원전 72년경 스파르타쿠스와 크라수스가 각각 지휘하는 2개의 군단으로 나뉘어진다.

이렇게 큰 규모의 노예 폭동 집단은 그들이 한데 뭉쳐 있을 때는 큰 힘을 발휘하지만 서로 흩어지면 체포당하거나 집단 학살로 폭동의 끝을 맺게 되는 법이기 때문에 그들이 아주 안전하게 자립할 수 있는 위치를 확보하지 못할 때에는 각자의 고향으로 돌아가는 것만이 유일한 희망으로 남게 된다.

이런 사실을 이미 깨닫고 있던 스파르타쿠스는 로마의 공격으로부터 안전해질 때까지 막강한 세력을 유지하고 있다가 적당한 시기를 이용해

노예 폭동 (영화의 한 장면)

해산하거나 혹은 무리를 지어 로마 제국의 힘이 미치지 않는 산악 지방으로 피신하는 것만이 그들 전체가 살아남을 수 있는 길이라고 생각하고 있었다.

하지만 스파르타쿠스의 계획은 실천에 옮겨지지 못하고 만다. 크라수스와 그의 부하들이 점령하고 있던 도시 생활의 안락함에 너무 젖어버렸던 것이다.

신속하고도 효과적인 해결책을 찾고 있던 로마 정부가 드디어 2명의 집정관, 겔리우스와 렌틸루스 장군을 파견했고 몬테 가르가노 지방에서 퇴로를 차단당한 크라수스와 그의 군대가 전멸하지만 스파르타쿠스는 여유 있게 전투를 이끌어 나간다.

이제 더 이상 크라수스의 행동에 신경 쓰지 않게 된 스파르타쿠스는 홀로 자신의 작전을 실행에 옮겨 알프스 산을 넘는 행군을 시작한다. 피체눔 지방 근처에서 대기하고 있던 로마의 군단과 마주친 스파르타쿠스는 먼저 겔리우스 장군의 군대에 이어 렌틸루스의 군대를 차례로 격파한다.

전투 패배의 책임을 진 두 로마 장군이 원로들에게 문책을 당하고 있는 동안 스파르타쿠스는 다시 북쪽으로 향하는 행군을 계속한다.

이때쯤 스파르타쿠스의 진영에서는 분쟁이 발생한다. 소규모 집단으로 나누어 이목을 피해 조용히 알프스를 넘느냐 혹은 그대로 로마군을 밀어제치고 알프스를 넘느냐 하는 문제로 진영이 두 편으로 갈라지고 있었던 것이다.

결국 끝까지 세력을 분산시키지 말자는 쪽으로 의견이 모아지고, 스파르타쿠스는 남쪽으로 행군의 방향을 바꾼다.

로마를 공격하라는 계시를 받았다는 스파르타쿠스의 주장때문이었다. 하지만 스파르타쿠스는 자신도 그 계획이 무모하다는 것을 익히 알고 있었다. 어쨌든 시실리를 지나면서 스파르타쿠스의 진영에는 또다시 수많은 노예들이 가세해 들어오고 있었다.

로마의 원로들은 다시 크라수스 장군을 사령관으로 한 군단을 파견하는데 이 크라수스 장군은 부유한 귀족 출신으로 장군으로서의 야망에 매달리지 않는 양심적인 인물이어서 되도록 희생이 적고 무모하지 않은 작전을 수행하기로 마음먹고 있었다.

남아 있던 4개 군단의 병력을 끌어 모은 다음 다시 보충된 6개의 군단으로 조직된 병력을 이끈 크라수스 장군은 메시나 해협에 진을 치고 스파르타쿠스의 군대를 기다렸다.

이윽고 벌어진 전투에서 스파르타쿠스는 그의 부하들과 함께 뤼지움으로 후퇴하지만 시실리로 건너가는 것은 실패한다. 이 당시 꼼꼼하기로 이름나 있던 크라수스 장군이 얼마나 많은 병력을 끌어 모았는가를 이 전투가 보여주고 있었다.

크라수스 장군은 이탈리아 최말단의 험악한 지역으로 포위하는 작전을 실시했는데 그때 늘어선 로마의 병사들이 60km의 인간 장벽을 이루고 있었다고 기록은 전하고 있다.

하지만 스파르타쿠스는 한곳으로 병력을 집중시켜 포위망을 뚫고 달아난다. 드디어 로마의 진영에 폼페이 장군이 합세한다.

막 스페인 정벌을 마치고 로마로 돌아온 폼페이가 원로들에게 등이 밀려 크라수스 장군과 합세하게 된 것이다. 더욱 궁지에 몰리게 된 스파르타쿠스는 브런두시움 항구를 장악하여 이탈리아 영토를 벗어나려고 했으나, 그의 계획은 소아시아에 파견되었던 막강한 로마 군단을 이끌고 출동한 루쿠러스 장군에 의해 산산이 부서진다.

스파르타쿠스는 십자가에 매달려 처형되었지만 이후 전설화돼 건장한 신체와 용맹, 인간적인 따뜻함을 가진 전형적인 남성상으로 추앙받고 있다.

28. 로마의 미치광이 황제들

BC 63 - AD 476

로마 최초의 황제는 시저의 조카인 옥타비우스Octavius이다. 그는 왕위에 오르자마자 이름을 아우구스투스Augustus로 바꾸었는데 아우구스투스란 '힘과 권력을 가지고 있는 존경받는 인물'을 의미한다. 그는 신처럼 대우받기를 원해 신하들에게 자신을 위해 기도하고 희생하라고 명령했다. 심지어 죽는 순간에도 그는 신하들에게 다음과 같이 말했다고 한다.

"나는 이제 이 세상에서 거룩하게 숨을 거두니 나의 마지막 길을 감사의 마음으로 축원하도록 하라!"

그의 후계자인 티베리우스Tiberius는 해발 1천 피트 떨어진 곳에 위치한 카프리 섬에 살았다. 그곳에서 티벨리우스는 사람들을 낭떠러지에 매달리게 했다가 다시 끌어올리는 잔인한 게임을 즐겼다.

티벨리우스 다음으로 욍위에 오른 칼리쿨리는 춤괴 항연으로 일생을 보냈다. 그는 금으로 만들어진 무거운 왕관을 쓴 채로 신하들과 함께 자주 연회를 열었다. 다음은 그의 일화의 한 부분이다.

"팔레르노 포도주를 따라 봐라!"

팔레느노 포도주는 당대 최고의 술로 인정받는 값비싼 포도주였다.

그때, 곁에 서 있던 한 늙은 신하가 "오늘 사냥은 어떠하셨습니까?"라고 묻자, 그는 대답 대신 슬며시 얼굴에 미소를 짓더니 이내 얼굴이 빨개질 때까지 낄낄거리며 웃어대기 시작했다.

그래서 다른 늙은 신하가 "무엇이 그렇게 즐거우신지요?"라고 묻자, "갑자기 너희 둘의 머리가 잘라져 나간 뒤의 모습이 떠올려져 웃음을 참을 수가 없구나!"라고 대답했다.

그리고 곧 그 두 명의 신하들의 목을 자르라고 명했다.

칼리쿨라는 산책하기를 즐겨했다. 그런데 그는 선천적으로 귀 끝이 올라가 있는데 사람들은 혼자 산책하는 그의 모습을 보고서 칼리쿨라의 '귀'를 화제 삼곤 했다. 그가 하늘과 대화를 하는 것처럼 보인다고 말하는 사람이 있는가 하면 귀가 우스꽝스럽게 생겼다고 비웃는 사람도 있었다.

이에 대해 칼리쿨라는 늘 주피터와 이야기를 하는 중이라고 대답했다고 한다. 또한 한때는 달과 결혼을 하겠다고 선언한 적이 있으며, 대규모의 공식 예식에서도 그의 애마를 궁녀로 임명하는 등 제정신이 아닌 행동으로 주위를 놀래킨 적이 한두 번이 아니었다.

칼리쿨라의 뒤를 이은 왕은 클라우디우스였고 클라디우스 다음은 그 이름도 유명한 네로다. 다혈질의 소유자인 네로는 늘 모친과 으르렁거리더니 결국에는 모친을 유배시켰다. 한편 임신중이었던 아내 포피아를 홧김에 발로 걷어 찬 적이 있는데 그로 인해 그녀는 즉사했다. 그 뿐만이 아니다. 스스로를 위대한 예술가라고 자찬했던 네로는 사람들을 궁으로 초대해 혼자서 몇 시간씩 노래를 불러 손님들을 곤혹스럽게 했다.

특히 고음을 낼 때는 숨을 헐떡거리면서 억지로 쥐어짜는 소리를 내면서 노래를 불렀는데 그 모습을 보고 비웃기라도 하면 곧 목이 잘려나

갔다. 실제로 정직하기로 유명한 철
학자 페트로니우스는 네로에게
"당신은 가장 노래를 못 부르
는 사람이다."라는 편지를 보
낸 후 스스로 자살했다.

한때 네로는 전문 무용수가
되고자 한 적도 있었다. 그러나
그의 춤 선생님만큼 다리를 올리지

칼리쿨라 황제

못하게 되자 화가 난 그는 춤 선생님을 사
형시켰다. 그 뿐만이 아니다. 굽은 다리, 두꺼운 목과 항아리 같은 모양
의 배꼽 등 우스꽝스럽기 짝이 없는 몸매에도 불구하고 그는 스스로가
아폴로 신의 외형을 지녔다고 생각하며 종종 아무것도 입지 않고 누드
로 대중 앞을 걸어 다녔다.

그의 일과 중 하나로는 죽이고 싶은 사람에게 비밀리에 공식서한을
보내는 것을 들 수 있다. "네로는 심히 그대에게 무료함을 느끼니 과인
과 로마를 위해서 무엇을 해야 할지 생각해 보라."라는 글을 보내면 해
당자는 어김없이 죽음을 당했다. 또한, 매일매일 '로마의 역사'에 관한
시를 썼다. 그는 매일 잠자리에 들기 전 '로마의 역사'에 관한 시 구절을
적어 놓았는데 이는 나중에 수백 권의 책으로 편찬하고자 하는 욕심 때
문이었다고 전해진다.

마지막으로 그의 이름과 함께 늘 회자되는 이야기 중의 하나가 화재
사건이다. 당시 로마 시의 전체가 불길에 휩싸이는 대형 화재가 일어닌
적이 있었다. 역사가들은 자신의 플루트 연주에 맞는 그럴듯한 풍경을
만들어내기 위해 불을 지른 것이라고 기록하고 있다. 이 화제는 6일 동
안 지속되었고 로마시의 4분의 3이 잿더미로 뒤덮였다. 그리고 검고 뿌

연 연기 속에서 네로는 궁의 발코니 위에 앉아서 노래를 불렀다는데, "성스러운 악곡"이 바로 그 노래의 곡명이다.

그러나 네로에게도 위기가 찾아왔다. 그의 나이 30세 때, 네로에 항거하는 로마인들의 대규모 시위 때문에 궁에서 쫓겨나 신하의 집에 몰래 숨어 있어야 했기 때문이다. 그러나 그를 처단하기 위해 몰려드는 군사들의 발자국소리가 들리자, 그는 떨리는 손으로 단검을 집어 들며 다음과 같이 말했다고 한다.

"이 세상이 오늘 위대한 예술가 한 명을 잃는구나."

그의 뺨에 흐르는 눈물, 그것은 그동안의 만행에 대한 회개가 아니라 자신을 알아보지 못하는 세상 사람들에 대한 안타까움이었을 것이다.

그렇다면 이러한 일화들은 무엇을 말해 주고 있는 것일까? 역사가들은 번영과 화려함의 대명사인 로마 제국이 몰락을 맞게 된 데는 로마 황제들의 탓이 크다고 비평한다. 사람들이 로마의 황제들을 두고 모두 미치광이라고 말하는 것은 바로 이 때문이다.

29. 원로원에서 암살당한 시저

BC 44년 3월 15일 - 로마

꿈 이야기

줄리어스 시저의 부인이 시저 암살에 관한 꿈을 꾼 것은 매우 유명한 이야기이다. 시저의 아내는 시저가 암살되기 전날 밤에 남편의 도상이 피로 물드는 꿈을 꾸고 불길한 생각이 들어 남편에게 이야기를 하며 원로원에 나가지 않는 것이 좋겠다고 충고했다. 그러나 시저는 끝내 그 말을 듣지 않고 원로원에 나가서 정적들한테 23번이나 칼에 찔려 죽었다.

시저

줄리어스 시저가 암살된다. 3월 15일 원로원에 참석하였던 시저가 그의 가까운 친구였던 무리들에게 칼로 난자당한 것이다. 이러한 사건이 일어나기 전 시저는 예언가 수퓨린나에게서 좋지 못한 일이 늦어도 3월 15일까지는 일어날 것이라고 경고를 받았다. 그러나 그를 엉터리 점쟁이라고 비웃으며 그의 경고를 무시한 채 죽음을 스스로 맞이하였던 것이다.

시저를 둘러싸고 있던 자객들 중 제일 먼저 행동을 취한 인물은 시저가 귀향 보낸 동생의 선처를 호소하는 척하며 가까이 접근하던 틸리우스 킴버였다.

시저가 틸리우스를 밀쳐내자 그는 다시 시저의 옷자락을 잡고 끈질기게 따라붙으며 호소를 한다. 불측한 행동에 화가 난 시저가 호통을 치는 순간 첫 번째의 칼을 맞는다. 혼란한 틈을 이용한 카스카Casca의 공격이었다.

하지만 그것은 심각한 타격은 아니어서 시저는 그의 필봉을 꺼내 카스카의 팔을 꿰뚫으며 대항한다. 또 하나의 단검이 시저를 공격하자 마침내 시저는 쓰러지고 만다. 그러자 모두들 달려들어 그를 난자하기 시작한다. 한 사람에게 이 살해의 책임을 지우지 않으려는 그들의 계략인 것이다.

시저는 당시 암살자들의 단검을 보는 순간 자신의 윗부분의 옷을 벗은 다음 그것으로 자신의 다리를 덮는 세심한 행동을 보인다.

죽은 후 흐트러진 자신의 모습을 보이지 않기 위한 배려인 것이다. 또한 23개의 단검이 그를 난자할 때도 시저는 한마디의 말도 하지 않았다가 두 번째의 공격을 하려는 마르쿠스 브루투스를 알아보고서야 비로소 "너까지냐? 아들아."하고 그리스어로 그를 꾸짖는다.

아무도 감히 접근하지 못하는 가운데 시저는 폼페이의 동상 발치에 죽어 있다. 잠시 시간이 흐른 후에야 세 명의 공노들이 시저의 시체를 들것에 담아 그의 집으로 운반하였다.

암살자들의 원래 계획은 시저의 시체를 티버스 강에 던져버린 후 그의 재산을 몰수하는 한편 그의 모든 칭호도 박탈하려는 것이었다. 그러나 일을 저지른 후 그들은 마르쿠스 안토니우스와 경마의 달인 레피두스의 복수가 두려워 모두들 도주하였다.

이 암살 사건은 시저 자신이 친아들같이 키워 높은 공직에 오르게 한 마르쿠스 브루투스와 시저의 배려에 의하여 시리아 총독으로 곧 임명될 케시우스가 주동한 것이었다. 그들은 자신들을 암살자라기보다는 장차 로마의 왕으로 군림할 요지를 보이는 로마의 폭군을 살해하는 의인이라고 생각했다. 어떤 면에서는 이들의 생각이 전혀 허무맹랑한 것만은 아니었을 수도 있다.

시저가 한때 안토니우스가 공식 석상에서 권한 '왕관'을 스스로 사양하기는 하였지만 황족을 상징하는 자줏빛의 예복 착용과 그의 동상, 그리고 그의 초상이 새겨진 동전의 발행 등을 비롯해, 이미 왕의 처우를 능가할 특별대우를 받아오고 있었다. 게다가 종교를 배경으로 한 그의 세력도 막강하여 자신의 종교를 따로 만들 수 있을 만한 힘이 그에게 주어져 있었기 때문이다.

정확히 보자면 당시 시저가 로마의 왕으로 군림할 우려보다는 신으로 숭배받을 우려가 더 컸었다고 할 수 있다.

시저가 절대로 밝힐 수 없었던 고민 한 가지

기원전 49년, 시저(BC 191~BC 44)는 로마에 머물고 있었던 정적 폼페이우스가 자신을 치려 한다는 것을 갈리아(현재의 프랑스)에서 알았다. 그는 선제공격을 취하기 위해 군대를 이끌고 본국 이탈리아로 돌아가 굳은 결심을 한 루비콘 강(이탈리아의 북부에 있었다)을 건넜다.

당시 이 강의 남쪽으로 군대를 몰고 가는 것은 법률로 금지되어 있었는데 그는 "일이 이렇게 된 이상 하는 수 없다."라는 의미로 "이미 주사위는 던져졌다."라는 그리스 희곡의 대사를 외쳤다고 한다.

'루비콘'이란 '빨간 강'이란 뜻인데 오늘날의 어느 강인지는 확실하지 않다. 그런데 정치가, 장군, 문장가로서 뛰어난 재능을 갖춘 그에게도 남모르는 고민이 있었다.

그것은 다름 아닌 스무 살부터 시작된 그의 대머리 증세였다. 그는 매일 아침 남아 있는 뒷머리의 머리카락을 이마까지 늘어뜨리는데 적잖이 고심하였다고 한다.

가장 좋은 죽음

시저가 죽기 하루 전인 기원전 44년 3월 14일 친구와 저녁식사를 하고 있었다. 그의 친구 중의 한 사람이 시저에게 물었다.

"어떤 죽음이 가장 좋을까?"

그러자 시저는 서슴지 않고 대답했다.

"그야 급사당하는 것이겠지?"

그 다음날 시저는 암살당했다.

농담인 줄 알았는데

시저가 정치적인 지위가 확고하지 못했던 초기 시절에 반대파들이 그에 대항하고 있었다. 그는 로마를 일시적으로 떠나 로데스에 가서 웅변술을 연마하기로 했다. 그는 그곳으로 가는 도중에 해적을 만나 감금되었다. 해적은 그의 몸값으로 금 1만 2천 개를 요구했다. 시저는 몸값이 도착할 때까지 40여 일 동안 해적과 같이 지내게 되었다. 이 고통스러운 40여 일을 보내면서 해적들에게 농담조로 말했다.

"내가 풀려나면 너희들을 체포해서 십자가에 못 박아 불태워 죽이겠다."

그러나 해적들은 폭소를 터뜨리고 있을 뿐 무서워하지 않았다. 드디어 몸값이 지불되고 시저는 자유로운 몸이 되어 다시 로마로 돌아오게 되었다. 그는 다시 가장 강한 함대를 모아 해적들의 뒤를 따랐다. 시저는 마침내 해적들을 체포해서 금 1만 2천 개도 찾고 한 사람씩 십자가에 못 박아 처참하게 죽였다.

시저의 아내는 의심의 대상이 될 수 없다

기원전 61년경에 시저의 두 번째 아내인 폼페이어는 당대에 악명 높았던 플레이보이 파브리우스 클라디우스와 스캔들에 휩쓸리고 있었다. 시저는 그녀에 대한 어떤 증거 제시도 없이 폼페이어와 이혼을 했다. 법정은 시저에게 이렇게 질문을 했다.

"시저, 당신은 아내의 부정에 대한 어떤 근거도 없이 왜 이혼을 했습니까?"

그러자 시저는 담대하게 말했다.

"시저의 아내는 어떠한 의심의 대상이 될 수 없다. 스캔들만으로도 충분한 이혼의 사유가 된다."

나는 왔다. 보았다. 승리했다

기원 전 47년에 시저는 소아시아에 있는 젤라에서 폰티우스왕을 결정적으로 섬멸하고 그의 승리에 대한 소식을 로마에 알렸다.

"VENI, VIDI, VICI."

사자의 꼬리보다는 개의 머리가 되고 싶다

시저가 알프스를 얻기 위해서 어느 마을에 도착했을 때 그 마을의 주민들이 초라하고 가난한 모습을 보게 되었다. 그런데 사람들 사이에서 이 마을을 재건하고자 하는 움직임이 일어나고 있다는 것을 알게 되었다. 그리고 재건하고자 하는 이 마을의 리더가 되고 싶어 서로 경쟁하는 것을 보게 되었다. 시저의 부하가 시저에게 말했다.

"도대체 이런 부락의 우두머리가 무엇이 좋다고 저렇게 서로 경쟁하는지 모르겠습니다."

"나는 로마의 제 2인자가 되는 것보다는 차라리 이 마을의 우두머리가 되는 것이 더 낫다고 생각한다."

시저의 대답이었다.

30. 클레오파트라의 자살
BC 31 9월 2일 - 이집트

이집트의 여왕이었던 클레오파트라는 그렇게 뛰어난 미인은 아니었던 것 같았다. 그러나 남자를 유혹하여 녹이는 천재적인 재질을 소유하고 있었을 뿐 아니라 6개 국어를 자유자재로 구사하였으며 철학과 역사 그리고 문학에 정통하였기 때문에 고상한 지적 분위기를 풍기고 있었다.

기원전 48년, 21세의 젊은 클레오파트라는 이집트의 군사를 이끌고 온 로마의 명장 줄리어스 시저를 유혹하여 그의 아이까지 낳는다. 그녀가 25세 되던 해 시저가 원로원에서 브루투스 일당들에게 피살되자 그녀는 당시의 로마 최고의 실력자 안토니우스를 유혹하기 시작한다.

빨간 돛을 달고, 은으로 만든 노를 저으며 황금빛으로 장식한 배를 타고 풍악을 울리며 안토니우스를 만나기 위해서 항구에 온 클레오파트라는 서서히 안토니우스를 녹이기 시작한다.

25세의 익을 대로 익어 터질 것 같은 입술로 애무하기 시작하니 당대의 무장인 안토니우스도 녹아나지 않을 수 없었다. 결국 안토니우스는 예정을 변경하여 그녀를 따라 알렉산드리아로 떠났으며 그녀는 밤낮을 가리지 않고 그의 품에서 떠날 줄을 몰랐다.

요염한 클레오파트라

기원 전 31년 안토니우스가 원로원직에서 실각되자 38세의 클레오
파트라는 당시의 실력자 옥타비아누스를 유혹하려고 했지만 40세가 다
된 중년의 클레오파트라의 육체로는 젊은 옥타비아누스를 녹일 수가
없었다.

클레오파트라는 궁전에서 누구보다도 섹스 교육을 구체적으로 받았
다. 그녀는 명실 공히 섹스의 대가였으며 성적으로 남자들을 행복하게
만드는 수많은 비밀을 알고 있었다. 평상시 잘 훈련된 클레오파트라의
근육은 섹스 시에 잘 사용하면 남자들을 더없이 행복하게 해준다고 한
다. 이 근육은 여성의 넓적다리에 속한 것으로서 클레오파트라에 의해
개발되었다. 그러나 섹스의 대가였던 클레오파트라도 세월이 흘러감에
는 어쩔 수 없었던 모양이다.

셰익스피어의 '안토니우스와 클레오파트라' 에서 38세의 클레오파트
라는 인생의 무상함을 느끼고 'asp' 라고 불리는 독사로 자살을 한다. 그
러나 실은 'asp' 가 아니고 단 한 번의 독침에 즉사하는 코브라에 스스로
물려 자살했다고 한다.

31. 고대 시대에 숨어있는 여덟 가지 불가사의

고대 - 세계

흔히들 고대 시대에는 일곱 가지 불가사의가 있다고 말한다. 그러나 고대시대의 불가사의는 적어도 여덟 가지를 꼽을 수 있다.

첫 번째 불가사의는 아메로피스 3세Amenophis III의 동상에 관한 이야기이다. 새벽이 되면 어디선가 울리는 나직하고 음산한 소리! 사람들은 티베의 아메노피스 3세 동상에서 이 소리가 나는 것이라고 했지만 점술가들은 이것은 일명 새벽의 신the Dawn이라고 하는 에오스신의 아들인 맴논Memnon이 우는 소리라고 믿었다. 맴논이 전날 밤 그의 눈으로 목격했던 사람들의 죄를 엄마에게 알리는 소리라는 것이다. 그러나 고대인들은 이 소리가 사암의 깨진 틈사이로 바람이 지나가면서 나게 되는 것이라는 것을 밝혀냈다. 해가 뜰 때쯤 기온이 떨어지면서 바람이 불기 시작할 때 사암의 틈 사이로 지나가는 바람 소리라는 것이다. 실제로 당시의 왕이었던 셉티미우스 세베로스Septimius Severus가 사암이 갈라진 틈을 복구시키자 그때부터 맴논이 엄마를 부르는 소리는 들리지 않았다.

두 번째 불가사의의 주인공은 이집트 피라미드에 관한 전설이다. 고대 사회에서뿐만 아니라 지금까지도 이어져 내려오는 이 전설은 "모든 것은 시간으로 기록되지만, 피라미드야말로 시간을 말해 준다."는 아랍 속담에 잘 나타나 있다. 믿거나 말거나, 이집트의 피라미드는 역사를 대변해준다는 믿음은 여덟 개의 불가사의 중의 하나인 것이다.

예수 그리스도가 탄생하기 200년 전에 이미 등대가 있었다는 것을 아는 사람은 많지 않다. 세 번째 불가사의는 바로 이 등대이다. 이집트 해안에서 1마일 떨어진 알렉산드리아에 조그만 항구의 좁은 암붕岩棚에 위치해 있었다는 이 등대는 고대 전설에 의하면 피라미드보다 높은 곳에서 어두운 밤을 환하게 비춰 주었다고 한다.

특히 고대 역사가들은 꼭대기에 달려 있는 거대한 거울은 무려 64km이나 떨어진 곳까지 훤히 비추었다고 기록하고 있다.

바빌론의 왕인 느부갓네살Nebuchadnezzar은 그의 여왕을 위해 그 유명한 바빌론의 누각 정원Hanging Gardens을 세웠다. 네 번째 불가사의로 일컬어지는 이 누각 정원은 다섯 개의 테라스로 이루어져 있으며 뛰어난 경관을 자랑한다. 각각의 테라스는 높이 15m로 연결되어 있었고, 76m 높이의 맨 위의 테라스는 일명 '여왕의 파라다이스' 라고 불릴 만큼 아름다웠다고 한다.

특히 지상에서부터 여왕의 파라다이스까지 계단으로 이어져 있는 등 세밀한 건축구조가 눈에 띈다. 고대사에는 이국적인 꽃들과 풀들, 잘 길들여진 동물들이 살아 숨쉬는 이곳을 신의 축복을 받은 평화로운 생물들의 온상이라고 기록하고 있다.

에페수스Ephesus의 다이에나 신전은 에라토스테네스Eratosthenes 때문에 유명해지기 시작했다. 다섯 번째의 불가사의는 다이에나 신전에 관한 것이다. 당시 알렉산더 대제는 다이에나 신전을 재건축하기를 명했으나, 완고한 에페수스인들은 그의 돈을 거절하고 자비를 들여 원래의 건축물을 능가하는 훌륭한 신전을 만들어 냈다. 그리스의 조각가인 플

행잉 가든(Hanging Gardens)

락시텔레스Praxiteles의 디자인으로 높이 18m, 길이 120m, 너비 67m인 이 건물은 금색과 흰색의 대리석으로 만들어졌다. 그러나 로마의 네로 황제는 이 건물을 없애라고 명했고 고스Goth인들은 5세기에 이 건물을 완전히 무너뜨렸다.

고대의 여섯 번째 불가사의는 치디아스Phidias가 조각한 주피터 동상이다. 상아와 금으로 만들어진 이 조각품은 60피트의 높이로 "예술사에서 어떤 작품과도 견줄 수 없는 수작"으로 일컬어지고 있다.

일곱 번째의 불가사의는 여성의 눈물과 관계가 있다. 카리아의 마우소로스Maulosos왕의 미망인은 죽은 남편을 위해 거대한 무덤을 지어 남편의 시신을 안치시켰다. 마우소리움Mausoleum이라 불리는 이 묘는 지금까지도 고인의 넋과 위대함을 보여주는 상징물로 인정받고 있다. 그러나 남편에게 이 묘를 선물하자마자, 그녀 역시 심장마비로 사망했다고 역사가들은 전한다.

　로드 항구에는 빛의 신god of Light인 아폴로의 거상이 서 있다. 물결을 따라 천천히 걸어 다녔다고 할 정도로 거대했던 이 거상은 동으로 만들어졌으며 자유의 여신상처럼 높이 세워져 있다. 이를 두고 혹자는 빛의 거상과 자유의 여신상은 고대문명과 현대문명을 조명해 주는 두 개의 위대한 동상이라고 말한다. 그러나 지진 발생으로 아폴로의 거상은 파괴되었고 현재 남아있는 잔해는 동양의 상인들에 의해 헐값에 매매되고 있다. 이것이 바로 세계의 여덟 번째 불가사의로 불리는 아폴로 거상의 최후이다.

32. 마술과 신비의 땅

고대 - 이집트

7대 불가사의 - 쿠푸왕의 피라미드

BC 1500년, 고대의 7대 불가사의 중 쿠푸 왕의 거대한 피라미드만이 오늘날까지 존재한다. 그것은 폭이 233m나 되고 면적은 12.5에이커에 이른다.

또한 높이는 144m이다. 총 201층의 거대한 바위 벽돌을 쌓아 만들었는데 제일 아래층 벽돌의 높이가 1.5m로 가장 높고 점점 올라갈수록 작아져서 제일 꼭대기 벽돌의 높이는 53cm이다. 총 260만 개의 벽돌이 소요되었고 700만 톤의 무게가 나간다. 각각의 바위 벽돌은 주위의 돌산에서 잘라 피라미드가 세워질 장소로 옮겨와 차곡차곡 쌓여 갔다.

나폴레옹은 세 개의 피라미드에 사용된 모든 벽돌들을 가지고 프랑스 전체를 둘러 방어벽을 쌓는다면 그 벽은 3m 높이에 30cm의 두께가 될 것이라고 계산했다. 누구라도 그 거대한 피라미드를 본 사람이라면 굳이 나폴레옹처럼 벽이벽은 아니더라도 그 정도의 상상은 했을 것이다. 또한 그리스의 역사가인 '헤로도토스'는 기자Giza의 피라미드를 건설하기 위해 40만 명의 인부들이 20년 동안 일했을 것이라 말했다.

150톤의 무게가 나가는 돌덩어리 250만 개로 세워진 피라미드는 건축에 사용된 돌들이 어떠한 방법을 통해서 또 어떤 경로를 거쳐 나일 강을 건너와 이 자리에 세워지게 되었는지 아직도 풀 수 없는 역사 속의 수수께끼로 남아 있다.

이 피라미드의 중앙에는 몇 개의 돌 블록이 비어 있었는데 그 이유는 중앙에 위치한 쿠푸왕의 시체가 안치된 방으로 이동하기 위해서였다고 한다. 이 피라미드의 벽에는 만찬을 즐기거나 밭을 매거나 소를 몰거나 혹은 왕의 품격에 적합한 여가 생활을 다양하게 즐기는 모습들을 묘사하고 있는 그림들이 그려져 있다.

또한 이집트의 왕들은 사후의 외로운 생활을 두려워했기 때문에 그 두려움을 없애기 위해 관습적으로 왕이 사망할 때 그 왕의 노예와 부인들을 합장했다. 그러나 시간이 지남에 따라 이 합장의 관습도 변화를 겪게 되어 나중에는 파라오(이집트 왕들의 또 다른 명칭)가 죽으면 파라오의 살아있는 부인들과 노예들을 대신하는 작은 동상들만 함께 묻었다.

물론 이 동상들을 묻기 전에 고위 성직자들은 이 동상들을 향해 주문을 외웠는데 이는 동상들이 이 주문으로 하여금 생명을 얻게 된다고 믿었기 때문이다.

죽음과 삶 자체를 떠나서 이집트인들은 불멸의 세계에 대한 맹신을 가지고 있었다.

외적인 몸에 '가'라고 하는 마치 새처럼 날갯 짓 하는 작은 생명체가 내재되어 있어 몸이 부패되지 않도록 보존한다면 그 생명체는 영원히 죽지 않는다고 믿었기에 모든 이집트인들은 사후 자신의 몸을 쿠푸왕처럼 미라로 만드는 절차를 알기 위해 '죽은 이들을 위한 도시'를 방문하곤 했다.

일단 방문객들이 죽은 이들을 위한 도시를 방문하면 감실의 수위는 방문객들에게 각각 다르게 값이 책정된 세 개의 나무관을 보여 주고 방문객들의 수입에 맞추어 미라를 만드는데 있어 가장 중요한 가격 흥정을 하였다.

밀려드는 미라 작업 요청에 이집트인들은 '공동묘지 길드' 조직을 형성할 정도였는데 미라에 대한 애착뿐 아니라 신앙심이 깊은 민족이었다. 이들은 영원한 삶의 상징인 '스카라브' 라는 딱정벌레를 숭배했고 이 외에도 황소, 악어, 매, 소, 거위, 염소, 수양, 고양이, 개, 닭, 제비, 자칼, 뱀 심지어 비비까지 숭상했다.

이집트는 미라를 만드는 일이라든가 동물의 숭상에만 그치지 않고 모든 예술 과학 발명품, 그리고 건축까지도 '죽음' 이라는 문제를 연결시켜 생각하고 발전시킨 이른바 죽은 자들을 위한 천국이었다.

영혼의 불멸을 위한 신들을 숭배하는 기념물을 건축하는 데 있어서 이집트인들은 세계 그 어떤 건축물과도 비교될 수 없을 만큼의 많은 업적과 뛰어난 건축 기술을 남겼다.

도르레의 원리가 도입되기도 훨씬 전인 그 당시에 150cm 높이까지 성벽을 건설하고 세누스레트 1세의 '모리스' 홍수를 막기 위한 27마일의 긴 장벽 건설 멤피스와 테베의 아름답고 화려한 도시 태양의 신 '라Ra' (반인반수; 반은 인간, 반은 사자의 모습을 지닌 이집트의 신)를 기리기 위해 세운 스핑크스의 건축들은 그 당시의 문명이 얼마나 발달되었는지를 보여주고 있다.

그러나 이집트인들은 죽음뿐 아니라 어떻게 사는지에 대해서도 상당히 진보된 사고를 가졌다. 만일 쿠푸왕이 지금 살아 있다면 6전 년 전의 이집트에 대해서 '공처가인 남편과 위세부리는 부인들이 살고 있는 땅' 혹은 '바지를 입은 여성들이 남편에게 절대적인 충성을 강요하고 성행위에 있어서도 주도권을 쥐고 있는 그야말로 완전한 여성 상위의 나라'

라고 말할 것이다.

역사에 의하면 이집트에서는 남녀가 결혼했을 때 부인은 남편으로부터 위자료를 받았고 모든 부동산은 부인에게 상속 하도록 되어 있었다.

남자들은 입술에는 립스틱을 얼굴에는 곤지를 바르고 눈꺼풀에 기름칠을 했으며 손톱에는 매니큐어를 했다. 또한 대머리가 되면 재와 기름을 두개골에 문지르고 오시리스신에게 머리카락이 생기게 해 달라고 기원했다.

젊은이들에게 가장 중요한 일은 늙기 전에 이집트 처녀를 만나 결혼하는 것이었다고 한다.

일반 시민들은 대화하는 것을 즐겨했다. 피라미드 건축을 위해 무거운 돌들을 운반하는 일이 끝나면 시민들은 근처의 술집에서 '목구멍을 탁 트이게 하는' 맥주를 마시며 담소하기를 즐겨 했다. 그러나 술집이 있는 곳에는 언제나 그에 따른 엄한 법들과 금주단체가 생기기 마련이어서 역사상 최초의 금주단체가 나일 강 기슭에 조직되기도 하였다.

그러나 금주단체들의 노력에도 불구하고 많은 군인들 선원들, 그리고 범죄자들은 끊임없이 술집을 찾았다. 특히 범죄자들의 경우에는 술집을 순회하는 것 뿐 아니라 그들만의 독특한 사회층을 형성하였다. 그들은 이 조직을 무역 연합조직이라는 명분하에 '도둑들의 두목' 이라는 이름을 내걸고 정기적으로 그들 사회 안에서 지도자를 선출하였으며 조직 안에서 도둑질로 얻은 물건을 위해 주인에게 높은 가격을 붙여 다시 파는 방법으로 많은 이윤을 남겨 그 돈으로 조직을 유지시켰다.

이집트에서는 일찍이 노동 문제가 대두되기도 하였다. '무트' 사원을 짓느라 고용된 수백 명의 석공들이 왕이 출타중인 틈을 타 먹을 것(과일과 생선들)을 얻기 위해 파업을 벌여 승리를 쟁취한 것이 그 대표적인 예라 하겠다.

이집트의 농부들은 석공이나 노동자와는 달리 주로 땅을 일구고 닭을 키우며 달걀을 부화시키는 일들을 하였다. 특히 달걀 부화를 위하여 특별 배양기를 발명하기도 하였는데 이 특별 배양기는 석회질로 되어 환기가 가능하였으며 큰 난로의 열을 받아 알이 데워져 부화되도록 하는 것이었기에 짚으로 싸여진 계란을 조심스럽게 난로 위에 놓은 후 알이 완전히 부화될 때까지 매 6시간마다 알들을 뒤집어 놓는 식으로 달걀을 부화시켰다.

일반적으로 이집트에서의 농사일은 힘든 노동이라 할 수 없었다. 농부들이 씨를 뿌리고 나서 돼지들을 풀어놓으면 뿌려진 씨들은 자연히 땅 속에 박혔다. 관개 시설로도 훌륭한 나일 강이 적당한 물을 제공해 주었기 때문에 농부들은 단지 시간을 보내며 수확을 기다리기만 하면 되었다. 이 외에도 농부들은 원숭이들을 훈련시켜 나무의 과일들을 따게 했고 낮에는 그물을 던져 낚시를 했는데 그 그물을 밤에는 모기장으로 이용하였다. 이집트 농부의 생활은 이처럼 비교적 단조로웠다.

그러나 그들은 이 단조로운 생활에 비해 갖가지 복잡한 질병에 시달렸다. 척추 결핵, 동맥경화, 담석, 천연두, 척추성 소아마비, 빈혈, 간질, 통풍, 충수염 등이 그 대표적인 질병이다. 이집트인들은 이 모든 질병뿐 아니라 이 질병을 고칠 수 있는 700여 개의 약까지도 당시의 의학 저서에 상세히 기록해 놓았다.

33. 십자가에 처형되는 '하나님의 아들' 예수

36년 4월 30일 - 예루살렘

그의 추종자들에게 '하나님의 아들'이라고 불리던 나사렛의 예수가 유대 지도자들의 고발로 로마 관리들에 의해 십자가에 매달리게 된다.

4월 30일 아침 9시 골고다의 언덕에 세워진 십자가에 못 박혀 매달린 예수는 그의 어머니를 비롯한 수많은 군중들이 지켜보는 가운데 "아버지, 당신의 손으로 나의 영혼을 거두소서."라는 마지막 말을 남기고 숨진다.

생전의 그가 많은 기적을 행하였다고 믿고 있는 사람들은 그가 십자가에서 사망할 당시 일어났던 3시간의 일식 현상이 하나님의 노여움 때문이라고 여겼다. 그 당시 이 '유대의 왕'을 조롱하기 위하여 모였던 많은 유대 사람들도 이상한 감동을 가슴속에 안고 골고다의 언덕을 떠난다.

그리고 시간이 흘러 날이 저문 후 그의 시체는 유대 원로의 한 사람이지만 이 사형에 적극 반대하고 있었던 아리마대 지방의 요셉에게 넘겨졌다.

많은 유대인들로부터 '구세주Messiah'로서 추앙받고 있던 예수가 신을 모독한 죄로 체포되어 유대 원로 재판에 회부된 것은 4월 6일이었다.

몇몇 사람들은 예수가 이미 자신의 죽음에 대해서 예언을 하는 것을 직접 보았다고 주장한다. 처형되기 바로 전날 저녁식사를 마친 예수가 자신이 제자 중의 한 사람에 의하여 배반당하리라는 예언을 했다는 것이다. 또한 그의 추종자들은 예수의 탄생과 죽음이 구약성경 이사야 53장에 나오는 구세주를 계시하고 있다고 주장한다.

십자가에 못 박히는 예수

어쨌든 그의 예언대로 그는 유다의 배반으로 유대 원로들에게 넘겨진다. 예수를 법정에 세운 유대 원로들은 예수가 '하나님의 아들' 이라고 자칭한다는 죄에 대해 추궁한다. 드디어 대사제 가야바는 예수에게 신을 모독한 죄 그리고 그가 유대인의 왕이 되어 로마를 전복하려고 했다는 죄목을 뒤집어씌워 유죄 판결을 내린다.

그들은 유대인들의 법정에서는 사형 선고를 내리지 못하는 제도 때문에 예수를 그 당시의 로마 총독 본디오 빌라도에게로 다시 넘긴다.

하지만 예수에게서 아무런 혐의를 발견하지 못한 빌라도는 매질을 몇 대 해서 그냥 석방하려고 했으나 유대 원로들이 벌떼같이 들고일어나 그에게 사형 언도를 내릴 것을 고집하였다.

그를 석방하게 되면 모두 유대인들의 폭동이 일어날 것이라는 것이 그들의 주장이었다. 드디어 빌라도는 예수를 포기하고 그 대신 악당이며 살인자, 하지만 폭도들의 영웅이었던 바라바를 석방시킨다.

34. 자신의 어머니를 살해하는 네로

59년 - 로마

모친 살해란 단어를 만들어낸 네로

아그리피나는 자신의 오빠와 근친상간을 한 후 악명 높은 네로왕을 낳았다. 그녀는 자기의 두 번째 남편인 클라우디우스 황제를 독살시키고 당시 17세였던 아들 네로를 왕위에 앉혔다. 그러나 아들 네로는 어머니의 계속적인 간섭에 분노하여 어머니까지 암살, 모친 살해matricide라는 새 단어를 탄생시켰다.

게르마니쿠스(클라우디우스)의 미망인이며 네로의 어머니 아그리피나가 자신의 아들이 내린 명령에 의하여 살해당한다. 그녀의 생명을 노린 보트 전복 사고에서 그녀가 어깨에 가벼운 상처만을 입고 구사일생으로 살아나자 에니세투스라는 자객이 그녀의 집으로 찾아가서 아그리피나를 살해한다.

그 후 로마 사회에서는 암살당한 아그리피나의 독살 사건을 비롯하여 시저 궁정에서의 생활, 그리고 그녀가 생전의 애정 행각에 대한 자서전

적인 글을 남겼을 것이라는 추측
이 무성하게 나돌게 된다.

클라우디우스가 64세의 나이로
독살당했을 때 그녀의 아들, 17세
의 네로는 황제가 되기에는 불안
정한 위치에 있었으나 욕심 많던
그녀의 계략으로 브리테니쿠스를
제치고 황제에 오르게 된다. 그리
고 브리테니쿠스는 그의 나이 55
세에 결국 네로에게 독살당한다.

네로

초기 5년 동안의 네로의 통치는 의회의 승인에 따르는, 비교적 순탄한
편이었다. 머리가 비상하였던 그의 개인교수, 철학자 세네카를 비롯하
여 전형적인 집정관 부르러스의 조언을 받고 있던 네로는 아우구스투스
의 정책을 고수했다. 많은 사형수들을 사면하는 한편 세금을 낮추며 빈
민들에게 돈을 나누어주는 등 비교적 온화한 정치를 베풀고 있었던 것
이다.

하지만 결국 네로는 수많은 사람들에게 돈을 주고 자신이 꾸미는 무
대에 동원하여 박수를 치게 만드는 등 뽐내기를 좋아하고 허영적인 면
을 더욱 많이 가지고 있는 인물이었다. 이러한 그의 습관은 병적으로 악
화되어 야밤에 그의 측근들과 변장을 하고 로마 거리에 나가 무고한 시
민들을 상대로 폭행과 살인을 즐겼다.

남자 노예와 결혼식을

네로 황제는 남자 노예 스코러스와 공식적으로 결혼식
을 가졌다. 미국의 캘리포니아 오렌지카운티에 있는 라구나 비치 시에서는 남자
와 남자의 결혼을 인정하고 증명서도 만들어 준다.

신들이 먹는 음식

클라우디우스가 브리테니쿠스를 그의 후계자로 지명하려고
계획하고 있었는데도 불구하고, 아그리피나는 그의 아들을 황제의 옥좌에 앉히
려고 결심했다. 그래서 그녀는 늙은 황제에게 독이 든 버섯을 먹였고 황제는 왕
위 계승에 대한 그의 바람을 확실히 하지도 못한 채 고통스럽게 죽었다.

네로는 왕위에 올랐고 클라우디우스를 위한 장엄한 장례식을 치렀으며 나중
에는 그를 신으로 받들었다. 그는 말하길 버섯들은 과연 신이 먹는 음식이라고
했는데 왜냐하면 그것을 먹음으로써 클리우디우스가 신이 되었기 때문이라는
것이다.

어떤 것을 택하시겠습니까?

로마의 폭군 네로의 생모인 아그리피나는 그의 아
들 네로에게 왕관을 씌워주기 위해 온갖 수단과 방법을 가리지 않았다. 네로가
왕이 되기 전의 어느 날 그녀는 자기의 몸에서 태어난 아들이 정말 왕이 될 것인
지 알아보기 위해 유명한 점쟁이를 찾아갔다.

점쟁이 말이 "아드님께서 왕이 되면 그분은 마마를 살해하게 될 것입니다."라
고 했지만 "그래도 네로가 왕이 되는 쪽을 택하겠어."라고 아그리피나가 말했다.

여기를 쳐라!

황제가 된 네로는 자기 마음대로 정치를 하고 싶었으나 어머니 아그리피나가 항상 걸림돌이 되었다. 마침내 그는 자신의 어머니를 제거해버리기로 결심하고 신하인 백부장에게 어머니인 아그리피나를 살해하라는 명령을 내렸다. 백부장은 네로의 명령대로 아그리피나를 찾아가 몽둥이로 그녀의 머리를 내리쳤다.

아그리피나는 죽어가면서 최후의 발악을 했다.

"머리를 치지 말고 여기를 쳐라! 내 자궁을 쳐! 그 끔직한 괴물이 기어 나온 구멍을 치란 말이야!"

35. 마사다에서의 자살

73년 - 이스라엘

마사다에서의 자살

사해 서해안에 있는 엔게디의 남쪽 약 16km 거리에 있는 바위 요새 '마사다'는 난공불락이었다. 하지만 기원전 73년 이곳이 로마군에 의해 완전히 포위당하자 숨어 있던 960명의 유대인들은 7명(2명의 여자와 5명의 어린이)만 빼고 모두 자살했다. 유명한 사학자 요세푸스가 전하기를 그들은 제비를 뽑아 1명이 9명을 죽이고…… 이런 식으로 모두 자살했다고 한다. 폐허만이 마사다를 정복한 로마군을 기다리고 있었던 것이다.

마사다Masada는 오늘날의 에스 시베로서 사해의 서해안에 위치한 엔게디의 남쪽으로 약 16km 떨어져 있는 난공불락의 바위 요새이다.

이곳은 66년에 일어난 유대군의 반란 중 마지막 저항의 터였다. 로마인들은 엄청난 노력을 기울인 끝에 비로소 이곳을 함락시킬 수 있었다. 마사다는 신약에서 직접적인 역할을 담당하고 있지 않지만 요세푸스의 긴 기록에 의해서 불후의 명성을 남기고 있으며 그 역사는 짧고

마사다(Masada)

격렬했다.

요세푸스에 의하면 마사다는 유다 마케베오의 동생이자 후계자인 대제사장 요나단(BC 161~142)이 처음으로 요새화하였으나 헤롯왕 때에 이르러서야 세인들의 이목을 끌게 되었다. 기원전 42년 히르카누스 2세의 통치 때 헤롯과 바사엘 두 형제의 반대자였던 헬릭스라는 사람이 헤롯이 시리아에 가 있는 동안 이 요새를 일시 점유하게 되었다.

헤롯은 이 요새의 가치를 충분히 알고 있었기 때문에 곧 이 성채를 되찾았다. 그 후 그가 로마로 가서 자기 왕국에 관한 권리를 주장하는 동안 자기 가족들이 안심하고 지낼 수 있는 곳으로 만들었다(BC 40~BC 39).

헤롯은 왕국을 확고히 장악하자 마사다 요새의 축성을 본격적으로 시작했다. 이곳은 결국 건축과 군사 전략 면에서의 그의 천재성을 입증해 주는 기념탑이 되었다.

로마인은 유대를 속주로 삼이 총독으로 히여금 통치히게 히던 시대(BC 6~ BC 5)에 이 요새를 점령하였다.

그러나 66년 여름에 시카리우스라는 광신적인 혁명주의자들이 계략을 써서 이곳을 탈취했으며 그 후로 마사다는 모든 전쟁기간을 통해서 시카리우스의 활동 거점이 되고 있었다.

　베스파시아누스 황제는 기원전 68년까지 예루살렘과 광야의 세 요새, 즉 헤로디움, 마카이루스 그리고 마사다를 제외한 전체 팔레스타인을 정복했으며, 플라비아스 실바가 제 10군단 사령관으로서 대규모의 토성을 쌓아 마사다의 성벽을 파괴한 것은 5년 후의 일이었다.

　그러나 7명을 제외한 960명의 혁명주의자들은 자살할 것을 약속하고 즉각 이를 실행했다. 로마인이 정복할 수 있었던 것은 그들의 시체와 뽀얀 연기가 나는 궁전의 폐허뿐이었다.

　마사다의 터전은 융기된 대지이며, 약 80m²의 그 평평한 꼭대기 표면은 아직도 흙으로 덮혀 있다. 요새안의 땅이 경작되고 있었다는 요세푸스의 기록은 불가능한 내용이 아니다. 깎아지른 듯한 바위산이 주변 계곡 위로 솟아올라 동쪽으로는 약 246km, 서쪽으로는 약 180km의 높이에 이르고 있었기 때문이다.

　꼭대기로 가는 길은 동쪽에 난 '뱀길'과 서쪽의 다소 순탄한 길이 있으며, 서쪽 길에는 망대가 길목을 지키고 있다.

36. 베수비오 화산의 폭발

79년 8월 24일 - 이탈리아

죽음이 폼페이Pompeii를 덮친다. 바다가 내려다보이는 언덕에 세워져 있어 특히 여름철이면 로마의 이상적 휴양 도시였던 폼페이의 거리는 항상 상인들과 장인들로 붐볐다. 아름다운 정원과 프레스코식 벽화 그리고 이 도시에서 만들어지는 항아리는 전 이탈리아에서도 그 진가를 알아 주었다. 그리고 항상 사람들로 가득차는 원형경기장은 오늘 베수비오 화산이 폭발하기 전까지만 해도 로마에서 가장 오래된 전통을 자랑하고 있었다.

화산이 폭발하고 난뒤, 화산재는 79년 8월 24일 그들의 생명을 순식간에 앗아가버렸다.

잠을 자다 질식한 사람들, 도박을 하다가 죽은 사람들, 이상 열기가 계속되던 밤에 잠을 이루지 못하고 얘기를 하다 갑자기 죽음을 맞이한 사람들, 자신의 침실 혹은 그 당시 폼페이에 흔하게 널려 있던 사창가에서 사랑을 나누다 죽은 사람들… 모두들 마지막 몸부림을 치던 모습으로 죽음을 맞이했다.

폼페이의 거의 모든 생명이 죽었으며 피해가 얼마나 극심했던지 로마

베수비오 화산 폭발

는 결국, 화산의 용암과 재에 덮인 도시를 포기해야만 했다. 극소수의 사람들만이 살아남아 베수비오 화산이 폭발하던, 끔찍스러웠던 그날 밤의 경험을 전할 수 있었다.

『자연의 역사』라는 저서를 펴낸 당대 로마의 유명한 장군 플리니우스도 이때 폼페이에 가까이 있던 선단의 사령관으로 파견 나가 있다가 목숨을 잃었다. 곁에서 그 재변을 목격하였던 그의 조카는 살아남아 그 당시의 광경을 전했다.

"삼촌의 선단이 폼페이로 다가가고 있을 때 돌연히 분노한 베수비오 산 여러 곳에서 치솟는 불길은 밤의 어두움을 받아 더욱 눈부시게 빛나고 있었다. … 건물들은 폭력적인 충격으로 흔들리며 마치 뿌리째 뽑혀 나갈 듯이 몸부림치고 있었다."

당황하던 플리니우스는 살길을 찾아 바다를 향하여 선수를 돌렸지만 미친 듯이 거세어진 파도가 그의 선박을 덮쳤다. 그가 경험했던 어떠한 밤보다도 가장 어두웠던 그 밤 두 노예의 호위를 받고 있던 플리니우스는 마침내 기진맥진하여 쓰러지고 말았다.

18세기 후반부터 시작된 시가지 발굴 작업은 지금까지 조직적으로 이뤄지고 있다. 번영하던 시가지가 갑작스럽게 묻혔다가 그대로 발굴되고 있기 때문에, 당시 로마 사람들의 음탕한 생활까지 있는 그대로 확인할 수 있다고 한다.

37. 로마 제국에 전파되는 기독교

306년 - 로마

7월 25일 로마 황제 콘스탄티누스 1세가 요크에서 사망하자, 같은 날 요크 사령부의 군인들은 황제의 아들 콘스탄티누스 2세가 그 왕관을 계승했음을 선언하였다.

콘스탄틴이라 불리던 그는 아직 십대의 어린 나이였지만 후세 역사가들이 그의 이름 앞에 '위대한The Great' 이라는 수식어를 붙일 만한 자질과 품성은 이미 엿보이고 있었다.

당시의 로마는 고대 로마 때와는 현저히 다른 모습을 갖추고 있었다. 차지하고 있는 영토만 하더라도 영국을 포함하여 고올(프랑스), 스페인, 이탈리아, 유고슬라비아, 루마니아, 불가리아, 스위스, 오스트리아, 그리스, 소아시아, 팔레스타인, 북아프리카 전역과 이집트에서 아틀란티스까지의 지중해 지역으로 확장되어 있었다. 하지만 한 단위로 다스리기가 어려웠기 때문에 광활한 규모의 영토는 자연히 서로 녹특한 특성을 갖는 두 지역으로 나누어졌다.

이러한 특성이 형성된 원인은 지중해로 진출하기 이전에는 주로 서유럽이나 그리스의 문명이 꽃피고 있던 동쪽으로 그들의 세력을 확장하였고, 로마에 의하여 그리스가 정복된 후에는 그리스의 문화가 그들의 독특한 국민성과 함께 흡수되었기 때문이다.

로마 제국이 점령하고 있던 지역의 주민들에게 로마 문화의 영향이 만만치 않았던 것도 사실이다. 하지만 동쪽의 주민들은 서쪽의 주민들과는 차별화된 독특한 문화를 보존하여 지금까지도 그 국민적 특성을 유지하고 있다.

그 당시 정권을 잡고 있던 로마의 황제들은 수많은 인종으로 구성된 로마 제국의 영토를 통치하는 데 많은 어려움을 겪어 왔다. 그러던 중 디오클레티아누스 황제가 이러한 문제의 해결점을 찾게 된다.

로마 제국의 변방을 틈틈이 엿보는 야만족들을 견제하고 있던 디오클레티아누스 황제가 이들에게 효과적으로 대처할 방법을 생각해낸 것이다.

286년 디오클레티아누스 황제는 멕시미안을 자신의 파트너로 임명한 후 로마 제국의 서방 지역을 떠맡긴다. 또한 282년 콘스탄티누스 1세의 통치 시대에는 콘스탄티누스 1세가 임명한 갈레리우스가 동로마, 그리고 자신이 서로마를 맡는 것으로 정한다.

콘스탄티누스 1세의 사망 후 그의 아들 콘스탄틴이 새 황제로 추대되자, 디오클레티아누스 황제가 통치하던 동로마의 황제를 자칭하고 있던 갈레리우스는 콘스탄틴을 알프스 산 서쪽의 로마를 통치하는 동로마의 새 황제로 인정한다.

그 당시 황제의 왕관을 노리고 있던 라이벌 세력은 동로마와 서로마로 나누어진 두 지역에 적어도 각각 3개씩 모두 6개 정도 되었다. 이 라이벌 세력 중 대표적인 것은 왕족의 보호 임무를 맡고 있던 엘리트 집단, 즉 '왕궁 근위대' 의 지지를 받고 있는 멕센티우스였다.

결국 그와 콘스탄틴과의 대결은 불가피하게 되었다. 이 두 장군은

312년 10월 28일 티버스 강의 밀비안 다리에서 충돌하게 된다.

전투가 벌어지기 바로 직전 콘스탄틴 황제는 하늘에 떠 있는 불타는 십자가를 보았다고 한다. 그 십자가에는 'Hoc Vince'(정복이 끝났노라)라는 글자가 쓰여 있었다.

이러한 환상에 감명을 받은 콘스탄틴 황제는 전쟁에 참전하는 모든 병사들의 방패에 예수의 형상을 나타내는 그리스 글자를 그리게 한다. 이 전투에서 멕센티우스가 전사하자 그들의 진영이 무너졌고, 콘스탄틴은 서로마의 통치자가 되었다.

그는 황제 자리에 오르면서 가장 처음으로 기독교의 표식을 모든 제국의 상징으로 사용할 것과, 자신이 통치하는 모든 영토 내에 있는 기독교의 활동을 절대적으로 묵인하라는 법령을 제정한다.

당시 예수의 제자들에 의하여 전파되던 기독교는 인구가 밀집되어 있는 로마의 도시에 급속히 퍼져 나가고 있었다.

예수에 의하여 교회와 그 제자들의 대표직을 맡게 된 베드로는 선교 활동을 위하여 제국의 수도 로마로 향한다. 그리고 42년, 기독교인들에 대한 로마의 박해가 점점 심해지면서 많은 기독교인들이 희생당하고 있던 그 때, 그곳에서 선교 활동을 하고 있던 베드로도 처형을 당하게 된다.

베드로가 그의 사망 직전 이끌던 기독교회는 70년 예루살렘이 멸망한 후에 로마에 있던 교회가 모든 교회의 본부 역할을 하고 있었다. 이 로마 교회의 지도자였던 베드로는 '사제장' 혹은 '교황Pope'으로 대우받고 있었다.

그 후 90년과 305년 사이에도 10건 이상 기독교인들에 대한 심한 박해가 있었지만 기독교 교회는 그 세력을 키워 나갔고 신자 수 또한 전 로마에 걸쳐 꾸준히 늘어가고 있었다. 이러한 당시의 현상을 라틴어 작가인 테툴리안은 "순교자들의 피가 씨앗이 되었다."고 표현했다.

베드로의 순교와 콘스탄틴 황제의 취임 사이의 시기에 성장된 교회는 신앙과 '그리스도 안에서의 형제애'에 의한 결속에서 출발한 자치 공동 사회, 즉 신앙이 절대적으로 요구되는 '공동체'를 형성하고 있었다.

이러한 공동체, '교회'는 주로 도시에 몰려 있었기 때문에 모든 가르침은 이들 도시의 교회에게 우선적으로 전해지고 있었다. 하지만 도시에서 떨어진 지역에서도 무시하지 못할 수의 교회들이 형성되고 있었다.

각 공동체에서 선출되어 임명되는 교회의 우두머리인 주교Bishop는 예수의 12제자의 후임자로 인식되었다. 그래서 교회 설립 초기에는 '최후의 만찬'을 상징하는 예식에 사용되는 '빵과 포도주'에 손을 댈 수 있는 자격이 주교들에게만 주어졌다.

하지만 교회가 성장함에 따라 주교 혼자 교회의 제사일과 행정을 보는 데 한계를 느끼기 시작했다. 그래서 '장로'를 임명하여 각 구역의 공동체를 담당하게 하였고 주교들의 행정적인 업무 또한 '부제(집사)'들의 도움을 받아 운영하게 했다. 이러한 교회의 구조와 제도는 꾸준한 성장을 거쳐 현대의 교회에까지 이어져 내려오고 있다.

공식적인 교회의 중앙 기구는 없었지만 로마 교회의 주교는 베드로의 자리를 이어받는, 모든 교회의 우두머리로 받아들여지고 있었다. 하지만 기독교 교리에 관한 교인들의 개인적 의견 차이는 여전히 발생하여 교회의 단합에 문제가 생겼다. 자치적으로 운영되고 있는 교회의 분위기가 교회의 기초가 되면서, 기본 교리의 해석 차이에서 발생하는 '개인적인 생각'이 용납되고 있었기 때문이다.

주교들은 이러한 개인적인 생각이 교회 전체의 가르침에 영향을 미치게 되는 현상을 우려하기 시작했다. 그들은 초기의 사제들이 예루살렘 교회의 결정에 의존하고 있었던 것처럼 로마 교회가 이러한 문제들을

콘스탄틴 대제

해결해 주기를 바라고 있었다. 하지만 교리의 해석과 결정을 집행할 수 있는 권리가 없었던 로마의 교회가 그들의 욕구를 충족시켜 주지 못하자 이들은 점차 자신들의 판단에 의존하면서 로마교회 주교의 결정을 무시하기 시작하였다.

콘스탄틴 황제 시대에 이르러 기독교인들의 결속을 해칠 정도로 이러한 교회의 이질성이 심각해지자, 이러한 문제의 해결점을 찾던 콘스탄틴 황제는 교회들의 결속이 교회 자체뿐만이 아닌 로마 제국의 세력을 더욱 튼튼히 해줄 수 있는 수단이 된다는 것을 깨닫게 된다.

콘스탄틴 황제가 이것을 깨닫게 된 경위는 다음과 같다.

307년 퇴위한 갈레리우스의 뒤를 이어 리키니우스가 그 황제를 계승하였다. 리키니우스는 기독교인들을 미워한 나머지 자신의 영토에 있던 기독교인들을 박해하기 시작했다.

당연히 이러한 그의 박해는 콘스탄틴의 영토에 거주하던 기독교인들의 원망을 사게 되었다. 이미 기독교인들의 친구가 되기로 결심하였던 콘스탄틴 황제는 리키니우스 황제를 기독교의 문제가 다루어질 밀라노의 회의에 초청하여 기독교인들에 대한 박해를 중단시키는 데 성공한다.

하지만 리키니우스에게는 이 회담이 자신의 지연작전의 일부가 된 셈이었다. 야심가이던 리키니우스에게는 동서 로마를 몽땅 지배하고 싶은 속셈이 있었던 것이다. 밀라노 회담 직후 이러한 리키니우스의 속셈은 콘스탄틴 황제의 도전을 자극하는 행동으로 계속해서 표출되었고, 314년 드디어 두 황제 간 전쟁으로 발전하게 되었다.

리키니우스가 생각했던 것처럼 만만치 않았던 콘스탄틴 황제와의 전쟁이 무승부로 끝나자 두 나라 사이에는 9년이라는 시간 동안 '결코 안정되지 않은 평화'가 계속된다. 이 기간 동안 리키니우스는 기독교인들에게 한 박해를 중단하고 있었지만 '우위를 점하기' 위한 노력마저 포기한 것은 아니었기 때문이다.

콘스탄틴 황제도 이 '평화 기간' 동안 자신의 힘을 키우는 한편 제국 내의 결속을 다지고 있었다. 이러한 방법의 하나로서 자신의 영토에 거주하는 기독교인의 안전을 최대한으로 보장하는 것을 비롯하여 기독교인과 가까워지기 위하여 그들의 문제에 개인적인 관심을 갖기 시작했다. 314년 알레스에 주교단을 소집하여 아프리카 교회 분리 문제를 해결하는 성과를 낸 것도 그의 주선에 의한 것이었다.

312년 리키니우스 황제가 다시금 기독교인들을 더욱 심하게 박해하는 정책을 펴기 시작하자 콘스탄틴 황제는 결의를 다질 때가 왔다고 생각한다. 자신의 영토에 거주하고 있는 모든 기독교인들의 보호자로서 그들의 동료들까지 돕겠다는 자신의 각오를 증명하기로 결심한 것이다. 하지만 그 당시 그의 진의는, 리키니우스의 세력에 도전하는 것이었다고 해도 가히 틀린 주장은 아니다.

어쨌든 드디어 두 황제는 323년 아드리아노플에서 다시 부딪친다. 이 첫 전투에서 패배한 리키니우스는 남은 병력으로 크리소폴리스에서 다시 도전하지만 그의 군대는 재차 힘없이 격파되고 리키니우스는 생포된 후 처형당한다. 콘스탄틴 황제가 두 제국을 혼자 통치하는 독무대가 시작된 것이다.

그러나 두 지역으로 나누어져 있던 제국의 두 정치 집단 사이에는 이미 심한 차이라는 장벽이 가로막고 있었다. 이 벽을 허물 방법을 찾고 있던 황제는 마침내 두 제국에서 공통적으로 성장한 '기독교'가 두 나라의 결속을 가져다주는 중요한 요소가 될 수 있음을 발견한다.

하지만 기독교를 통일된 제국의 결속을 위한 요소로 사용하기 위해서는 황제 자신의 종교적 지위를 확보하는 절차가 따라야 하는데 황제에게는 불행히도 이를 결속의 요소로 이용하기는 불가능한 형편이었다. 이 중요한 시기 교회 간의 분쟁이 극에 달하게 되어 영구적인 분열마저 우려되는 사태들이 발생하고 있었기 때문이다.

이러한 교회의 분쟁은 '아리안 이교Arian'라고 불리던 교파에서 출발하고 있었다. 이교는 알렉산드리아의 아리우스Arius 사제에 의한 것이었으며 이들을 로마 교회의 적으로 여긴, 역시 알렉산드리아 출신의 아타나시우스 사제의 열렬한 비난 대상이 되어오고 있었다.

간단히 말해서 아리안 교파들은 예수 그리스도를 성부인 하나님과 동격으로 대우하지 않고 있었다. 그 당시 동방의 기독교인들은 아들(서자)과 아버지(성부)가 동시에 한 하나님이라는 이 오묘한 상관관계를 밝히려고 하기보다는 메시아로서의 예수를 별도의 존재로 받아들이고 있었다. 하지만 아리안 교파들은 이러한 교리(삼위일체)를 정면으로 반박하며, 아들과 아버지는 반드시 분리된 존재라고 주장하고 있는 것이다.

그들의 주장은 예수가 출현하기 전에도 하늘나라가 존재하고 있었고 예수는 외로워진 창조주에 의하여 만들어진, 인간의 몸을 빌려 태어난 아들이라는 것이다. 또한 아버지와 아들이라는 관계 때문에 아버지의 사랑을 받고 있는 예수는 기독교 교리의 핵심인 동시에 '말씀'이 담기는 용기가 되고 있다는 것이다.

그 당시 알렉산드리아의 주교이던 아타나시우스는 주교 회의를 소집한다. 그 자리에서 아리우스의 가르침이 잘못된 것이라고 선언한 후 그를 팔레스타인으로 추방해버린다.

하지만 이러한 결정은 이교의 세력을 잠재우기는커녕 오히려 동방의 일부 기독교인들마저 아리우스를 옹호하게 되는 사태를 낳게 되어 324년 동방 기독교회는 둘로 갈라질 것 같은 사태로 악화된다. 이러한 상황에서 모든 교회 단결은 매우 어려운 일이었다.

325년 마침내 이 문제의 해결에 나선 콘스탄틴 황제는 동방 교회의 모든 주교들을 니케아로 소집한다. 황제의 명령에 소환된 300여 명의 주교들 중에는 로마의 대주교가 보낸 대표 주교를 비롯하여 황제 자신의 오랜 친구인 코르도바 주교도 포함되어 있었다.

아리우스 주교가 자신의 교리를 변론하는 것으로 시작된 이 회의는 오랜 논쟁을 거친 후 대다수의 주교들이 아리우스 주교의 교리가 잘못된 것이라는 결론을 내렸다. 그 결과 아리우스 주교는 주교직을 박탈당하고 일리리아 지방으로 추방당한다.

분열의 위협은 점차 사라지고 콘스탄틴 황제는 자신의 계획을 추진해 나갈 수 있게 됐지만 아리안 교파의 말썽은 그의 일부 후임자들에게로 이어지게 된다.

콘스탄틴 황제는 니케아 회담을 통하여 전 로마의 영토에 기독교의 오전 자유령을 선포하여 그 후 기독교도가 유럽의 대표적인 종교로 자

리잡는 데 결정적인 기여를 하였다. 또한 이것은 유럽의 미래에 막대한
영향을 주는 역사적인 첫걸음이 되기도 한다.

38. 훈족(흉노족)의 왕 아틸라

453년

  *훈Hun족은 알타이 산맥 아래 평야 지대에서 전쟁을 하여 다른 민족을 정복하거나 약탈하면서 몇 세기를 살아온 호전적인 유목민이었다.

  기원전 258년에 중국의 진시 황제가 만리장성을 쌓은 이유가 이 훈족의 침입을 막기 위해서였다는 설도 있다. 아틸라Attila의 지도 아래 훈족은 동로마 제국과 서로마 제국의 사람들을 공포에 몰아넣으며 최고의 전성기를 누렸다.

  훌륭한 전사이기도 한 그들의 삶은 오로지 전쟁에 바쳐졌다. 로마 사람들과는 다르게 그들은 말 위에서만 싸움을 할 수 있었다. 그들은 성채로 둘러싸인 도시를 공격하는 기술을 도저히 습득할 수 없었고 또한 사다리를 기어오른다거나 쇠뇌(창이나 큰 화살, 돌 따위를 발사하기 위해 사용한 무기) 따위는 쓰지 않았다.

  그들의 강점은 신속한 공격에 있었다.

  창과 활을 사용한 사격 솜씨는 눈부셨고, 말을 타는 솜씨와 그들의 말

*4, 5세기경 유럽을 휩쓴 아시아의 유목민

또한 훌륭하였다(그 말들은 훈족이 사는 평야 북쪽의 산에서 자라는 특수한 종자이다).

튼튼한 잔등과 다리, 그리고 단단한 말굽으로 바위와 돌투성이의 목초지를 종횡무진하는 이 종마들은 평야에서 자란 말들보다 훨씬 더 우수했다. 게다가 훈족은 말의 굽에다 편자를 박지 않았기 때문에 거칠고 단단해진 말굽은 더 유용하게 쓰여졌다.

매년마다 이들은 암컷의 노새를 언덕배기로 끌고 가 몽고산의 작은 조랑말보다 훨씬 더 영리하고, 단단한 근육질의 혈통을 가진 종마와 교배를 시킨다. 중국인들이 '천마'라고 부르는 이 말이 있었기 때문에 훈족들은 기동력이 빠른 경장비 군대의 중무장한 전사들로 이루어진 군대를 유효적절하게 배치하여 싸움에 임할 수 있었던 것이다.

433년 훈족의 왕 루아가 죽고 왕위를 승계할 수 있었던 사람은 그의 조카들인 블레다와 아틸라 두 사람이었다. 블레다는 얼마 되지 않아 사라졌는데 아마도 아틸라에 의해 살해되었을 것이다.

결국 아틸라가 권력을 잡게 되어 한편으로는 용맹하지만, 또 한편으로는 잔인하고 신뢰할 수 없는 자기 부족을 다스리게 된다. 역사가인 마르셀리누스는 훈족을 다음과 같이 묘사하고 있다.

"그들의 머리는 머리가 아니라 모양도 없는 메주덩어리 같았고 눈이라기보다는 바늘 구멍이 뚫려 있는 것 같은 형상이었다."

그에 따르면 훈족의 남자 아이들은 태어나자마자 뺨에 상처를 내어놓기 때문에 그들의 얼굴은 매우 무시무시하였으며 아이들이 자라면시 "수염도 기르지 않고 칼자국으로 인해 생긴 깊은 고랑으로 자연적으로 아름답게 수염이 자랄 틈도 없기 때문에 젊은이들의 얼굴은 결코 아름답지가 않다."고 한다.

마르셀리누스는 계속하여 "훈족은 키가 작고 빠릿빠릿하게 움직이며 말을 타고 어깨가 넓으며 언제라도 활을 쏠 준비가 되어 있다."고 묘사하고 있다.

아틸라는 전혀 웃거나 미소를 짓지 않았다고 전해진다. 그는 담백한 음식을 선호했고 모든 면에 있어서 사치스러운 것을 피했다.

"그는 눈을 이리저리 굴려 둘레를 살피면서 매우 도도한 자세로 걸음으로써 온 몸으로 자신의 권력을 자랑스럽게 과시하였다."

아틸라는 키가 작았고 넓은 어깨를 가졌으며 작은 눈과 얼굴에 난 상처에도 불구하고 잿빛 수염이 듬성듬성 나 있었다. 짙은 얼굴색과 납작한 코로 미루어 그는 몽고인의 핏줄을 타고난 것이 분명하다.

441년과 442년에 아틸라는 동로마 제국의 테오도시우스 2세와 수차례의 전쟁을 치러 승리를 거뒀다.

442년에 테오도시우스 2세는 휴전에 동의하였으나 전쟁 때의 탈영병을 아틸라에게 인도하기를 거부하였다. 그리하여 전쟁은 다시 시작되었고 아틸라는 테오도시우스 2세로 하여금 다시 한 번 더 평화를 탄원하도록 만들었다. 이번에 테오도시우스 2세는 모든 조건에 동의하였다. 모든 탈영병들은 아틸라에게 인도되었고, 테오도시우스 2세는 아틸라에게 1년에 2,100파운드의 금을 공물로 바쳐야 했다. 그것은 이전에 바치겠다고 약속하였던 것보다 세 배나 더 많은 양이었다.

이때의 군사 행동으로 훈족은 70여 개의 마을을 약탈하고 2천 명의 남자와 여자, 어린이를 노예로 만들었다. 전투가 주로 일어났던 발칸 제국은 그 후 4세기 동안 전쟁의 후유증에서 벗어나지 못했다.

길게 줄잇는 여자 노예들과 후일 아틸라의 수도에서 발견된, 전리품을 실은 삐그덕거리는 구식 마차가 늘어갈 때마다 천방지축인 훈족에 대한 아틸라의 지배력은 더욱 확고해졌다. 지도자가 자신들을 위하여

로마군과 주둔해 있는 바바리언 아틸라의 모습을 담은 작품

이룩한 업적을 자기들 눈으로 직접 보았던 것이다.

아틸라는 옛날 알라리크가 이끄는 서고트족이 세운 업적에 상당하는 세력이 자신에게 있음을 증명하기 위해 더욱 용맹스런 군사 행동을 시작해도 안전할 것이라고 판단하였다.

동로마 제국을 처리한 뒤였기 때문에 그는 이제 서로마 제국으로 눈을 돌릴 수 있었다. 그러나 서로마 제국의 바렌티니아누스 3세는 계속 그에게 조공을 바치고 있었기 때문에 사소한 것이라도 핑곗거리가 필요하였다. 그는 아주 교묘하게 핑곗거리를 찾아내곤 했다.

그가 죽기를 기다리고 있었던 것처럼 그의 사후, 아틸라의 제국은 곧 분열되었다. 너무도 각양각색이고 반목하기 좋아하는 훈족인지라 결코 하나의 국가 안에서 단결될 수가 없었다. 그들을 하나로 묶어 놓을 수 있었던 것은 오직 아틸라의 뛰어난 역량과 권위 때문이었다.

아틸라가 숙자 아르다릭이라는 사의 밑에 여러 부족이 힘을 힙쳐 이틸라의 아들들에 대항하여 반란을 일으켰다. 아틸라의 장남인 엘락은 판노니아에 있는 논타 강 인근에서 반란군을 만나 3만 명의 군사와 함께 살해당했다.

20년 동안 그들의 지배자였던 아틸라는 싸움을 일삼던 부족들을 단시간 내에 통일시켜 훈족을 구성할 수 있었다. 그는 로마 제국의 보호를 받을 수밖에 없도록 고트족을 몰아내었고 동로마 제국과 서로마 제국까지도 자신의 통치하에 두었다. 훗날 '지축을 흔드는 자'라고 불렸던 아틸라에 관한 많은 전설이 지금까지 전해 내려온다.

그 중에서 가장 유명한 전설은 12세기에 만들어진 서사시 「니벨룽겐의 노래」에 나오는 이야기이다. 이 시 속에서 아틸라는 에트젤로 나오고 일디코는 크림힐트로 나온다. 이 시는 요술과 전쟁, 복수, 그리고 그리스 비극에 나오는 것과 같은 인간의 숙명에 관한 매우 격정적이면서도 야만적인 이야기이다.

아틸라가 살아 있었을 때 유럽인들에게 훈족은 공포의 대상이었다. 그러나 그가 죽은 뒤, 그들은 점점 이리저리 흩어져 어떤 사람들은 로마의 보호를 받으며 소스키타이 지방에 정착하여 살았으며, 어떤 이들은 세르비아나 불가리아에 정착하였다. 나머지 사람들은 남러시아로 돌아가 유목 생활을 다시 시작하였다.

사랑의 순교자

위대한 왕인 아틸라는 주변의 나라들을 침입해서 대제국을 건설했던 5세기 최대의 영웅이다. 그러나 그는 동로마 제국 재침범 며칠 전에 새로 결혼한 신부와 불타는 듯 열렬한 성적 유희를 즐기다가 동맥이 파열되어 신부의 배 위에서 숨지고 말았다.

39. 로마의 멸망

476년 - 로마

고대 로마의 황제들은 금으로 손톱을 갈고, 순금으로 된 팔찌와 반지를 끼고 다녔으며, 금으로 수놓아진 자주 색의 로브를 입었다. 로마 황제들은 금반지와 금팔찌, 그리고 금으로 수놓아진 로브의 무게 때문에 제대로 걷지도 못할 정도였다고 한다.

어깨까지 길게 늘어진 귀고리와 무거운 왕관을 쓰고서 쓰레기로 가득 찬 거리로 나온 그들의 모습을 상상해 보자. 그야말로 화려함 그 자체였을 것이다. 그 뿐만이 아니다. 그들은 은제화를 신고 다녔고, 우유로 목욕을 했으며, 꿀로 만들어진 향수를 뿌렸다.

또한 매일매일 술과 정찬을 즐기고 밤에는 어디에서도 볼 수 없는 화려한 궁전 뜰에서 향연을 즐겼다. 그리고 수천 명의 시녀들이 그의 잠시중을 들었으며, 동양의 제왕들이 세웠던 것과 같은 화려한 궁전에서 살았다. 또한, 신성한 왕의 침실을 지켰던 내시들, 집정관, 국가 재정담당관, 개인재산관리인, 황제의 식사를 담당하는 시녀들, 왕의 말을 관리하는 사람들, 29명의 지방 군주 등 직접적으로 로마 황제를 보필하는 신하들의 수는 헤아릴 수 없을 정도로 많았다.

로마의 멸망(바바리언의 등장)

그러나 화려한 직위를 가지고 살았던 부유층에 비해, 일반 평민은 가난하고 초라하게 살았으며 부유층에게 치중된 나라의 정책으로 많은 고통을 받았다. 가혹한 세금 징수 때문에 세금 대신 농가와 가축을 팔아야 했던 사람들, 일자리를 찾기 위해 도시로 왔지만 끝내 일자리를 구하지 못하고 비참하게 일생을 보낸 사람들, 전쟁 포로로 잡혀 와 가축보다 못한 불운한 삶을 살았던 노예들이 바로 그들이다.

일반 평민들은 과다한 세금 징수로 쪼들렸던 반면, 세금 징수관들은 로마 황제에게 상납하고 남은 평민들의 세금으로 호화스러운 생활을 즐길 수 있었다. 즉 평민들은 로마 황제와 세금 징수관들에게 상납해야 하는 세금으로 그에 상당하는 곡물과 가축을 바쳐야 했던 것이다. 이 외에도 로마 황제의 생일에는 6만 4천 파운드의 돈을 상납해야 했다.

이러한 상납제도는 로마의 영령에 살고 있는 사람들이라면 누구든지 지켜야하는 법과 같은 것이었다. 이 모든 것들은 로마 황제의 권력을 보여 주는 단적인 증거일 것이다. 당시 로마는 가장 강한 국가였기 때문이다. 로마 문명은 약 500년 동안 전승되었고 로마 문명의 영화 또한 오래 지속되었다.

그러나 세상은 돌고 도는 법. 로마 제국은 멸망했고 당대를 풍미했던 로마 제국의 영화도 썩은 나무에 새겨진 오래된 흔적처럼 그렇게 사라져 갔다. 호화로운 로마 황제의 생활, 화려한 궁전, 그리고 언제나 영원할 것 같았던 영화가 끝이 난 것이다.

그렇다면 이 대 로마 제국을 무너뜨린 사람은 누구일까? 그들은 로마 제국의 북부지역에 살고 있었던 바바리언barbarian이었다. 그러나 로마 제국의 멸망은 바바리언들의 강함보다는 로마 제국 내부의 분열에서 그 원인을 찾는 것이 더 올바른 방법일 것이다.

사치와 향연만을 즐기며 살았던 귀족들은 당연히 바바리언들에게 대항하기에는 역부족이었고 가난에 허덕였던 평민들은 내심 바바리언들을 환영했다. 그리고 이도저도 아닌 많은 로마인들은 전쟁이 일어나자 로마를 떠났으므로 바바리언 이민족들은 비교적 손쉽게 로마를 점령할 수 있었다.

훈족, 고스족, 밴달족이라 무시당했던 이민족 바바리언들은 로마인들로부터 어떻게 싸우는가를 배웠지만, 결국 로마인들의 무기로 로마 제국을 무너뜨리고 로마의 새 주인이 된 것이다.

그와 동시에 로마 제국에 새롭게 등장한 것이 있다. 바로 새로운 종교의 출현이다. 영원할 줄 알았던 로마 제국의 멸망, 그리고 폐허가 된 옛 영화의 자취들을 보며 사람들은 전쟁의 승리와 패배 속으로 하루하루를 보내기보다 인생을 평화롭게 사는 방법을 배우게 되었다.

술라, 폼페이, 시저 시절 전쟁터에서 생과 사를 넘나들어야 했던 역대 로마인들의 후손들은 새로운 삶을 시작하게 된 것이다. 그들은 먹을 것을 구하기 위해 거리를 전전하면서도 전쟁과 약탈 대신 마음의 평온을 얻는 방법을 택했다. 무자비하고 냉혹한 현세에서 떠나는 순간, 천국에서 모든 대가를 보상받게 될 것이라고 가르치는 기독교의 등장은 로마인들에게는 새로운 시작이었다.

로마인들은 영원한 삶을 위해서는 현실에서의 배고픔을 해결하는 것보다 신앙이 중요하다고 느끼기 시작했다. 하루의 시작과 끝을 신앙과 함께 했다. 일을 하다가도 쟁기를 내려놓고 회개를 하고 기도를 했다. 보이지 않는 저 세상으로 한 발자국 한 발자국 다가가고 있었다. 이것은 로마인들이 단지 한 제국의 시민이 아닌, 영령과 제국을 초월한 기독교의 세계 속으로 들어간 것을 의미한다.

이와 시기를 같이 하여, 당시의 각 나라들은 강력한 중앙 집권식 제도에서 탈피, 새로운 정치제도를 도입했다. 로마가 중심이라는 로마 숭배 사상은 사라졌으며, 전쟁과 약탈을 일삼고 주변 일대를 점령했던 선조 대신 새로운 로마의 주인들은 건축과 예술에 중점을 두는 새로운 문화를 탄생시켰다.

당대를 풍미했던 고대 서부의 문명은 이렇게 끝을 맺어가고 있었다.

40. 메카에서 도주하는 마호메트

622년 - 메카, 아라비아

아랍계 민족들에게 다신주의多神主義의 종식과 유일신을 섬길 것을 주장하던 설교자 마호메트Muhammad가 메카Mecca를 도망쳐 북쪽으로 도주한다.

570년 경, 아라비아의 광활한 반도 지방에 거주하던 베도우인족의 지파인 쿠뢰시족 집안에서 태어난 마호메트는 610년 메카에서 전도 생활을 시작하였다.

이 당시 메카는 다른 도시들과 외떨어져 있는 지역 조건에도 불구하고 시리아나, 이라크 그리고 이집트, 예멘 지방으로 나가는 쿠뢰시족들이 낙타상들이 집결하는 근래 부쩍 번창하게 된 쿠뢰시족들의 무역 산업은 물론 중동 지방의 문화가 교류되는 비교적 중요한 도시가 되어가고 있었다(실제로 마호메트는 이 낙타상으로 부자가 된 쿠뢰시족 과부 여인과 결혼을 하게 된다).

또한 이 메카는 순례자들에게도 중요한 도시가 되어가고 있었는데 그것은 쿠뢰시족들이 경배하는 그들의 보호신인 '검은 운석隕石' 이 모셔져 있는 카바 신전이 이 도시에 있었기 때문이다.

주위의 가난한 자들을 도와주는 한편 그러한 카바 신전의 우상에서 벗어나 '유일한 알라'를 섬길 것을 설교하던 마호메트는 이를 못마땅하게 생각하던 부자 상인들과 메카 도시의 유지들의 탄압이 날로 심해지자 이들을 피해 자신을 따르는 추종자들과 함께 메카를 도망친다.

이슬람교는 시리아와 이집트 그리고 에티오피아 전 지역에 전파되는 것은 물론 그 당시 불교보다도 200년이나 오래된 고대 종교인 조로아스터교가 뿌리박고 있던 아라비아 반도, 즉 예멘 지방과 페르시아 국경 지역에까지 퍼지고 있었다.

610년, 시리아와 남아랍 지방을 잇는 무역로의 요지였던 메카에 새로운 예언자가 등장하게 된다. 이 도시는 365종의 신들이 우글거리고 있는 야만적인 우상주의에 깊이 빠져 있었다.

이 새로운 예언자의 가르침은 곧 신과 신의 뜻에 복종한다는 뜻인 '이슬람Islam'으로 함축되고 있으며 모든 새로운 신자들에게 "나는 증인을 통하여 알라신을 유일한 신으로 모실 것이며 마호메트를 그의 메신저로 인정합니다."라는 공개적인 선서를 요구하고 있었다.

569년과 571년 사이에 아랍계 코리쉬 지파족인 아버지 압둘라와 어머니 아미나 사이 유복자로 태어난 마호메트는 그의 나이 6세 때 모친마저 세상을 떠나자 할아버지 '압달 모탈립' 밑에서 성장하였다.

곧 그의 할아버지 마저 사망하자 그의 삼촌 아부탈립의 가정으로 들어간다.

소문에 의하면 그의 할아버지는 부유한 상인이었다고 하는데 이러한 것이 사실이라면 그 당시 풍습으로 보아 그의 할아버지는 수단과 방법을 가리지 않고 부를 쌓아 메카 도시의 유지가 되었을 가능성이 크다.

어쨌든 마호메트는 삼촌을 따라 여름에는 시리아로 겨울에는 예멘으로 떠나는 낙타상 행렬에 끼여 여행을 한다. 그 당시 남북을 왕래하는 한 번의 여정은 각각 2년이라는 시간이 걸렸다. 이러한 여행을 통하여 마호메트는 어린 나이에 이집트를 비롯한 수많은 도시들의 문명에 접하는 한편 베드윈족 언어를 익혀 낙타상들의 안내자 역할을 하며 젊은 시절을 보낸다.

25세에 낙타상 안내업을 그만둔 마호메트는 자신보다 15년 이상 연상인 부유한 과부, 하디자Khadijah와 결혼한 후, 한 야채가게의 동업자가 된다.

이슬람교의 '코란'에 의하면 이 당시 그는 '움미Ummi'라는 단어를 자주 사용하였다고 한다. 고귀한 출생 신분이 아닌 '서민들을 위한'이라는 원래 의미를 가지고 있는 이 단어는 그 후 '읽거나 쓸 줄 모르는 사람들'을 지칭하는 의미로 '코란'에 씌어지게 되었다(어원으로 미루어 보면 이 단어는 'Ummal Qura' 즉 '도시의 어머니'라는 의미도 지니고 있다).

보통 사람 이상보다 훨씬 많은 일상생활의 지혜를 갖고 있던 것으로 알려진 마호메트에게는 수많은 연장자들이 그들의 경제나 종교 문제에 대한 조언을 받으러 몰려오곤 했다. 이는 그가 글쓰기와 읽기에 능하여 많은 사람들의 도움이 되었거나 혹은 그러한 임무를 가진 높은 공직에 있었다는 것을 의미한다고 할 수 있다.

불행히도 그의 젊은 시절을 다루고 있는 '코란'의 앞부분은 모두 마호메트 자신만의 표현으로 '비밀스럽게' 숨겨져 있어 그가 어떠한 과정을 거쳐 자신이 '신'의 뜻을 대변하는 예언자라고 지목되었다고 생각하게 되었는지 명확히 밝혀지지 않고 있지만, 그의 이야기를 제일 먼저 정리하기 시작한 이븐 이삭(Ibn Is-hak : 768년 사망)에 의하면 그 시기를 610년으로 보고 있다.

이슬람교를 만들게 된 동기 또한 자신의 입으로 직접 언급한 적은 없다. 하지만 그가 남북으로 여행하던 시절 그 지역에 전파되고 있는 기독교의 영향을 받아 '아브라함의 고대 종교'를 복구시켜야겠다는 생각을 가졌던 것으로 추측된다.

그가 왜 하필이면 그 당시 사람들에게 비교적 생소하였던 이 '아브라함의 종교'에 끌리게 되었느냐는 문제는 많은 학자들의 억측을 낳게 하고 있다. 그러나 그 당시 다른 아라비아의 민족들과는 달리 이 메카 민족들 사이에서도(비록 방법은 다르지만) '아브라함 종교'의 전통 의식으로서 유대인 사회에서만 치러지고 있던 '할례'가 성행되고 있었다는 사실로 미루어 보아 그 이유를 짐작할 수 있다. 또한 수많은 신의 존재가 주는 혼란에 당황하고 있던 마호메트가 '유일신'을 내세워 그러한 혼란을 해결할 수 있다는 것을 깨닫고 아브라함의 고대 종교를 복구시키겠다는 결심을 하게 되었다는 추측도 해볼 수 있다.

'코란'에서는 그가 메카 지방의 히라Hira 산에서 산상 종교 수련을 받고 있던 어느 날, 천사장 가브리엘을 만났다고 한다. 가브리엘이 그에게 임무를 전달하고, 자신이 복구시킨 종교에 대해 인정해 주었다는 것이다.

그는 그 후 3년 동안 가브리엘 천사를 통한 신의 간접적인 메시지 혹은 신으로부터의 직접적인 메시지를 지속적으로 전달받았다고 주장하게 된다.

코란에 의하면 그가 처음에는 양피지 혹은 종이 두루마리에 적힌 신의 메시지를 전달받았으나 그 후 무아의 경지를 통한 신의 구전口傳으로 대체되었다고 한다. 실제적으로 그는 이러한 무아경지에 이르기 위하여 온몸에 담요를 덮어쓰고 땀을 흘리는 방법을 사용하였다.

그는 이렇게 얻은 신의 계시를 처음에는 친족을 비롯한 가까운 사람들에게만 전했다. 그러나 남의 눈에 띄지 않게 조심스럽게 행동하던 그에게 걷잡을 수 없이 많은 추종자들이 모여들게 되었다.

마호메트가 비공개적으로 신의 계시를 전달한 첫 해는 616년, 그는 추종자들을 위한 공개적인 설교의 필요성을 느끼게 된다. 주로 메카의 세도가들과 타 종교를 신랄하게 비난하면서 그의 설교를 통해 비교적 가난한 층의 동감을 얻게 되었고, 그의 추종자들은 나날이 늘어났다. 그러자 이러한 분위기가 지속되면 마호메트가 메카의 독보적인 존재가 될 것이라고 우려한 세도가들은 압력을 가하기 시작했다.

그러나 그들의 압력은 오히려 그의 명성을 높여주는 결과를 낳게 되었고, 이에 세도가들은 그의 추종자들을 본격적으로 체포하기 시작하였다. 결국 마호메트는 추종자들과 함께 에티오피아로 피신하게 된다.

622년 7월 16일, 드디어 마호메트와 그의 친구가 먼저 메카를 탈출하고 그 뒤를 바로 이어 그의 사촌 알리마저 메카를 빠져나옴으로써 그들의 완전 이주가 이루어지게 되었다. 이때부터 회교도인들이 사용하는 그들의 기원 연대가 시작되는 것이다.

그 후 8년 동안 마호메트와 그의 추종자들은 인근의 아랍족들과 다른 종족들과 전쟁에서 승리하면서 점점 영토와 세력을 확장해 나가기 시작했다. 이에 따라 626년 드디어 그들은 도망쳐 나온 메카 도시를 정복자의 입장으로 입성할 수 있게 된다.

그리고 2년 후 마호메트는 사망했지만 이미 그의 명성은 아라비아의 주인으로서 깊이 뿌리내리고 있었다.

마호메트의 성공 비결은 그의 정중하고 세련된 처세술에 있었다고 해도 과언이 아닐 것이다. 인간들의 약점을 잘 알고 있었던 그는 모든 사람들의 요구에 부합하는 처세와 무기로 그들을 공격할 줄 알았으며 개인적인 생활 태도 역시 아랍족의 일상생활의 범주에서 벗어나지 않으면서도, 모든 종족의 우두머리의 수고와 추종자들의 위험을 같이 나누고 있었던 것이다.

이슬람 종교를 신봉하는 사람들을 일컫는 '모슬렘Moslem' 이라는 단어

메카에서 도주하는 마호메트

에는 '신에게 복종하는 자'라는 의미가 포함되어 있다. 신의 계시와 예언자의 경험이 함께 엮어져 있는 '코란'은 그들 신앙의 길잡이가 되는 교리서로 사용되고 있다.

하나님과 마지막 날 그리고 천사들과 하나님의 장부帳符를 믿고 있던 마호메트는 구약성서의 모세와 예수를 비롯한 많은 예언자 중에 자신이 마지막 예언자라고 주장했다. 또한 하나님은 항상 변함없는 '법'으로 세상을 다스리시며 이 세상에서 어떻게 살았느냐에 따라서 삶의 끝에 닥쳐오는 죽음을 받아들여 상과 벌을 받게 된다고 믿었다.

마호메트의 신앙에는 세 가지의 '이슬람 지침Pillar of Islam' 즉 기도와 적선 그리고 메카의 순례가 요구되고 있다.

마호메트 교인들은 하루에 다섯 번, 길이가 각각 다른 기도를 하기 전 입과 코를 포함한 얼굴 전체와 손과 목 그리고 팔과 발을 세 번씩 닦아야 한다. 또 동이 트기 시작하는 새벽과 정오 그리고 정오와 해가 지기 전의 중간 시간 그리고 해가 지는 시각, 해지고 나서 2시간 후 세 번의 기도를 해야 한다.

기도는 여러 사람이 같이 낭송하는 부분과 혼자서 소리 내지 않고 속으로 낭송하는 두 부분으로 나누어지는데 왼쪽과 오른쪽을 경배하는 등의 특정한 예식과 함께 '코란'의 서장序障이나 그 밖의 부분이 낭송되었다.

이들에게 의무적으로 요구되고 있는 '적선'은 동료 교인들에게로만 국한되는 것이 아니라 매년 수입 중 40분의 1의 재물을 대상의 제한 없이 적선하는 것을 원칙으로 하고 있다.

또한 1년 중 한 달 동안 해가 뜨기 전과 해가 지기 전의 각각 두 시간 동안은 음식을 입에 대지 않는 것을 의무적으로 지켰다. 1년 중 아홉 번째의 달이 이러한 특정한 달로 선정된다(이들은 음력을 사용하기 때문에 아홉 번째의 달은 매년 10일씩 앞당겨진다).

또한 이 달에는 단식 이외에도 한층 더 깊은 신앙을 요구하는 의식이 치루어졌다. 안식일로 정해진 금요일에는 모든 회교도 신자들이 사원에 모여 그들의 사식승司式僧의 설교를 들으며 함께 기도를 드렸다. 하지만 여성들에게는 사원의 출입이 금지되었다.

그들의 마지막 지침인 메카의 순례에 대한 의무는 마호메트가 출현하기 수년 전부터 내려오고 있던 그들의 연중행사였다. 자신들이 아브라함의 아들, 이스라엘 자손이라고 생각하고 있는 아랍인들은 이 메카 도시가 눈에 첫 번째로 눈에 띄는 생명을 번제물로 바치라고 아브라함의 충성을 시험하였던 거룩한 장소라고 믿고 있다.

유대인들이 자신들을 아브라함의 아들 이삭의 자손들이라고 믿는 것과 같이 이들은 자신들을 이스마엘의 자손이라고 믿고 있는 것이다. 메카 도시에 신전을 세운 것은 아브라함이었지만 회교도들은 이곳을 자신들의 신앙으로 귀속시켜 적어도 일생에 한 번은 이곳을 순례할 것을 의무로 정하고 있다.

1년 중 순례의 달로 정해진 특정한 시기에 이곳에 도착한 순례자들은 일정한 의식을 거친다. 그리고 아브라함의 신전 중 유일하게 남아 있다고 믿는 검은 돌이 모셔져 있는 카바 신전(세계의 모든 회교도 인들은 기도를 드릴 때마다 이 방향을 향하여 선다)의 주위를 세 번 돈다. 그 후 검은 돌에 입을 맞춘 후 아라라트 산에 올라가 설교를 듣는다. 이러한 메카의 순례를 마친 거의 모든 회교도들은 그곳에서 384km 떨어진 메디나 도시에 있는 마호메트의 무덤을 방문하기도 한다.

'코란'에 의하면 회교도인들이 지켜야 할 일상생활의 계율로 돼지고기를 비롯한 하나님의 이름 아래 살생되지 않은 모든 짐승의 고기를 금하며 도박과 이익을 노리고 돈을 빌려주는 행위, 그리고 술이나 약물에 취하는 행위를 금하고 있다.

한편 모든 남성에게는 4명의 아내를 맞이할 수 있는 권리와 동시에 모든 아내를 공평하게 사랑해주어야 하는 의무가 요구되었다. 또한 이혼 절차는 매우 간단했다고 한다.

마호메트가 사망한 후 한때 몇몇 아랍족들은 회교도를 버리고 자신들의 과거 생활로 돌아가려고 했다. 그러나 마호메트의 자리를 계승한 그의 친구 아부베크르를 비롯한 그 당시 회교도 지도자들의 줄기찬 노력으로 이들을 다시 아랍족의 울타리 안에 묶어 놓을 수가 있었다.

또한 그 후 십 년 동안 이들은 페르시아와 시리아 그리고 이집트를 굴복시켜 그곳의 모든 아랍 족들을 거의 강제적으로 회교도로 끌어들이는 데 성공하게 된다. 백 년 뒤에는 이들의 제국이 스페인으로부터 중앙아시아로까지 확장된다.

13세기 중반부터는 교세가 점차 수그러들기 시작하여 19세기 말까지 회복을 하지 못하고 있는 상태다. 하지만 여전히 그 종교적인 가치는 꾸준히 유지되고 있으며, 특히 인도와 아프리카 그리고 일부 아시아 지역에서 대단히 환영을 받고 있다.

정확한 숫자는 산출되지 않고 있지만 회교도 당국의 발표에 의하면 회교도 신자의 수는 현재 3억 5천만 내지 4억 명을 육박하고 있다고 한다.

5천 만원만 빌려 주게나

어느 수도사가 "도대체 천국에서는 남자들이 어떤 생활을 하는 것일까?"하는 의문을 풀기 위해 많은 사람들을 찾아다녔다.

첫 번째로 큰 나무 그늘 밑에서 낮잠을 자고 있는 공자를 찾아가서 물었다.

"공자님, 천국에서는 남자들이 어떤 생활을 하고 있습니까?"

공자는 낮잠에서 깨어나 매우 흥미로운 듯 수도사에게 말했다.

"내가 하늘에 기도한 지가 너무 오래되어 기도하는 법을 잊어버렸네. 또 듣기만 했지 가 보지도 않은 천국을 알 수도 없으며, 이곳에서 금지되어 있는 남자의 욕심이 하늘나라라고 해서 다를 것도 없을 것 같고……."

수도사는 공자의 애매모호한 말에 실망하여 돌아오다가 유대교의 랍비를 만났다.

"랍비여, 천국에서의 남자들의 생활은 어떻습니까?"

랍비는 무뚝뚝하게 대답했다.

"당신은 천국에 갈 수도 없는데 그것을 알아서 무엇하겠는가?"

수도사는 더욱 실망해서 집으로 돌아오다가 아직 세상에 태어나지도 않은 마호메트의 영을 만났다.

"마호메트 선생, 천국에서 남자들의 생활은 어떻습니까?"

그러자 마호메트는 의기양양하게 말했다.

"당신이 알고자 하는 답을 가장 정확히 말해 줄 수 있는 사람은 오직 나뿐일세. 천국에서의 남자들은 영원한 청춘과 정력을 부여받아 호화로운 궁전에서 8만 명의 하인과 72명의 아름다운 아내를 거느리며 영원히 살 수 있다네."

수도사가 눈을 반짝거리며 말했다.

"마호메트 선생님, 저도 이슬람교 교인이 되고 싶습니다. 어떻게 하면 될까요?"

"아주 쉬운 일이지. 내가 지금 지상으로 내려가야 하는데 5천만 원만 빌려 주게나."

41. 현종의 사랑과 양귀비의 죽음
756년 - 중국

중국 당나라 시대에는 얼굴이 하얗고 풍만한 여성이 인기가 있었다. 〈수하미인도〉는 그 모습을 오늘날에 잘 전해 주고 있다. 양귀비도 그런 타입이었을 것으로 추측된다. 그녀는 본명을 옥환玉環이라고 했는데, 사천성四川省 관리의 딸로 태어나 17세에 당현동의 열여덟 번째 왕자 왕창의 비가 되었다. 그러나 현종은 그녀를 자신의 비로 삼았다. 이때부터 현종은 양귀비와 함께 밤낮없이 향락을 즐겼다. 이때 양귀비의 나이 22세, 현종은 57세였다.

그녀는 얼굴만 아름다웠던 것이 아니라 노래와 춤도 뛰어났고 특히 비파의 명수였다. 게다가 머리 회전이 빨라 일찌감치 현종의 마음을 사로잡고 있었다. 현종은 양귀비를 기쁘게 해주기 위해 황제의 유흥비를 조달하던 그녀의 친척 양국충揚國忠을 중용했다. 일개 무뢰배에 불과했던 양국충은 절도사 안녹산安祿山과 앙숙지간이 되었다. 서로에 대한 보복으로 안녹산은 낙양을 짓밟고 국호를 대연이라 한 뒤 스스로 제위에 올랐다.

수도 장안이 위태해지자 현종은 사천성 방면으로 피난길에 올랐다.

그러나 배고픔과 피로에 지친 병사들은 양국충을 살해하고 현종의 막사
를 포위, 양귀비의 처형을 요구했다. 그러나 생사를 같이 하기로 맹세하
고 17년 동안 애지중지했던 양귀비를 현종은 차마 내줄 수가 없었다. 그
러나 그녀를 천거했던 환관 고력사는 현종을 설득해서 양귀비를 근처
절로 데리고 갔다.

　양귀비는 그곳 배나무에서 목을 매달았다. 그때 그녀의 나이 38세였
다. 현종은 고력사로 하여금 그녀의 시체를 수습해오게 해서 비단옷을
입히고 가슴에는 향수 주머니를 단 후 조그마한 산에서 장사지냈다.

42. 아벨라르, 자객에 의해 거세되다

1140년 6월 - 프랑스

프랑스의 유명한 스콜라 철학 자인 아벨라르Abelard가 교회 재 판소로부터 이단으로 비난을 받 았다.

이 사건은 클레보의 수도사 버나드가 대주교를 설득하여 아 벨라르의 이단 혐의를 부추기게 함으로써 절정에 다다랐다. 신 학 문제의 토론에서 아벨라르는 항상 버나드를 웃음거리로 만들 고 싶어했기 때문이었다.

아벨라르와 엘로이즈

신학적 견해의 차이가 오늘의 사건을 일으킨 절대적인 원인은 아니다. 아벨라르의 성격상의 문제가 더 크게 작용했다.

정통성을 고수하려는 종교 지도자들을 공격하기 좋아하는 성향 때문 에 그는 많은 제자들로부터 사랑을 받았지만, 그의 사생활에는 논란의 여지가 많았다. 39세 때, 아벨라르는 학생이었던 17세의 엘로이즈와 사랑에 빠져 그녀와의 사이에 아이가 생겼다. 이 일 때문에 아벨라르는 노트르담 성당의 참사 회원이었던 엘로이즈의 삼촌 풀 베르가 보낸 자객에 의해서 거세당한다. 결국 두 사람의 결혼은 영원히 이루어질 수 없었다.

그 후 아벨라르는 세인트 데니스에 있는 수도원으로 들어가고 엘로이즈는 수녀가 되었다. 엘로이즈는 후에 파라클레 수녀원의 수도원장이 되었다. 그들의 사랑은 이제 정신적 사랑의 열정으로 되살아났고 아벨라르는 '한때 자신의 아내였고, 지금은 주 안에서 한 자매' 인 엘로이즈에게 정기적으로 편지를 보내기도 했다.

아벨라르의 학풍을 배우기 위헤 유럽의 각지에서 학생들이 모여 들었고 이 곳은 파리 대학의 발상지가 됐다.

그의 주된 사상은 "보편은 사물 가운데 존재한다."는 것이다. 만약 파리 대학이 설립되지 않았다면 토마스 아퀴나스, 에라스무스, 이그나티우스 로욜라, 존 칼뱅 같은 위대한 인물들을 우리는 만나지 못했을 것이다. 이들은 모두 파리 대학 출신이기 때문이다.

정신적 사랑

엘로이즈가 수녀가 된 뒤, 아벨라르는 『나의 불행한 이야기』라는 책을 저술해서 유럽 독서계를 풍미하였으며 교황청에서도 몰래 읽혀지는 베스트셀러가 되었다.

1142년 아벨라르가 사망하자 엘로이즈는 1164년 63세로 죽을 때까지 22년 동안 그의 무덤을 지켰다고 한다. 그 후 이들은 나란히 파리에 있는 패트 다취쉬 공동묘지에 묻혀 이들의 무덤을 보는 관광객들로 하여금 눈시울을 적시게 하였다.

삼위일체론

삼위일체론을 처음으로 말한 사람은 성 어거스틴이고, 이것을 체계화한 사람은 아벨라르이다. 그는 처음으로 변증술을 신학에 적용해서 삼위일체설을 구체적으로 제창하였다. 또 기독교에 있어서 이단의 정의는 삼위일체를 부정하는 것에 있다고 보았다.

43. 가톨릭의 죄악사

중세

용서의 날 미사 The Day of Pardon Mass

교황 요한 바오로 2세는 2000년 3월 12일 바실리카 성당에서 집전한 '용서의 날 미사The Day of Pardon Mass'를 통해 "기독교 분열, 진실을 추구하기 위해 행한 폭력, 타종교에 대한 적의와 불신 등에 대해서 용서를 구한다."며 지난 세기에 가톨릭이 행한 잘못을 공식적으로 사죄했다.

이날 사죄는 처음으로 공식적 미사에서 가톨릭의 잘못을 언급한 것이다.

교황청은 이에 앞서 '회상과 화해-교회의 과거범죄'라는 공식적인 문건을 발표하고 가톨릭의 과오로 △피로 얼룩진 십자군 원정 △유대인에 대한 기독교 박해 △중세 교회의 가혹한 형벌 △신대륙 원주민 학살 방조 등을 개론하며 '인류 역사에 지울 수 없는 잘못'이라고 밝힌바 있다.

보니파스 7세(984~985)는 요한 14세를 죽이고, 훔친 돈을 아낌없이 써서 피로 물든 교황의 자리를 차지했다. 올리안스Orleans 주교는 요한 12세, 레오 8세, 보니파스 7세를 '피로 더렵혀진 악마, 하나님의 신전에 앞은 적그리스도'라고 불렀다. 요한 15세(985~996), 그레고리 5세(996~999), 실베스터 2세(999~1003), 요한 17세(1003), 요한 18세(1003~1008), 셀기우스 4세(1009~1012), 베네딕트 8세(1012~1024)는 공공연하게 교황권을 샀다. 이것을 성직매매聖職賣買, Simony라고 한다.

요한 19세(1024~1033)도 교황권을 샀다. 그는 하루 사이에 모든 성직을 얻었다. 베네딕트 9세(1033~1045)는 로마의 세도가와 거래하여 12세에 교황이 되었다. 그는 "요한 12세를 능가하는 악인으로 낮에도 상인과 간음을 행하고 순례자들의 돈을 훔치고 끔찍스런 범죄를 행하여 로마에서 추방되었다."고 전해진다.

그레고리 6세(1045~1046)도 교황권을 샀다. 동시대를 살아간 세 교황 베네딕트 9세, 그레고리 6세, 실베스터 3세의 암투로 인하여 역사가들은 "로마는 고용된 암살자들로 들끓고, 순례자의 미덕은 유린되었다."라고 전한다.

4만 명을 태워 죽이고 성인이 된 사람이 있다. 피터 아브부에즈 종교재판장은 4만 명을 죽이고 1860년 교황에 의해서 성인이 되었다. 종교재판은 가톨릭이 저지른 죄악의 절정이었다.

'거룩한 사무소Holy Office'라고 불렸던 종교재판소Inquisition는 교황 이노센트 3세가 설립하고 교황 그레고리 9세가 완성했다. 이것은 이단자를 조사하여 처벌하는 교회 재판소였다.

모든 사람은 이단자에 대한 정보를 제공하기 위하여 소환되었다. 혐의를 받은 사람은 누구나 고문을 당했고, 고발자는 누구인지 몰랐다. 소송 절차 또한 비밀에 부쳐섰다. 새판부의 신고가 끝나면 피고인은 관헌에게 인도되어 종신징역이나 화형에 처해졌다. 피해자의 재산은 박탈당하여 교회와 국가에 귀속됐다. 이노센트 3세 시대 직후의 종교재판은 알비파에게 가장 심한 피해를 주었는데 스페인, 이탈리아, 독일, 네덜란드에서도 많은 사람들이 희생되었다. 그 후 종교재판소의 주요한 임무는 교황이 종교 개혁을 분쇄하도록 돕는 일이었다. 1540년부터 1570년까지 30년 동안 교황의 발도파waldenses를 전멸시키려고 싸울 때 90만 명의 신교도들을 사형시켰다.

거룩한 옷을 입은 수도자와 신도들이 '그리스도의 대행자' 라는 명분으로 무죄한 사람들을 잔인하게 고문하고 화형시킨 것을 볼 때 종교재판은 인류 역사상 가장 악랄하고 악마적인 행위였다.

이것은 중세의 교황들이 권력을 유지하기 위하여 고안해 무려 500년 동안이나 이용했던 제도였다. 로마 가톨릭에 의하여 순교를 당한 기독교 신자는 무려 5천 5백만 명이 넘는 것으로 추정된다.

종교 재판소는 1213년 교황이 직접 이단에 대한 사형법과 함께 창설하였다. 교황의 가르침을 전적으로 받아들이지 않는 자들에게 고문을 하도록 결정했다. 남자 마귀와 여자 마귀 암흑시대라고 불리던 중세기에 가톨릭 교회는 수많은 사람들을 마귀와 성교했다는 이유로 체포하여 화형에 처했다.

'인큐버스incubus' 라고 불리는 남자 마귀는 잠자는 여인을 덮쳐 성교를 하고, '수큐버스succubus' 라는 여자 마귀는 잠자는 남자를 유혹하여 꿈속에서 성교를 한다고 하였다. 당시 인큐버스와 수큐버스의 수는 740만 5,926명이나 되어 밤마다 잠자는 남녀를 성적으로 유혹한다고 알려졌다. 1404년에 가톨릭 교회는 적어도 3천 명 이상의 죄 없는 남자들을 마귀와 성관계를 가졌다는 이유로 처형했다. 가톨릭의 종교 재판소는 8세인 어린아이에서 80세 노인에 이르기까지 닥치는 대로 체포하여 마귀와 성교했다는 이유로 화형을 시켰다.

1609년에서 1644년까지 뱀버그에서 체포되어 화형을 당한 사람은 900명이나 되었는데 시장 요하네스 줄리어스도 포함이 있었다. 제네바에서는 3개월 동안 500명이 화형을 당했고 화츠버그에서는 900명이 화형을 당했다.

학자들은 가톨릭이 종교재판으로 죽인 무고한 사람의 수가 아마도 200만 명 정도 될 것이라고 주장하고 있다.

종교 재판

면죄부免罪符, Indulgences

로마 가톨릭의 교리에 의하면 연옥은 지옥과 같은 곳이나 그만큼 오래 계속되지 않으며, 누구나 여기를 통과해야 한다고 했다. 교황은 이 고통을 줄이거나 면제할 수 있는 권한이 있으며 이 특권은 교황에게만 있다고 주장했다.

이것은 파스칼 1세(817~824)와 요한 8세(872~882) 때부터 시작되었다. 교황의 면죄부는 매우 수지맞는 장사였다.

이것은 십자군이나 이단자와 싸우는 전쟁에 나가는 사람뿐만 아니라 종교 재판관들과 이단자를 화형시키는데 필요한 나무 단을 가지고 오는 사람에게까지 돈을 받고 팔았다. 식스터스 4세(1476년)는 처음으로 이미 연옥에 간 영혼에게까지 이 면죄부를 적용했다. 따라서 면죄부 판매는 교황의 호주머니를 채우는 근원이 되었다.

종교 재판에서의 고문 방법 피고인은 모두 옷이 벗겨져서 죄에 대하여 조사를 받았다. 고문 방법은 상상을 초월할 정도로 잔인했다.

가장 흔하게 사용된 방법은 오른쪽 팔과 왼쪽 다리를 묶어서 반대로 꺾어 놓고 24시간 동안 방치해 두는 것이었다.

이것은 온몸에 경련을 일으켜 말할 수 없는 고통을 주는 방법이었다. 만약 그 24시간 안에 거미나 파리가 피고인에게 다가가면 악마가 찾아왔다고 선언하고 피고인을 마귀로 규정했다. 마녀들이 악마에게 흡혈당했기 때문에 24시간 안에 반드시 악마들이 다시 찾아올 것이라고 믿었기 때문이다. 그런 다음 다시 매달아서 굵고 뾰족한 송곳으로 사정없이 온몸을 찔렀다. 마녀들은 반드시 몸의 어떤 곳에 무감각한 부분이 있다고 생각했기 때문이다.

섹스광이었던 교황 요한 12세(938~964)는 18세에 교황으로 발탁되었다. 요한 12세는 도박으로 로마 교회의 재산을 탕진했으며 수십 년을 도적떼와 함께 로마를 다스렸다. 그러나 그가 교황의 자리에서 쫓겨난 것은 그칠 줄 모르는 섹스 때문이었다. 그는 수십 명의 정부를 두고 섹스를 즐겼으며 종교인들은 그가 라테란 궁전(로마 교황의 궁전)을 매음굴로 전락시킨 섹스광이라고 강력히 비난했다. 일부 종교인들은 심지어 그가 성 베드로 성당을 찾은 여러 명의 여성 참배인들을 강간했다고 주장한다.

16세 소녀를 정부로 둔 알렉산더 6세(1431~1503)는 핵심 인물들에게 뇌물을 바쳐 1492년 8월 11일 선거에서 교황으로 임명되었다. 그러나 당시 그는 이미 헤어진 전 부인과의 사이에서 7명의 자식과 정부사이에서 태어난 4명의 아이를 둔 아버지였다.

그러나 62세에 그는 수많은 정부들이 있음에도 불구하고 기우리아 파네세(16세)라는 소녀를 정부로 들였으며, 교황으로 재직하고 있는 동안에도 그녀와의 관계를 지속했다.

1641년 가톨릭 교도의 아일랜드 학살

1641년 아일랜드에서도 프로테스탄트를 살해하는 사건이 있었다. 예수회의 창시자인 이그나티우스 로욜라Ignatius Loyola가 베푼 향연에서 모든 프로테스탄트를 동시에 살해하려는 계획이 수립되었다.

어느 날 아침, 군사들이 집결 되었고 모든 프로테스탄트는 발견되는 즉시 살해되었다. 남녀노소는 물론 병약자까지도 기습을 당했다. 수십 년 동안 평화롭게 살던 곳에서 다정했던 이웃, 믿었던 친구들, 심지어 친척들로부터 그들은 학살을 당했던 것이다. 붙잡힌 여자들은 허리까지 벗겨진 채 기둥에 매달려 유방은 가위로 잘려지고 죽을 때까지 방치되었다.

44. 이집트의 기근과 중국의 기근

1201년 - 이집트

1925년 - 중국

"어른아이 할 것 없이 모두 식량감으로 납치되었다. 무덤조차도 식량을 찾기 위해 약탈당했다."

1200년부터 1202년에 걸쳐 나일 지역에서 발생한 기근은 이집트 역사상 가장 심각한 자연 재해의 하나로 기록되고 있다. 기근의 위협이 가까워오기 시작하자 이들에게 있어 새해는 마치 두려움 그 자체였다. 식량의 가격이 오르고 사람들은 도심지를 찾아 메마른 시골을 떠났다.

이 나라에서 빠져나갈 수 있었던 사람들은 북아프리카나 중동 지방으로 도망갔다. 끝없는 사람의 물결이 미스르나 카이로와 같은 도시에 밀려들었으나 그곳에서 사람들이 발견한 것은 소름끼치는 기근과 무서운 죽음뿐이었다.

1201년 3월, "공기는 썩어 들어갔고 흑사병과 전염병이 돌기 시작했으며, 기근에 허덕이던 가난한 사람들은 죽은 동물의 고기, 송장, 개, 그리고 동물의 오물을 먹었다. 이런 상황은 오랫동안 지속되었고, 급기야 그들은 어린아이들을 잡아먹기 시작했다."

도시나 시골을 배회하고 다니는 약탈자나 이웃에게 잡혀 먹히지 않고 간신히 도망친 사람들 대부분이 굶어 죽었다. 지치고 배가 고파 죽어간 가난한 사람들의 숫자가 얼마나 되는지는 오직 신만이 알고 있을 뿐이 었다.

"발길이 닿는 곳, 눈길이 닿는 곳마다 단말마의 고통으로 찌그러진 사람들과 시체들이 즐비했다. … 특히 카이로에서는 매일 500내지 천 구에 달하는 시체를 실어냈다. 미스르에서 죽은 사람의 수는 이루 헤아 릴 수가 없었으며, 시체를 모두 매장할 수 없어서 시 외곽으로 내다버리는 수밖에 없었다."

중국의 기근

1925년 중국

끊이지 않는 형벌처럼 전 중국 영토의 각 지역을 돌며 잔혹하게 괴롭히고 있는 기근이 올해는 사천 지방을 강타했다. 양자강 유역의 기름진 땅을 휩쓴 처참한 흉작으로 인해 이미 300만 명이 넘는 중국인들이 기아로 목숨을 잃고 쓰러졌다.

한때 평화롭던 마을에는 미처 파묻지도 못한 시체들이 굶주린 개들에게 뜯기거나 식인종으로 변한 이웃에게 조각조각 잘려 나간 흉측스러운 모습으로 즐비하게 널려 있었다. 대부분의 주민들이 식량과 안전을 찾아 개척지 만주 땅으로 이주해버린 수많은 마을과 도시는 아무도 살지 않는 폐허로 변했다(사실상 이 재난의 원인은 흉작이라는 천재지변 이외에도 전국에 산재하고 있던 왕족들의 탐욕스러운 횡포가 큰 몫을 하고 있었다).

이 혼란을 틈탄 일부 사람들은 아직 여유가 남아 있는 재력가들의 집을 습격하여 약탈과 살상을 일삼았다. 그들이 지나가고 나면 굶주린 주민들은 그들이 흘리고 간 식량과 재물을 줍기에 혈안이 되고 있었다.

대기근

1876~1879년 중국에서 일어난 대기근으로 1,300만 명이 죽었다고 한다.

45. 징기스칸의 업적

1214년 - 몽고

아시아를 무릎 꿇게 만든 징기스칸

징기스칸의 본명은 '태무진'이었고 그는 호전적인 한 몽고 유목민 부족의 추장 아들이었다. 청년 시절에 험난한 세월을 보낸 뒤 그는 주위의 부족들을 모두 정복하였다. 그리고 각 부족의 우두머리들이 모두 모인 부족 연합 회의에서 자신을 몽고 민족의 황제로 선언하였다. 징기스칸은 단호하고도 공명정대한 지배력으로 26개의 몽고 부족과 19개의 투르크 민족을 거느리고 몽고의 남부 지방을 모두 유린한 뒤, 타타르 유목민을 이끌고 러시아로 갔다.

1197년에 만주족과의 싸움에서 패배했음에도 불구하고 징기스칸은 뛰어난 군사적 지략으로 그의 제국을 다시 재건하여 13세기 초 중국을 다시 공격하였다. 중국의 장군들이 전혀 준비가 되어 있지 않은 상태에서 징기스칸은 하나 둘씩 중국의 성들을 차지하였다. 만주족의 충성스런 한 족장은 죽을 때까지 징기스칸에게 저항하여 싸웠으며 조약이 맺어진 뒤에도 민주족은 끊임없이 빈란을 일으켰다. 1216년이 되자 전쟁은 모두 끝이 나고 징기스칸은 황하 북쪽의 광대한 지역을 거의 차지하였다. 하지만 아시아를 모두 자기 발아래 무릎 꿇게 만든 징기스칸은 시찰을 위한 여행 도중 사망했다.

징기스칸을 계승한 쿠빌라이는 송나라를 쳐부수고, 1280년에 중국 전체의 황
제가 되었다.

징기스칸의 인디언 학살

징기스칸은 나사푸르에서 한 시간에 174만 8천 명의
인디언들을 죽었다.

징기스칸은 아시아 대초원 지대인 타타르 지방의 지도자였다. 그는
왕좌를 말안장 위로, 왕궁을 텐트로 삼았고 음식은 거의 먹지 않은 채
맨발로 뛰어 다녔다. 몸에는 많은 보석을 달고 다녔고 역사상 어느 장군
보다도 많은 땅을 정복했다.

징기스칸은 서방 세계에서 기독교인들이 십자군 운동을 벌이고 있을
때 중국의 북쪽 지역으로 밀려내려 온 몽고인의 지도자였다.

징기스칸이 중국을 침공할 당시 중국의 문명은 최대 전성기를 맞고
있었다. 7세기 경 기독교와 이슬람교의 선교사들이 중국으로 들어오려
하자 중국의 타이쫑은 성경과 코란을 중국어로 번역하게 하여 중국인들
이 그 경전을 읽게 했다. 그리스도보다 500년, 마호메트보다 1200년이
나 앞선 시기에 이미 자국의 학자인 공자의 이론이 그것들과 같다는 것
을 알아냈지만 이슬람교와 기독교 선교사들이 중국에서 선교활동을 하
도록 허락해 주었다. 즉 중국의 종교격인 유교와 이교들을 함께 공존하
게 했던 것이다.

그러나 중국은 13세기경에 징기스칸에 의해 정복되었다. 징기스칸은
거대한 군무기를 만들고 태평양 연안의 국가들에서부터 러시아의 드니

징기스칸

퍼 강에 이르는 서양의 광활한 영토를 점령했고, 경유지에 있는 모든 국가들마저 집어삼켰다. 징기스칸의 독주에 저항한 나라에게는 그 나라의 모든 국민을 총으로 쏴 죽여버림으로써 징기스칸 스스로의 입지를 굳히기도 했다. 이때 사용된 총은 유럽에서보다 훨씬 이전 중국인들이 발명해 낸 군사무기였다.

징기스칸의 기본적인 통치 이념은 '인내'였다. 그는 중국의 문화에 능한 사람을 뽑아 정치를 맡겨 중국인들을 통치했을 뿐만 아니라 몽고인들을 문명의 길로 들어서게 하였다.

징기스칸의 몽고 제국은 가장 로맨틱한 국가였다. 징기스칸의 궁전 안에는 아시아에서부터 러시아까지 이르는 다양한 인종들을 스케치한 듯한 분수대가 있었는데 그곳에서부터 동서양으로부터 모여든 철학가들, 교황의 선교사들, 불교의 수도승과 아랍의 상인들, 그리고 페르시아의 천문학자들이 모여 슬거운 담화를 나누었다고 한다. 또한 그곳에서 천 명의 여자 노예들이 동양 음악의 선율에 맞추어 춤을 출 때 100개의 둥근 지붕은 금빛 태양 아래서 환한 빛을 발했다고 전해진다.

몽고인들은 야만적이면서도 호기심이 강한 독특한 민족이었다. 따라서 그들은 피 흘리며 싸우는 것도 좋아했지만 배움에도 남다른 관심을 나타냈다. 한 예로 징기스칸은 전쟁에 나가지 않을 때는 철학책을 읽곤 했다. 심지어 삶과 죽음이라는 인생의 수수께끼를 풀어 나가는 것이 자신의 삶에 주어진 의무라고 말한 적도 있었다고 한다.

교황이 몽고인들을 기독교로 개종시키려 했던 적이 있었다. 당시 징기스칸과 몽고인들은 선조들을 숭상하는 종교를 믿었고, 그들은 수도승(정확히 말하자면 돌파리 의사들)을 부족 조상들의 영혼을 지배하며 언제라도 죽은 영령을 불러낼 수 있는 존재로 믿고 있었다.

그러나 징기스칸의 후계자인 쿠빌라이 칸은 적극적으로 기독교의 보급을 추진했으며 서양의 100명의 선교사들이 몽고로 와서 선교 활동을 하라고 요청하기도 했다. 그러나 그들은 몽고가 서양과 너무 떨어져 있다는 이유로 거절했었다.

결국 서양의 기독교는 광활한 몽고 제국을 기독교화할 수 있는 절호의 기회를 놓친 셈이다.

46. 유럽인구의 4분의 1을 앗아간 흑사병

1348년 - 유럽

병에 걸린 사람이나, 건강한 사람이나에 상관없이 '흑사병' 이라는 전염병에 강타당했다. 유럽에서만 2천 5백만 명(유럽 전체 인구의 4분의 1)이 죽었으며, 아시아에서는 얼마나 많은 사람이 죽었는지 그 수조차 헤아릴 수 없었다.

6세기 전까지 유럽에는 이런 전염병이 없었다. 아시아에서 번져 흑해에 면한 항구를 통해 '병원균을 가진 쥐벼룩' 에 의해 옮아온 이 페스트는 두 종류가 있었다. '선 페스트' 와 '폐 페스트' 가 바로 그것이다. '선 페스트' 는 몸이 붓거나 목, 겨드랑이, 서혜부의 임파선이 부어오르는 증상이 있는 병원균을 일컫는 것이었고, '폐 페스트' 는 폐에 병원균이 침입하는 것으로 환자는 자신의 피가 목에 걸려 결국 숨이 막혀 죽게 되는 무서운 병원균이었다.

유럽은 페스트로 인해 정신이 없었고, 필사적으로 그 원인을 알아내기 위해 노력하였다. 어떤 사람은 바람에 실려 오는, 눈에 보이지 않는 어떤 입자들 때문이라고 했고, 또 어떤 사람들은 물에 독이 섞여서 그렇다고도 했다. 그런데 모순되게도 많은 사람들이 그 주원인을 유대인에

유럽을 휩쓴 흑사병

게 돌렸다.

이런 상황에 즉각적으로 대처하는 방안은 각양각색이었다. 어떤 사람은 한바탕 법석을 떨어서 페스트와 맞서려 했고, 어떤 사람들은 문단속을 잘하여 은둔자 같은 생활을 함으로써 병균의 침입을 막아보려고도 했다.

그러나 어떤 방법도 이 병의 침입을 막지 못하였다. 어떤 이들은 집을 떠나 도시와 떨어진 시골로 도피했으나, 그들도 결국은 병에 걸리고 말았다. 병에 걸린 사람이 있는 곳은 마을이나 읍, 때로는 시 전체를 봉쇄하기도 했지만 모두 헛수고였다.

페스트로 인해 공동체 생활이 모두 무너졌다. 이웃끼리 서로 대면하지 않으려 했고, 병든 사람은 우물을 쓸 수 없었다. 기본적 사회질서도 모두 붕괴되었다. 어떤 지역에서는 관리들이 병으로 많이 죽어서 정부의 명령은 제대로 지켜지지 않았다.

공포심은 유럽 전역에 만연하였고, 사람들은 모두 제각기 자신의 목숨만을 부지하기 위해 발버둥쳤다.

절망에 빠진 집주인에 의해 유기된 집들은 텅 빈 채로 있었고, 아무리

실력 있는 의사라 할지라도 구해 낼 방도를 몰랐기 때문에 병에 걸린 사람은 외로이 죽어갔다. 죽은 시체는 거리에 내버려지거나 집단으로 무덤에 묻혔다.

병에 감염된 어떤 못된 사람들은 아무 집이나 뛰어들어가 집을 떠나지 않으면 모두에게 감염시키겠다고 위협하기도 했다. 아무도 경작할 생각을 하지 않았으므로 곡식은 들에서 시들어 갔고 소 떼들은 목동도 없이 떠돌아다녔다.

가장 유능하다는 의사들도 환자들의 사기를 북돋워주거나 의지를 굳게 다지도록 도와주는 것 밖에는 할 수 있는 일이 없었다.

어떤 사람들은 방향성 나무나 약초를 태워보라고 권하기도 하고 특수한 식이요법, 출혈요법, 잠잘 때의 새로운 자세 등등을 제안하기도 했다. 부자들은 금과 진주로 만든 약을 써 보기도 했다.

그러나 그 어느 것도 페스트를 치료하지 못했기 때문에 오직 도망가는 것만이 최선의 방법이었다. 도망갈 수 없는 사람들은 아예 체념을 하고 죽음을 기다리거나 기도만을 할 뿐이었다.

47. 초기 아메리카의 문명

1400년 - 아메리카 대륙

놀라운 잉카 문명

15세기에서 16세기 초까지 남아메리카 중앙 안데스 지방(지금의 페루와 볼리비아)을 지배하였던 잉카 제국은 여러 면에서 서양 문명보다 앞서 있었다. 당시 유럽 의사들이 거머리 처방을 하고 있을 때 잉카의 의사들은 뇌수술을 성공적으로 단행시키고 있었으며 잉카의 농업 건축 그리고 천문학 모두가 서양보다 앞서 있었다. 무엇보다도 놀라운 잉카의 업적은 사회복지 제도로 인해 거지가 한 명도 없었다는 것이다. 고아와 과부 병자는 정부에서 특별히 보호해 주었다. 힘든 일에 종사하던 노동자들은 50세에 은퇴하게 되어 있었다. 그 이후의 노후 생활은 정부에서 지급하는 연금으로 편안히 여생을 보낼 수 있었다. 그리고 범죄자 또한 거의 없었다고 한다.

은제 칼집 그리고 셈족의 비문들이 40년 전 미국 미시시피강 하류의 늪지에서 발견된 적이 있었다. 고고학자들은 이 발견에 토대를 두고 콜럼버스가 미 대륙을 발견하기 훨씬 이전부터 문명화된 종족이 미국에 거주했을 것이라는 믿음을 갖게 되었는데 사라진 이스라엘 종족이 바로 그 종족이라 할 수 있을 것이다. 미국은 새로운 땅이라기보다는 이집트와 메소포타미아처럼 아주 오래된 역사의 땅이다. 유럽과 아시아처럼 미국도 석기 청동기, 철기시대를 거친 땅인 것이다.

과거 미시시피 계곡에서는 무덤을 만들어 고인들의 넋을 기리는 사람들이 살고 있었다. 오하이오주에서 발견된 수만 개의 고분들이 이를 증명하는 단적인 예로, 이들은 소위 '고분을 세운 사람들' 이라 일컬어지고 있다. 약 160m²에 달하는 면적에 둘러 쌓여 있는 성곽 모양의 고분도 있기는 하나 대부분의 경우 고분은 10m 높이의 돌벽으로 지어졌다.

또 이러한 평범한 고분들과 더불어 콜럼버스 이전 몇 세기 동안의 구세기와 신세계를 연결해 주는 고리 역할을 한(이집트의 것과 견줄 만한) 30m 높이의 피라미드도 발견되었다. 고분을 세운 사람들! 그들은 누구인가? 고분은 선사시대 동물들의 형상을 따라 만들어진 무덤이었다.

대부분의 무덤은 소위 현대식의 것들처럼 낮지만 길고 둥근 천장 모양으로 지어져 있다. 고분 채굴업자들은 그러한 고분들 속에서 여러 종류의 해골들, 즉 등을 대고 누워 있는 것, 죽었을 때의 그대로의 자세로 한쪽 구석에 누워있는 것 등을 발견했다.

이런 무덤 양식 중 가장 신비한 모양새를 갖추고 있는 것은 최근 오하이오에서 발견된 거대한 '뱀' 으로, 벌어진 턱은 둘레가 22m나 된다. 뱀의 전체 길이는 400m이며 진흙으로 만들어진 몸통의 너비와 높이는 각각 9m, 137m나 된다.

그러나 남부와 중부 아메리카에 소장된 '마야속' 의 건축물을 보면 이 특이한 고분만을 절대적인 문명의 유산으로 받아들일 수는 없을 것이다.

산정호수 안에 세워진 정원, 아즈텍의 다리와 거리, 그리고 빼어난 기술로 만들어진 페루의 길이 바로 그 증거다. 일곱 개의 테라스와 일곱

초기 아메리카의 문명

개의 둥근 천장으로 이루어진 피라미드식 사원은 다른 사원과 견줄 수 없을 정도로 정교하게 지어진 건축물이다.

일곱 개의 천장들은 각각의 다른 일곱 가지 색깔(금색, 은색, 빨강, 파랑, 노란, 흰색 그리고 검정)로 채색되어 있는데 이는 우주의 일곱 개의 행성(태양, 달, 화성, 수성, 천왕성, 금성, 토성)을 상징한다고 한다.

톨텍 문명의 거대한 유적지인 '테오티후아칸(폐허가 된 도시)'에서 볼 수 있는 '죽은 자들을 위한 통로'라 일컬어지는 돌길은 몇 개의 피라미드로 둘러싸여 있다. 동쪽이 층층 계단식으로 되어있는 '달'의 피라미드에서는 한때 번영했던 이 도시의 경관을 조망할 수 있다. 원추형 모양의 '태양'의 피라미드는 3개의 뜰로 이루어져 있고 그 중 700㎡의 면적의 사면이 일련의 무덤들로 둘러싸인 '베터드 여신'의 뜰은 최고의 아름다운 건축물 중 하나로 꼽힌다.

또한 잉카 문명의 유적지와 거대한 천문학 연구소를 갖추고 있는 사원들, 바위로 조각된 거대한 층층의 계단처럼 앞면과 측면이 겹겹이 쌓아 올려진 일련의 석재 암봉으로 이루어져 있는 '로다데로' 암석도 빼놓을 수 없는 자랑거리이다. 이 암석의 정상에서는 잉카 문명의 거대함을 한 눈에 내려다 볼 수 있다.

또한 거의 수직으로 솟아 뻗어있는 300m 높이의 '심판의 산' 가장자리에는 사형선고를 받은 남자 죄수들이 절벽으로 떨어져 내렸다는 '잉카 호르카 데 옴브레'가 세워져 있다. 그리고 거대한 협곡으로 분리되어 있는 이 산의 왼편에는 여자 죄수들 2천 명이 떼죽음을 당한 '호르카 데 무이어'가 있다.

이런 유적물들은 잉카의 법이 얼마나 잔인했는지를 보여주고 있다. 이 외에도 12m 길이와 3m 폭의 잉카의 분수는 지하의 바위틈 사이로 흐르는 지하수로 채워져 있고 '피모' 호수에는 흔들의자 모양의 거대한 모래바위가 묻혀 있다. 전설에 의하면 이 거대한 바위는 죽은 왕들의 휴식처였다고 한다.

이상의 이야기들은 초기 잉카의 문화, 그 문화유산과 그리고 그들이 이루어 놓은 기적을 잘 설명해 주고 있다.

과거 몇몇의 시인들이 '금으로 만들어진 다리와 다이아몬드 장식으로 덮여 있는 건물들이 서 있는 땅'으로 불렀던 잉카, 그 잉카Inca의 초기 문명은 실로 거대하고 웅장했던 것임을 짐작할 수 있다.

48. 구텐베르크의 인쇄기

1468년 - 독일

중국인들은 최초의 인쇄 기술자였다. 가장 오래된 인쇄물로 알려진 것은 서기 868년경 중국의 칸수 지방에서 발간된 책이다. 1041년 중국인들은 이미 움직이는 활자를 쓰고 있었다.

유럽에서 활자가 언제 시작되었는지는 베일에 가려 있다. 프랑스, 네덜란드, 이탈리아, 독일에서는 제각기 자기들이 활자를 발명하였다고 주장한다. 하지만 유럽에서의 최초의 인쇄물은 1468년경 독일 마인츠에 사는 가난한 활자공 요하네스 구텐베르크의 인쇄기에서 찍혀 나온 원고라는 사실은 일반적으로 모두 인정하고 있다.

구텐베르크는 나무로 깎아 만든 활자로 오랫동안 실험을 해 왔는데 나무는 너무 부드러워서 금속으로 바꿔서 실험을 했다. 그가 이 금속활자를 사용하여 처음으로 인쇄한 것이 그 유명한 '마자린의 성경Bible'이다. 이런 이름이 붙은 연유는 이 성경책이 훗날 마자린 추기경의 서고에서 발견되었기 때문이다.

라틴어로 씌어진 이 성경은 좌우 두 단으로 나누어졌고 각 단은 24줄로 되어 있었으며, 각각 다른 여섯 개의 인쇄기를 사용하여 10개의 항을 인쇄하였다. 이 300개의 원본 중 45권이 오늘날까지 전해 내려오고 있다.

마인츠에서 시작된 인쇄 기술은 유럽 대륙에 급속히 전파되었으며, 윌리엄 캑스턴Caxton에 의해 영국에도 소개되었다.

구텐베르크의 인쇄기

초기에는 인쇄 기술로 인해 '자유'가 파급되는 것을 두려워 한 교회와 정부 지배자들에 의해 인쇄술이 탄압을 받았다. 하지만 이 새로운 기술은 중세의 어두웠던 시절을 밝은 빛 아래로 나오게 하였다. 인쇄 기술은 세기를 통하여 인문의 발달을 기록하는 방법으로 사용됨으로써 문명화에 기여하였다.

구텐베르크 성경

구텐베르크가 인쇄한 〈구텐베르크 성경〉은 세계에서 가장 많이 팔리고 읽히는 성경이다. 하지만 구텐베르크가 그것을 인쇄할 당시에는 자금이 모자라 빚을 지고 고소를 당해 모든 기계와 도구를 다른 사람에게 넘겨줄 수밖에 없었다. 이 책은 1970년 경매에서 세계에서 가장 비싼 가격인 250만 달러에 팔렸다.

구텐베르크와 인쇄 기술

독일 마인츠의 직공이며, 작가이고 발명가인 요하네스 구텐베르크는 무슨 이유인지 모르게 죽었다. 구텐베르크는 기계 조작으로 인쇄를 하는 방법을 고안했으며 -이미 사용되고 있던 포도주와 종이를 만드는 압축기의 원리를 이용하여 - 금속 활자체를 만드는 획기적인 방법을 고안해냈다.

그의 첫 번째 인쇄물은 1455년 '고딕체'라는 이름의 활자체로 인쇄한, 한 면에 42행이 들어가는 성경책이었다. 인쇄를 할 때 압축기를 사용한다는 것은 새로운 사실이 아니다. 그러나 나무로 활자체를 깎아내는 데에는 무척 많은 시간이 소요된다. 그 이전에 성경은 언제나 손으로 씌어졌다.

이 새로운 방법은 이미 만들어진 주물로 된 글자체 안에 용해된 금속을 부어 한정 없이 활자를 찍어낼 수 있게 하였다. 구텐베르크는 또한 기름을 써서 만든 인쇄용 잉크를 개발해냈다. 성경책을 만드는 것 이외에도 구텐베르크의 새 방법은 교회용 소책자 발간에도 이용되었다.

이 발명품을 고안해 내는 동안 구텐베르크는 극심한 경제적 어려움을 겪었다. 그는 상당한 액수의 돈을 빌릴 수밖에 없었는데, 특히 돈이 많은 금세공업자이며 금융업자인 푸스트에게 빚을 졌다. 구텐베르크는 구리를 이용하여 대량으로 부식 동판화를 재생산하는 작업에 몰두하고 있었는데, 꾸어준 돈을 받지 못해 몸이 단 푸스트는 구텐베르크를 상대로 소송을 제기하였다.

재판 결과는 푸스트에게 유리하게 나왔고, 아이러니하게도 구텐베르크는 자신의 발명품으로 성경을 인쇄하여 판매함으로써 이익을 많이 본 사람이라는 판결이 나왔다.

49. 남미 대륙에 세력을 뻗친 잉카 제국

1470년 - 페루

잉카는 1448년에 파차쿠티
가 권좌에 오른 후부터 번영
이 시작되어 안데스 산맥 높
은 곳에 있는 쿠스코를 수도
로 정하고, 나부 고원 지대에
제국을 건설하기 시작했다.

토파 잉카는 아버지가 수립
한 정책을 고수하였으며, 북
쪽으로는 안데스 산맥의 나머
지 지역과 서쪽으로는 해안

잉카의 문명

평야 지대로 잉카의 군대를 몰고 갔다. 치모르를 잉카 제국에 흡수시킴
으로써 잉카 제국의 지배권은 안데스 산맥에서 태병양까지 연상뇌었다.
잉카 사회는 제국을 건설하기에 그보다 적당한 구조가 없었다. 매우 위
엄있고 엄격하고 군사적으로도 훌륭하게 조직화된 사회였다.
이들에게 전쟁의 예술을 빼놓으면 예술에 대해서는 별로 관심이 없었

던 것처럼 보인다. 정치적으로나 성적으로 정도를 벗어난 사람은 여러 가지 방법으로 고문당하고 죽음을 맞는 형벌을 받게 되어 있었다.

'태양신을 대표하여 지상에 파견된 자' 로서의 황제에 대한 충성은 절대적인 것이다. 잉카 제국의 행정을 맡은 계급은 '잉카의 피를 가진 사람' 과 속국의 신민 중에서 부역자가 된 '잉카족이 되도록 혜택을 부여받은 사람' 들로 나누어진다. 제국을 늘리기 위해 토파 잉카가 필요로 하는 모든 것이 그곳에 있었다.

잉카 제국이 만든 하이웨이

남미 잉카의 인디언들은 현대의 엔지니어들도 놀랄 만한 도로를 350년 전에 안데스 산맥에 건설하였다. 전성기에 잉카 제국은 콜롬비아에서 칠레까지 거의 4천km에 이르는 도로를 건설하였으며, 산악 국가인 잉카 제국 조직의 가장 중요한 요소인 도로는, 신속한 통신 및 사람과 물자 공급의 유효한 이동을 위하여 건설되었다.

잉카가 지배한 지역은 거대한 만큼 쓸모없는 곳도 많아서 늪, 정글 그리고 솟아오른 산들을 도로가 뚫고 지나가기도 한다.

이들 도로는 3km 이상의 높이까지 올라가는 것이 많았으며 어떤 도로들은 실제로 현대의 하이웨이만큼 길었다.

석조 벽이 거의 모든 도로를 따라 세워져 있었고 도로를 따라 벽으로 에워싸인 장소는 메신저들이 소식을 주고받는 장소가 되었으며 갑작스런 폭풍에 대한 보호처가 되었다. 어떤 도로는 산의 절벽에 터널을 뚫어 만들었는데 그 중 하나는 터널의 길이가 229km나 된다.

다른 점에서 잉카인들은 넓은 늪지대 위에 방죽길을 만들었고 사납게 흐르는 강물 위에 굵은 밧줄로 만들어진 다리를 건설하였다.

잉카의 가장 긴 다리는 손톤 와일더의 소설 「산 루이 레이의 다리」에서 불멸의 것이 되었다. 에퓨리 멕 강의 깊은 협곡을 가로질러 해발 36m 공중에 매달려 있는 이 다리의 길이는 45m이며 금세기 초 이 다리가 떨어지기까지 아메리카 대륙에 있는 어떤 다리보다도 제일 오래된 다리였다.

잉카 제국의 모든 도로는 산 위에 있는 그들의 수도 쿠스코(페루)에서 만난다. 쿠스코, 즉 이 잃어버린 도시가 발견된 것은 1911년의 일이었다. 그 외 쿠스코의 북쪽 80km에 있는 마추피추도 사실상 손상되지 않고 살아남은 프리콜롬비안 아메리카의 몇몇 도시 중의 하나이다.

이 도시는 두 개의 산봉우리 사이의 좁은 등성이에 세워졌으며 강 위 610m 높이에 위치하고 있다. 포장된 계단도로는 도시의 경사 때문에 계단으로 만들어져 산 위에까지 이른다. 수백 개의 계단식 농경지는 산의 측변으로 올라가는 거대한 계단의 모습을 이루고 있다. 고고학자들은 안데스 산맥 속에 잉카의 다른 도로들과 도시들이 더 묻혀 있을 것이라고 하지만, 현재로서는 그들이 발견한 마추피추가 최고의 것이다.

잉카 제국

잉카 제국의 지배자의 직위는 사파 잉카라고 알려지고 있다. 이 자리에 오른 자는 태양신의 후계자로서 태양신으로부터 통치권을 인정받는다고 주장한다. 그 자신 역시 신으로 숭배를 받았다.

사파 잉카의 지배 아래 많은 관리들은 매일매일 나라를 다스리는 일에 책임을 맡았다. 그들은 도시에서 일어나는 일들을 모두 돌보았고 농부들이 효율적으로 일을 하도록 관리 하였다. 이 관리들은 공장들과 도자기, 직물, 장식용 금속 물건들을 만드는 작업장에 대한 책임까지 지고 있었다. 그들은 문자가 없었기 때문에 '키푸스'라는 것으로 기록을 하였다. 키푸스는 서로의 약속을 통하여 색색가지의 줄을 꼬아 의사소통을 하던 두꺼운 끈이었다.

파차쿠티가 사파 잉카가 되었을 때 수도인 쿠스코에서 시작하여 그는 잉카 제국의 영토를 넓히기 시작하였다. 1450년에 그는 티티카카 유역을 정복하였고 1463년에는 루파카와 콜라 부족을 상대로 전쟁을 일으켰다. 같은 해 그는 군대 통솔권을 아들인 토파에게 물려주었다. 토파의 지휘에 따라 잉카 제국은 1466년에 이웃에 있던 치무 제국을 완전히 정복하였다.

1471년에 열 번째 사파 잉카에 오른 토파는 계속하여 영토를 넓혀 나갔다. 15년 동안 남쪽으로는 멀리 마울르 강까지 영토를 정복하였고 사업도 일정 기간 동안 시행하였다.

토파의 아들 우아이나 카파크가 1493년에 사파 잉카의 자리를 이어 받았다. 그역시 제국의 영토를 확장시켰고 두 번째의 수도를 키토에 세웠다. 1525년에 후아이나 카파크가 죽었을 때, 잉카 제국은 그 아들 때문에 분열되었다. 후아스카르가 남쪽을 차지하고 아타우알파가 북쪽을 차지하였는데 이때의 분열이 내전을 불러온 것이다.

50. 아메리카 대륙, 진정한 발견자는 누구인가?

1492년 8월 3일

사실 아메리카 대륙을 처음으로 발견한 사람은 우리가 교과서에서 배워온 것처럼 콜럼버스가 아니다.

지금으로부터 1만 2천년 전에 빙하기가 끝나자 에스키모 인들이 아메리카 대륙으로 이주해 와서 거주하게 되었다고 생각하지만 사실은 오늘날 인디언이라고 불리는 사람들은 3만 5천년 전에도 살았다는 사실이 고고학적으로 증명이 되었다. 이들은 시베리아에서 걸어서 연육교를 건너 알래스카로 들어온 후에 다시 더욱 따뜻한 기후를 쫓아 남쪽으로 내려와서 살았다.

콜럼버스가 도착할 무렵 남북미 대륙에는 첫 번째 대륙인이라 할 수 있는 이른바 아메리카 원주민들이 천만 명 이상 살고 있었다. 이들은 수백 개의 부족사회로 갈라져 있었고 그중에서 멕시코에 터를 잡고 있던 마야 속과 아스텍족, 그리고 페루의 잉가족 등이 다른 부족들보다 번창하고 문명에도 앞서 있었지만 종국에는 모두 폭력통치를 앞세운 스페인 정복자들의 먹이가 되고 말았다.

콜럼버스 당시 인디언 족의 인구수는 남북미 대륙을 합쳐서 1,800만

콜럼버스의 항해

에서 2천만 명의 범위 안에 들었을 것으로 추정된다. 금세기 히틀러도 치밀한 계산과 조직적인 방법으로 유럽의 유대인들을 말살하려고 하였지만 그 당시 유럽인들이 대륙에서 자행한 살인극은 그 잔인성과 효율성에 있어서 결코 히틀러에 뒤지지 않는 것이었다.

정복자들의 눈에 띈 원주민들 중 거의 90%가 진보와 문명과 기독교의 이름으로 희생의 제물이 되었으니 말이다.

소위 기독교적 인종 우월주의에 빠져 있었던 당시 유럽인들의 눈에는 인디언들은 '인간 이하의 개새끼' 정도로 비춰졌을 것은 사실이다. 인디언이 과연 사람 대열에 드느냐 하는 것은 당시 큰 논쟁거리였다.

콜럼버스가 아메리카 대륙을 발견하기 전에 1010년 경에 토르틴 팔세프니라고 하는 노르만인이 오늘날의 뉴펀들랜드에 건너와 살았다는 기록도 있다. 「빈랜드 전설」이라는 두개의 아이슬랜드 서사시에서 그 연원을 찾을 수 있다.

사실상 콜럼버스는 신천지가 아닌 중국과 인도 등 동양으로 가는 직항로를 찾아 나섰던 것이다. 마르코 폴로Marco Polo가 동방 여행에서 향신료와 황금, 그리고 기이하고 신비스러운 동방의 이야기들을 가지고 돌아온 이래 유럽인들은 폴로의 캐세이(중국)에 가면 얻을 수 있을 풍부한 재물들을 생각하며 군침을 흘리고 있었다.

콜럼버스의 제1차 항해는 1492년 8월 3일 스페인의 파로스에서 니나, 핀타, 산타마리아 등 세 척의 범선을 거느리고 출범했다.

33일의 항해 끝에 10월 2일 오전 2시경에 신대륙을 발견하게 되었는데 먼 곳에서 희미하게나마 불빛 같은 것을 볼 수 있었다.

콜럼버스는 배 위에서 처음 본 땅, 원주민들은 과나하니라고 부르는 그 땅을 산살바도르라고 명명하였다. 콜럼버스의 산살바도르는 지금 바하마 제도의 워틀링 섬이라는 것이 정설로 되어 있었으나 근래 컴퓨터 분석을 통한 학설은 그것이 사마나 섬이라고 지적한다. 콜럼버스는 첫 번째 항해에서 쿠바에 이어 그가 히스파니올라라고 부른 거대한 섬(지금의 하이타와 도미니카 공화국)에 도착하였다.

콜럼버스는 거기서 벌거벗은 원주민들을 발견하자 자기가 와 있는 곳이 인도나 인도네시아의 어디쯤 되는 것으로 착각하고 그들에게 인디오스라는 세례명을 주기까지 했지만 그가 발견한 황금이라곤 겨우 인디언들이 달고 있는 귀고리 정도에 불과했다.

1493년 3월에 스페인으로 돌아올 때 콜럼버스는 인디안 처녀 18명을 대동하고 왔다. 그리고 그는 이들을 이사벨라 여왕에게 선물로 바쳤다. 이후부터 소위 콜럼버스 질병이라고 불리는 매독이 전 구라파에 퍼지기 시작했다.

콜럼비스는 2차, 3차, 4차 항해 때미다 도착하는 신대륙의 원주민들을 학살했고 인디안 처녀들을 납치해서 싣고 스페인으로 돌아왔다.

1502년에 시작된 그의 마지막 항해인 네 번째 항해 중에 그의 모든 선박들이 산타 글로리아(자마이카)에 표류되면서 탐험가로서의 생활은 끝나게 된다. 그는 이 항해 도중 60개의 섬들을 거쳐 베네수엘라에 상륙하여 약간의 금과 담배를 얻었다.

콜럼버스는 이탈리아 사람으로서 스페인을 위한 새로운 지도를 만들어 그 위에 스페인 영토를 그려 나가고 있었다.

콜럼버스는 한 위대한 항해가인가 혹은 가장 잔인한 악마인가 하는 것은 후세의 사학자들이 말해줄 것이다.

콜럼버스가 처음에 도착하였을 때는 중남미에 2천 개 이상의 원주민들의 언어가 사용되고 있었는데 지금은 약 800개의 언어가 제한된 부족사회部族社會 안에서 사용되고 있다. 그러나 500년간의 서구화를 목적으로 한 유례없는 잔인한 정책 하에서도 비교적 잘 보존되어 온 원주민어들이 있다. 그 중에서 가장 많은 수의 원주민들이 현재 사용하고 있는 언어는 다음의 다섯 가지로 알려져 있다.

(1) 아즈텍Aztecs사람들의 언어인 'Nahuatl'어는 현재 약 100만 명이 사용하고 있다.

(2) 마야Maya말은 여러 가지 방언으로 나뉘어졌지만 현재 약 200만 명이 사용하고 있다고 한다. 이들의 상당수는 멕시코와 그 밑에 있는 중미(中美)지역 즉 과테말라, 온두라스, 엘살바도르, 니카라과, 코스타리카, 벨리즈 등의 나라에서 살고 있다.

(3) 남미에서는 잉카 사람들이 사용하던 'Quechua'어를 약 800만 명이 현재 사용하고 있는데 그 말은 스페인어와 함께 페루의 국어 중의 하나이다.

(4) 약 50만이 'Aymara'어를 사용하고 있다고 한다.

(5) 'Guarani'어는 원래 브라질에서 많이 사용되고 있었던 말인데 현재는 파라과이의 두 개의 국어 중 하나로서 사용되고 있다. 그러

나 그 언어를 사용하는 약 300만의 사람들은 주로 스페인 사람들이나 포르투갈 사람들과 원주민 사이에서 탄생한 혼혈인들Mestizos이다. 물론 이 모든 나라들의 국어는 스페인어이며 브라질의 국어는 포르투갈어이다. 인구의 대부분은 혼혈인들Mestizos이며 종교는 대부분 천주교이다.

언어 면에서 기독교의 식민지 정책이 문화에 남긴 가장 슬픈 상징이라고 할 수 있는 하나의 예로 벨리즈Belize의 '블리즈Bliz의 카리브Carib' 방언을 들 수 있다.

이것은 멀리 아프리카에서 잡혀 온 아프리카인 노예 후손들의 말과 원주민들의 말이 합성된 것이다. 대부분의 원주민들이나 아프리카에서 잡혀온 흑인 노예 후손들은 그들의 말뿐만 아니라 이름까지 서구식으로 바꿔 버렸다. 기독교인들의 침략이 언어나 문화뿐만 아니라 피까지 혼혈시키고 사고방식, 가치관, 종교까지 강제적으로 바꿔 놓은 것이다.

이사벨라 여왕이 콜럼버스를 후원한 이유

스페인의 여왕 이사벨라 1세는 대신들의 반대에도 불구하고 콜럼버스의 탐험 사업에 후원자가 되어 많은 선박과 선원 및 돈을 제공했는데 한번쯤 '왜 이사벨라 여왕이 이렇게 후원을 아끼지 않았을까'하는 의문을 가져 볼 만하다. 매우 아름다운 용모와 침착한 성격을 가진 이사벨라 여왕은 의외로 남편과 사이가 좋지 않았으며 외아들의 요절과 딸들의 불행한 결혼을 지켜보아야 했다. 이러한 고통 속에서 그녀는 용기 있고 남자답게 생긴 콜럼버스를 사랑했다고 한다. 이러한 사랑이 그녀가 콜럼버스를 후원한 이유가 된 것이다.

콜럼버스가 이사벨라 여왕에게 한 말

그들은 언제나 얼굴에 미소를 띠고 있으며 가장 신사적입니다. 또한 온화한 성품을 지녔고 인간을 사랑할 줄 아는 사람들입니다. 남의 것을 탐낼 줄도 모르고 순종적이며 또한 무기를 소유하지도 않았습니다. 그래서 제 생각으로는 인디언들은 패 순진하므로 무엇보다도 노예로 가장 적당하다고 여겨집니다.

51. 미켈란젤로의 '천지 창조'

1513년 2월 20일 - 로마

'로마의 영광'이라는 칭호와 함께 '이탈리아의 해방자'로 숭앙받던 줄리어스 2세 교황이 1513년 2월 20일 사망하였다. 교황의 주검은 왕족의 장례에 버금가는 장례 절차를 거친 후, 아직 완성되지 않은 미켈란젤로의 벽화가 그려져 있는 거대한 규모의 무덤에 안장될 것이다.

1503년 29세의 나이로 교황에 취임하였던 줄리어스 2세 교황은 취임 즉시 플로렌스 지방에 있던 미켈란젤로에게 사람을 보내 자신 무덤의 설계를 의논하는 한편 성 베드로 성당 건물도 그에 알맞게 개축할 것을 계획하지만 이 계획은 실패로 돌아가게 되었다.

개축 공사를 떠났기 때문이었다(하지만 그가 완성한 이 조그만 템피토디 산 피에트로 건물에는 그의 예술성이 잘 함축되어 있다).

교황의 무덤을 만드는 미켈란젤로의 작업도 한때 중단되는데 그 이유는 대리석을 구하는 네 쓴 비용을 받아내기 위한 미켈란젤로의 교황 면담이 거절당하자 화가 난 미켈란젤로가 로마를 떠나 플로렌스로 돌아가 버렸기 때문이다.

끈질긴 타협 끝에 드디어 1508년 교황 측에서는 미켈란젤로에게 호화스러운 3층짜리 무덤을 만드는 작업에서 손을 떼는 대신, 줄리어스 2세 교황의 삼촌 인식스투스 4세 교황 때 완성된 시시테네 교회의 천장에 그림을 그려줄 것을 부탁하였다.

교회의 문을 잠근 채 천장을 보고 드러누워 그림을 그리는 미켈란젤로의 고된 작업이 진행되는 동안에도 완성을 재촉하는 줄리어스 2세 교황의 성화는 대단하였다. 그 후 4년이라는 오랜 세월이 걸려 미켈란젤로의 작품이 완성되었다. 1512년 드디어 하나님의 천지 창조가 묘사된 그 장엄한 모습이 드러났다.

그 후 브라만테의 친척이었던 라파엘이 교황이 거처하는 건물 내부를 프레스코 화법으로 장식함으로써 이 건물을 성 베드로 성당의 가장 대표적인 건물로 만들었다. 라파엘이 그린 줄리어스 2세의 초상화에는 침착하지 못하고 사나워 보이는 주인공의 모습이 잘 표현되어 있다.

미켈란젤로는 왜 뿔 달린 모세를 조각했나

많은 중세 예술가들은 모세를 그릴 때 머리에 뿔이 솟아나 있는 모습을 그렸다.

로마의 성 베드로 성당에 있는 미켈란젤로의 걸작품인 거대한 모세상도 뿔을 달고 있는데 이 조각상은 교황 줄리어스 2세의 호전적인 용기를 기념하여 그의 무덤에 세워 놓기 위해 만들어졌다.

이 상이 드러내고자 한 것은 모세가 시내 산에서 내려왔을 때 이스라엘 백성들이 우상 숭배에 빠져 있는 것을 보고 몹시 노했으나 그것을 억제하고 있는 모습이다.

비록 이 뿔이 그 의도를 더욱 잘 드러내긴 하였지만 사실은 성경 구절을 잘못 번역해서 생긴 실수라고 한다.

출애굽기 34장 29-30절에 보면 "모세가 그 증거의 두 판을 손에 들고 시내 산에서 내려오니 자기가 여호와와 말씀하였음으로 인하여 얼굴 꺼풀에 광채가 나는 것을 깨닫지 못하였더라. 아론과 온 이스라엘 자손들이 모세의 얼굴 꺼풀의 광채 남을 보고 그에게 가까이 하기를 두려워하더니"라는 말이 있다.

뿔 달린 모세 조각상

여기에서 '광채가 나더라.'라는 말은 히브리어로 garan, 혹은 karon으로 '광채가 튀어 나오더라.'라는 뜻이거나 '빛을 앞으로 내보낸다.'는 뜻이다.

뿔이라는 단어의 히브리어는 'geren'이다. 그래서 라틴어로 구약을 번역한 불게이트는 이 부분을 'guod comuta esset facies sua(그 얼굴에 뿔이 돋아 있었다).'라 번역하였다.

보통 성경에서 뿔이라는 단어는 세력을 나타내는 말로 자주 사용했기 때문에 예술가들은 이 모세의 뿔을 힘의 상징으로 알아 그림이나 상에 뿔을 달았던 것이다.

52. 마틴 루터의 종교개혁

1517년 10월 31일 - 독일

신학박사로서 비텐베르크 대학에서 성서신학을 강의하고 있던 34세의 마틴 루터는 1517년 교황 레오 10세가 면죄부를 발행해 돈으로 천국 가는 티켓을 팔고 있는 것에 분개하여 비텐베르크 교회 문에 '95개조에 달하는 항의문'을 게시했다.

면죄부를 팔고 있는 그 장면이 그에게는 마치 노점 상인이 길거리에서 물건을 파는 것처럼 비춰졌던 것이다. 비록 그것이 로마의 성 베드로 성당 건물의 증축 비용을 충당하기 위한 것이라 할지라도 마틴 루터는 돈으로 면죄부를 팔고 산다는 것을 결코 용납할 수 없었다.

마틴 루터는 만일 교황이 신자들의 형편을 잘 이해하고 있다면 그들의 뼈와 살을 깎아 성당을 증축하기보다는 차라리 성당을 불태워 버리는 것이 더욱 올바른 길이며, 진정한 기독교인이라면 면죄부가 아닌 진정한 회개를 통하여 하나님의 용서를 받아야 한다고 주장하였다.

이러한 마틴 루터의 주장은 사실 그 당시 교회를 비난하고 있던 다른 이들의 주장과 거의 일치하는 내용으로 결코 격하지 않았으나, 몇 년 전부터 그의 강의를 듣고 있던 학생들은 마틴 루터를 교회와의 정면충돌을 불사하며 매우 극렬한 이론으로 무장된 비범한 인물로 인정하고 있었다.

우람하고 강인한 몸집과 열정적인 눈빛을 지닌 마틴 루터는 자신이 서민 출신이라는 점을 항상 자랑스럽게 생각하고 있었으며 까다롭고 기교가 있는 보통 학자들과는 달리 자신의 뜻을 항상 솔직하게 표현하는 사람이었다.

그는 간혹 거친 상소리도 서슴지 않고 내뱉었으며 웃음소리 또한 호탕하기로 유명했다. 또한 테너를 즐겨 불렀고 루트Lute라는 현악기 연주에도 능숙했다.

1483년 색슨의 아이즐벤Eisleben 지방의 부유한 구리 광산업자의 아들로 태어난 마틴 루터는 에어푸르트Erfurt대학에서 유명론주의 철학을 공부하였으나 어느 날 근처를 지나다가 번쩍이는 번개의 빛에 죽음의 공포를 느끼며 죄의식에 빠져들었다. 그리고는 어거스틴 수도원으로 들어가게 되었다.

마틴 루터는 수도원에서 성 어거스틴의 업적에 깊은 감명을 받으며 수업에 정진한 결과 1512년 박사학위와 함께 대학교수 자격을 수여받았다.

그의 강의는 주로 성 바오로의 서한에 중점을 둔 것으로써 특히 "신앙 안에서 살라."는 그의 말을 자신의 관점으로 해석하여 강조했다. 루터는 사제들이 신자와 성경 사이를 가로막아서는 안 되며 인문주의자들의 주장과는 달리 신앙은 배움으로 믿어지는 것이 아니라 하나님이 주시는 선불이라고 수장하였다. 오직 믿음으로만 구원에 노날할 수 있다는 이론이다.

교황 레오 10세는 루터의 영향이 차츰 확대되는 것을 우려해 1520년 7월 루터에게 자신의 주장을 취소하지 않으면 파문하겠다고 경고했다.

항의문을 게시하는 마틴 루터

그러나 루터는 교황의 칙서를 불태움으로써 자신의 결의를 드러냈다.

이듬해 3월 보름스 제국 의회에 출두할 것을 명령해 황제와 제후들 앞에서 루터를 심문했으나 그가 전혀 주장을 굽히지 않자 추방을 명령했다.

그는 황제 앞에서 "비텐베르크 교회의 기와장이 모두 사탄Satan이 되어 나에게 덤벼든다고 해도 나는 결코 나의 주장을 철회하지 않을 것이다."라는 유명한 말을 남겼다.

교황청은 자객을 보내어 마틴 루터를 납치하거나 사살하도록 명령을 내렸다. 하지만 그는 바르트부르크의 성주인 작센 공 프리드리히의 비호를 받아 그 성에서 기거하면서 계속하여 종교개혁의 필요성을 세상에 알릴 수 있었다.

마틴 루터의 고백

신부였던 마틴 루터는 교리에 따라 독신주의를 주장했고 또 자신도 독신 생활을 하였지만 그도 인간이었던지라 용솟음치는 본능적 욕구를 억제할 수 없었다. 마침내 그는 42세에 수녀 카타리나 본 보라와 결혼함으로써 독신주의를 포기하고 말았다.

1519년 어느 교회에서 행한 마틴 루터의 고백을 들어보기로 하자.

"솔직히 말씀드려서 나는 몸속에서 솟구쳐 오르는 성욕을 억제할 길이 없습니다. 성욕이란 하나님께서 우리들 인간에게 주신 가장 순수하고 자연스러운 기능입니다. 섹스란 마치 배고플 때 빵을 먹고 목마를 때 물을 마시는 것처럼 매우 자연스러운 욕구입니다. 바울 선생께서도 참을 수 없으면 결혼하라고 하셨습니다. 여러분, 결혼한 아내에게서 만족을 느낄 수 없다면 젊고 아름다운 여인을 정부로 삼으세요. 그건 결코 부끄러운 일이 아니니까요."

그러나 마틴 루터가 아내 이외의 다른 여자와 성관계를 가졌다는 기록은 찾아볼 수 없다.

칼뱅과 루터

칼뱅은 모든 종류의 이단을 화형했고 루터는 모든 정신병을 마귀 들린 것으로 처리하였다. 이단이나 마귀 들렸다고 잡힌 자들은 5세부터 85세까지 모두 발가벗겨져 여러 가지 잔인하기 짝이 없는 심문을 당하였다. 밧줄로 왼손과 오른손을 꽉 묶고 24시간 동안 그대로 두어 심한 통증이 생기게 하였다. 마녀들이 악마에게 흡혈당했기 때문에 24시간 안에 반드시 악마들이 다시 찾아올 것이라고 믿었기 때문이다.

만약 거미나 기생충, 파리 등이 감옥에서 발견되면 악마가 가장한 것이라고 하며 유죄를 확신하였다. 또 마녀들은 반드시 몸의 어떤 곳에 무감각한 부분이 있다고 생각하여 두꺼운 돗바늘로 몸 구석구석을 특히 은밀한 부분을 찔러대기도 하였다. 하지만 그들은 이것을 고문이라고 하지 않았다.

1525년 한때 수녀였던 카타리나 폰 보라와 결혼하여 7명의 자녀들 두었던 마틴 루터의 가정생활은 그런대로 만족스러운 편이었다.

마틴 루터는 학자 신분임에도 불구하고 상소리나 야비한 말을 서슴지 않았으며 화를 자주 내는 인물로 묘사되고 있었다. 그러나 이러한 그의 행동은 항상 교회나 권력 기관에 억울하게 짓눌리는 서민들의 입장을 그냥 보아 넘기지 못하는 그의 성격에서 비롯된 것이었다.

자연히 많은 적을 갖고 있던 마틴 루터에게 아내 카타리나마저 그의 난폭함을 지적한 적이 있었다. 그러자 마틴 루터는 이렇게 대답하였다.

"그놈들이 나를 난폭하게 만든다니까."

53. 마젤란, 그는 과연 지구를 한 바퀴 돈 최초의 사람인가?

1522년 9월 6일 - 스페인

1522년 9월 6일, 3년 전 세빌레를 출발했던 마젤란 탐험선단의 배 한 척이 귀항했다. 모두 5척의 선박으로 구성되었던 마젤란의 선단 중에서 유일하게 귀항한 이 배에는 256명의 선원이 타고 있었다. 하지만 살아남은 18명 중에 선장 마젤란의 모습은 보이지 않았다.

상처투성이가 된 빅토리아 호는 선단을 이끌던 마젤란을 잃은 채 그의 야망을 이어받아 세계일주 항해라는 역사적인 기록을 남기게 된 것이다. 원래 마젤란은 포르투갈 사람이었으나 오랫동안 인도 제국에서 스페인을 위하여 근무하는 동안 리스본(포르투갈의 수도)과 멀어지면서 스페인 국적을 갖게 되었다.

그 당시 포르투갈은 희망봉을 돌아가는 항로를 장악하여 동양과의 향료 무역을 독점하고 있었다. 마젤란은 스페인의 찰스 1세에게 서쪽으로 남미 내륙을 돌아 동향으로 가는 뱃길을 찾으면 포르투길이 독점하고 있는 향료 무역을 빼앗을 수 있다고 설득하였다.

드디어 찰스 1세의 후원으로 선단을 구성한 마젤란은 포르투갈이 장악하고 있던 브라질 해안을 피해 남서쪽으로 항해하기 시작했다.

마젤란의 항해

거인족(마젤란은 이들을 파타고니아족, 즉 '큰 발'이라고 불렀다)이 살고 있는 남미 대륙의 최남단 세인트 줄리언을 지나 망망한 미지의 바다로 들어가기 시작했을 때 폭동이 일어나자 마젤란은 이를 진압한 다음 관습대로 그 주동자를 처형하였다.

세빌레를 떠난 지 꼭 1년이 되는 10월 21일 처녀봉을 지나게 된 마젤란은 수많은 암초와 눈 덮인 얼음 사이를 뚫고 나가던 중 거센 바람을 맞아 2척의 선박을 잃었다. 그로부터 38일 후에는 그가 '수많은 불덩어리의 땅'이라고 표현한 티에라 델푸에고를 지나 드디어 태평양으로 들어섰다.

그 후 물과 식량이 떨어져 쥐를 잡아먹으며 서쪽으로 항해하던 마젤란 일행은 태평양에 들어선 지 98일 만에 드디어 필리핀 군도에 상륙하였다. 마젤란이 그곳 원주민들 간의 전투에 휘말려 사망한 후에도 지휘권을 넘겨받은 스페인 항해사 세바스찬 델 카노는 남은 두 척의 선박을 이끌고 항해를 계속하였다. 마젤란 탐험선단의 임무는 절반도 채 끝나지 않은 상태였기 때문이다.

드디어 몰루카스에서 그들이 싣고 간 물품을 향료와 바꾸는데 성공한 마젤란 선단은 귀향길에 오르게 된다.

그러나 그들은 오랜 항해에 지친 나머지 자신들이 개척한 위험한 항로를 포기하고 포르투갈이 장악하고 있는 뱃길을 따라 항해하게 된다. 그러면서 포르투갈 사람들에 의하여 트리나다드호를 빼앗기는 등 너무나 비싼 대가를 치른 델 카노는 빅토리아호만을 이끌고 인도양을 거쳐 세밀레항으로 돌아온다.

마젤란의 항해를 통해서 드디어 지구가 둥글다는 것이 발견되었다. 아메리카가 아시아와 별개의 신대륙이라는 것이 확실해졌다.

처음으로 지구를 한 바퀴 돈 사람

마젤란이 지구를 완전히 한 바퀴 돈 것은 사실이지만 한 번이 아니라 두 번에 걸친 항해였다. 포르투갈의 귀족이었던 마젤란은 해군과 함께 동인도 제도를 항해하고 유럽으로 돌아왔다. 그러나 모로코에서의 싸움 뒤에 적들과 무역을 했다는 혐의를 받고 포르투갈을 떠나 스페인으로 갔다. 그곳에서 그의 새 항해 계획이 왕의 관심을 끌어 1519년 5척의 배를 끌고 스페인을 떠나게 된 것이다.

그들은 남미 끝에 있는 현재의 마젤란 해협을 지나 태평양을 건넜다. '태평양'은 마젤란이 '바람이 잔잔한 바다'라 하여 붙인 이름이다. 괌 섬에 도착하는 데만 98일이 걸렸는데 그 동안 그들은 몹시 굶주려서 톱밥을 먹기도 하였다.

1521년 마젤란은 필리핀에 도착하였고 거기서 원주민에 의해 죽었다. 그런데 이미 아프리카를 돌아서 동인도 제도에 간적이 있었으므로 그는 두 번에 걸쳐 세계를 한 바퀴 돈 셈이다. 마젤란을 따라 항해하던 나머지 사람들은 1522년 유럽으로 돌아왔다. 결국 세바스찬 델 카노를 포함한 18명이 단 한 번의 항해로 세계를 일주한 장본인들인 셈이다.

54. 유쾌한 프랑스 작가들

1533~1871년 - 프랑스

프랑스 작가들은 항상 유머를 사랑했다. 프랑소와 라벨레부터 아나톨레 프랑스에 이르기까지 그들은 마치 신들은 펜을 움직이는 것처럼 자유롭게 글을 썼다. 어떤 혹자는 그들의 웃음 이면 속에서 깊은 슬픔이 내재되어 있는 것을 나타낸다고 말하기도 했다. 아나톨레 프랑스도 자신의 눈물을 감추기 위해 미소 짓는다고 말한 적이 있다.

어쨌든 그들의 재치 있는 유머의 원천이 무엇이든지 간에 그들의 유머는 마치 아주 맛있는 와인에서 끝없이 올라오는 거품방울처럼 그칠 줄 몰랐다.

그들은 언제나 솔직했다. 프랑스의 극작가들은 너무 진솔하고 솔직하게 사회를 풍자했기 때문에 간혹 저서들이 판금되는 불행을 감수해야만 했다. 라벨레나 고띠에르 발자크 그리고 볼테르 같은 위대한 희극작가들의 유명한 책들이 금서로 정해진 것도 이 때문이다. 그러나 그들의 책들이 그렇게 달콤한 것은 그것들이 금서이기 때문만은 아니다. 보다 근본적인 원인은 책속에 담겨 있는 여러 주옥같은 글들이 우리에게 소중한 교훈을 주기 때문이다.

이 위대한 작가들의 작품집들을 간단하게 살펴보기로 하자.

라벨레(1490?~1553)의 〈판다그루엘〉은 아류작들과는 다른 점이 있다. 미친 광기와 지혜, 추함과 아름다움, 음란한 것과 성스러움, 그리고 터무니없는 헛소리와 심도 깊은 철학을 멋지게 조화시켜 놓은 작품이었기 때문이다.

다른 사람들에게 즐거움을 주는 것이 바로 작가들의 임무라고 라벨레는 말한 적이 있다. 그의 작품을 통해서 그는 이 세상의 모든 추잡한 것들을 비웃었다. 그는 가짜 의사, 악덕 변호사, 거드름을 피우는 판사, 불평등한 입법 국회의원, 부정직한 은행원, 도덕적 위선자 등 모든 악인들을 비웃고 있다.

예를 들면 그는 법정에서 판사들 자신들조차 이해하지 못하는 법조문들을 해학적으로 비꼬기도 했다. 그는 그 책의 한 구절에서 한 판사의 결정을 인용한 후 그것을 비꼬았는데 그 내용은 다음과 같다.

"듣고 보고 판단하고 곰곰이 생각해본 결과 원고가 이번 사건의 직접적인 원인 제공자이고 마찬가지로 피고도 원고에게 해를 입혔으므로 누가 승소하고 패소하는 것을 떠나 그리고 누가 법원의 결정을 받아들이고 거부하는 것을 떠나 법원은 모든 유죄를 무죄로 간주하며 모든 무죄를 유죄로 간주한다. 그리고 원고와 피고 둘 다에게 벌금을 징수할 것이여 벌금 기한은 5월 내에 8월 중순을 넘지 않도록 한다."

이렇듯 라벨레는 법조계 사람들의 위선을 석나라하게 꼬집고 있다. 그는 대부분의 변호사들은 머릿속에 든 것은 없으면서 유창한 말솜씨로 마치 현학적인 척 한다는 것이다.

세익스피어를 제외하고는 어떤 작가들도 라벨레처럼 풍부한 어휘와

기발한 유머를 담고 있는 글을 쓸 수는 없을 것이다. 라벨레는 프란체스코 교의 수도사였다. 때문에 그의 인생 좌우명은 다음과 같다.

"우리 모두 경건히 기도합시다. 그리고 즐겁게 살아갑시다. 우리가 만일 죽을 준비가 되어있을 때 우리는 자신 있게 말합시다. 이 세상을 살아오면서 우리의 적을 비롯한 어느 누구에게도 해를 주지 않고 살아 왔다고……."

다음의 유쾌한 프랑스 작가는 고띠에르(1811~1871)이다.

그의 작품은 독자들에게 감탄과 즐거움을 선사한다. 그는 모든 작품에서 독자들에게 스릴과 기쁨을 주었다. 특히 그의 최고의 작품인 마드모아젤 드 모팽에서 그는 질 브라라고 하는 여성의 모험담을 적었다. 고띠에르는 여기서 질 브라를 사악한 면과 모든 주위의 뭇 남성 여성을 사로잡는 그녀의 매력을 동시에 묘사하고 있다. 물론 그녀는 본래 아름다운 여인이지만 고띠에르의 작품에서 그녀는 남자로 변신하여 돌아다니고 있다. 몇몇 비판가들은 이 책을 저질이라고 욕하기도 하지만 일반적으로 이 책은 재치 있는 한 인간의 삶을 부드러운 필체로 재미있게 기술했다는 평을 받고 있다.

고티에르 역시 아나톨레 프랑스처럼 아주 슬픈 희곡 작가였다. 그 역시 작가들은 큰 소리로 울 수 없기 때문에 웃는다고 말한 적이 있다. 그는 또한 이 지구상의 모든 불행한 사람들을 사랑했다. 만일 내가 시인이었다면 나의 모든 시는 인생에 있어서 실패한 사람들, 사랑에 실패한 사람들, 그리고 너무 평범한 사람들, 초라한 천재들 그리고 깊은 바다 속에 알려지지 않은 진주들, 혼자서 짝사랑하는 모든 사람들, 그리고 누구로부터 동정 받지 못하고 고통 받는 모든 사람들에게 바칠 것이라고 말했다. 그의 작품인 마드모아젤드 오팽을 두고 그는 '진귀한 교훈이 담겨 있는 나쁜 책'이라는 반어적인 평을 한 적이 있는데 이것은 그의 서문에 적힌 "이 책은 아주 위험한 책입니다. 그러나 많은 진실이 숨어 있습니다."라는 말로 일축된다.

발자크도 유명한 희극 작가 중의 한사람이다. 1790년에 태어난 발자크는 「인간의 코미디」라는 제목의 소설 전집을 썼다. 그러나 아이러닉하게도 이 소설은 웃기는 내용보다는 슬픈 내용이 더욱 많이 들어 있다. 인생의 고달픈 어두운 면을 위트와 농담으로 자연스럽게 돌려 표현했던 발자크는 반면 염세주의자이기도 하다. 때문에 그는 항상 인생의 어두운 면을 풍자했고 밝은 면을 보기를 거부했다.

그는 정상적인 남자 여자들에 관한 이야기 대신 사악한 남녀들의 비도적적인 생활이나 그들에게 피해를 입을 피해자들의 생활을 그리곤 했다. 그가 묘사 했던 2천 명이 넘는 인물들 모두는 하나하나 버릴 수 없는 독특한 인물들이었음이 이를 증명한다.

발자크는 그 시대의 작가들 중에서 가장 노력하는 인물이었다. 살아생전 이 세상의 모든 것들을 다 자신의 소설 속에 담고 싶어 했다. 이런 엄청난 작업을 끝내기 위해 그는 하루에 6시간씩만 잠을 잤으며 나머지 18시간 동안은 집필하는데 전력을 다했다. 그의 글 작업은 주로 자정 이후부터였다. 이런 힘든 집필생활을 그는 20년 동안 이상을 계속했지만 그는 꿈, 즉 세상을 모든 것을 글로 옮기지 못하고 51세의 젊은 나이에 생을 마감했다.

아마도 프랑스의 희곡 작가 중에서 가장 유쾌한 사람은 볼테르 (1694~1778)일 것이다. 볼테르는 다른 작가들처럼 울지 않기 위해서 웃었던 것이 아니라 죽지 않고 살기 위해서 남을 웃겼다.

그의 인생은 한마디로 운명의 장난이었다. 그는 태어날 때 하루밖에 살지 못한다는 의사의 판정을 받았지만 83세까지 살았으며 당시 파리에서 가장 못생긴 사람이었지만 반면 가장 여자들에게 많은 인기를 얻었다.

볼테르의 아버지는 볼테르가 어렸을 때부터 그에게 세 가지 함정을 조심하라고 가르쳤다. 그것들은 바로 여자, 도박, 그리고 문학이었다. 어려서 그는 아버지의 말씀을 고분고분 들었지만 커서는 자신의 인생을 이 세 가지에 던지고 말았다.

예를 들면 한번은 정부에서 복권 제도를 실시했는데 볼테르는 정부가 발행한 모든 복권을 도매로 사 들여 정부가 내건 상금을 모두 독차지했다. 또한 한 여자를 놓고 귀족과 다툰 적이 있었는데 법조계에서 아주 유명한 저명인사였던 그 귀족은 볼테르를 파리에서 내쫓을 음모를 꾸며 파리에서 쫓겨날 뻔 했었다. 그러나 그 때 볼테르는 그 귀족에게 다른 아름다운 여인을 소개시켜 줌으로써 간신히 추방을 면할 수 있었다.

그의 말 주변은 글 솜씨처럼 유창했다. 그는 말다툼에서 지는 적이 없었고 무슨 일이 있어도 위트를 섞어가며 하고 싶은 말은 끝까지 하는 성격이었다. 그러나 반면 상대편의 말을 끝까지 들을 줄도 아는 사람이었다. 그는 항상 모든 문제가 일어나면 상반된 의견 둘 다 자유로이 토론되어야 한다고 믿는 언론자유주의자였다. 때문에 그는 모든 인간은 평등하다고 믿는 근대 민주주의의 선구자라 할 수 있다.

비록 그는 생전 평생 동안 무신론자였지만 인생 말기에는 하나님을 믿기 시작했다. 임종 시 그는 신을 숭배하고 나의 친구와 적들 모두를 사랑하지만 미신을 저주하며 눈을 감는다는 유언을 남겼다.

그는 수백 권의 저서를 남겼고 그 각각의 책들은 저질스러운 코미디 혹은 날카로운 비판이라는 소리를 들으며 언제나 파문을 일으키곤 했었다. 그는 자신의 작품을 무시하고 조롱하며 놀려대는 사람들을 비난했지만 반면 그들을 동정했다. 그 이유는 그들을 이 썩어 빠진 세상의 희생자라고 여겼기 때문이다.

이 같은 생각은 그의 작품 속에서 계속 나타나며 이런 사상이 그의 대부분의 작품의 중심 주제를 이룬다. 「자연의 제자들」, 「바빌론의 공주」, 「세상이 흘러가는대로」, 「자디그」, 「마이크로 메가스」, 그리고 특히 「켄디드」 등의 작품에는 그의 생각들이 잘 묘사되어 있다.

특히 「켄디드」는 가장 유명한 작품인데 그 소설은 3일 만에 완성되었다고 한다. 그는 켄디드를 통해 우리가 살고 있는 이 세상을 최악의 상태라는 독설적인 표현을 썼다. 그의 대부분 작품들은 암울한 면만을 다루고 있지만 「켄디드」는 문학사에서 최고의 희극 작품 중의 하나로 손꼽히고 있다. 어느 프랑스의 희극 작가들처럼 볼테르의 문학세계 역시 다음과 같이 간략하게 함축될 수 있다.

"우리 모두는 어차피 고통을 받기 위해 이 세상에 태어났습니다. 살고 있는 동안은 웃고 삽시다."

55. 아내를 처형시키는 헨리 8세

1536년 5월 19일 - 영국

헨리 8세와 결혼한 지 3년이 조금 지나 앤 볼린Ann Boleyn은 남편에 의해 간통죄로 기소되어 단두대로 끌려가게 되었다. 그녀의 오빠인 로치포드 경(그는 기소 내용을 부인했다)을 비롯하여 그녀의 애인으로 간주된 사람들은 런던탑 안의 다른 곳에서 분명히 고문을 당하게 될 것이다.

1월에 캐더린 아라곤이 죽었음에도 불구하고 축복 속에 헨리 8세와 맺은 앤의 결혼 생활은 불행했다. 앤은 인기가 없었고 신성 로마 제국의 카를 5세가 그녀와 그녀의 딸인 엘리자베스에게 적대적이었기 때문에 남편에게 정치적으로 어떤 채무를 지고 있는 셈이었다.

또 후계자로 삼을 사내아이를 낳는 데 실패한 앤이 유산을 하게 되자 헨리 8세는 캐더린과의 결혼과 마찬가지로 이 결혼 또한 신의 뜻에 어긋나는 것이 아닌가 하는 두려움을 갖게 되었다. 그러나 왕은 귀족 태생의 아리따운 27세의 제인 세이모어에 대한 애정을 숨기려 하지 않았다.

보수적인 궁중의 조신들은 여왕을 몰락시키기 위하여 공모를 하였다. 헨리 8세는 앤이 조신들 몇 명과 관계를 맺고 있다는 이야기를 듣게 된 것이다. 그보다 더 심한 이야기는 앤이 마술을 부려 왕을 성불구

로 만들었으며 엘리자베스는 헨리 8
세의 딸이 아니라는 것이었다.

앤 볼린이 단두대에 끌려갈 때 집
행관의 검이 아침 햇살을 받아 번쩍
거렸다. 회색 옷을 입은 여왕은 그녀
가 특별히 요청한 프랑스인 검객을
바라보며 4명의 여자 시종들의 호
위를 받아 참수대 위로 올라갔다.

참수는 단칼에 빠르고도 날렵하게
행해졌다고 보고되었다.

여왕과 간통을 한 죄목으로 벌써 4명
의 목이 달아났다. 앤의 삼촌인 노포크

헨리 8세 (Herry Ⅷ)

공작이 재판장으로 있는 재판소에서 앤과 그
녀의 오빠에 대한 유죄를 인정하고 사형 선고를 통과시켰다.

앤은 자신의 운명에 순종하였을 뿐만 아니라 마지막까지 헨리 8세를
칭송하였다.

"신에게 바라건대, 왕을 구해주시고, 이전에 없었던 그런 자비로운 왕
자를 보내 주시옵소서. 나에게 있어 그는 훌륭하고 관대하며 내 생명을
관장하는 주인이었습니다."

순교자로 승진시킨 은혜

영국의 아름다운 왕비 앤 볼린은 다른 남자들과 내통
했다는 죄로 사형을 언도받았다. 사형을 언도받은 앤은 헨리 8세에게 다음과 같

이 애원했다.

"나의 남편이신 대왕이시여, 당신은 나에게 지금까지 정말 잘해주셨습니다. 당신은 하녀였던 나를 여후작으로 승진시켜 주셨고 다시 왕비로 승진시켜 주셨습니다. 그리고 당신은 지금 나를 이 나라 최고의 순교자로 승진시키고 있습니다. 그 은혜를 어떻게 잊을 수 있겠습니까? 이제 저의 마지막 소원을 꼭 들어주십시오."

앤의 말을 다 들은 헨리 8세는 입을 열었다.

"그럼, 앤, 당신의 소원을 말해 보시오."

"집행 때 사용될 도구로 도끼 대신 칼을 사용해 주십시오."

6명의 아내를 거느린 헨리 8세

헨리 8세는 영국의 왕 중 가장 많은 아내를 거느렸던 기록의 보유자이다. 하지만 초기 세 번의 결혼은 모두 개인적 감정에 의한 것이 아닌 왕위를 계승할 아들을 얻는 데에 그 목적을 두고 있었다. 아들을 바라는 그의 욕망은 대단한 것이어서 교황청의 파문을 감수하면서까지 첫 번째 아내를 쫓아냈으며 자신의 야망을 위하여 두 번째 아내인 앤도 처형시켰다. 세 번째 아내인 제인 세이모어에게서 비로소 그렇게 바라던 아들을 얻게 되지만 제인이 사망하자 이번에는 자신이 자녀들을 돌봐 줄 적당한 계모를 고르기 위한 과정에서 또다시 세 번의 결혼식을 치르게 된다.

1542년 2월 13일, 헨리 8세의 다섯 번째 부인인 캐더린 하워드가 런던탑에서 참수당하였다. 그녀의 집안일을 총책임지고 있으며 여왕과 토마스 쿨페퍼의 만남을 주선하는 데 중요한 역할을 한 로치포드 부인 역시 참수를 당하였다. 토마스 쿨페퍼는 여왕과 간통을 했던 두 사람 중의 하나로 의심받고 있었다.

헨리 8세가 1540년 7월에 캐더린과 결혼할 당시 그녀는 20세였다. 왕은 그녀가 자기를 배반했음에도 불구하고 어린 아내를 잃어야 함을 매우 비통해했으며 이 사건의 내막을 다시 듣고 싶지 않아 그녀의 재판과 처벌을 전적으로 특별위원회에 위임하였다.

앤 볼린과 캐더린 하워드, 그녀들은 과연 간통을 했을까?

56. 이단자를 처형하는 칼뱅

1553년 10월 27일 - 제네바, 스위스

존 칼뱅

1531년에 발간된 '삼위일체의 오류' 의 저자 마이클 세르베투스가 제네바의 종교 지도자 존 칼뱅의 명령에 의해 말뚝에 묶여 처형된다. 그는 스페인의 종교재판을 피해 제네바에 피신하면서 성공적인 선교 활동을 하던 중이었다. 제네바가 프로테스탄트 교회의 본거지가 되어온 것은 사실이지만 칼뱅에게는 삼위일체의 원리를 공격하는 세르베투스의 행동은 도저히 참을 수 없는 도전이었다.

세르베투스의 처형을 명령하게 된 칼뱅의 결정이 순수한 종교적인 입장에 의한 것이라고 하지만, '폐의 혈액 순환 기능' 을 발견한 그 당시 인정받는 과학자 세르베투스의 도전은 칼뱅에게 큰 위협으로 다가서고 있었다.

평소에도 칼뱅은 강적이 제네바에 나타났다고 말하면 이에 강력하게 대처하겠다는 말을 자주 언급해 왔었다. 칼뱅은 종교 법원을 주도하는 4년 동안 58명을 사형에 처하고 76명을 추방했다. 장로교회의 창시자 칼뱅은 아버지를 때린 어떤 소년에게 교수형을 내렸고, 자신의 교리를 비평한 쿠르트를 반역과 불경죄로 교수형에 처했다. 칼뱅은 자신의 견해와 반대되는 뜻을 표시한 사람들은 가차없이 추방하거나 교수형에 처했는데, 그 대표적인 인물이 베르테르였다.

세비투스도 칼뱅과 다른 견해를 의논하기 위하여 프랑스에서 제네바로 왔지만, 곧 체포되어 감금되었고 결국 화형을 당하였다.

칼뱅은 자신과 성만찬 예식에 대해 다른 교리를 주장하는 사람들을 모두 교수형에 처했으며 그의 설교를 듣고 신통치 않다고 말하는 시민들에게는 3일간 빵을 먹지 못하게 하고 물도 마실 수 없게 하였다. 그 시대에는 국가와 종교가 하나로 밀착되어 있었기 때문에 칼뱅과 반대되는 견해를 가진 사람들은 모두 이단으로 몰렸을 뿐만 아니라 반역죄로 몰려 사형에 처해졌다. '살아 움직이는 병동'이란 별명을 가진 칼뱅, 그는 지적 자유를 미워했고 오로지 하나님에 대한 절대적 순종에 족쇄를 채운 사나이였다.

칼뱅의 기독교 개론

프로테스탄드의 선구자 존 칼뱅의 개인적 신앙 교서 『기독교 개론』이 출간되었다. 그가 스트라스부르에 머물던 시기에 씌어진 이 책은 당시 좌표를 잃은 신교주의의 분열과 종식에 그 목적을 두고, 하나님의 전지전능을 절대적인 교리로 내세우고 있다.

마틴 루터의 종교 사상의 영향을 받아, 인간과 그들의 죄악에 대한 문제에 깊은 관심을 갖고 있던 칼뱅은 하나님의 전지전능에 초점을 맞추어 그를 따르는 사람들에게 하나님에 대한 절대복종과 두려움을 강조했으며 죄악의 문제에 대해서는 '운명예정론'으로 설명하였다.

즉 천국으로 갈 자들은 하나님의 결정에 의해 이미 태어날 때부터 선택된다는 것이다. 그러한 하나님의 결정은 그 누구도 변경시키지 못하며, 특정한 인간들을 선택하는 하나님의 뜻은 인간들의 지능으로는 이해할 수 없는 영역에 있으므로 인간이 그것을 묻는 것 자체가 하나님에 대한 불경이라고 하였다.

칼뱅의 관점으로 볼 때 인간은 에덴동산에서 쫓겨난 원죄로 더럽혀진 비천한 존재였다. 인간은 혼자서는 선을 행할 수 없으므로 하나님을 경외하지 않고서는 모든 유혹의 먹이가 될 수밖에 없고, 하나님의 전지전능에 귀의하는 것만이 올바르게 살 수 있는 길이라고 강조했다. 그러한 신앙심이 비록 그 인간을 천국으로 인도할 수 없다고 하더라도 이는 비천한 인간이 위대한 존재에게 바쳐야 하는 최소한의 의무라는 것이다.

57. 스코틀랜드의 비극의 여왕, 메리

1587년 - 스코틀랜드

메리 스튜어트Mary Stuart는 한 살 때인 1543년, 영국의 헨리 8세의 아들인 에드워드와 정혼했다. 아들과의 정혼을 계기로 헨리는 스코틀랜드를 영국령으로 합병시키기를 원했기 때문이다. 그러나 이러한 계획을 파악한 스코틀랜드인들이 대규모 시위를 벌이며 파혼을 선언했고, 그녀는 어린 나이에 파혼녀가 되었다.

그러나 메리는 5세 때 프랑스의 왕세자와 정혼하여 15세 때 결혼했으며 그해 11월 영국의 여왕이 되었다.

한편 교황의 눈에 엘리자베스는 영국의 혈통을 잇기에는 부적합한 인물이었다. 부친인 헨리는 엘리자베스의 모친과 결혼 전 이미 두 번의 이혼 경력이 있었기 때문이었다. 따라서 유럽 가톨릭에서는 엘리자베스 대신 메리를 영국 여왕의 자리에 오르게 하였다.

1651년 남편의 시망 후, 메리는 불과 18세였다. 그리고 그때 메리는 조국인 스코틀랜드로 돌아갔다. 물론 스코틀랜드에서의 생활이 평탄했던 것만은 아니었다. 스코틀랜드 귀족들은 방계(형제, 조카 등과 같이 공동의 조상을 통해 갈라지는 관계)왕족들과 합세, 파당을 만들어 메리를 위협했기

처형당하기 전 메리

때문이다. 그러나 그녀는 '남자다운 용맹성'과 '여성의 부드러움'으로 고단한 정치역정을 잘 이겨나갔다.

그러나 그녀는 파멸을 초래하는 선택으로 비극적인 운명의 시나리오에 휘말리게 된다.

첫째는 남자 신하인 리지오와 사랑에 빠진 것이고, 둘째는 사촌인 헨리 단리와 결혼한 것이다. 헨리는 무례하고 방탕했지만 정치적인 야망이 있는 사람이었다.

왕위를 독점하기를 원했던 그는 메리를 반대하는 귀족들의 편에 서서 메리를 견제했으며 리지오를 살해하는 음모를 꾸몄다. 그리고 그해 3월 9일, 헨리가 보낸 암살자들은 메리 여왕의 사택에 있던 리지오를 잡아서 단숨에 목을 베었다. 그리고 그들은 영국으로 도망쳤다. 암살을 사주한 사람이 헨리임이 밝혀질까 봐 피신한 것이다.

1566년 6월 19일 메리는 헨리와의 사이에서 아들을 낳았다. 하지만 헨리는 아들의 세례식에도 참석하지 않았다. 그러나 그 후부터 헨리는 운명의 소용돌이에 휘말리게 된다. 그는 곧 심각한 병을 앓게 되어 아버지와 함께 요양길을 떠나게 된다.

그러나 메리가 좀 더 나은 의학적 치료를 받을 수 있는 성으로 거처를 옮기라고 제시한 순간부터 헨리에게는 불행이 닥치기 시작했다. 메리의 요청대로 성으로 거처를 옮기자마자, 집이 폭파되는 사건이 일어났고 그는 살해당했기 때문이다.

이때 살해범으로 의심받았던 사람은 왕위대의 젊은 군관인 보스웰이었는데, 그가 메리의 사주를 받고 헨리를 살해한 것으로 알려졌다. 이런 사실이 알려지자 스코틀랜드인들은 격분했고 이에 대한 강한 응징을 요구했다. 그러나 메리는 국민들의 요구를 일체 무시한 채 오히려 보스웰과 결혼하는 대범함을 보였다.

그러자 스코틀랜드의 귀족들은 단합하여 메리와 보스웰을 비난했을 뿐만 아니라 무력으로 이들을 왕위에서 물러나게 했다. 결국 귀족들의 요구대로 메리는 보스웰과 결별을 선언했다.

그 후 보스웰은 추방당했고 메리는 작은 섬으로 유배되었다. 그곳에서 메리는 어린 아들에게 왕위를 물려준다는 문서에 서명을 한 뒤 곧바로 투옥되었다.

이후 메리는 윌리 더글러스라는 젊은 군인(18세)의 도움으로 탈옥에 성공하여 간신히 본토로 향하는 배편을 구해 다시 한 번의 재기를 노렸지만 헛수고였다. 그녀의 군대는 랭사이드 전투에서 패배했고 또 다시 도망자의 신세가 되어야 했기 때문이다.

5월 13일 전쟁터에서 빠져 나온 메리는 며칠 동안 상한 우유와 오트밀만을 먹으면서 끼니를 때웠고 밤에는 축축한 땅바닥에서 자야만 했다. 그 때 번뜩이는 생각! 영국의 엘리자베스라면 그녀가 다시 왕위를 탈환하는 데 도움을 줄 거라는 생각이 들었던 것이다. 그리하여 그녀는 영국으로 향했지만 엘리자베스로부터 도움은커녕, 오히려 헨리 단리의 살인범으로 체포돼 투옥되었다.

그녀의 감금생활은 오랫동안 지속되었다. 14년 동안 감옥에 갇혀 있는 동안 그녀에게는 여러 변화가 일어났다. 길고 고통스러운 감옥생활 중에 그녀는 신앙으로 위안을 얻었고 마음의 평정을 찾고자 노력했다.

엘리자베스 여왕의 암살 음모에 대한 추궁을 받게 되었을 때도 그녀는 조용히 "더 이상은 왕위에 관심이 없고 그저 하나님의 나라로 가고 싶다."고 대답했다고 한다.

그러나 메리의 암살 음모를 접한 엘리자베스 여왕은 선뜻 메리의 처형을 결정하지 못했다. 메리의 아들, 제임스가 장성하여 현재 스코틀랜드의 왕이 되었기 때문이다. 메리의 처형에 그가 어떤 반응을 보일지 확신할 수 없었다.

그러나 태어난 직후부터 거의 본적이 없는 어머니 메리에 대해 제임스는 별다른 감정이 없었다. 제임스는 메리의 삶보다는 영국 왕위의 계승에 더 관심이 쏠려 있었기 때문에 메리의 사형이 왕위 계승에 문제가 되지 않는다면 상관하지 않겠다는 입장을 밝혀 왔다. 따라서 제임스의 입장을 전해들은 엘리자베스는 메리의 사형을 승인했다.

메리는 1587년 2월 8일 오전 8시에 처형되었다. 사형되기 바로 직전, 메리는 자기 자신과 조국 스코틀랜드, 엘리자베스, 아들 제임스 그리고 그녀의 모든 적들을 위해 기도했다. 그리고 이렇게 말했다.

"주여! 우리 모두를 용서해 주소서. 하지 말아야 할 것들을 모르는 무지한 당신의 자식들이니까요."

58. 스페인 무적함대의 패배
1588년 9월 15일 - 영국

영국을 혼내주려고 출범했던 스페인의 무적함대가 스페인 역사상 가장 수치스러운 해전을 치렀다. 그리고 1588년 9월 15일 살아남은 스페인 전함들은 처참한 모습으로 포르투갈과 스페인의 항구로 조용히 귀항하고 있다. 영국군의 기습에 쫓겨 대열이 산산이 깨진 스페인의 무적함대는 급히 북쪽으로 기수를 돌려 오르키니와 쉐틀랜드를 거쳐 대서양으로 도주하기 시작했다. 그들을 추격하던 영국 전함의 식량과 탄약이 떨어지지 않았다면 아마도 피해는 더욱 극심했을 것이다.

스페인의 필립왕은 영국을 단단히 혼내주려고 벼르고 있었다. 근간 스페인의 영지와 선박들이 프란시스 드레이크나 존 호아킨의 선단 혹은 크고 작은 영국 선단으로부터 막대한 피해를 입고 있었기 때문이다. 그때마다 영국 주재 스페인 대사를 통하여 엘리자베스 여왕에게 항의를 했지만 영국으로부터는 아무런 조치가 없었다. 그런 가운데 영국인들의 약탈 행위는 계속되고 있었다.

게다가 스페인 필립왕의 명령으로 함대가 구축된다는 정보를 얻은 엘리자베스 여왕은 드레이크로 하여금 23척의 전함을 이끌고 진격하여 카

스페인의 무적 함대

디즈에 정박해 있던 80척의 스페인 전함을 부수어버렸다. 이 사건은 스페인 황제를 더욱 분노케 했다.

1588년 5월 스페인을 떠난 메디나 시도나 공작의 스페인 무적함대는 7월 22일 영국 해협에 그 모습을 드러낸다. 그날 밤 전투 대형으로 늘어서서 닻을 내리고 있는 스페인 무적함대에게 영국 함대의 기습공격이 시작되었다.

천 톤이 넘는 전함을 비롯하여 영국 함대의 2배가 넘는 전함을 거느리고 있던 스페인 무적함대는 전함에 가득 찬 병력과 쇠붙이의 무게로 육중했다. 반면, 가벼운 무게로 재빨리 움직이며 공격하는 영국 전함들은 그 화력과 장거리 사격에서 스페인 전함을 압도하고 있었다.

쏜살같이 돌진하여 포를 쏘아대다가 스페인의 전함이 육중한 포문을 돌리기 전에 재빠르게 도망가는 전술로 영국 전함들은 스페인 함대의 전열을 흐트러 놓고 있었다.

스페인 무적함대는 그날 오후부터 밤까지 전열이 흩어진 채 영국 해협을 밀고 나가며 스페인계 네덜란드인들의 지원 병력과 상륙정들이 도착하기를 기다렸다. 하지만 이들의 지원은 더치(Dutch : 네덜란드) 스페인 항거 세력인 '시 베거(Sea Beggar : 바다 거지)'의 방해로 이루어지지 못하고 있었다.

일주일 동안 계속되는 해전에 지친 스페인 무적함대는 칼라이스에 닻을 내렸다. 한편 그들과 1.6km 떨어진 해상에서 대치하고 있던 영국 진영에서는 장작과 역청 그리고 화약을 잔뜩 실은 불배를 준비하고 있었다.

밤이 되자 화염에 싸인 영국의 불배들이 스페인 전함에 수없이 부딪혀 왔고 화염과 폭음에 놀라 허둥대던 스페인 전함들은 서로 부딪쳐 깨지며 침몰하기 시작했다.

동이 트는 바다 위에는 완전히 깨진 스페인 무적함대와 그 잔해들이 표류하고 있었다. 계속되는 영국 전함의 공격에 또다시 몇 척의 스페인 전함이 침몰했고 나머지는 해안으로 도망치거나 선수를 돌려 북쪽으로 도주하기 시작했다.

이 해전에서 스페인은 65척의 전함과 1만 명의 병력을 잃었으나 영국은 100명의 병력만 잃었을 뿐 단 한 척의 전함도 잃지 않았다.

59. 튜터가의 요부 엘리자베스 여왕

1603년 - 영국

존경받았던 여왕 - 엘리자베스

영국을 일개 섬나라에서 해상 제국으로 성장시킨 엘리자베스 1세는 25세에 즉위하여 45년 동안 영국을 통치한 존경받는 여왕이었다. 엘리자베스 여왕은 악명 높은 헨리 8세와 그에 의해서 살해된 어머니 앤 불린 사이에서 출생하였다.

그녀는 일생을 독신으로 살면서 영국을 최대 강국으로 만드는 기반을 굳혔다.

1588년 스페인 왕 필립 2세는 엘리자베스 여왕이 요리조리 핑계를 대며 결혼을 연기했다는 이유로 잉글랜드 침공을 결의하기도 했다.

저 유명한 헨리 8세의 딸인 엘리자베스는 1568년부터 1603년까지 영국의 여왕으로 군림하였다. 그녀는 한 나라의 여왕답게 남자들과 똑같이 말을 탔고 총을 쐈으며 맥주를 마셨다.

그녀에게 이야기를 하는 사람은 누구든 무릎을 꿇어야 했으며 그렇지 않으면 따귀를 얻어맞거나 벌을 받곤 했다. 그녀는 거칠면서도 여왕으로서 갖추어야 할 따뜻한 품위가 있었고, 무서운 분노와 동시에 애교 있는 미소를 가지고 있었다.

그녀의 식단에는 항상 쇠고기와 양고기 그리고 맥주가 올랐는데 그 당시 사람들이 먹던 거대한 양의 음식을 생각해 보면 이것은 그리 놀라운 일이 아니었다. 여기서 잠깐, 그리니치 왕국의 여왕이 먹는 점심식사 준비를 엿보도록 하자.

우선 첫 번째 준비는 여왕의 점심식사 시간이 이루어지는 2시를 알리기 위해 열두 명의 나팔수와 두 명의 드럼 치는 사람이 30분 동안 연주를 하였다.

연주가 끝나면 점심식사 하는 시종이 들어와 무릎을 꿇고 세 번 절을 한 다음 커다란 만찬용 식탁 위에 식탁보를 깔았다. 그런 다음 소금 창고의 부인이 들어와 역시 세 번 무릎을 꿇고 절을 하는 예를 치른 다음 식탁 위에 소금통을 놓았다.

그러고 나서 27명의 요리사가 음식이 가득 담긴 27개의 은접시를 들고 일렬로 들어서고 뒤이어 약 100명 가량 되는 검사관들이 음식에 독이 있는지를 검사하기 위해 돌아가며 음식을 맛보았다. 안심해도 좋다고 검사관들이 고개를 끄덕이면 오직 한 사람만을 위해 차려진 이 잔치상이 비로소 여왕에게로 옮겨진다.

엘리자베스 여왕은 자기 침실에서 혼자 이 많은 음식을 먹었다. 많은 귀족들과 부인들 그들의 시종들 그리고 그들이 데리고 온 개들은 모두 여왕의 침실 밖에 있는 커다란 방에서 음식을 먹었다.

당시는 칼과 포크를 쓰는 방법을 모를 때여서 모두 손가락을 이용해 음식을 먹었는데 특히 음식을 씹으면서 시끄러운 소리를 내곤 하였다.

다음으로 음식의 종류를 살펴 보자. 첫 번째 음식은 세 가지 종류의 고기이고 두 번째는 온갖 종류의 과자와 빵, 파이로 이루어졌으며 특히 네

가지 종류의 빵과 4갤런의 맥주를 곁들이는 것도 잊지 않았다. 행여 단식이라도 해야 하는 날에는 한 사람당 16종류의 물고기와 버터 8접시 그리고 24개의 완숙된 계란이 제공되었다.

여왕의 한 끼 식사 비용으로는 현재의 돈으로 약 1만 5천 달러 정도가 들었다. 막대한 양의 음식이 준비되었으며 또 막대한 양의 음식이 쓰레기 통으로 들어갔다. 그리고 이런 사치스런 왕궁과는 정 반대로 거리에서 많은 사람들이 굶주림으로 죽어갔다.

이제 엘리자베스 여왕의 궁중생활에 대해서 이야기해 보자. 엘리자베스 궁중에는 여자들이 거의 없었다. 요리사 하인 그리고 시종들은 모두 남자였다.

그녀는 언제나 남성 사회를 선호했다. 궁중의 남자들 또한 그녀가 있는 곳에 함께 있다는 사실을 즐거워했다. 그들은 그녀의 호감을 사기 위해 보이지 않는 곳에서 서로 싸웠다.

그러나 그녀의 총애는 대부분 비탄으로 끝이 났으므로 그녀의 총애는 오히려 불행의 원인이 되었다. 그런 비극적 종말을 감지하면서도 신분 상승에 대한 욕심 때문에 남자들은 엘리자베스 여왕의 눈에 들기 위해 노력하였다.

그녀의 첫 번째 남자 친구는 레스터 백작인 로버트 더들리였다. 젊고 야심찬 로버트는 여왕이 자신을 높이 평가하는 것을 이용하여 자신이 에이미 로즈바트와 이미 결혼하였다는 사실을 숨기면서까지 신분 상승을 꾀하였다.

질투심 강한 엘리자베스 여왕을 생각해 볼 때 그의 거짓말은 어쩌면 당연한 것이었는지도 몰랐다. 로버트가 처음부터 노렸던 기병대 대장 직으로 직위가 임명되자 그는 아예 자기 부인인 에이미를 다락에 가두어 버렸다. 결국 에이미는 다락에서 통풍창으로 떨어져 목이 부러지는 사고로 죽게 된다. 그녀의 죽음이 로버트의 충성스런 부하가 저지른 교묘한 살인이었는지는 아무도 모를 일이었다.

이런 방법을 통하여 완벽하게 엘리자베스 여왕의 '달콤한 로빈'이 된 레스터 백작은 여왕의 미소를 듬뿍 받으며 마음껏 총애를 받았다. 그러나 에섹스 백작인 젊고 잘생긴 로버트 데베로가 나타나자 여왕은 레스터 백작을 헌신짝 버리듯 차 버렸다.

에섹스 백작과 사랑에 빠졌을 때 여왕의 나이는 예순이었고 에섹스 백작은 스물 한 살의 청년이었다. 그러나 이렇듯 어린 나이임에도 불구하고 새로운 그녀의 연인은 훌륭하게 자기 역할을 다했다. 레스터 백작이 앞서 그랬던 것과 마찬가지로 그 역시 왕궁 최고직인 기병대 대장이 되었고 이제 오직 에섹스 백작만이 궁전에서 여왕을 맘대로 요리할 수 있는 사람이 되어 있었다.

그는 여왕의 총애를 과신한 나머지 여왕에게조차 오만 불손해서 여왕의 말에 반대하거나 여왕에게 아예 등을 돌리는 무례를 범하기 일쑤였다. 이에 모욕을 느낀 여왕이 그의 뺨을 때리자 "당신의 아버지가 했다 해도 나는 이따위 짓을 참을 수 없어!"라고 외치며 칼을 뽑아 들기도 하였다. 그러나 엘리자베스는 그런 오만불손한 태도에도 불구하고 그를 멀리하기엔 그에게 너무 빠져 있었다.

에섹스 백작이 영국 시인 필립 시드니 경의 미망인과 결혼했을 때에 여왕은 질투 때문에 분노가 극에 달하였으나 분노를 삭이며 그를 용서했다. 나아가 그에게 궁정에서의 최고 직위를 복원시켜 주기도 하였다.

그러나 에섹스 백작은 엘리자베스 여왕의 총애를 너무 과신한 나머지 도에 지나친 실수를 저질렀다. 자신에게 은혜를 베풀었던 여왕을 축출하려고 혁명을 꾀하였던 것이 바로 그것이다. 결국 그는 이 혁명으로 인해 반역죄를 선고받고 참수되는 비극의 주인공이 되었다.

존경받았던 여왕 - 엘리자베스

엘리자베스는 대체로 자신이 총애하는 사람의 결혼을 허락하지 않았다. 그러나 월터 랠리 경이 그녀의 시녀를 탐하여 기소되자 랠리가 그 시녀와 결혼할 때까지 성 탑에 있는 감옥에서 떠나지 말 것을 명령하였다.

엘리자베스 여왕은 자신의 연인들에게 아주 우스운 별명을 붙였다. 이를테면 순진하고 바보스러웠던 해튼에게는 '순한 양' 이라는 별명을 주었고 호리호리하고 병약하며 쌀쌀맞았던 프랑스 앙리 3세의 남동생은 '작은 개구리' 라고 불렀다.

그러나 이토록 끊일 줄 모르는 사랑과 열정에도 불구하고 엘리자베스 여왕의 가슴에는 단 한 명의 진정한 친구도 또 진실한 사랑도 없었다. 그녀는 외롭고 쓸쓸한 나머지 이름도 원인도 알지 못하는 병을 시름시름 앓게 되었다.

그녀는 음식도 거부하고 약도 거부한 채 무감각한 눈으로 한 곳을 뚫어질 듯 응시하면서 의자 위에 조용히 앉아 있다가 결국 아무도 지켜 보지 않는 가운데 쓸쓸하게 죽어 갔다.

엘리자베스 여왕은 황금시대의 여제로 막강한 힘을 자랑했지만 눈을 감겨 줄 단 한 사람의 연인도 없이 외로운 죽음을 맞이했다. 결국 참사랑을 찾지 못한 채 결코 행복하다고 할 수 없는 일생을 살았다.

그녀는 과연 튜터가의 요부였던가?

60. 겨울을 이겨 내는 청교도들의 모습

1620년 12월 - 뉴잉글랜드

1620년 9월 16일, 청교도들은 종교적인 문제로 메이플라워Mayflower 호를 타고 영국 풀리머스를 떠나게 된다.

영국을 떠난 지 66일 만에 1620년 11월 11일에 케이프 코드Cape cod 에 도착하게 되는데 이곳은 예정했던 지점보다 훨씬 북쪽이어서 다시 남쪽으로 항해를 시작했다.

12월 26일, 102명의 청교도들을 싣고 대서양의 거친 파도와 싸우며 항해하던 메이플라워호가 드디어 북미 해안의 모래밭에 도착한다. 곧 청교도들은 이 지역을 '뉴잉글랜드' 그리고 그들을 싣고 온 선박을 매어 놓은 부두를 '뉴프리머스' 라고 이름 짓는다.

이 항해는 떠날 때부터 많은 시련을 겪어야만 했다. 1년 전 거의 10년 동안 네덜란드의 레이덴 지방에서 귀향살이를 하고 있던 영국인들 33명 은 버지니아 교역 상사와 농장 개척 계약을 맺고 대서양을 통해 식민지 로 건너갈 수 있는 선박을 구할 수 있었다.

처음의 계약은 '메이플라워호' 이외에도 '스피드웰' 이라는 선박이 66 명의 개척민들을 싣고 호위 선박으로 떠나기로 되어 있었다. 그러나 준비하는 동안 스피드웰호가 항해를 견디지 못할 것으로 판단, 모두 메이플라워호에 빽빽이 올라 폭풍과 질병으로 많은 생명을 잃으며 6주간의 고된 항해를 마치게 된 것이다.

메이플라워호

해변에 도착한 후 모래밭에 상륙하기 위하여 조그만 보트로 옮기던 중에도 한 명이 물에 빠져 익사하는 사고가 발생한다.

해안에 상륙한 이들은 우선 전원이 협력하여 해변 가까이에 임시 거처를 만든 다음 일부 개척민들을 무장시켜 주위를 정찰케 한다. 정찰에 나섰던 개척민들은 원주민들의 매장지를 실수로 건드려 이를 지켜보던 원주민들의 공격을 받게 되지만 총으로 그들을 놀라게 해 쫓아 버릴 수 있었다.

이제 그들에게 필요한 것은 혹심한 겨울을 나는 데 필요한 식량이었는데 다행히 원주민들이 가져다 준 옥수수를 먹을 수 있었다. 그리고 이들 인디안들은 옥수수 씨앗을 주고 농사짓는 법을 가르쳐 주었다.

다음해 1621년 가을 추수가 끝나고 자기네들을 도와준 인디안들을 초대하여 파티를 열어 주었는데, 이때 인디안들은 칠면조 구이 등의 음식을 가지고 나왔다. 인디안 처녀들이 음식을 나르고 있는 모습은 미국 역사에 있어서 가장 아름다운 장면일런지 모른다. 이러한 잔치는 4일 동안 계속되었다.

이것이 오늘날 미국의 추수감사절의 유래가 되었다.

청교도들의 수

　　　　종교의 자유를 찾아 '메이플라워호'를 타고 뉴프리머스에 온 청
교도 102명 중에 49명은 노예였기 때문은 사실은 53명이 청교도라고 할 수 있다.

61. 24달러에 팔리는 맨해튼과 720만 달러에 팔리는 알래스카

1626년, 1867년 4월 9일 - 미국

1524년 이탈리아 탐험가 베라자노에 의하여 신대륙의 새 항구(현재의 뉴욕)가 발견된 지 거의 100년 후인 1609년, 네덜란드 상인들에게 고용된 제임스 허드슨이라는 영국 선장이 중국으로 가는 북서쪽 항로를 찾던 중 이 항구에 도착하게 되었다. 인근 지역에서 발견된 강어귀를 통하여 강(그 후 그의 이름을 따 제임스 강이라고 부르게 되었다)을 거슬러 올라가던 중 현재의 알바니 지역을 발견하게 된다.

자신이 발견한 '바위와 나무로 뒤덮인' 새로운 땅이 훌륭한 모피들을 얻을 수 있는 조건을 갖추고 있다고 생각한 허드슨의 보고가 네덜란드에 전해졌다. 이에 흥분한 네덜란드 상인들은 즉시 동인도상사를 설립한 다음 미니트를 총독으로 임명하여 신대륙으로 보낸다.

신대륙에 도착한 미니트 총독은 그 지역 원주민들에게 60길더(24달러)의 가치가 나가는 화려한 색상의 옷삼과 구슬 그리고 그 밖의 자질구레한 장신구를 주고 맨해튼(원래는 원주민들의 이름)을 사들인 다음 그곳을 뉴 암스테르담이라고 명명하였다.

그 후 미니트 총독의 지휘로 세워진 요새를 중심으로 원주민들과 활발한 교역을 하며 번성하던 이 도시는 1664년 영국에 의해 점령된 후 '뉴욕'이라는 새 이름으로 불리게 되었는데 그 당시 이 도시에는 천 명이 넘는 인구가 살고 있었다.

결국 초기 200명의 개척민들에 의해 세워진 뉴욕은 현재 천만 명의 인구를 자랑하고 있다. 그 면적이 모두 1만 4천 에이커가 넘는 것을 감안한다면 미니트 총독이 한 에이커 당 6분의 1센트를 주고 산 뉴욕의 현재 가치는 천억 달러가 넘는다.

1867년 4월 9일

단 한 번의 투표로 미국의 상원은 오늘 720만 달러를 지불하고 러시아로부터 알래스카를 사들이기로 결정했다. 따라서 종전 이후로 정부가 캠페인을 통해 강력히 주장해 온 안건들 중 하나를 실현하게 된 것이다.

그러나 반대자들은 영원히 눈으로 덮여 있는 전혀 쓸모없는 땅을 사는 것을 무모한 투자라고 주장했다. 언론인들은 북극 지방의 방대한 땅의 이름을 '아이스버지아' 혹은 '폴라리아'라고 정해야 한다고 제의했다.

국무장관인 윌리엄 H. 세뷔드는 국회에 알래스카를 사야 한다고 제의해 왔었다. 그리고 1에이커 당 2센트면 거의 헐값이라며 앞으로 알래스카에서 얻게 될 모피, 천연광산, 그리고 어장은 미국에 거대한 이익을 가져다 줄 것이라고 주장했다. 따라서 알래스카는 지금 미국이 지불한 금액보다 천 배나 많은 이익을 줄 수 있는 가치를 가진 땅이라고 했다. 지금은 미국의 가장 중요한 전략적인 공군기지Air base가 있어 미국 본토를 방어하고 있다.

소련 사람들이 가장 후회하고 있는 것이 미국에 알래스카를 판 것이 아닐까?

720만 달러에 팔리는 알래스카

알래스카의 가격

1867년 3월 30일 미국은 국무장관 윌리엄 H. 세뷔드를 내세워 알래스카 대륙을 소련으로부터 720만 달러에 사들였다.

현재 이곳에는 미국의 가장 중요한 군사 기지가 있고 매년 광업으로 7억 8천만 달러, 농업으로 1,500만 달러, 어업으로 7억 4,522만 달러, 공업으로 6억 5,920만 달러, 관광으로 8천만 달러를 벌어들이고 있다.

62. 종교재판을 받는 갈릴레이

1633년 - 이탈리아

천문학자 갈릴레이는 '지구가 우주의 중심이 아니고 지구는 태양을 돈다.' 라는 '지동설' 을 끝까지 주장했다.

그가 올해 집필한 '두 우주법에 관한 토론' 이라는 저서의 내용이 말썽이 되어 로마에 불려온 갈릴레이가 여전히 자신의 주장을 굽히지 않으며 교황청의 입장을 난처하게 만들고 있는 것이다.

저서를 통하여 지구가 우주의 중심이 된다는 아리스토텔레스의 주장을 비난하는 갈릴레이는 별들의 이동 반경, 지구와 지구로 떨어지는 낙하 물체의 관계, 태양의 흑점이 정기적으로 변하는 것과 같은 현상들이 곧 지구가 우주의 중심이라는 이론과 반대되고 있다고 주장한다.

노령과 질병으로 쇠약해진 갈릴레이는 '신성모독죄' 의 혐의를 받고 로마 교황청으로 송환되었는데 6월 21일 예심에서 이미 금지되고 있던 코페르니쿠스의 사상을 가르쳤다는 이유로 유죄를 선고받았다. 이론을 수정할 것과 자신의 실수를 대중들에게 선언하라는 판결이 내려졌으며, 그의 명성과 노령이 감안되어 감옥행이 아닌 '자택 감금' 이라는 비교적 관대한 실형이 언도되었다.

　재판을 받고 갈릴레이는 유명한 말을 남겼다.

"그래도 지구는 돈다."

　어쨌든 이 재판에 올려졌던 것은 한 개인의 우주관 자체라기보다는 사회적 기존 질서를 위협하는 개인적 사상이었다. 미신과 추측 그리고 관습적인 인식을 철저히 배제하고 합리적인 사고로 과학에 접근해야 한다는 갈릴레이의 주장은 수많은 논쟁을 불러일으키고 있었던 것이다.

갈릴레이

　특히 수학의 중요성이 '숫자는 절대적이다.' 라는 한 문장으로 함축되어 있는 그의 저서 『자연서』(*The Book of Nature*)는 그를 '실험을 토대로 한 과학' 을 탄생시킨 선구자로 만들고 있다.

갈릴레이의 역사와 그 대가

　갈릴레이가 "돌은 무거울수록 빨리 떨어진다."는 아리스토텔레스의 이론을 반대했을 때 그는 피사 대학교의 교수직에서 밀려날 뻔 했다. 하지만 지금은 누구나 갈릴레이의 생각, 즉 "무게가 서로 다른 물체라 해도 동시에 땅에 떨어진다."는 사실을 알게 되었다.

가톨릭 교회와 과학

1600년 종교 재판소는 우주가 움직인다는 주장을 했다는 이유로 지오다노 브루노를 화형시켰다. 또 빛의 자연성에 관한 책을 쓴 안토니오 디 도미니스도 그의 책과 함께 화형시켰다. 당시 최고의 과학자 갈릴레이도 지동설 때문에 체포당하여 고문을 당했고 지동설을 지지한 캄파넬라도 일곱 번이나 체포되어 고문을 당했다.

63. 세상에서 가장 아름다운 건물 타지마할

1648년 - 인도

인도 내륙 깊숙이 흐르고 있는 강 언덕에 웅장한 모습의 건물이 세워져 있다. 세상 사람들이 가장 아름답다고 손꼽는 이 타지마할은 궁전이나 신전이 아닌 한 여인을 위한 무덤이며 사랑을 상징하는 기념비이다.

인도의 모슬렘 제국을 통치하던 샤 자한 황제는 어마어마한 재산을 갖고 있었다. 궁전에는 보석과 황금이 넘쳐나고 있었고 대리석으로 단장한 어마어마한 규모의 궁전과 건물들이 들어선 수도 아그라는 동양에서 가장 아름다운 위용을 자랑하고 있었다. 하지만 샤 자한 황제는 자신의 왕비 무므타즈를 그가 가진 모든 보석과 황금 그리고 도시보다도 더 소중하게 여기고 있었다.

1626년 왕비가 세상을 떠나자 샤 자한 황제는 비통에 잠겨 있다가, 주위의 권고로 황제는 죽은 왕비가 영원히 쉴 수 있는 아름다운 건물을 짓기로 결심한다. 이 공사를 위하여 각국의 유명한 건축가들과 조각가, 보석 세공인들을 끌어 모았으며, 진주를 가득 실은 배들이 페르시아로부터 들어오기 시작했다.

18년 동안 2만 명이 넘는 인부들이 동원되어 1648년에 완성된 이 건

타지마할

물은 그 후 타지마할이라고 부르기 시작했다. 건물의 크기만 해도 건축 역사의 한 페이지를 장식하게 된 이 건물은 사방 95m 길이의 대리석 기초대 위에 올라서 있는데 한쪽 벽의 길이만도 57m가 넘는다. 건물의 네 모퉁이에는 42m 높이의 흰 대리석 기둥이 있어 건물의 모습을 한층 더 빛내 주고 있으며, 22m 높이의 현관 위에는 둥근 아치형의 지붕이 세워져 있다.

하지만 정작 이 건물이 자랑하고 있는 것은 그 규모가 아닌 건물 전체에서 풍기는 곡선의 형태이다. 보는 이의 입을 벌어지게 할만큼 조화를 이루고 있는 이 건물의 외형은 모두 흰 대리석으로 지어져 있다. 또한 아랍식 조각과 꽃무늬의 아름다운 조각들이 대리석에 가득 새겨져 있는 것을 볼 수 있다.

왕비의 시신이 안장되어 있는 내실은 대리석 평풍이 둘러쳐져 있는데 이 대리석 평풍에 새겨진 조각은 너무나 정교하고 아름다워 돌이라기보다는 레이스 조각을 이어 놓은 것 같다. 그리고 건물의 삼면을 둘러싸고 있는 정원으로 통하는 길에도 모두 대리석이 깔려 있다.

정원의 연못이나 분수의 아름다운 모습은 보는 사람을 꿈속으로 이끌고 있다. 우윳빛 대리석, 에메랄드를 연상케 하는 초록색 정원, 맑은 물과 하늘의 푸른빛은 마치 신의 솜씨로 빚어진 색깔의 완벽한 조화인 것이다.

그 후 샤 자한 황제는 자신의 무덤을 위한 건물을 따로 세울 것을 생각하였다. 그의 희망에 따라 건물의 외양은 타지마할과 똑같이 하되 건물의 외벽은 검은 대리석을 사용하여 검은색으로 단장할 것과 줌나 강을 사이에 두고 맞은 편에 서게 될 두 건물 사이에는 은으로 만든 다리를 놓을 것을 계획하고 있었다.

하지만 그의 계획은 반란을 일으킨 자신의 아들에게 왕관이 넘어가는 바람에 영영 이루어지지 못했고 사망한 후 그는 타지마할의 왕비 옆에 나란히 묻힌다.

64. 참수형을 당하는 찰스 1세

1649년 1월 30일 - 영국

단두대에 올라 침착한 시선으로 군
중들을 둘러보던 찰스 1세는 천천히
입을 열어 자신이야말로 국민들의
자유와 권리를 위해 노력했던 사람
이라고 밝혔다. "독립과 권리는 정부
의 존재를 인정하는 범위 안에서 얻
어져야 하며 정부의 한 부분을 차지
하는 데서 얻어지는 것이 아니다. 국
권과 복종은 분명히 다른 의미를 갖

찰스 1세

고 있다."라고 연설을 마친 다음, 단두대 통나무에 목을 들이밀었다.

이윽고 두건을 쓴 사형 집행인의 도끼가 그의 목을 내리쳤고, 군중들
사이에는 신음과 비명이 터져 나왔다.

4년 전부터 반란군 세력에 몰리고 있던 찰스 1세는 위기에서 벗어나
기 위하여 전력을 기울이고 있었다. 아일랜드에도 도움을 요청하며 로
마의 교황청이 자신을 도와 왕권을 회복시켜 주면 영국이나 식민지의

가톨릭계 주민들을 탄압하지 않겠다고 약속했지만 교황청으로부터 아무런 도움도 없었다. 마지막 수단으로 스코틀랜드 진영으로 몸을 피했지만 찰스 1세가 제시하던 약속을 믿지 못한 스코틀랜드 정부는 그를 반란군에게 넘겨 주었다.

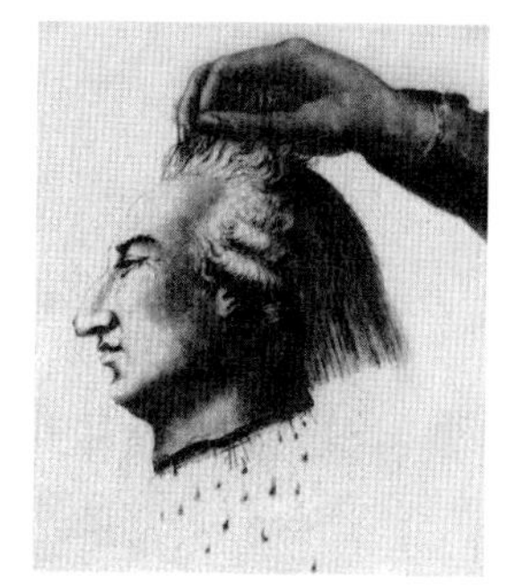

목 잘린 찰스 1세

반란을 주도한 의회 대표들은 곧 그를 "폭군, 살인자, 국민의 적"이라고 매도하여 참수형을 집행했는데, 그의 처형을 지켜 보던 수많은 군중들은 "정의! 정의!"라고 외치며 찰스 1세의 처형에 항의하기도 했다.

단어의 의미

국왕 시해를 의미하는 'regicide'라는 단어의 유래는 영국 왕이었던 찰스 1세를 사형에 처한 이후에 생겨났다. 찰스 1세를 재판하기 위하여 영국 국회는 150명의 재판관을 선정하였다. 이중 70명만이 실제로 국왕을 재판하였고 그중 59명이 사형 선고에 동의했다. 여기에서 국왕을 재판한 재판관들은 'The Regicides'라고 불렸으며 그 후 'regicide'라는 단어는 국왕 시해라는 의미로 사용하게 되었다.

찰스 1세는 1649년 1월 27일 웨스트민스터 홀에서 열린 재판에서 사형을 언도받았으며, 1월 30일 런던 화이트홀에서 단두대의 이슬로 사라졌다. 그 후 크롬웰의 정치가 시작되었다.

65. 인력의 법칙이 발견되다

1665년 - 영국

뉴턴

아이삭 뉴턴의 어린 시절은 온통 괴상한 실험으로 가득 차 있었다. 태어날 때부터 항상 호기심에 가득 차 있던 뉴턴은 언제나 주위의 것들을 뜯었다가 다시 조립하는 장난을 좋아하였다. 점차 성장하면서 수학에 깊이 몰두하게 되었고 특히 천문학에 깊은 관심을 갖기 시작했다.

그의 나의 24세 되던 어느 가을 날, 사과나무 밑의 풀밭에 누워 있던 뉴턴은 익은 사과가 떨어지는 광경을 목격하고 '어째서 사과가 위로 올라가지 않고 밑으로 떨어지는가', '사과의 무게를 만드는 것이 무엇인가' 하는 의문에 사로잡히기 시작한다.

결국 그는 우주가 중력이라는 위대한 법칙에 의해 질서가 잡혀지고 있다는 사실을 발견한다. 즉 만물은 서로 당기는 힘이 있고 그 힘의 크기는 그 물체의 밀도와 두 물체간의 거리에 의해 결정되며 모든 물체는 가장 큰 물체인 지구를 향하여 끌려(떨어지는 것이 아니고) 온다는 새로운 이론을 발견한 것이다.

뉴턴의 위대한 발견인 중력의 법칙은 현재까지도 우주의 탄생부터 별들의 생성을 비롯한 모든 우주의 질서를 설명하는 기본적인 이론으로 인정받고 있다. 아인슈타인을 비롯한 수많은 과학자들이 뉴턴의 이론에 약간의 수정 혹은 새로운 이론을 추가시키고 있지만 아직도 뉴턴의 만유인력 이론만큼 우주의 법칙을 보다 과학적으로 설명할 수 있는 이론은 나오지 않고 있다.

세 가지 발견

뉴턴은 26세가 되기 전에 아주 중요한 세 가지 발견을 하였다. 첫 번째는 만유인력의 법칙으로서 세상의 모든 물체는 그 크기에 비례해서 서로 당기고 있다는 것이다. 이 법칙으로부터 그는 다른 세 개의 운동 법칙인 관성의 법칙, 가속도의 법칙, 작용 반작용의 법칙을 끌어냈고 이 원칙들은 고전 역학의 기초가 되었다.

두 번째 발견은 여러 개의 색깔을 지닌 빛이 합해지면 흰 빛이 된다는 것이다. 세 번째의 발견은 수학의 한 분야인 미적분학이다. 뉴턴은 1687년에 천문학자 에드문드 할리가 책으로 내라고 설득할 때까지 그의 발견을 대중에게 드러내지 않았다.

1699년 그는 조폐소의 소장이 되었고 1705년 앤 여왕으로부터 기사 작위를 받았다. 뉴턴이 영국 국회의사당에 들어 가 처음으로 한 말은 "창문을 열어 주세요."였다고 한다.

다이아몬드야!

뉴턴에게 다이아몬드라는 애완견이 있었는데 하루는 그 개가 책상에 있는 양초를 건드려 쓰러뜨려서 책상에 불이 붙기 시작하여 여러 해 동안의 기록 자료들을 태웠다.

뉴턴은 타버린 것들을 보면서 단지 이렇게 말했다.

"야, 다이아몬드 다이아몬드야, 넌 네가 끼친 손해를 전혀 모르고 있구나."

뉴턴의 점성술

어떤 여인이, 뉴턴이 유명한 점성가라는 말을 듣고 그를 찾아와서 그녀가 지갑을 잃어버린 장소를 찾아 달라고 요청했다. 그녀가 지갑을 잃어버린 장소는 런던교와 슈터 언덕 사이의 어딘가일 거라고 그녀는 생각했다. 뉴턴은 그저 머리를 흔들었다. 그러나 그녀는 집요하게도 14번이나 방문했다. 마침내 그녀가 귀찮게 하지 못하게 하려고, 뉴턴은 기괴한 복장을 하고 자기 주위에 분필로 원을 그리고서 억양을 높여 말했다. "아브라카다브라! 그리니치 병원의 정면으로 가서 남쪽 가에서 세 번째 창으로 가라. 그 창문 앞 잔디밭에서 아주 작은 악마가 네 지갑을 주우려고 몸을 굽히는 것이 보인다." 일화에 의하면 그녀가 실제로 지갑을 찾은 곳이 그곳이라고 한다.

*이 이야기는 아마도 믿기 어려운 점이 있겠지만 17세기 사람들의 마음속에 있는 과학자들에 대한 평판이 어떠했는지 단적으로 보여주고 있다.

66. 세계에서 가장 큰 교회 성 베드로 성당

1666년 - 로마

세계에서 가장 잘 알려진 건축물 중 하나인 성 베드로 성당은 르네상스 시대의 뛰어난 예술가들에 의해 이루어진 그림이나 조각들이 자랑거리이다.

성 베드로 성당은 오늘날까지 로마 가톨릭 교회의 구심점으로 남아 있으며, 자리 잡은 장소 역시 역사적으로 의미가 깊다.

이 성당은 틸버 강 왼쪽에 있는데 로마 황제 네로가 잔학한 구경거리를 즐기기 위해 큰 원형 경기장을 만들었던 곳으로 수많은 기독교인들이 로마 군중들의 구경거리(오늘날 극장 'Theatre'라는 단어는 이때 생겼다)가 되면서 학살당하였던 곳이다. 그 희생자들 중 첫 교황(로마 가톨릭의 교황과는 무관함) 성 베드로는 이곳에서 십자가에(거꾸로) 못 박힌 후 군중 무덤에 함께 묻혔다. 4세기에 로마의 첫 기독교인 황제인 콘스탄틴은 이 옛 원형 경기장 자리 제단을 성 베드로가 묻힌 상소라고 어서지는 곳에 작은 교회를 지었다.

그 후 이곳에서 많은 교황들과 황제들이 취임식을 가졌다. 15세기 콘스탄틴 황제가 세운 이 교회는 무너지고 일부분이 교황 니콜라스 5세에

성 베드로 성당

의해 다시 건립되었다. 1506년 르네상스의 절정기에 교황 줄리앙 2세는 이 곳 당시 로마시 전인구 8만 명을 모두 수용할 수 있는 권위 있는 큰 교회를 짓기로 결심하였다. 건축가 브라망의 기념비적인 설계가 받아들여졌고 세계 교회 역사상 가장 큰 건축 공사가 시작되었다.

브라망의 설계는 굉장히 크고 정교해서 12명의 건축가들이 이 계획에 평생을 바쳤다. 라파엘도 당시 이 건축 역사를 담당하였으며, 미켈란젤로도 베드로 성당의 거대한 원형 지붕을 짓는 지휘자로 참가했는데 다른 예술가들과 같이 그도 완성을 보지 못하고 죽었다.

이 교회가 봉헌된 것은 건축을 시작한 지 120년이 지나서였다. 그리고 거대한 성당 앞부분의 기둥들과 광장은 40년이 더 걸려서야 끝났다. 네로의 원형 경기장에서 죽음을 당한 수천의 순교자들을 기리기 위하여 이집트의 방청탑이 광장의 한가운데에 세워졌다. 성 베드로 성당의 주된 부분은 213m 길이에 137m²의 넓이로 28,328m²가 넘는 땅을 포함하는 세계 새 부분 성당이 이 안에 쉽게 들어앉을 수 있을 만한 넓이로, 지붕만 해도 보통 건물 15층 정도의 높이다. 이 성당 안에 44개의 제단이 있는데, 청동으로 된 가장 큰 제단은 교황만이 예배를 집도할 수 있었다. 390개의 상당히 큰 동상들이 제단의 안과 밖을 장식하고 있다.

그 중에서 가장 색다른 장관은 아마 미켈란젤로가 만든 원형 지붕일 것이다. 수백 년 동안 이 성 베드로 성당의 원형지붕이 세계에서 가장 큰 것이었다. 이것은 너무 커서 워싱턴시에 있는 국회의사당을 집어넣고도 18m가 남을 정도라고 한다.

67. 불타는 런던

1666년 9월 5일 - 영국

런던을 잿더미로 만들던 불길이 요크 공작이 지휘하는 소방대의 활약으로 가까스로 진화된다. 전함에서 사용하던 화약으로 불길이 번지는 방향의 건물들은 모두 폭파시켜 불길을 잡은 것이다.

5일 동안 기승을 부리던 불길은 400에이커의 런던 시내를 태우며 87채의 교회 건물과 1만 3천 채의 가옥을 잿더미로 만드는 피해를 주었지만 화재로 사망한 시민들은 기적적으로 9명에 불과했다.

화재는 푸딩 레인 근처의 한 빵공장에서 시작되었다. 최초로 불길을 발견한 관망대의 소방대원은 런던 소방대장인 토마스 블라드워스 경에게 급히 보고했다. 하지만 그는 "쳇! 여자가 오줌을 누어도 끌 수 있겠다!"라면서 신경질적인 반응을 나타냈을 뿐 대수롭지 않게 생각하고 다시 잠자리로 돌아갔다. 주위 사람들이 전하는 말에 의하면, 다음날 아침이 되자 걷잡을 수 없이 번져가는 불길을 본 그는 "아이구 하나님, 어떻게 하면 좋을까요? 난 이제 끝장났네요!"라고 비명을 질렀다고 한다.

런던 시민들이 하나의 가재도구라도 더 꺼내려고 아우성치는 동안에도 이미 수많은 가옥을 집어삼킨 불길은 더욱 기세를 올리고 있었다.

불타는 런던

한편 블라드워스 경은 집 안에 두었던 금덩어리를 가방에 담아 아내와 함께 마차를 타고 급히 런던을 빠져 나갔다.

찰스 2세는 런던 외곽의 천막 속에서 살고 있는 이번 화재로 집을 잃은 런던 시민에게 빵을 지급하겠다는 약속을 하고, 외적이 쳐들어오고 있다는 헛소문을 믿지 말 것을 당부한다.

런던 대화재 덕분에 구라파 전역에 퍼졌던 흑사병의 진로를 막았다는 설도 있다.

한편 이때 윌리암 셰익스피어의 문헌들이 전소되어 지금까지 보존된 자료들은 그리 많은 편이 아니다.

68. 흙에서 와서 흙으로 - 루이 14세 이야기

1715년 - 프랑스

초호화판 궁전

루이 14세의 초호화판 궁전의 벽에는 금으로 만든 고리로 받쳐 놓은 진홍색, 황금색, 자주색 차양이 걸려 있었고 아폴로, 머큐리, 마르스, 다이아나, 비녀스를 모신 신전이 각각 따로 있었다. 정원에는 1만 4천 개의 분수대가 있었고 2만 6천 그루의 나무가 있는 공원에 0.75마일 길이의 운하가 있어 왕은 그곳에서 곤돌라를 타고 놀았다. 왕이 곤돌라를 타면 악사들은 음악을 연주했고 배우들은 왕의 시인들이 쓴 희곡을 무대에 올렸다.

"나팔을 울리고, 북을 쳐라! 영광스러운 베르사이유의 태양의 왕께서 납신다! 그리스에는 호머가 있고 로마에는 베르질리우스 영국에는 셰익스피어, 이탈리아에는 단테, 그리고 프랑스에는 루이 14세가 있다."

이는 루이 14세의 권력과 사치를 나타내는 단적인 예로 그는 1661년부터 1715년까지 54년 동안 프랑스의 왕으로 군림하였다.

역사 속의 어느 왕도 그렇게 오래 왕위를 유지하지 못했었다.

근래 유럽에서 최초의 대사를 보내어 다른 나라 사람들은 어떻게 생활하는지, 사람들이 왕을 어떻게 알현하는지 등을 알아내 그의 위엄 있는 태도를 모방했을 만큼 한 시대를 완벽하게 풍미한 위인이었다.

그는 겨울에는 베르사이유 궁전에서 여름에는 말리 궁전에서 지냈는데 특히 베르사이유는 단순한 궁

루이 14세

전이 아니라 프랑스 그 자체였다. 저명한 인물들이 베르사이유 왕궁의 지붕 아래에서 잠을 잤고 그들은 왕이 어디를 가든지 뒤를 좇았다.

귀족들은 가능한 한 왕과 같이 있으려고 노력했다. 루이 14세 곁에서 멀어진다는 것은 빛을 잃는 것과 마찬가지로 생각하였고, 베르사이유 궁전에서 멀리 떠난다는 것은 태양빛에서 쫓겨나 어둠 속에 쳐박혀지는 것과 다름없다고 느꼈다.

약 천 명 가량의 귀족들이 이렇게 밤 낮 궁중에 머물렀다. 그들에게 딸린 하인만 해도 약 9천 명에 달하는 어마어마한 숫자였다. 베르사이유 궁전은 파리에서 겨우 몇 마일 밖에 떨어져 있지 않았는데 그 시설이 얼마나 굉장한지 주방에 딸린 방만도 천 개나 되었다.

특히 왕을 위해 요리를 한다는 것은 매우 중요하고 심각한 일이었다. 왕이 먹을 고기에 소금을 약간 더 뿌렸던 주방장이 죄책감에 못 이겨 자기 방으로 올라가 목을 매고 밀었다는 사실을 보면 베르사이유 궁전의 권력이 얼마나 절대적이었는지 가히 짐작할 수 있다.

루이 14세 뿐 아니라 귀족들과 그의 가족들도 이런 황홀경 속에서 먹고 마시고 산보를 하며 베르사이유 궁전에서 생활을 즐겼다. 그들은 향

락적인 일에 몰두하면서도 서로를 견제했다.

귀족들은 높은 구두에다 분칠한 가발을 썼으며 여인네들은 피라미드 모양으로 머리를 꼬아 올렸다. 그들은 지나치게 점잖을 떨면서 대화를 나누었고 최고의 오락은 도박이었다. 그들의 도박 단위가 얼마나 컸는지 왕의 가신家神 중 한 사람인 독 당주는 카드와 주사위 놀이로 하룻밤에 5억 원(오늘날 한국 돈으로)가량을 잃었다고 한다.

왕의 하루는 정확히 아침 8시에 시작되었다. 그러나 왕을 모시는 많은 귀족과 하인은 새벽 5시가 되면 모두 일어나서 8시에 일어날 왕을 위하여 준비를 하였다.

그들은 모두 왕의 침실 문 앞에 집합해서 왕이 옷을 입는 예식을 거들어 줄 준비를 하였다. 이른바 '기침'을 돕는 일이었다.

침실 담당 최고참 시종이 왕실의 커튼을 열고 "각하 일어나실 시간입니다."라고 공표를 하면 날씨가 추운 경우에는 병참계에 근무하는 소년이 화로에 불을 지피고 그렇지 않으면 소년 시종들이 덧창을 들어 올려 햇볕이 침실 안으로 들게 하였다.

왕이 아직 침대에 있을 때 가발 쓴 고위급 귀족들은 왕에게 알현이 허락되기도 했다. 그러나 이것은 특별한 귀족에게만 한정된 것으로써 다른 사람들은 왕이 잠옷을 벗기 전까지는 절대 볼 수가 없었다.

이제 태양의 왕이 몸을 일으키는 의식을 거행할 차례가 왔다. 먼저 '윗몸을 약간' 일으키면 상좌 시종이 오른손에 들고 있던 큰 포도주 병을 기울여 왕의 거룩한 잔에 포도주를 붓는다.

뒤이어 침실 담당 최고참 시종이 성수가 담긴 병을 바친다. 그리고 나서 제1시종이 슬리퍼를 바친다. 그러면 이발사가 루이에게 가발을 건네고 침실 담당 최고참 시종은 화장 옷을 바친다. 이제 왕은 '몸을 완전히' 일으킬 준비가 되었다.

이때 첫 번째로 침실에 들어올 사람의 출입이 허락된다. 왕자들이 바로 그들이다. 옷장 담당 제 2시종이 옷 밑에 입는 스타킹과 카터 벨트를 옷장 담당 제 1시종에게 건네면 그가 그것을 왕에게 바친다. 그러면 왕이 아침 식사를 주문한다.

아침을 먹고 난 뒤 왕이 화장 옷을 벗을 때는 옷장 담당 최고참이 오른쪽 소매를 붙들고 옷장 담당 제 1시종이 왼쪽을 붙들고 있어야 한다. 그리고 특별 출입증을 지닌 200명의 귀족들이 '옷을 입는 대 예식'을 관전하도록 허가를 받는다.

옷 입기를 끝낸 왕은 두 줄로 늘어선 가신들 사이를 지나서 예배당으로 간다. 이 예식은 매일 아침 되풀이된다. 루이가 저녁을 먹을 때 1만 명의 사람들이 그를 지켜본다.

대체로 그는 저녁을 혼자 먹는데 가끔 왕실 혈통인 왕자들과 저녁식사를 함께 하기도 한다.

루이 14세가 잠자리에 들기 전, 그는 침대 발치에 서서 모든 귀족 부인들로부터 인사를 받는다. 그리고 나서 아침에 치렀던 예식이 반대로 거행되고 침실 담당 최고참 시종이 침실의 커튼을 내리면 황제는 잠이 든다.

그러나 루이 14세와 그의 귀족들은 겨울이 오면 대리석과 금으로 만든 광대한 궁전 안에서 추위에 떨어야 했다고 한다. 커다란 화로도 그들을 따뜻하게 할 수 없어 황제가 가발을 바꿔 쓸 때 감기에 걸렸다는 이야기를 종종 듣는다.

사실 루이 14세는 구제될 수 없는 유럽의 '불량아'였다. 그는 군대를 가지고 수시로 영국과 폴란드 그리고 스페인을 위협하였고 한편으로는 프랑스의 학자와 예술가, 시인들을 숭배하였다.

그는 르브런과 같은 화가 망사르와 같은 조각가, 라씨네와 몰리에르

같은 작가들을 지원하고 그들의 작품을 찬양하였다. 그는 완전한 전제 군주인 동시에 한 치의 오차도 없는 왕이었다.

당대의 가장 위대했던 시인들은 그를 위해 소네트를 지었고 그를 '태양의 신 아폴로의 후예'라고 지칭하였다. 그러나 모순되게도 그를 찬양하는 이런 무리가 있었던 반면 프랑스의 다른 일각 즉, 하층민들은 그가 일흔 다섯의 나이로 죽었을 때 그날을 휴일로 선언하였다.

루이 14세의 허랑 방탕한 사치 전쟁을 위한 과도한 세금 징수에 모두들 탈진하여 있었기에 그의 죽음은 곧 해방을 의미하는 것이었다. 그리하여 그의 시체가 매장될 때 농부들은 그의 관에 돌을 던지고 야유를 퍼부으며 루이 14세로 인해 어쩔 수 없이 당해야 했던 긴 세월을 원망하였다.

근대 유럽을 풍미한 대 전제군주의 종말은 그러했다. 프랑스 주교는 그저 다음과 같은 간단한 말로 장례사를 마쳤다.

"흙에서 와서 흙으로……."

69. 300년 동안의 비밀, 스트라디바리의 바이올린

1737년 - 이탈리아

1644년에 태어난 안토니우스 스트라디바리Stradivari는 원래 나무 세공사였다. 바이올린을 배운 뒤 바이올린을 만드는데 흥미를 느껴 18세에 당시 크레오나의 유명한 바이올린 제작자였던 니콜라아마티의 견습공이 되었다.

1680년부터 자립하여 일하기 시작한 그는 여러 가지 형태로 바이올린을 만들어보면서 실험을 하였다. 그는 아름다운 인간의 목소리와 같이 뛰어난 소리를 내는 바이올린을, 또 세계에서 가장 아름다운 바이올린을 만들고자 노력했다. 그러한 바이올린을 만들고자 그는 바이올린에 자개, 상아, 흑단 같은 것을 박아 장식하기도 하였다. 40세가 되었을 때 그는 아주 유명해졌고 또한 부자가 되었다.

그는 바이올린 만드는 비법을 어딘가에 안전하게 숨겨 두었다고 하는데, 함께 일했던 두 아들소차노 그 비밀을 알지 못했다. 94세까지 사는 동안 그는 1,116개의 바이올린을 만들었다.

1737년 그가 죽은 뒤부터 스트라디바리 바이올린의 비밀을 캐기 위한 노력이 계속되어 무게를 재는 등 모든 세밀한 것까지 그대로 따서 아

스트라디바리의 바이올린

주 조심스럽게 바이올린을 만들었다. 그리하여 약간 좋은 바이올린이 만들어지긴 하였으나 이 거장의 악기를 따라갈 만한 바이올린은 없었다.

1800년대 초기 유명한 프랑스의 바이올린 제작자 뷰이란은 스트라디바리의 비밀을 캐는데 평생을 보냈다. 마침내 그는 스트라디바리의 증손자 자이코모 스트라디바리를 만났으나 지아코모는 결코 아무런 말도 하지 않았다.

무엇이 스트라디바리의 바이올린을 뛰어나게 만드는가? 어떤 사람들은 나무의 특성이나 악기의 모양 때문이라고 하였고, 어떤 사람들은 여러 가지 부분이 연결되는 방식에 비밀이 있다고 하였다. 또 다른 사람들은 다시 이탈리아에서 자랐으나 그 뒤 사라져 버린 어떤 나무로부터 채취한 즙으로 만든 칠 때문이라고 하였다.

가장 믿을 수 있던 이론은 바이올린 겉에 칠한 니스의 배합 비율에 비밀이 있다는 것이었다. 화학자들이 이 배합을 분석하였고 실제로 어떤 바이올린 제작자들은 그것을 가능한 한 비슷하게 모방함으로써 바이올린의 소리를 굉장히 향상시킬 수 있었다. 또 나무를 물에 담갔다가 말린 뒤에 바이올린을 만드는 것도 비법의 하나로 알려졌다.

한국이 낳은 세계적인 바이올린 연주가인 정경화가 갖고 있는 바이올린도 스트라디바리의 제작품이라고 한다.

70. 자살의 파도를 일으킨 젊은 베르테르의 슬픔

1774년 - 독일

모든 작가들이 사람들에게 진정으로 감동을 줄 수 있는 책을 쓰기를 바라지만 젊은 시인 요한 볼프강 괴테와 같이 세상을 깜짝 놀라게 할 정도의 성공을 거둔 사람은 드물다. 그의 자서전적 소설인 '젊은 베르테르의 슬픔'은 유럽 전역에 걸쳐 사람들에게 자살을 시도하게 만들고 있었다.

소설의 내용은 아주 간단하다. 사회에서 떨어져 사는 감수성 예민한 예술가가 다른 사람과 약혼한 여자와 사랑에 빠진다. 소설은 아주 비극적으로 끝나며, 친구의 약혼녀인 샬로테Charlotte를 향한 괴테의 열정을 부끄럽지 않게 그리고 있다.

괴테Gothe가 이 작품을 발표했을 때는 26세 때였다. 그러나 사실은 그가 24세 때 어느 변호사의 약혼녀인 '로테'라는 여인을 열렬히 사랑하게 된 것이 이 작품을 쓰게 된 동기가 되었다.

사랑에는 항상 삼각관계가 뒤따르게 되는데 이 작품에서도 베르테르는 앨버트Albert라는 매우 잘 생기고 지적인 젊은이가 등장한다. 결국 베르테르는 앨버트가 가져다 준 피스톨로 자살을 한다.

자살의 파도를 일으킨 젊은 베르테르의 슬픔

　현실 세계의 고통을 거부하고 자연의 신비한 힘을 찬양하는 복잡한 베르테르의 정신세계가 유럽 젊은이들의 상상력을 사로잡은 듯이 보였다.

　소설 속의 세계와 자신을 동일시하려는 모습이 해가 되지는 않지만 - 소설 속에 나온 찻잔이 유행하고 남자들은 베르테르와 같이 푸른색 코트와 노란색의 짧은 바지를 차려입었다 - 베르테르와 같이 자살을 하게 될 때는 문제가 심각하게 된다.

　셰익스피어의 비극에서 사랑은 죽음과 불가분으로 묶여 있다. 괴테에 있어서도 사랑은 가슴에 꽂혀 급기야는 죽음으로까지 몰고 간다. 사랑은 촛불과 같아서 거부할 수 없이 스스로를 태우면서 죽음으로 몰고 간다.

괴테의 사랑

요한 볼프강 폰 괴테는 일인 다역의 장본인이다. 괴테는 문학의 거장이면서 외무부 장관, 연극배우, 연출자, 변호사, 화가, 과학자 및 채굴 사무장을 지내기도 하였다. 1784년 그는 인간의 상악골 사이에 발육 부진의 뼈가 있다는 사실을 밝혀냈는데 이 주장은 후에 다윈의 진화설에 중요한 영향을 미쳤다. 그러나 항상 명예스러운 직함만이 붙은 것은 아니었다. 괴테는 한때 여성 편력으로 세인의 비난을 받기도 했다.

괴테가 61세 때 25세의 '베티나'라는 젊은 시절 애인의 딸을 사랑하게 되었다. 그녀의 도움으로 괴테는 1812년 7월 19일 베토벤을 방문해서 만나는 역사적인 사건을 만든다. 또한 괴테는 79세 때 19세의 울리케라는 소녀를 사랑하게 된다.

여기에 한 사람이 있다

괴테는 나폴레옹을 야만인과 대항해서 싸우는 문명의 수호자로 보았기 때문에 그에 대한 격찬을 아끼지 않았다. 에르화르트에서 괴테에 대한 나폴레옹의 첫 번째 말은 "Voila un homme(여기에 한 사람이 있다)."였다.

71. 물물교환되는 아프리카 흑인 노예들

1780년 - 대서양

유럽, 아프리카, 미국과 교역하는 노예 상인들에게 가장 공포심을 불러일으키는 사람들은 악명 높은 중개상들이다. 솜, 설탕, 담배를 실은 배가 리버풀 항에 들어와 옷감, 철물, 화주, 자질구레한 장신구 등을 비롯한 무역품을 싣고서 서아프리카를 향하여 닻을 올린다.

황금의 해안과 니제르 삼각주에 닿으면 아프리카인 중개인들이 여러 곳에서 찾아낸 노예들을 데리고 기다리고 있다.

배의 선장은 그 지역의 실력자와 협상을 하기 위하여 두 달까지도 기다린다. 어떤 왕은 커다란 컵이나 노란색 목걸이 등등은 필요 없다고 노예 중개상에게 말한다. 협상이 맺어지면 족쇄가 채워진 노예들은 개처럼 끌려 차곡차곡 배에 실려진다.

이윽고 대서양을 건너는 참혹한 항해가 시작된다. 나무로 짠 창문을 통해 올라오는 선창에 갇힌 노예들의 몸에서 나는 고약한 냄새와 남자, 여자, 어린아이들의 울음소리가 갑판과 돛에서 나는 삐그덕거리는 소리와 뒤섞여 지독한 살풍경을 빚어내고 있다.

어느 신세계의 항구에 다다르면 살아남은 노예들은 배에서 끌려 내려와 팔리게 된다.

솜과 담배, 또 다른 상품들이 배에 실리고 돌고 도는 항해가 다시 시작된다. 영국과 프랑스, 그리고 다른 유럽 국가들에게 노예무역은 상당한 이익을 가져왔다. 이 노예무역은 이제 북미에서부터 카리브 해를 거쳐 포르투갈령의 브라질에까지 닿고 있다.

아프리카 흑인 노예들

미 대륙의 원주민들이 유럽이 가져온 병으로 몰살을 당하면서, 아프리카인만이 열대의 병을 견뎌낼 수 있는 사람들이라는 이야기가 들렸다.

매년 10만 명 가량의 노예들이 대서양으로 가는 배에 태워지고 있으나 영국에서만이 이 노예무역에 대한 비난이 일고 있었다.

아프리카 흑인들을 유혹해서 배를 타게 하는 방법은 설탕을 입에 넣어주는 것이었다고 한다.

72. 예술가의 자유를 찾아 돌진한 열정의 음악가 모차르트

1781년 6월 - 오스트리아

볼프강 아마데우스 모차르트는 세계에서 가장 위대한 천재 음악가였다. 어려서부터 그의 재능은 너무도 뛰어나 믿기 어려울 정도였다. 모차르트는 3세에 합시 코드 연주를 시작했는데 거의 본능적으로 모든 것을 익히는 듯했으며 음악에 관한 어떤 것도 두 번 다시 이야기할 필요가 없었다. 실제로 그의 귀는 매우 예민해서 바이올린 조율시에 여덟 번째 음의 탈선을 가려낼 정도였다.

볼프강의 아버지는 현악 4중주단에서 연주를 하곤 했다. 하루는 아버지가 4중주단의 연주를 집에서 개최하기로 했는데 공교롭게도 제2바이올린 연주자가 불참하게 되었다. 그래서 당시 5세이던 볼프강이 그 빈자리를 맡게 되었다.

볼프강은 그 연주곡을 전혀 들어본 적이 없었지만 수 주일만 연습하고도 익히 알고 있다는 듯이 훌륭하게 연주해 냈다. 그의 아버지와 다른 연주자들의 놀람은 이만저만한 것이 아니었지만 어린 볼프강은 단지 어깨를 으쓱하며 "제2바이올린을 연주하기 위해 따로 공부하고 연습할 필요는 없잖아요?"라고 말했을 뿐이다.

모차르트와 그의 가족들

볼프강은 연주법을 배우던 3세 무렵부터 작곡을 시작했고 5세가 되자 합시 코드를 위한 2개의 미뉴에트를 작곡할 수 있었다. 7세가 되면서 찬탄할 만한 소나타를 썼으며 우리가 생각해도 믿기 어려운 완벽한 교향곡을 썼을 때는 그의 나이 겨우 8세였다.

볼프강의 아버지는 아들의 재능을 알고부터 유럽의 음악 도시들을 여행할 때 항상 아들과 동행했다. 어린 볼프강은 유럽의 위대한 음악가들 앞에서 그들을 전율시킬 만큼 완숙하게 연주해 냈으며 어떤 멜로디든 다 한 번 연주되면 듣고 난 뒤 그것을 충실하게 재현하곤 하였다.

한번은 모차르트를 시험해 보려고 복잡한 악보를 그에게 주었지만 여러 시간 또는 여러 날 연습한 1급 음악가들만이 할 수 있을 정도로 정확성으로 그 악보를 연주하였다.

당시 로마에서는 성주간Holy week 동안에 1년에 한 번 그레고리오 알레그리의 '미저레리'가 교황청 합창단에 의하여 공연되었다. 이 곡은 교황이 세계 다른 곳에서도 공연되는 것을 금지하였고 단 하나뿐인 그 악

보는 교황청 지하실에 철저히 보관되어 있었다. 그리고 어떤 형태로든
지 이 신성한 작품을 복사하지 못하도록 법령을 만들어 두고 위반하면
파문하였다.

'미저레리'는 길고 복잡한 대위법을 적용한 작품이었다. 모차르트는
이 연주를 한 번 들은 후 집에 돌아와서 기억을 더듬어 전체 악보를 베
껴 쓰기 시작했다. 이 소식을 접한 교황은 그 천재성에 감동하여 소년을
파문시키는 대신 오히려 골든슈퍼 십자가 훈장을 수여하였다.

볼프강 아마데우스 모차르트는 1791년 35세로 죽기 전까지 600곡의
오페라, 오페레타, 피아노와 현악 4중주를 위한 협주곡, 바이올린을 위
한 소나타, 세레나데, 경문가, 미사곡, 그리고 다른 여러 가지 형태의 고
전 음악들을 작곡하였다.

73. 프랑스 혁명

1789년 - 프랑스

프랑스 혁명은 베르사이유 영화의 종말을 의미한다.

루이 14세는 그의 화려한 궁전을 유지하는 데만 5억 달러를 썼는데 이것은 모두 가난한 농부와 일꾼들에게서 착취한 돈이었다. 나라에 돈을 바쳐야 했던 평민들은 일생을 빚에 허덕이며 궁핍한 생활을 해야만 했다. 즉, 평민들의 피같은 돈을 빼앗아 왕과 귀족들은 역대 누구보다도 화려한 생활을 영위해 나갔던 것이다.

그 당시 프랑스에는 성직자, 귀족, 평민 세 개의 신분계급이 존재했다. 성직자들은 제 1신분으로 10만 명이 이에 해당되며 주로 영주들로써 농작물의 10분의 1을 소유할 수 있었다. 제 2신분층인 귀족들은 혈통귀족들로 넓은 토지들을 소유하고 정계의 요직을 차지할 수 있었다.

이 귀족층에 해당되는 사람들의 수는 40만 명이었다고 기록되어 있다. 그러나 제 3신분층으로서 프랑스 전체 인구의 4분의 3에 해당되는 평민들은 나라에 많은 돈을 상납하고 온갖 부역과 허드렛일을 하면서 살아야 했다.

그들은 크게 농민, 시민계급과 소시민층으로 나누어졌다. 브루조아

bourgeois라 일컬어지는 시민계급은 금융업자, 상공업자, 의사, 법률가 등의 자유업 종사자를 말하며, 소시민층은 소규모 상업자들 및 생활 궁핍 대상자들을 의미한다.

프랑스 혁명을 두고 브루조아 혁명이라고 일컫는 것은 평민들의 시민계급, 즉 금융업과 상공업자들이 주축이 되어 선동한 혁명이기 때문이다. 특히 그들은 평민이라 해도 비교적 윤택한 삶을 누릴 수가 있었고 힘을 규합하여 정치적인 토대를 마련하고자 기회를 엿보았던 지식층이기도 하다.

그러다 보니 가장 힘이 없는 사람들은 말 그대로 빚에 쪼들리며 살아야만 했던 2천만 명의 농부들과 소시민층들이었다. 그들은 그나마 벌어들인 돈의 4분의 3을 나라에 바쳐야 했기 때문에 가난과 기아에 허덕일 수밖에 없었다.

연간 의무적으로 20파운드의 소금을 구입해야 했고 어쩔 수 없이 구입한 소금을 사용하는 데도 세금을 납부해야 했다. 심지어 물이 귀했던 프랑스는 어쩔 수 없이 포도주를 수입하여 물대신 마실 수밖에 없었는데, 농민들은 포도주를 사는 데도 세금을 내야 했다. 그것도 와인 가격당 200배가 넘는 세금이 부과되어 그들은 울며 겨자 먹기로 세금을 착취당해야 했던 것이다.

더욱이 프랑스에는 엄격한 기준의 국법이 없었다. 모든 마을들은 제각기 다른 법을 만들어 벌을 주었기 때문에 똑같은 사건을 가지고도 이를 해석하는 방법은 제각기 달랐다. 코에 걸면 코걸이, 귀에 걸면 귀고리 식으로 구형도 제멋대로였기 때문에 '한순간에 누구든지 교수형에 처해질 수 있다'는 말도 과언이 아닐 것이다. 목격자, 재판, 형량 등이 존재하지 않았던 터라 누구든지 교수형에 처해질 수 있었다.

뿐만 아니다. 호사스런 궁전과는 달리, 거리는 악취로 숨을 쉴 수가 없었다. 돼지들은 집 앞에 놓여 있는 쓰레기통을 뒤적이며 썩은 음식을 먹었다. 사람들은 낮이고 밤이고 할 것 없이 먹을 것을 구하느라 도둑질을 했고 기아에 허덕이는 사람들은 먹을 것 때문에 싸우고 심지어 사람을 죽이기까지 했다.

이렇듯 민심이 흉악해지다 보니 루이 15세도 머지않아 폭동이 일어날 것을 예감했던 것으로 전해진다. 기록에도 루이 15세는 아름다운 궁녀들과 향연을 즐기던 중 고통 받는 군중들을 향해 "내가 죽고 나면 대홍수가 일어나 수많은 사람들이 죽게 될 것이다."라고 예언한 뒤 연이어 "그러나 내가 죽은 뒤이니, 상관할 필요가 없지 않겠느냐."라고 말했다고 적혀 있다.

그리고 그의 예언은 적중했다. 루이 16세 때 더 이상 참을 수 없었던 군중들은 폭동을 일으켰다. 그들은 성직자들과 귀족들에게 먹을 것을 구할 돈도 없고 세금을 낼 수 없다고 외쳤지만, 그들에게 돌아온 것은 냉담한 반응뿐이었다. 상인들과 고리대금업자들도 서면으로 그들의 의지를 표명하기에 이르렀다. 여기에 서민들도 합세하여 이른바 대국민 궐기가 시작되었다.

이 때 카미유 데믈렝Camille Desmoulings은 인간의 권리에 대한 명연설로 군중들을 사로잡으며 군대를 이끌고 바스티유감옥으로 향했다. 더 이상은 인간 이하의 대우에 살 수 없다는 삶의 몸부림을 시작한 것이다. 그들은 곧 바스티유 감옥을 함락시켰고 모든 죄수들을 풀어 주었다. 이 날이 바로 프랑스 대혁명이 일어난 1789년 7월 14일이다.

1789년 7월 14일 바스티유 감옥의 함락에서부터 1794년 7월 28일까지의 프랑스혁명 기간 동안 시민계급에서 시작된 이 혁명은 농민, 소시민층 뿐만 아니라 주변국가에까지 영향을 미치면서 역사적으로 중요한 한 획을 그었다. 전제국가의 타파, 조세평등, 인간의 권리와 의무라는 새로운 시민 사상을 수립했으며, 모든 인간은 평등하다는 절대적 원칙을 세우는 계기를 마련하기도 했다.

그러나 프랑스 왕실은 바스티유 감옥의 함락을 시작으로 앞으로 어떤 일이 벌어질 줄은 상상도 못했던 듯하다. 그동안 보석과 사치로 나라돈을 탕진해 혼 루이 16세와 마리 앙뜨와네뜨 왕비는 평민들의 움직임을 대수롭지 않게 생각했으므로 늘 그랬듯이 사치와 허영 속에 파묻혀 생활했다.

그러나 그해 10월 어느 날, 루이 16세가 귀족들과 장군들과 함께 술을 마시며 가무를 즐기고 있을 때 성난 군중들은 바르세이유 궁정 앞에서 "빵을 달라."고 외치기 시작했다. 그러나 아름답지만 영리하지 못했던 여왕은 비웃는 미소로 "빵이 없으면 케이크를 먹게 해 줘라."라고 말할 정도로 시민들이 얼마나 굶주려 있는지 현실을 알지 못했다.

한편 격앙된 군중들로부터 위협을 느꼈던 루이 16세는 재빨리 마차에 몸을 싣고 파리를 떠날 움직임을 보였다. 여자로 분장한 그는 왕비와 자녀들을 마차에 태우고 파리를 떠나려 한 것이다. 그러나 이를 놓치지 않고 군중들은 "빵을 달라."고 외치며 그들을 추격했다. 그러나 말을 바꾸려고 잠깐 멈춘 사이 루이 인근의 숙박업소 주인의 신고로 루이 16세와 마리 앙뜨와네뜨 왕비는 혁명군들에게 잡혔다. 그들 앞에 기다리고 있는 것은 화려한 연회나 귀족들의 박수가 아니었다.

피할 수 없는 죽음뿐이었다. 결국 더 이상 도망칠 수 없었던 루이 16세와 그의 부인은 바렌느에서 죽음을 당했다. 이것이 루이 16세와 마리 앙뜨와네뜨의 말로이다.

한편 루이 16세를 몰아낸 군중들은 곧 궁정을 장악하고 인간의 권리와, 자유, 평등, 그리고 박애라는 대원칙 아래 새로운 정부를 조직했다. 이전의 모든 것들은 폐기되고 이성과 평등에 근거한 원칙들이 새로운

프랑스 혁명

이념으로 자리 잡았다.

혁명군들은 프랑스혁명의 해를 기원 1년으로 여기고 모든 것을 새로 정비하기 시작한 것이다. 모든 종교대신 이성을 숭상하는 진리를 프랑스의 국가적 이념으로 정했고 국민들은 '시민'이라는 새로운 계급 앞에서 모두 다 평등과 자유를 누릴 수 있게 되었다. 물론 루이 16세가 지배하던 그때를 지지하는 사람들은 모두 단두대의 이슬로 사라졌다.

이러한 과도기를 겪는 동안, 프랑스에는 세 명의 혁명 주인공들이 제각기 세력을 넓혔는데 그들은 당통Danton, 마라Marat, 로베스피에르Robespierre였다. 그리고 이 세 사람들 간에 알력과 권력 쟁탈의 시기가 펼쳐지면서 프랑스는 새로운 국면을 맞게 된다.

그들 중 제일 먼저 죽음을 당한 사람은 마라다. 그는 파리의 하수도에서 숨어 지내는 동안 지독한 피부병을 앓게 되어 늘 따뜻한 물로 목욕을 하면서 통증을 가라앉히곤 했다. 심지어 그 곳에서 각종 서류와 서문들을 읽고, 명령을 내리곤 했었다. 그러던 어느 날 저녁 7시 30분, 케로트 고네이라는 여성이 들어와 그에게 서문을 전달해 주었다. 바로 그때, 마라가 서문을 건네받기 위해 몸을 숙이는 순간, 그녀는 마라를 칼로 찔렀다.

다음 순서는 당통이었다. 로베스피에르와 함께 프랑스 혁명의 선봉장이었지만 당통과 로베스피에르는 정치적 성향이 달랐다. 따라서 2년 동안 혁명정부를 이끄는 데 있어 온건파 당통과 급진파 로베스피에르는 서로를 견제해 왔는데, 먼저 정치적 주도를 잡고 있던 로베스피에르가 당통을 처형시켰다.

그리고 그로부터 네 달도 지나지 않아 로베스피에르도 단두대에서 처형되었다. 바스티유 감옥을 함락시키고 민중을 선동했던 카미유 데모린도 죽음을 피하지는 못했다. 천문학자이자 새로운 프랑스 공화국의 창시자중 한명이었던 벨리도, 그리고 인간의 권리 선언문을 작성했던 허버트 역시도 단두대의 이슬로 사라졌다.

그 중에서 로베스피에르의 말로를 되돌아보자. 7월의 어느 날 로베스피에르는 민중집회에서 모습을 드러내 연설을 한 적이 있다. 그곳에 모인 모든 사람들을 위협하는 연설이었다. 그러나 연설 도중 로베스피에르는 암살자의 총탄에 맞았고 다행히도 목숨은 건질 수 있었다.

그때 민중의 한사람이 "당통의 피가 그를 목 조르고 있다."고 외쳤다고 한다. 그 후 로베르피에르는 몇몇의 충신들과 함께 숨어 지내던 어느날 누군가의 총탄에 맞아 쓰러지게 되었다. 정확하게 턱을 관통한 총탄에 피범벅이 되어 쓰러진 로베스피에르, 그는 이미 중태였다. 그는 단두대에 이를 때까지 눈을 아래로 깐 채 아무 말도 하지 않았다. 그러나 죽음 직전 그의 목을 칠 칼을 보았을 때는 살기 위해 몸부림을 친 것으로 전해진다.

이렇게 마지막 혁명의 영웅인 로베스피에르의 죽음으로 기승을 부리던 테러전쟁은 일단 진정되었다. 5명 총재를 행정장관으로 하는 새로운 정부가 구성됨으로써 프랑스 혁명도 막을 내리게 된다.

74. 바스티유 감옥을 급습한 파리 군중

1789년 7월 14일 - 파리

파리의 군중들은 전제 군주제의 상징이었던 음침한 바스티유 감옥을 급습하였다. 이 대하드라마는 왕에게 충성하는 군인들이 반격해 올 것을 예상한 파리 군중들이 무기를 확보하기 위하여 동틀 무렵에 무기창고를 약탈함으로써 시작되었다.

군중들은 3만 2천 정의 라이플(소총의 한 종류)을 발견하였으나 화약이 없었다. 그러나 바스티유에 화약이 쌓여 있다는 소문이 돌자 군중들은 그곳으로 몰려갔다.

바스티유 감옥은 대포로 무장되어 있었고 80명의 보초가 최전선을 방어하는 것도 부족하여 30명의 스위스 호위병을 투입하여 강화되어 있던 참이었다. 자신들이 쓰던 도구를 무기로 들고 있던 가구 제조업자들이 대부분인 시위 군중들은 대포를 보고 겁을 먹어 감옥 주위만을 빙빙 돌고 있었다.

바스티유의 소장인 베르나르 데 루나이와 협상하기 위해 대표를 파견했던 사절단에 통지가 왔다. 데 루나이는 즉시 사절단에게 점심 대접을 하겠다며 감옥으로 초대했다. 사절단이 돌아오지 않자 그들이 체포된 것

바스티유 감옥을 급습한 파리 군중

으로 생각한 군중들은 화가 났다. 두 번째의 사절단이 파견되었지만 바스티유 소장은 항복할 의사가 전혀 없다는 것을 다시 한 번 알려 주는 일을 했을 뿐이다. 그러나 바스티유의 대변인은 대포에 장전이 되어 있지 않다는 사실과 군중들이 침입하지 않으면 절대로 총을 쏘지 않겠다는 데 루나이의 약속을 덧붙여 전달하였다. 그러나 군중들은 이미 이성의 소리에 귀를 기울일 단계는 지나 있었다.

함성 소리는 더욱 높아졌다. "우리는 바스티유Bastille를 원한다. 군대는 물러나라!" 군대는 사실상 개입하기를 원하지 않아 샹 트 마르스까지 후퇴해 있었다. 그런데 갑자기 젊은이들이 감옥의 벽 쪽에 붙어 있던 한 가게의 지붕으로 기어 올라가 성의 안뜰로 뛰어들었다.

그들이 성으로 통하는 다리를 세차게 내리는 바람에 군중 속의 한 명이 목숨을 잃었다. 군중들은 성안으로 밀려 들어갔다. 그러자 일제 사격이 시작되었다. 사람들이 쓰러졌다. 분노에 찬 군중들의 함성은 더욱 드높아졌고 뒤따라 사격이 계속되었다.

싸움은 오후까지 계속되어 성문을 부수기 위해 대포가 길까지 끌려나왔다. 대포를 쏘기 전에 데 루나이는 항복을 하였고 얼마 후 군중들은 그의 절단된 머리를 보여 주기 위해 행진을 했다.

감옥 안에는 죄수가 7명밖에 안 되었지만 그러나 그것은 중요한 것이 아니었다. 절대 군주제의 상징이 무너져 내렸다는 사실만이 중요했다. 감옥 안에 있었던 7명의 죄수들은 절도, 강도, 강간죄를 범했던 잡범들이었다.

75. 왕의 목을 자른 프랑스인들
1793년 1월 21일 - 프랑스

프랑스의 왕 루이 16세는 혁명의 광장(현재 콩코르드 광장)에 설치된 길로틴이 있는 곳으로 잡혀 갔다. 침침하고 추운 오늘 아침 10시 30분이 되기 조금 전에 그의 목 위로 칼날이 내리쳐졌고 왕의 머리는 바구니 속으로 떨어졌다.

국민공회의 재판관들이 루이 카페라고 불렀던 왕은 조용히 죽음을 맞았다. 커다란 초록빛 마차를 타고 그가 단두대를 향해 갈 때 에지워드 드 휘르몽 신부가 그의 곁을 따랐고 국민 자위대가 엄중하게 호위를 하였다.

불운의 왕에게 누구라도 연민의 소리를 보내면 모두 짓눌러버리겠다는 듯이 힘차게 북을 치는 무리가 마차의 선두에 섰다. 그러나 파리 시내에서는 거의 아무런 소리도 들리지 않았다. 모든 상점의 문은 닫혔고, 피가 낭자하게 흐르는 광경을 구경히려는 호기심으로 사람들이 처겹지겹 많이 모여들었지만 도시 전체는 정적이 감돌았다.

집행관 상송이 기다리고 있는 단두대 주위를 무장한 사람들이 에워싸고 있었다. 왕을 구출해 낼 수 있는 길은 모두 봉쇄되었다. 왕은 스스로

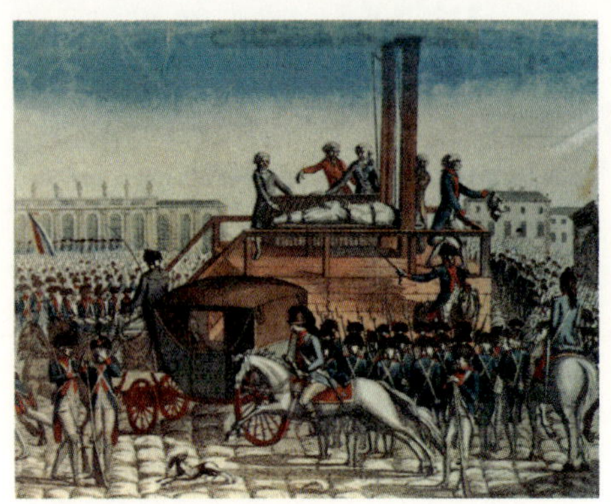

왕의 목을 자른 프랑스인들

죽음을 맞을 준비를 하였다. 그는 목의 띠를 풀고 상의를 벗어 젖혔다.

그는 신부의 팔에 의지하여 계단을 올라가 군중들에게 마지막 말을 하려고 돌아섰다. 그러자 즉시 북을 울리라는 명령이 떨어졌고, 주변에 있는 사람들만이 그의 마지막 말을 들을 수 있었다.

"나에게 씌워진 모든 범죄 사실에 대해 나는 결백하다. 나에게 죽음을 선고한 모든 이들을 나는 용서하노라. 신에게 기도하노니 나처럼 피를 흘리는 일이 다시는 프랑스의 어느 누구에게도 일어나지 말기를……"

잘려진 그의 머리가 군중들에게 보여질 때 그곳에는 무시무시한 침묵만이 맴돌았다. 그리고 수천 명이 목소리를 합해 "공화국 만세"를 외쳐댔다. 그리고 나서는 무슨 일을 저질렀는가를 깨달은 듯이 사람들 사이에는 다시 한 번의 침묵이 찾아왔다. 그들은 반혁명 분자들에게 위대한 순교자를 넘겨준 것이었다.

76. 나폴레옹을 몰아낸 러시아의 겨울

1812년 11월 - 러시아

1812년 5월 나폴레옹은 60만 대군을 이끌고 러시아 원정을 시작했다. 그는 초토화 작전을 펴면서 퇴각하는 러시아군을 보로디노 전투에서 격파하고 9월에 꿈에 그리던 모스크바에 입성했다. 그러나 모스크바에 대화재가 발생해 시가의 4분의 3이 불에 타서 재가 되어 있었다.

나폴레옹은 러시아의 항복을 기대했으나 물자 보급의 곤란으로 결국 퇴각해야 했다. 나폴레옹은 10월에 눈물을 머금고 퇴각하지 않을 수 없었다.

11월 나폴레옹 대군의 잔류군은 뒤를 쫓는 러시아군의 공격을 막으며 베레시나 강을 건넜다. 자신이 세운 2개의 임시 다리에 에블 장군이 불을 놓기 바로 직전 5만 명이 다리를 건너갔다. 원래 계획했던 시간보다 2시간이나 연기하여 다리를 파괴하였지만 수천 명의 낙오병이 다리를 건너지 못하고 잡히거나 사살됐다.

6월 24일에 러시아로 진격하였던 '대군' 은 더 이상 존재하지 않는다. 또한 생존자들도 또 하나의 새로운 위험에 직면해 있다. 그것은 바로 러시아의 겨울이다.

나폴레옹

네이 원수가 그의 아내에게 급히 보낸 편지에는 퇴각하고 있는 프랑스 군대의 참혹상에 대해 쓰고 있다.

"군대의 행진은 무시무시한 눈발에 파묻혀 버리고 말았소. 낙오병들은 코사크군의 깃대위로 쓰러져 가고 있소. 나는 후퇴를 엄호하고 있소. 하지만 대열의 뒤에는 끊임없이 낙오병이 생겨 대열을 흩트러 뜨리고 있다오. 이것은 군대가 아니라 목적도 없이 굶주림에 허덕이는 폭도에 불과한 집단의 모습일 뿐이오. 대군은 베레시나 강둑에서 러시아군에게 포위당했소. 불가피하게 다리를 하나 지어야만 하오. 에블 장군의 명령에 따라 3백 명의 공병이 숭고한 희생정신을 발휘하여 얼음물 속으로 뛰어들었소. 도하가 시작되었고 밀고 밀리며 강을 건너는 무리 가운데는 러시아군의 유탄이 쏟아져 내리고 있소. 눈을 뜨고 볼 수 없는 무서운 광경이었소. 러시아군의 총알이 아니라 동장군과 굶주림의 장군이 위대한 대군을 정복해 버린 것이오."

나폴레옹 대군의 붕괴는 10월 19일에 불타고 있는 모스크바에서 퇴각하라고 나폴레옹이 명령을 내린 그 순간부터 시작되었다. 그의 군대는 아직도 10만 명에 달했지만 약탈품과 병자, 부상자 등 거추장스러운 것들이 많았다. 그리고 총은 600자루밖에 남지 않았다.

식량도 남아 있지 않았다. 일단의 코사크군과 유격대들이 말이 죽어버려 기마병의 보호를 받지 못하는 식량 징발대의 수를 격감시켰다.

전투가 계속되는 동안 수천 명의 병사가 죽었다. 네이의 후방 수비대는 8천 명에서 8백 명으로 줄어들었다. 눈 속에서 병사들은 비틀거리다가 넘어진 자리에서 죽어 갔다.

나폴레옹만이 아직도 잘 먹고 있었다. 그는 언제나 하얀 빵과 쇠고기, 양고기, 쌀, 콩, 렌즈콩(Lentil, Lens cutinaris Medik, 중동, 북아프리카, 아시아 토착 식물) 등 자신이 즐겨 먹는 채소들을 먹었다. 또한 샹베르텡을 마실 수 있었고 그의 식탁보는 항상 새것으로 준비되었다. 그러했지만 군대에서는 한마디도 그를 비난하는 소리가 들리지 않았다.

나폴레옹은 말에 앉아서 4시간 정도 잠을 잘 때도 있었고 시간이 있는 대로 북모빌Bookmobile에서 빌린 책들을 읽고 있었다.

괴테의 '젊은 베르테르의 슬픔'을 읽고 있는 모습은 한 위대한 장군의 모습이라기보다는 호기심에 꽉 차 있는 10대 같이 보이기도 했다.

10월에 귀국했을 때는 60만 대군을 거의 다 잃고 패잔병만 이끌고 온 나폴레옹에게는 나쁜 소식만 기다리고 있었다.

러시아 원정은 완전히 실패했다. 장군은 승리가 있을 때만 민중으로부터 영웅으로 추앙을 받고 패진했을 때는 역적으로 몰리게 된다는 사실을 그는 알게 되었다.

1812년 모스크바의 겨울

우리는 학교에서 1812년 나폴레옹이 러시아의 대원정을 시도하여 모스크바까지 침입하였으나 화재와 한파로 실패하고 퇴각한 것으로 배웠다. 그러나 사실은 그렇지 않다.

1812년 모스크바의 겨울은 우리가 상상했던 것처럼 그렇게 춥지 않았고 오히려 따뜻했으며 10월 27일까지 서리가 내리지 않았다. 이 유난히도 따뜻했던 1812년 러시아의 겨울이 나폴레옹의 모든 작전을 뒤엎고 말았다.

첫째로 땅이 얼지 않아서 소형 및 대형포를 이동하는 과정에서 어려움이 있었다. 바퀴가 진흙에 빠지게 되어 포를 옮기는 데 지장을 주었고 또 베레시나 강이 얼지 않았기 때문에 건널 수가 없었다. 이러한 장애물 때문에 나폴레옹은 모스크바에서 퇴각할 수 밖에 없었던 것이다.

나폴레옹은 1812년 러시아 원정에 실패함으로써 군사 50만 명을 잃었다. 결국 1812년 모스크바의 겨울은 세계 역사를 바꾸어놓은 참담한 겨울이 되고 말았다.

나폴레옹의 이력서

보나파르트 나폴레옹(1769~1821)은 16세에 프랑스 사관학교를 졸업한 후 소위로 임관되었고, 24세에 툴롱 반도의 집안에 무훈을 세워 소장이 되었다.

26세에는 이탈리아 원정군 총사령관으로 이탈리아를 정복하였고 33세에 종신 통령에 임명되었으며, 35세에 프랑스의 황제가 되었다.

77. 워털루에서는 전투가 없었다 - 백일천하

1815년 6월 18일

나폴레옹이 1815년 2월 엘바섬을 탈출해 3월에 파리에 입성했을 때 루이 18세는 나폴레옹에 대한 두려움을 느끼고 망명했다. 나폴레옹을 지지하는 군대가 다수 이에 가담했기 때문이다.

워털루에서 나폴레옹은 웰링턴 공작(전 아서 웰레슬리 경)과 프로이세의 블루허 연합군의 손아귀에서 벗어나지 못하고 파국적인 대참패를 당하였다. 프랑스군은 완패했고 패배한 나폴레옹은 기진맥진하여 전쟁터에서 달아났다.

나폴레옹의 계획은 웰링턴과 결전하기 전에 블루허의 군대를 물리칠 생각이었으나 그는 겨우 프러시아군의 참전을 지연시키는데 성공했을 뿐이었다. 웰링턴은 그의 말 코펜하겐의 등에 올라앉아 프랑스군의 연속 포격 앞에서 차분하게 그의 병사를 지휘하였다. 전투는 무시무시하게 잔혹한 양상으로 하루 중일 맹위를 떨쳤다. 방진으로 서 있던 영국군 한 연대가 몰살을 당했다. 네이 장군은 다섯 마리의 말을 쏘아 죽였다.

나폴레옹이 마지막으로 그의 막강한 황군을 풀어 놓은 그날 늦게 전투는 막을 내렸다. 영국 보병대는 가까운 사정거리 안에 그들이 들어오

워털루 전쟁

자 일제 사격을 퍼부었다. 그들은 갈팡질팡하다가 전열이 흐트러져 모두 도망가고 말았다.

나폴레옹은 자유의 땅 미국으로 망명을 시도했지만 뜻대로 되지 않아 대서양의 가장 외로운 섬 세인트 헬레나St. Helena에 유배된다. 결국 그곳에서 사망한다. 프랑스에서는 루이 18세가 다시 왕위에 올랐다. 이 사이 나폴레옹의 지배를 보통 백일천하cent jours라고 한다.

나폴레옹이 죽었다.

"프랑스, 군대, 군대의 우두머리, 조세핀……."이라고 중얼거리고는 혼수상태에 빠졌다. 집안사람들이 그의 주위에 둥그렇게 앉아 바다 속으로 미끄러져 들어가는 태양처럼 평화스럽게 숨을 거두고 있는 나폴레옹을 지켜보았다.

52세였던 그는 '보나파르트 장군'이 도망갈까 봐 항상 두려워하던 영국 총독 허드슨 로우 경에게 당했던 모욕적인 냉대를 감수하며 우리에 갇힌 사자처럼 6년을 보냈다. 나폴레옹은 로우를 비웃으면서 어떤 희열을 느꼈지만 그의 몸이 점점 나빠지자 로우는 다분히 보복적인 태도로 그를 대하였다.

나폴레옹의 종말은 1821년 10월 어느 날 그가 졸도함으로써 자명해졌다. 구토와 식욕 감퇴가 그를 더욱 쇠약하게 만들었다. 그는 충직한 그의 궁중 시종 몬톨롱에게 "등잔에는 이제 기름이 없네."라고 말하였다.

한때는 탁월한 통솔력으로 마음대로 유럽을 지배하고 자신이 마음먹은 대로 왕을 만들어내고 없애기도 하던 천재적인 군인의 눈빛은 서서히 꺼져 버렸다.

과연 워털루에서 전쟁은 있었던가?

워털루의 대전투는 사실상 워털루에서 있었던 것이 아니다. 정확하게 말하자면 나폴레옹은 '위대한 연합군'이라는 이름의 도시에서 연합군을 맞아 싸우다가 패배하였다.

1815년 6월 18일 나폴레옹의 프랑스 군대가 웰링턴 군주와 프러시아의 장군 폰 블루허의 연합군에 의해 바로 이곳에서 패배한 것이다. 벨기에의 수도 브뤼셀의 교외에 있는 워털루는 그 전쟁터로부터 11km나 떨어진 북쪽에 위치하고 있다.

비가 오는 바람에 늦어진 전투는 오전 11시 30분에 시작되었다. 웰링턴의 군대는 몽 생 장이라는 읍의 산등성이에 전열을 세우고 있었는데 그곳은 나폴레옹 군대가 주둔한 '위대한 연합군'이라는 읍으로부터 6.4km 북쪽에 위치하고 있었다.

그 사이에는 죽음의 계곡이 가로막고 있었는데 불과 8시간 만에 수천 명의 병사들이 핏물에 잠겨서 죽어 갔다. 전투의 막바지에 나폴레옹 군대는 3분의 1이상의 사상자를 냈으며 나폴레옹은 울면서 자신이 죽지 않은 것을 슬퍼했다고 한다.

나폴레옹이 치른 전쟁에 대하여 쓴 대문호 빅토르 위고는 훗날 이렇게 기록하었다. "… 그리고 전쟁과는 아무런 관련이 없는 워털루가 명성을 얻고 있다. '위대한 연합군'을 포함한 전쟁의 상흔으로 물든 조그만 마을들과 같이 전쟁을 치렀다는 증거는 하나도 없는 워털루가, 애매모호하게 명예를 차지하고 있는 것이다."

나폴레옹의 비극적인 종말

외딴 섬에서 초라하게 일생을 마감한 한 남자가 있다. 한때는 한 세대를 풍미했던 지배자, 수천 명의 군사들을 거느리며 세상을 향해 무서울 것이 없었던 천사, 누구나 머리를 조아리며 그의 명령을 기다렸던 수천 명의 부하들, 그러나 이제는 몇 안 되는 시녀들의 시중을 받으며 쓸쓸히 하루하루를 보내는 남자, 그는 바로 프랑스 혁명의 영웅 나폴레옹이다.

그러나 헬레나St. Helena 섬으로 유배된 후에도 나폴레옹은 여전히 사람들 위에서 군림하고자 했다. 누구든지 본인 앞에서 말할 때는 무릎을 꿇게 했으며 불과 열 명 남짓에 지나지 않는 부하들을 데리고 모래 해변을 위아래로 달리는 훈련을 시켰다. 그리고 밤만 되면 사람들을 모아 놓고 승리를 거두었던 전투에 대해서 이야기하고 또 이야기했다.

언뜻 그를 처음 보는 사람이라면 나폴레옹을 미친 사람으로 생각할 수 있을 것이다. 그러나 그는 단지 과거의 환상에서 깨어나지 못하고 있을 뿐, 정신이 이상한 사람은 아니다.

한때 프랑스를 쥐고 흔들었지만 지금은 달라진 현실을 인정하고 싶지 않은 사람일 뿐이다. 물론 누런 얼굴 혈색에 배가 나온 이 중년남자를 보면 사람들은 "저 사람이 프랑스의 영웅 나폴레옹일까?"라고 의심할 수 있다. 그러나 그는 분명 땅딸한 키의 나폴레옹이다.

짧은 다리에 핏기 없는 얼굴, 5피트도 안 되는 작은 키, 입가에는 그 동안의 고

생을 말해 주듯 주름이 깊게 파여 있지만 그는 분명 나폴레옹이다.

이제는 정말 초라한 중년 남자가 되어버린 나폴레옹, 그는 사람들에게 어떤 무용담을 들려 주었을까? 이제 그의 무용담을 들어 보자.

"당신도 알겠지만"

그의 이야기의 서두는 늘 이런 식이다. 모든 사람들이 자신을 알고 있어야 한다고 생각하기 때문이다.

"나는 이탈리아인이 아니라 프랑스인입니다. 코르시카Corsica가 프랑스에게 넘어간 지 1년 후에 태어났으니까요."

그리고 난 다음 그는 자신의 소년시절의 이야기를 이끌어 간다.

"학교에서 나는 가장 게으른 학생 중의 한 명이었습니다. 그러나 싸움은 진짜 잘했죠. 로베스피에르의 동생이 내 친구였습니다. 그래서 단지 로베스피에르를 알고 있다는 이유만으로 단두대에서 교수형을 당할 뻔 했습니다. 그러나 가까스로 도망쳐 살아남을 수 있었지요."

여기서 로베스피에르는 프랑스 혁명의 주역을 말한다.

"로베스피에르가 처형되었을 때 나는 군중 폭동을 진압했고 그 공로를 인정받아 대 이탈리아전의 군대를 진두지휘하는 사령관으로 임명받았죠. 당시 유럽의 모든 국가들은 대프랑스 동맹을 맺어 프랑스를 공격해 왔습니다. 이때 모든 나라들을 물리치고 프랑스를 구한 사람이 나폴레옹 바로 나입니다."

"백전대승! 난 전승을 사랑하는 전쟁의 영웅이었습니다. 프랑스 혁명을 성공으로 이끌었을 뿐만 아니라 제국의 1인자가 된 사람입니다. 어머니는 재봉사였지만 내 덕분에 프랑스의 여왕이 되었죠. 그러나 나의 어머니는 화려한 부귀영화를 원치 않으셨습니다. 늘 슬퍼했고 우울해 했습니다. 그리고 고향인 크로시카로 보내 달라고 애원했었죠!"

그 순간 나폴레옹은 뭔가를 생각하는 듯 잠시 쉬었다가 말을 잇는다.

"나는 위대한 사람입니다. 위대한 사람……."

이 대목에서 그의 목소리는 작아진다. 그러다 갑자기 눈에 광채를 띠면서 이야기를 이어 나간다.

"10년이라는 짧은 시간 내에 유럽을 정복한 사람은 바로 나, 나폴레옹입니다. 단 한 번의 전투로 나는 오스트리아 프러시아 군대를 무찔렀습니다. 당시 프러시아의 군대는 유럽에서는 최강의 전투력을 지닌 군대, 누구도 무찌를 수 없는 천하무적이었습니다. 그러나 나는 무찔렀습니다.

"전쟁의 영웅, 위대한 전사가 되는 것은 내게 주어진 운명이었습니다. 1796년, 젊은 나이에 수천 명의 군인들을 거느린 사령관이 되었고 그 후 불과 6년 만에 황제가 되었습니다. 나폴레옹 황제가 된 거지요. 교황은 직접 나에게 왕관을 씌워 주었습니다. 황제로 즉위한 뒤에는 새로운 법을 만들었고, 대학교를 지었습니다. 뿐만 아니라 도로와 공원을 정비하고 서민들이 생활고를 해결하기 위해 부단히 노력했습니다. 그 결과 이 조그만 손안에 전세계를 쥘 수 있었죠! 심지어 러시아 대제와 함께 세계를 둘로 나누어 우리가 통치하자는 회담을 가진 적도 있었습니다.

그런 다음 그는 전쟁의 영웅이었지만 왕의 혈통을 이어받지 못했기에 고통 받았던 지난 시간들에 대해서 회고한다.

"그러나 나는 왕조의 혈육이 아닙니다. 전쟁에서 승리를 하는 한 황제가 될 수 있지만 전쟁에서 지는 순간에는 황제에서 물러나야 하는 전사일 뿐이었습니다. 만일 왕족이라면 수십 번 황제에서 물러나도 언젠가 다시 황제의 자리를 차지할 수 있겠지만 불행히도 나는 한 번 물러나면 다시 황제로 되돌아갈 수 없는 위대한 전사였던 거죠. 그렇기에 총과 검을 휘두르며 나라를 수호한 군인일 뿐, 어떤 미래도 보장되어 있지 않다는 것 때문에 늘 움츠려 있었습니다. 끊임없이 전쟁 속에서 생과 사를 오가며 싸워야 했던 것도 그 때문이었죠. 바람 앞의 촛불처럼 미래를 불안해하면서요. 달콤한 휴식이나 멋진 사랑이란 나에게는 먼 세계의 일이었습니다. 그러나 그나마 위안이 된 것은 나의 힘으로 내 가족이 모두 다 왕이 되었다는 것입니다. 제롬, 루치엔, 조셉은 모두 홀랜드, 폴랜드, 그리고 웨스트팔리아의 왕이 되었습니다. 그러나 나는 내 동생들 대신 왕위에서 물러난 왕족들이 언제든지 쿠데타를 일으켜 왕이 자리를 차지할 지도 모른다는 불안 때문에 한시도 마음을 놓을 수 없었습니다.

"이런 상황에서 코르시카의 농부출신인 내가 어떻게 황제의 자리를 지킬 수 있었을까요? 나는 사람들의 비난과 모함에 굴복하지 않았습니다. 그리고 오스트리아의 공주와 결혼을 했지요. 그때의 기쁨이란 이루 말할 수 없었습니다. 공주와의 결혼으로 내 몸에도 왕족의 피가 흐르게 된 것이니까요."

그러더니 그는 다시 눈에 살기를 띄며 이야기를 이어 나간다.

"그러나 어느 날 나의 친구인 러시아의 알렉산더는 친선동맹협정을 깨고 대 프랑스를 공격했습니다. 나는 단숨에 파리에서부터 군대를 이끌고 러시아로 전진했고 닥치는 대로 러시아인들을 죽였습니다. 그리고 러시아인들은 점차 퇴각하기에 바빴고 나의 60만 명의 군인들은 1812년 10월 모스크바를 점령했습니다. 기억하건대 이것은 역사에 남을 대 전승이었고 내가 러시아의 새로운 지도자가 되는 순간이기도 했습니다. 그러나 교활한 러시아인들은 이때를 기다린 듯 모스크바 전역에 불을 질렀고 급기야 나는 후퇴 명령을 내려야만 했지요. 혹독한 한파를 겪으면서 프랑스 국경에까지 퇴각했을 때 살아남은 나의 부하들은 불과 60만 명 중 천 명 뿐이었습니다. 생존자들과 함께 돌아왔을 때, 나는 전쟁에서 진 힘없는 장군에 불과했고 패잔병들도 더 이상 나를 따르지 않았습니다. 그리고 이때다 싶었던 유럽 국가들은 힘을 합쳐 나를 공격했지요."

이쯤에서 그는 슬픈 목소리로 헬레나 섬으로 유배되기까지의 기억들을 떠올리며 이야기를 계속한다.

"나는 다시 10만 명의 군인들을 모아 전쟁을 시도했지만 아무도 나를 따르려 하지 않았습니다. 프러시아와 러시아 군대가 나를 공격했고 3년 동안의 전쟁 뒤에 나에게 남은 것은 치욕스러운 항복뿐이었습니다. 그리고 나서 내가 워털루 전쟁에서 패배하자 나는 이곳 헬레나 섬으로 유배되었습니다. 그리고 왕족의 혈족이 다시 프랑스의 왕좌에 올랐죠."

이제 그는 슬픈 목소리로 중얼거리듯 이야기의 끝을 맺는다.

"왕이 되려면 왕으로 태어나야 합니다. 나는 위대한 정복자였을 뿐입니다. 그것은 내 운명이었다고 생각합니다. 그러나 거듭 말하지만 나는 왕이 되는 운명을 가지고 태어난 사람은 아니었습니다. 전쟁의 영웅은 될 수 있으나 왕이 될 수는 없는 사람, 그것이 나의 비극적인 운명이었던 것…입…니…다."

78. 몰몬교 교주의 이야기

1823년 9월 22일 - 미국

그의 나이 17세였을 때 소년인 스미스가 하나님께 기도드리고 있는 순간 그 방에 한 줄기 빛이 나타나더니 점점 밝아져 온 방안이 대낮보다 더 밝아졌다.

바로 그때 어떤 분이 공중에 뜬 채 스미스의 침대 곁에 나타났는데 그분의 발은 땅에 닿지 아니했다. 그분은 눈이 부실 정도로 흰 옷을 입고 있었으며 그 얼굴은 번갯불처럼 빛나고 있었다.

그분은 스미스의 이름을 부르더니 자기는 하나님이 보낸 '모르나이 Morni'란 천사이며 스미스의 이름이 모든 민족과 나라와 방백들 사이에 알려질 것을 예언했다.

신도를 이끌고 유랑하던 스미스는 1830년 일리노이 주에서 구속되었는데 그를 구하고자 하던 신도들과 경찰의 총격전에서 죽었다. 스미스가 죽자 그 뒤를 이어 브리감 영이 교주가 되었다.

그는 영국에서 태어나 미국으로 이주하여 버몬트 주에서 페인트 상을 경영하던 중 스미스의 칼트란드 시절에 입교했다. 그는 강한 의지와 웅변과 정치적 수완을 인정받아 몰몬교의 장로가 되어 스미스를 보좌하다

브리감 영

가 스미스가 죽자 몰몬 교의 제 2세 교주가 되었다.

몰몬교에서는 처녀는 결코 '천국에 들어갈 수 없다.' 고 하여 일부다처제를 허락한다. 브리감 영은 27명의 여자들과 결혼하여 55명의 자녀를 두었다. 또 그는 ZCMI 백화점의 창업자이자 총수였으며, 브리감 영 대학을 세우기도 했다.

미국에서는 몰몬교도의 수가 점점 늘어나 1830년에 천 명이던 것이 오늘날에는 300만 명에 이른다. 즉 미국인 90명 중 한 명이 몰몬교도인 셈이며 유타주 솔트레이크시에는 다섯 명 중 네 명이 몰몬교도이다.

마크 트웨인과 브리감 영

마크 트웨인과 몰몬교의 2세 교주인 브리감 영이 일부다처주의에 대해 격렬한 논쟁을 벌이고 있었다.

"마크 트웨인 선생, 일부 다처주의를 금하고 있는 성경구절을 한 구절이라도 찾아내보세요."

상기된 얼굴로 브리감 영이 말했다. 궁지에 몰린 마크 트웨인은 어렸을 때 주일학교에서 배운 성경구절을 얼른 생각해 냈다.

"있지요, 한 사람(a men)이 두 주인(two master)을 섬길 수 없느니라."

일부다처주의자

조셉 스미스는 일부다처제를 주장하여 스스로 49명의 아내를 두었다. 그는 1844년 대통령 선거에 출마하기도 했다.

79. 음악의 거성 베토벤의 죽음을 애도하는 세계

1827년 3월 29일 - 비엔나

몇 달 동안의 투병 끝에 56세로 타계한 루드비히 반 베토벤의 장례식에 참석한 조문객은 만여 명에 달하였다. 프란츠 슈베르트는 운구하는 사람 중의 한 명이었으며 추도사는 시인인 프란츠 그릴파르저가 썼다.

오늘의 예식은 1800년대의 교향곡, 협주곡, 4중창곡, 소나타에서 시작하여 "장엄 미사곡"(1823), 실러 작 "환희의 송시"속의 광대한 배경을 주제로 한 "합창 교향곡"(1824)과 비범한 상상력이 동원된 그의 마지막 "현악 4중주곡"(1825~1826)에 이르기까지 음악의 모든 국면에 걸쳐 변혁을 일으킨 한 사나이의 거대한 족적을 기념하기 위해서 준비된 것이었다. 베토벤에게도 귀족 후원자가 있었으나 그의 스승이 하이든이나 모차르트같이 귀족 계급에 고용되지는 않았다.

고귀한 신분으로 태어난 어떤 사람보다도 더 위대한 영웅으로서 살아가는 새 시대의 독립적인 예술가의 길을 여는 데 공헌한 그의 역할은 지대하였다.

그가 선배들의 업적을 바탕으로 음악의 세계를 개선하였다고 말하는 것은 잘못된 것이리라. 그보다는 그는 선배들의 음악적 유산을 '좀 더

베토벤

나은 것'이 아니라 뭔가 다른 것으로 탈바꿈시킨 것이다. 개인적 정서가 담뿍 담긴 불멸의 작품을 남긴 것이다.

베토벤과 괴테

어느 날 베토벤과 괴테가 함께 길을 걸어가고 있었다. 그러자 수많은 사람들이 그들에게 인사를 하기 시작했다. 괴테는 계속해서 인사를 받는 것이 귀찮은 듯 괴로운 표정을 지었다. 그러자 베토벤이 괴테에게 말했다.

"선생님 너무 신경 쓰지 마십시오. 계속되는 인사는 모두 제게 하는 것으로 사료되니 말입니다."

베토벤과 심포니 3번

베토벤의 심포니 3번의 원래 제목은 '보나파르트 나폴레옹'이었다. 프랑스 혁명의 영웅 나폴레옹을 존경하는 의미에서 베토벤은 이 작품을 작곡했다. 그러나 1804년 5월에 나폴레옹이 스스로 황제라고 선언하자 베토벤은 환멸을 느낀 나머지 심포니 3번의 제목을 '영웅'으로 바꾸어 버렸다.

제9번 교향곡의 희생자들

베토벤, 드보르작, 말러, 윌리암스 등은 모두 제10번 교향곡을 작곡하기 전에 죽었다. 즉 이들은 모두 제9번 교향곡의 희생자들이다.

아직도 그를 사랑합니까?

다섯 살 난 어린아이를 때리려고 신발을 벗어 들고 달려가는 베토벤의 모습은 상상만 해 보아도 우리를 실망하게 한다. 온갖 더러운 성병을 몸에 지닌 채 일생을 독신으로 살면서 몸에 밴, 그 독선적인 홀아비 냄새 속에서 '운명'을 작곡했고 9번 심포니를 작곡할 때는 영감이 떠오르지 않는다고 얼음물을 머리에 끼얹었었던 베토벤…….

당신은 아직도 그를 사랑하고 있습니까?

베토벤의 어머니

한 위대한 사람 뒤에는 어머니가 항상 숨어 있다. 베토벤의 어머니는 매독 환자이며 알콜 중독자인 남편으로부터 임신하였다. 이때 주변사람들과 친척들은 기형아가 탄생할 것을 우려해서 유산시킬 것을 강요했었다.

그러나 베토벤의 어머니는 이를 완강히 거절하고 아기 베토벤을 낳았다. 이 세상이 낳은 가장 위대한 음악가의 탄생이 '죽음의 계곡valley of death'으로 들어갈 뻔한 아슬아슬한 순간이었다.

80. 연극 관람 중 저격당한 링컨 대통령

1865년 4월 15일 - 미국

아버지의 원수가 생명의 은인

로버트 링컨이 하버드 대학에서 부모님이 사는 워싱턴으로 가고 있었는데 교통사고로 매우 위험한 상태가 되었다. 이때 연극배우 에드윈 부스가 그를 구해냈는데, 공교롭게도 그는 바로 링컨 대통령을 암살한 존 윌크스 부스의 형이었다. 그는 영국과 미국에서 셰익스피어의 햄릿 역으로 유명한 배우였다.

전 미국을 뒤흔든 끔찍한 소식이 알려졌던 오늘 아침 워싱턴에는 이슬비가 내렸다. 자객 총탄의 표적이었던 링컨 대통령은 오전 7시 22분에 살해되었다. 그리고 다른 사건에서 여러 번 칼에 찔렸던 적이 있었던 국무장관 윌리엄 시워드도 현재 중태에 빠져 있다.

한편 부대통령 앤드류 존슨이 임시 대통령의 권한을 가질 것으로 추측되는 지금, 대대적인 수사망으로 미국 당국은 범인을 찾는데 혈안이 돼 있었는데 26세의 배우인 존 윌크스 부스가 용의자로 지목되었다. 남

저격 당하는 링컨 대통령

북 전쟁으로 오랫동안 분단되었던 미국의 전 국민은 지금 하나가 되어 대통령의 죽음을 슬퍼했다.

그리고 백악관 밖에도 군중들이 모여들어 대통령의 죽음을 애도했다. 대부분의 사람들은 흑인들이었다. 그때 한 흑인이 울부짖었다. "링컨 대통령이 죽음을 당했으니 이제 우리에게는 어떤 운명이 기다리고 있을걸까?"

국방장관 에드윈 스탠톤은 부스가 단독 범행을 했다고 믿고 있었으며, 비서에게는 이 기회를 틈타 수백 명의 테러리스트들이 사건을 일으킬지 모른다며 경계 태세를 늦추지 말라고 경고했다. 또한 스탠톤은 보초들을 의원들이나 고위 공직자들의 자택 밖에 24시간 배치시켰는데, 그들이야말로 남군의 음모상 다름 목표물이라고 여겼기 때문이었다.

링컨은 10가 453번지의 윌리엄 피터슨의 집에서 운명했다. 재봉사인 윌리엄의 집이 극장에서 가장 가까웠기 때문에 그곳으로 옮겨진 것인데, 오늘 아침 그곳에서 모습을 드러낸 영부인 링컨 여사의 얼굴은 눈물로 얼룩져 있었다. 그리고 극장을 가리키며 연이어 "끔찍한 건물"이라고 말하며 슬픔을 감추지 못했다.

부스는 어제 밤 9시 30분경, 극장 직원에게 말을 맡긴 후 극장 안으로 들어 왔다. 부스는 세트장 뒤에서 가로질러 가려 했지만 좌석 쪽으로 가려면 지하의 통로를 이용하라는 말을 듣고 일단은 그렇게 했다. 그러나 극장 밖의 복도로 잠깐 모습을 드러냈다.

그리고 10시에 극장 안으로 다시 들어 와 특별석으로 구체적으로 '특등석 7'로 걸어 올라갔다. 예정대로 대통령은 특등석 7석에 앉아 있었다. 이때 부스를 저지시키는 사람은 아무도 없었다. 10시 15분 부스는 문을 열었고 1.2m 정도 걸어 대통령의 안락의자에 가까이 간 후 링컨의 뒤통수에 그의 소총 데링거로 한 방 쏘았다. 이 소총은 후에야 발견되었다. 당시 대부분의 청중들은 무대 위의 연극을 보고 웃고 있었기 때문에 부스의 총성을 들은 사람은 거의 없었다. 그러나 영부인 링컨 여사의 초대로 특등석에 앉아 있었던 헨리 레트본 장군은 링컨의 안락의자에서 파란색의 연기가 뿜어 나오고 있음을 발견했다.

곧 대통령이 저격되었음을 알아차린 헨리 레트본은 부스 쪽으로 달려갔는데, 이때 부스는 특등석 앞으로 기어가더니 무대 위로 훌쩍 뛰어내렸다. 그리고 이렇게 외쳤다. "독재자는 항상 이런 최후를 맞을 것이다. 남부는 보복당하고 있다."

그리고 나서 삔 발목으로 절룩거리며 무대를 가로질러 문밖으로 나가, 맡겨 놓은 말 위에 힘겹게 올라타고 9번 스트리트와 펜실베이니아가로 향했다.

곧 부름을 받고 특등석으로 도착한 젊은 의사 찰스 릴레는 영부인에게 남편을 구하러 왔노라고 말했다. 그러니 잠시 후, 그는 다른 의사에게 알렸다. "링컨 대통령의 상처는 치명적입니다. 살아나기 힘들 것 같습니다."

철저하게 비밀 유지가 된, 치열하게 짜여진 암살 계획이었다. 미국의 유명한 배우였던 제니우스 브루투스 부스의 아들인 암살범 부스는 그날 저녁 바에서 자신의 암살 계획을 넌지시 친구에게 알린 것으로 전해진다.

그때 그 친구가 "너는 결코 너의 아버지 같은 유명한 배우는 될 수 없을 거야."라고 소리쳤을 때, 부스는 조용히 웃으며 응수했었다.

"그러나 내가 무대에서 떠날 때 나는 미국에서 가장 유명한 사람이 될 거야!"

81. 수에즈 운하의 개통

1869년 11월 17일 - 이집트

지중해와 적해의 강물이 비터 레이크에서 합류한 지 석 달 후, 유럽의 지도자들을 태운 선박들이 공식적으로 오늘 처음 개통된 수에즈 운하를 따라 유유히 움직이고 있다.

영국의 거센 반대에도 불구하고 프랑스의 후원을 받은 수에즈 운하 회사는 4천억 프랑의 공사비를 들여 수에즈 운하를 완공하였다. 당초의 예산보다 100배나 많은 공사비가 들은 대공사였다. 8m 깊이의 수에즈 운하는 여러 호수들을 이용해 수문들을 설치하지 않아도 되도록 건축되었다. 선박들이 지나갈 수 있도록 25.6km마다 만(베이)이 있다. 페르디난드 드 러셉의 지휘 아래 착수된 이번 공사는 사실 10여 년 전부터 시작되었었다. 1866년까지는 강제 노동력의 문제로 공사가 느리게 진척되었지만 대량의 기계가 도입된 후부터 공사는 빠른 속도로 진행되었다.

한편 많은 영국인들은 수에즈 운하이 완공으로 극동 지역에 영국의 영향이 줄어들어 결국 제국이 핵심이라 할 수 있는 인디아가 다른 반갑지 않은 서양 나라에 문호를 개방할까 봐 우려했다. 그러나 상인들은 수에즈 운하의 새로운 해상 통로를 통해 많은 이익을 얻을 수 있다며 수에

수에즈 운하의 개통

즈 운하의 개통을 축하했다.

수에즈 운하

수에즈 운하는 1억 달러의 공사비를 들여 1859년 4월 25일 시작해 1869년 11월 17일에 완성되었다. 이집트 정부는 이 역사적인 날 사상 최대의 파티를 열고 유럽 각국의 명사들 6천 명을 초대했다.

베르디가 기념 오페라 "아이다"를 작곡하고 세계에서 가장 좋은 포도주를 배로 날라 왔으며 가장 화려한 불꽃놀이를 했다. 뿐만 아니라 500명의 특수 요리사와 3천 명의 웨이터가 고용되기도 했다. 이처럼 어마어마한 파티를 여느라 이집트는 거의 파산할 뻔했다.

82. 세계 최고의 I.Q 소유자는 누구인가?

1873년 - 영국

존 스튜어트 밀John Stuart mill(1806~1873)은 세 살 때 그리스어를 배웠다. 다섯 살 때 몇 권으로 된 역사 고전을 읽었으며 여섯 살 때 기하학과 대수의 기초를 터득했다. 일곱 살 때 「플라톤」을 원서로 읽었다. 여덟 살 때 라틴어를 읽기 시작했고, 동생들의 수업을 맡았다.

열 살 때 뉴턴Isaac Newton의 '자연철학의 수학적 원리Philosophiae Naturalis Principia Mathematica'를 읽었고 로마 정부의 기본 이념의 역사에 대한 자신의 첫 번째 책을 썼다. 열두 살 때 논리학을 공부했고 「아리스토텔레스」를 읽었다. 열세 살 때 정치와 경제학을 배우기 시작했고 이와 더불어 애덤 스미스Adam smith의 「국부론」을 공부했다.

열네 살에 1년 동안 프랑스로 가서 프랑스어, 화학, 식물학 등을 배웠고 그 나라의 문화에 대한 견문록을 썼다. 열여섯 살에 계몽주의 철학을 읽었다.

영국의 경제학자, 철학자, 사회과학자, 사상가, 경제학자 J.밀의 장남으로 런던에서 출생, 아버지로 부터 엄격한 교육을 받았다.

그는 소년기에 읽은 벤섬의 저서에 영향을 받고, 공리주의功利主義에

존 스튜어트 밀

공명하여 공리주의 협회의 설립에 참가하여 그 연구와 보급에 힘썼다.

그러나 1826년 우울증에 걸린 것이 전기가 되어 감정을 경시하고 이성異性을 만능으로 보는 공리주의에 의문을 품게 된 데에다 칼라일, 워즈워스, 콜리지 등의 영향까지 받아 사상적으로 전환하기에 이르렀다.

그리하여 1865~1868년에 하원의원이 되었으며 사회 개혁운동에도 참가하였다.

그의 저작품은 많은 편인데, 그 중 경제학적 저서의 대표적인 것은 『경제학 시론집試論集』(1830)과 『경제학 원리』(*Principles of Political Economy*, 1848) 등이다. 인간정신의 자유를 해설한 『자유론』(*On Liberty*) 등이 있다. 그의 사상은 말년에 접어들면서 점차 사회주의에 가까워져 갔지만 마르크스주의와는 전혀 다른 유형의 길을 갔다.

존 스튜어트 밀의 I.Q는 200이었다.

83. 수학의 천재 조지 파커 비더

1878년 - 미국

정규 교육을 받은 비더Bidder는 평생 동안 떨어지지 않는 계산력을 유지하였으며 자기의 능력을 요약 평가할 줄 아는 수학의 천재였다.

석수장이의 아들로서 그는 보잘것없는 가문에서 태어났다. 마을 학교의 짧은 교육은 그에게 산술을 거의 가르치지 않았으나 6살에 100까지 셀 수 있었고 단추나 조약돌을 가지고 놀면서 덧셈과 뺄셈 그리고 곱셈의 원리를 스스로 익혔다. 9살부터는 그의 암산력을 바탕으로 지방 여행을 다니기 시작하여 그의 부모에게 한두 푼씩 돈벌이를 시켜 주었다.

이런 여행 중에 자주 콜번과 경쟁할 기회가 있었는데 대부분 그가 이기곤 했다. 다음은 1815년부터 1819년까지 여행하면서 보였던 감격스러운 기록 가운데 극히 일부분에 불과하다.

10살이 되면서 비더는 간신히 글을 쓸 줄 알았으나 아직 숫자를 쓰지는 못했다. 1만 1,111파운드를 연리 5％로 1만 1,111일 저축할 경우 그 이자가 얼마인지를 질문받고 비더는 1분 만에 16,911파운드 11실링이라고 대답했다.

어떤 사람이 만일 30개의 사과로 한 쿼트의 사이다를 만든다면 100만 개의 사과로는 몇 혹스헤드의 사이다를 만들 수 있을까라고 물었다. 비더가 이 질문에 대답하는 데는 35초밖에 걸리지 않았다. 정답은 123 혹스헤드 17개런 1쿼트, 그리고 10개의 사과가 남는다(한 혹스헤드는 맥주 54갤런에 해당한다. 사이다도 가히 틀리지 않으리…).

유명한 천문학자인 윌리엄 허셀 경이 비더에게 물었다.

빛이 태양에서 지구에 도달하는데 8분이 걸리며 태양은 지구에서 9,800만 마일 떨어져 있다.

빛이 어떤 별에서 지구에 도달하는 데 6년 4개월이 걸린다면, 1년이 365일 6시간이고 한 달이 28일이라고 할 때에 그 별은 지구에서 얼마나 멀리 떨어져 있을까?

비더는 40,633,740,000,000마일 떨어져 있다고 대답했다.

직경이 1과 8분의 3인치인 페니 동전으로 지구를 한 바퀴 둘러싸는 데 필요한 액수를 비더는 1분 안에 계산했다.

답은 4,803,430파운드.

14살 때에 10보다 작은 수에 어떤 수의 삼제곱을 곱한 것이 6의 삼제곱과 같아지는 수를 질문받고 즉석에서 비더는 3이라고 대답했다.

우리의 관점에서 비더의 재능을 한층 돋보이게 하는 것은 그의 노후에 대한 평가들이다. 그는 어떤 수를 거꾸로 읽고 바로 말할 수 있었으며 더욱 놀랍게도 한 시간 뒤에 정확하게 다시 반복할 수 있었음에도 불구하고 스스로 특별한 기억력을 지니지 않았다고 말한다. 그 수는 자그

마치

2,563,712,987,653,461,598,746,231,905,607,541,128,975,231!

아마도 비더의 경이로운 기록은 곱셈에 관한 것임에 틀림없다.

한번은 그의 곱셈법에 대해서 다음과 같이 설명했다. 397에 173을 곱할 경우, 아래와 같이 셈한다.

시작은 100 × 397 = 39,700

더하기 70 × 300 = 21,000은 60,700을 만들고

더하기 70 × 90 = 6,300은 67,000을 만들고

더하기 70 × 7 = 490은 67,490을 만들고

더하기 3 × 300 = 900은 68,390을 만들고

더하기 3 × 90 = 270은 68,660을 만들고

더하기 3 × 7 = 21은 68,681을 만든다.

이렇게 풀어서 적어 놓으니 무척 쉬워 보인다. 그러나 기억해야 할 것은 비더는 이런 계산을 즉석에서 수행했다는 것이다.

이와 같은 방법은 비더로 하여금 곱셈표로써 구구표가 아닌 천천표千千表를 사용했다. 9자리 수와 같은 매우 큰 수를 계산할 때에 마치 천진법千進法 수를 다루듯 세 자리씩 끊어서 계산할 수 있게 한 것이다. 이렇게 하여 비더는 두개의 9자리 수 곱셈을 계산하는데 6분 정도밖에 걸리지 않았다.

수학의 신비

숫자 속에는 여러 가지의 비밀들이 존재한다. 그 중에서 몇 가지 재미있는 숫자게임을 즐겨 보자.

12345679. 이중에서 숫자 4와 9를 뽑아 곱하면 얼마가 될까? 36이다. 그렇다면 12345679를 4X9로 곱하면? 답은 444444444이다. 그 이유에 대한 해답은 '9'가 가지고 있다. 만일 2를 뽑아 9를 곱한 값을 12345679에 곱하면 222222222가 되기 때문이다. 따라서 위의 8개 숫자 중에 어떤 것을 뽑더라도 9를 곱한 값을 제수에 곱한다면 답은 영락없이 뽑은 숫자의 8자리수가 될 것이다. 몇 초도 안 되어 답을 얻을 수 있다는 이야기이다. 여기서 12345679에는 '8'이 빠져 있다는 것을 기억하자.

이제 다음 퍼즐로 넘어가 보자. 1부터 100까지 중 두 자리 숫자 하나를 생각해 보자. 그런 다음 자리수를 바꾼 후 큰 수에서 작은 수를 빼면 답은 9이거나 9의 배수가 된다. 37을 예로 들어보자. 37의 자리수를 바꾸면 73이다. 그런 다음 73에서 37을 빼면 36! 9의 배수이다.

재미있는 다른 수로는 142857이 있다. 142857에 1을 곱하면 142857이다. 2를 곱하면 285714이다. 이 숫자의 나열에는 어떤 규칙이 숨어 있는 것일까? 142857에서 곱하는 수가 8이면 8부터 시작하는 6자리수가 답이 된다. 즉, 857142가 답인 것이다.

그러나 뭐니 뭐니 해도 가장 신기한 숫자는 원의 둘레에 대한 직경의 비율을 나타내는 파이의 숫자이다. 끝이 없기 때문이다. 지금까지는 소수점 700자리까지 밝혀졌다고 하는데 그 숫자를 나열해 보면,

3.141592653589793238462643383279795…… 이다.

이 외에도 다음의 재미있는 숫자의 나열 속에 숨어있는 비밀을 생각해 보자.

$$1 \times 9 + 2 = 11$$

$$12 \times 9 + 3 = 111$$

$$123 \times 9 + 4 = 1111$$

$$1234 \times 9 + 5 = 11111$$

$$12345 \times 9 + 6 = 111111$$

$$123456 \times 9 + 8 = 1111111$$

$$1234567 \times 9 + 8 = 11111111$$

$$12345678 \times 9 + 9 = 111111111$$

84. 고뇌에 몸부림치는 영혼을 표현한 고흐

1890년 - 네덜란드

불타는 듯한 필치와 무겁고 강렬한 색으로 고뇌에 몸부림치는 인간의 영혼을 표현한 반 고흐의 그림세계는 그의 사생활과 관계가 깊다. 그는 살 집도, 먹을 빵도, 입을 옷도 없는 가난뱅이로서 아무도 그의 그림을 거들떠보지 않았다.

고흐의 자화상

사랑하던 소녀가 고흐의 가난 때문에 암스테르담으로 도망가 버리자 타오르는 화로에 왼손을 집어 넣고 왼쪽 귀를 잘라 창녀에게 주었다.

그러나 1888년 반 고흐가 프랑스의 아를즈Arles 지방에 머물 때 그렸던 ‘해바라기’는 1987년 3월 30일 한 경매를 통해 3,999만 달러(약 320억 원)라는 사상 최고의 가격으로 팔렸다.

1985년에는 ‘일출과 풍경’이 9,900만 달러에 팔리기도 했다. 그러나 19세기 네덜란드의 대표적인 화가 반 고흐는 살아 생전에는 그림으로 돈을 벌지 못한 가난뱅이였다.

그러나 이와 상관없이 계속 그림을 그려 1888년부터 1889년까지 프랑스의 남동 지역인 아를즈라는 마을에 머물렀던 15개월 동안 200여 점 이상을 그렸다. 그뿐 아니라 숨을 거두기 전 70일 동안 불붙는 열정과 샘솟는 창의력으로 하루에 한 점씩 그림을 그려 냈다.

본래 반 고흐는 선교사였다. 목사였던 부친의 뒤를 이어 광산촌에서 선교 활동을 하다가 화가가 되었지만 불행히도 화가로서의 그의 천재적 재질은 사후까지도 인정받지 못하였다. 더욱이 거의 전생애 동안 지독한 정실질환에 시달렸는데 결국 정도가 심해져서 정신이상 상태에까지 이르게 되었다.

그의 정신질환 증세는 우울증, 분노, 간헐적인 발작, 천재적인 예리함 등이 뒤섞인 심리적 불안 및 현실 공포에 기인한 것이었다.

결국 1889년 고흐는 아를즈 근처에 있는 '성 레이'라는 정신병원에 입원하게 되었는데 자발적으로 걸어 들어갔다는 것도 특이할 만한 일이다.

처음에는 그의 정신병이 치유되는 듯 보였지만 그때뿐이었다. 그리고 1890년 5월부터는 파리의 북쪽 오베르쉬르-오와즈에 살고 있는 형 테오와 가까이 살면서 정신 치료를 받기 시작했다. 그러나 1890년 7월 고흐는 극심한 우울증을 극복하지 못하고 자살했다.

6개월 후 고흐를 재정적으로 도와주었던 테오도 죽었는데 의사의 말에 의하면 슬픔과 우울증, 긴장으로 인한 의기소침증 때문이었다고 한다.

테오가 죽은 뒤 고흐가 테오에게 보낸 750통의 편지들이 공개되었다. 그 편지 속에는 고흐의 화가로서의 철학관과 야심 등이 적혀 있었고, 생전에 정신질환으로 얼마만큼 고통받았는지에 대해서도 상세히 적혀 있었다.

85. 초기 미국의 백만장자들

1800~1900년대 - 미국

앤드류 카네기

직조공 아버지를 둔 스코틀랜드 청년인 앤
드류 카네기Andrew Carnegie가 1848년 미국
땅을 밟았을 때 그는 평범한 시골청년에 불
과했다. 학교에 갈 돈도 시간적 여유도 없었
던 카네기. 그런 그가 어떻게 백만장자가 되
었을까?

카네기

철강의 왕인 앤드류 카네기가 철강과 인연
을 맺게 된 것은 피츠버그 전보 회사에서 일
하면서부터이다. 피츠버그 아이런 워크Pittsburgh Iron Works 철강회사를
알게 되면서 그의 운명은 바뀌기 시작했다.

그 때 당시만 해도 철강 제조 기술이 발달되지 않은 상황이므로 철강
가격이 높은 때였다. 기술이 없다보니 철강 공급이 수요를 못 따르는 실
정이라 매매가격이 높을 수밖에 없었던 것이다. 그러나 우연히 철강회
사와 관련을 맺게 되면서 카네기는 언젠가는 대량 생산으로 소비자들에

게 철강을 저가에 공급하겠다는 계획을 세웠다. 그리고 그는 마침내 그 꿈을 실현시켰다.

비싼 철강 가격을 대중 소비가 가능한 수준으로까지 끌어내린 것이다. 이것은 당대에서는 거의 혁신적인 뉴스였다. 철강소비가 늘어나는 상황에서 값싼 철강이 공급되면서 사겠다는 사람들은 줄을 이었고 결국 카네기를 재계의 거물이 되는 발판을 만들 수 있게 되었다. 혹자는 이 현상을 인쇄술의 발달로 저렴한 가격대의 잡지가 우후죽순 늘어나면서 문학의 발전에 미친 영향력에 비유하기도 한다.

그러나 이러한 성공이 쉽게 이루어진 것은 아니었다. 그의 성공은 투자가들, 기술자들, 원료공급자들의 도움이 없이는 불가능한 일이었기 때문이다. 카네기는 침대차를 발명한 우드러프Woodruff를 설득하여 새로운 철강 회사 설립에 필요한 자금을 지원받았다. 석유 기업 연합으로부터도 조금이나마 사업자금을 조달할 수 있었다.

이외에도 많은 사람들로부터 자금을 지원받아 카네기는 철강회사를 세울 수 있었다. 그리고 이러한 토대 위에서 그는 철에서 광석을 분리하는 연구를 시도했는데, 그가 고용한 기술자인 베세머Bessemer는 용케도 철에서 광석을 분리하는 방법을 개발, 다량의 철강을 제조하는 원동력을 제공했다.

그 이후 카네기 철강회사의 매 2주간 이익은 100퍼센트에 달했으며 연간 이익은 총 투자자금의 600퍼센트에 이르렀다. 30만 달러의 투자자이기도 한 카네기는 대주주로서 투자 원금의 8배를 돌려받는 쾌거를 거누기도 했다.

그리고 역사에 의하면 카네기 철강회사Carneige Steel Company는 19세기 말 순수익이 4천만 달러라고 기록되어 있는데 이것은 개인소유의 회사로서는 역대 최고의 수치이다.

그 후 1901년대 금융가인 존 피어몬트 모간John Pierpont Morgan은 카네기 소유 지분 매입에 3억 5천만 달러를 투자했다. 다음은 카네기와 모간이 우연히 유럽행 배에서 만났을 때 나눈 대화이다. 카네기가 모간에게 "카네기 철강 회사에 더 많이 투자하셨어야 합니다." 라고 말하자 모간은 "당신을 더욱 부자로 만들어 줄 수도 있소."라고 대답했다고 한다. 그리고 카네기에 말한 것처럼 모간은 그 후에도 총 13억 달러를 투자, 카네기 철강회사의 지분을 사들였다.

당시의 13억 달러란 세계 최고의 재벌에게나 가능한 한 액수였다. 주변에서는 모간에게 무리한 투자라고 말렸지만 그는 확고한 계획 아래 조금씩 소유지분을 늘려갔다. 그리고 마침내 모건은 카네기 철강회사를 사들였는데, 당시까지만 해도 이보다 자본금 규모가 큰 회사는 없었다고 역사에 기록되어 있다. 그리고 모건은 그 후에도 몇 개의 철강회사를 사들여서 US스틸이라는 세계 최고 규모의 철강회사를 설립했다고 한다.

이외에도 카네기의 성공 비결로는 인재 고용 방식을 빼놓을 수 없다. 부인과 백화점에서 쇼핑을 하고 있을 때였다.

한 백화점 직원이 부인에게 은으로 만든 포크에 대해 설명하는 것을 우연히 들었을 때 그 백화점 직원의 말에 스코틀랜드 악센트가 있다는 것을 느끼고, 카네기는 그에게 고향을 물어본 적이 있다.

결국, 그 직원이 같은 고향 사람인 것을 알게 되자, 카네기는 그를 동업자로 정했다. 요즘 같으면 인맥과 출신을 따지면서 고용하면 큰일나지만, 당시로서는 별 문제가 될 일은 아니긴 하다. 그러나 어쨌든, 카네기의 동업자가 된 그는 카네기의 바람대로 회사의 큰 재목으로서 인정을 받았다.

한 엔지니어 친구가 다리 건설 계약을 따낸 적도 있었다. 그러나 계약서를 훑어보다가 모르는 단어가 나오자 카네기는 친구에게 그 단어가 무슨 뜻인지를 물어보았었다. 그리고 친구로부터 답을 듣고 난 후 카네기는 그에게 당시 돈으로 1,700달러를 주었다. 교육을 받지 못한 카네기가 친구의 박식함에 감탄하면서 그를 동업자로 받아들였기 때문이다.

그러나 무엇보다도 우리가 카네기를 기억해야 하는 가장 중요한 이유는 그가 '세계 최고의 자선 사업가' 라는 점에 있다. 가난한 스코틀랜드 모직공의 아들로 태어나 제대로 교육을 받지 못한 채 일개 전화국 직원으로 사회의 첫발을 내딛었던 카네기였다. 그런 그가 세계에서 가장 돈 많은 사람이 되었다고 해서 반드시 자선가가 되어야만 하는 법은 없다. 그러나 그는 엄청나게 벌어들인 많은 돈을 그의 이름에 걸맞게 사회에 환원했다. 사재를 털어 카네기재단을 만들어 사회의 불우한 이웃과 교육의 발전을 위해 많은 공을 세웠다.

165센티미터의 작은 키의 카네기. 그러나 그는 작은 거인이었다.

킹 캠프 질레트

전세계 1위의 면도기 제조사의 창업주는 킹. C. 질레트King C. Gillette 이다. 발명가 가문 출신이지만 그는 평범한 세일즈맨이었다. 상품 판매 상점에서 세인즈 맨 교육을 받고 난 후부터는 상품을 팔기 위해 이곳저곳 고객을 찾아다니는 세일즈 맨으로 일했다. 그러나 그는 여러 상품들을 팔면서도 발명만이 부자가 될 수 있는 유일한 방법이라고 믿었다. 그런데 문제는 무엇을 발명해야 하는지를 모른다는 데 있다.

그린 그에게 발명의 중요성에 대한 확신을 주는 사건이 일어났다. 36세가 되던 1891년 병 제품 제조 회사에 취직한 적이 있었는데 당시는 병에 든 잼이 불타나게 팔리던 시절이었다. 처음으로 100퍼센트 보관이 가능한 새로운 유형의 병뚜껑이 발명되었기 때문에 사람들이 안심하고 병에 든 잼을 마구 샀기 때문이다.

더군다나 그 병뚜껑의 발명가가 절친한 친구인 페인터였고 그가 순식간에 부자가 되는 과정을 질레트는 기쁨만 부러움 반으로 지켜 본 적이 있다고 회고한 바 있다. 동시에 이 사건으로 그는 페인터가 당시 화폐로 하루에 천 달러 벌어들이는 것과는 비교도 안 될 만큼의 대단한 발명품을 개발하겠다고 마음을 먹게 되었다고 한다.

그러던 1895년 덜컹거리는 기차 안에서 면도를 하던 중 질레트의 머릿속에 스쳐가는 아이디어가 있었다. 바로 안전면도날이었다. 저렴한 철 면도기가 대량으로 생산되면 불티나게 팔릴 것이라고 생각한 것이다. 그러나 적합한 종류의 면도기용 철을 찾아내는 데 6년이라는 시간이 걸렸을 뿐 아니라 무려 25만 달러가 연구비로 투자되었다. 그런데도 뚜렷한 결실을 맺지 못하자 주변 사람들은 이제 그만 포기하는 것이 어떠냐고 충고를 했었다고 한다.

면도기는 수십 년 동안 기존의 면도기용 철로 만들어졌으며, 많은 사람들이 사용하는 안전면도기를 값싼 철로 만드는 것은 불가능하다는 것이 그 이유였다. 그러나 46세가 될 때까지 6년 동안 온갖 조소와 비웃음에 시달렸고 더 이상 투자할 돈이 없었지만 질레트는 꿈을 버리지 않았다.

그러던 중, 질레트의 친구인 헤일본Heilborn으로부터 5천 달러를 투자한다면 면도기용 철에 관한 실험을 해보겠다고 말했던 공학도를 소개받았다. 질레트는 그 공학도에게 250달러를 지불하고 마지막이라는 생각으로 안정 면도기 연구를 착수했는데 결과는 성공적이었다. 질레트는 낡은 건물 꼭대기의 초라한 사무실에서 질레트 안전면도기 회사Gillette Safety Razor Company를 세웠다. 그러나 영업 역시 순탄치는 않았다.

빚은 1만 2천 달러에 이르렀다. 결국 동업자 회의를 통해, 회사 문을 닫기로 한 질레트. 그러나 그에게도 행운이 찾아왔다.

대 금융가인 로이스를 만났기 때문이다. 질레트로부터 자초지종을 듣고 마음씨 좋은 로이스는 투자하겠다고 말했던 것이다. 이렇게 로이스의 투자에 힘입어 질레트 안전면도기 회사는 회생되었다.

그리고 그 후 얼마 지나지 않아 질레트 안전면도기 회사는 연간 700만 달러의 수익을 달성했다. 바로 오늘날 면도기의 대명사인 질레트는 이렇게 탄생된 것이다.

코모도 코르네리우스 반데르빌트

코모도 코르네리우스 반데르빌트Commodore Cornelius Vanderbilt는 뉴욕에서 스타튼섬까지 사람들을 실어 나르는 뱃사공이었다. 그의 나이 33세 때, 반데르빌트는 선박 운송업에 손을 댔고 4천만 달러를 벌어들였다. 그 후 도로 사업에 뛰어들어 6천 5백만 달러를 벌었으며 반데르빌트의 사망 후, 그의 유족들은 유산의 7배에 달하는 부를 축적할 수 있었다.

윌리엄 리글리

윌리엄 리글리William Wrigley는 비누 제조업자의 아들이자 장난기가 넘치는 소년이었다. 그러나 그는 어렸을 때부터 남달랐던 것으로 전해진다. 항상 열정적이었던 위글리는 10살이라는 어린 나이에 가출하여 홀홀단신 뉴욕에서 신문을 팔았으며 밤이면 골목길에서 모자를 눌러쓰고 신문을 베개 삼아 잠들곤 했다.

그러나 곧 윌리임은 부모에게 붙잡혀 집으로 돌아오게 되었고 아버지가 운영하는 비누 공장에서 일하게 되었다.

그러나 13세가 되자 윌리엄은 부모님께 여기저기 돌아다니면서 물건을 팔고 싶다고 말했다. 아버지는 "내 고객들이 물건 팔러 다니는 너를 보면서 어떻게 생각하겠니?"라고 말하며 윌리엄의 마음을 돌리려고 했지만 한 번만 기회를 달라고 끈질기게 졸라 아버지의 허락을 받아낼 수 있었다. 그 후부터 그의 눈물겨운 노력이 시작되었다.

그는 첫 번 째 고객에게 비누를 팔기 위해 4시간이나 매달렸을 정도로 강한 세일즈맨 근성을 지녔다. 그리고 많은 비누를 팔게 되자, 그의 아버지도 윌리엄의 근성을 높이 평가하게 되었다.

그 후 윌리엄은 어떻게 하면 비누를 더 팔 수 있을지 방법을 고안해 냈다. 그 방법은 덤으로 상품을 주는 것이었다. 비누 한 개를 팔고 남는 이윤이 5센트였다는 점을 고려하여 그는 비누 가격을 10센트로 올리는 대신 덤으로 줄 물건들을 생각해 냈다. 우산, 베이킹파우더를 덤으로 주다가 나중에는 덤으로 츄잉껌을 주었다. 결과는 성공적이었다. 츄잉껌이 커다란 반향을 일으켰기 때문이다.

나중에는 주객이 전도되어 비누 팔기보다는 츄잉껌 판매로 전략을 바꾸었고 더 나아가서 츄잉껌 공장을 차렸다. 윌리엄은 껌을 만드는 데만 온 정열을 기울였고, 결국 산 하나를 쌓을 수 있을 정도인 100억 개의 껌을 만들게 되었다.

오늘날 미국에서의 츄잉껌 대중화가 이루어진 데 윌리엄의 공이 크다고 말하는 것은 바로 이 때문이다. 신문배달부, 비누 팔이에서 그는 츄잉껌 회사 대표로 화려하게 재계의 거물로 들어서게 된 것이다.

86. 하늘로 날아간 라이트 형제의 기계

1903년 12월 17일 - 키티 혁, 노스캐롤라이나, 미국

27,000km의 속도로 나는 비행기

우리가 보통 타고 다니는 747여객기는 1,030km로 난다. 프랑스와 영국의 합작 비행기 콩코드는 2,100km, 소련 여객기 TU-144는 2,550km로 날 수 있었다. USAF 록히드 SR-71A 정찰기는 3,530km까지 날 수 있었다. 그러나 1988년 1월 15일 미 공군의 스텔스기는 30,480m 상공에서 6,115km의 기록을 세웠다. 또 USAF의 윌리엄 J. 나이트 소령은 7,270km의 기록을 세웠다. 그러나 2010년쯤에는 음속보다 25배나 빠른 27,000km의 속도를 낼 수 있는 최신 비행기가 개발된다고 한다. 이 비행기가 지구를 한 바퀴 도는 데는 1시간 40분밖에 걸리지 않을 것이다.

도처에서 원동기motor를 이용히여 비행을 할 수 있다는 생각에 부정적인 반응을 보이고 있었다. 특히 금년 들어 두 번에 걸쳐 사무엘 랭글리 비행장 기계를 포토맥 강에 빠트린 대실패 이후 그런 분위기는 더욱 심해졌다. 그러나 오늘 있었던 오빌과 윌버 라이트가 비행을 할 때는 다섯 명이 ─ 가까이에 있던 인명 구조대에서 온 사람들이지만 ─ 그 광경을 지켜 보았다. 게다가 라이트 형제의 비행기 '플라이어Flyer'가 지상으로 막 떠오르는 장면을 어떤 사진가가 찍었다.

이 실험을 본 사람들은 말하기를, 1900년 이래 활공기를 직접 만들어 비행을 시도하였던 라이트 형제는 오늘 아침 키티 혁 가까이에 있는 모래투성이의 킬 데블 힐로 275kg의 가솔린으로 가동되는 그들의 비행기 '플라이어'를 끌어 와 얼어붙은 듯 한 바람을 뚫고 시속 32km로 네 번이나 발진시켰다고 한다.

누가 먼저 비행할 것이냐를 결정하기 위해 두 형제는 동전 던지기를 하였다고 한다. 32살의 오빌리 이겨서 먼저 날개가 달린 기계 속으로 기어 올라갔다.

그는 평상시대로 풀 먹인 하얀 셔츠와 넥타이를 하고 있었다. 이윽고 13마력을 내는 가벼운 기관이 살아 움직이기 시작했다. 나무로 만든 두 개의 프로펠러가 자전거 사슬과 함께 시끄러운 소리를 내며 돌아가기 시작했다.

36세의 윌버가 스톱워치를 들고 비행기를 따라 뛰는 가운데 '플라이어'는 18m 행로를 따라 속력을 내기 시작했다. 마침내 10시 35분에 비행기는 떠올랐고 12초 동안 37m를 비행했다.

한 가지 목표에 전념하며 외로운 생활을 해 온 라이트 형제는 자신들의 기계가 날지 못하리라는 의심을 하지 않았고, 때문에 비행의 성공을 축하해야 할 필요를 느끼지도 못했으며 ─ 아니면 어떤 것이 굉장한 위업이 되는 것인지에 대해 성찰해 보면서 ─ 대신 그들은 비행시간을 더 연장시킬 수 있는 다음 비행에 대한 준비를 했다.

네 번째 시도에서 윌버는 '플라이어'가 59초 동안 260m까지 비행할 수 있게 하였다. 이 항정은 갑작스런 일로 끝났는데, 비행기가 가까이에

최초의 비행기

있는 해변으로 돌진하면서 스프루스와 모슬린으로 만들어진 연약한 가로 방향타를 부숴버렸다.

오하이오주 데이튼에서 태어나 독학으로 수학과 기계를 공부한 독신의 이 두 형제는, 1896년에 자신이 만든 불안정한 비행기를 타다 사망한 독일의 활공기 조종사 오토 릴리안달에 관한 글을 읽고 나서 인간이 비행을 하는 데 무엇이 문제인가 하는 점에 관심을 갖게 되었다.

그 후 얼마 안 되어 라이트 형제는 자신들의 자전거 작업장에서 활공기 모형을 설계하기 시작했다. 1900년의 바람이 순조롭게 불던 어느 날 그들은 키티 혁에서 자신들이 만든 활공기들을 날려 보았다. 새로운 날개 모형의 바람구멍이 어떻게 작동하는지도 실험했다.

'플라이어'의 기관과 프로펠러를 비롯하여 거의 모든 장치들도 그러했지만 바람구멍 역시도 형제들 자신이 만든 것이었다. 팽팽한 굵은 밧줄로 날개를 구부러 날개를 들어 올리거나 조종할 수 있두록 하여 다른 모든 조종사들을 당혹하게 만든 안전성의 문제를 두 형제는 해결하였다.

키티 혁으로 기체를 옮기는 비용을 포함하여 이것을 구상하고 제작하는 데 들어간 비용은 천 달러가 조금 넘게 들었다. 랭글리는 미 국방성의 지원을 받아 그의 비행장을 만들기 위해 5만 달러를 들였다.

라이트 형제는 그들의 발명품이 특허를 받을 때까지 기계에 대해 더 자세한 정보를 알리는 것을 자제하고 있다. 오늘 키티 혁에서 있었던 일이 역사의 한 부분을 장식하리라는 중요한 사실은 오직 시간만이 알고 있을 것이다. 어쨌든 어떤 기준으로 보든지 '플라이어'는 기술과 결단력, 통찰력이 모두 구비된 환상적인 걸작품이다.

87. 아인슈타인, 외로운 천재 그리고 가장 위대한 공식에 관한 숨겨진 이야기

1905년 - 스위스

아인슈타인은 독일 태생의 이론 물리학자로 광량자의 이론 연구에 의해 1922년 노벨물리학상을 받았다. 그는 스위스 국립공예학교의 물리학과를 졸업하고 스위스 시민권을 얻었으나 대학에 취직할 자리가 없어 베른의 특허국 관리로 5년간 근무하였다.

그간 광량자의 이론, 브라운 운동의 이론, 그리고 현재 특수 상대성 이론이라고 불리고 있는 것을 연구해 왔고 이것들을 1905년에 발표하였다.

이 특수 상대성 이론은 당시까지 지배적이었던 갈릴레이나 뉴턴의 역할을 뿌리부터 뒤흔드는 것이었으며 뜻밖의 여러 결론, 특히 질량과 에너지의 등가성에 관한 결론은 현재의 원자폭탄 가능성을 예언한 것이었다.

아인슈타인은 이러한 업적에 의해 취리히 대학, 프라하 대학, 스위스 국립공예학교에서 차례로 초빙하였으며 1913년 34세 때 베를린 대학의 교수로 취임하였다.

1933년 독일을 떠나기로 결심하고 미국의 뉴저지 주에 신설된 프린

아인슈타인

스턴 하이텍 연구소의 교수로 취임하였다. 이 사이 제 2차 세계대전의 위협이 시시각각으로 다가오고 있었으나 미국으로 망명한 과학자들은 나치 독일이 원자폭탄 연구를 진행하고 있음을 알았다.

따라서 미국의 과학자와 미국으로 망명한 과학자들은 그보다 먼저 원자폭탄을 가질 필요가 있음을 통감하고 아인슈타인을 그 대표로서 당시의 대통령 루스벨트에게 그 사정을 설명한 편지를 보냈다. 이것이 미국에 있어서의 원자폭탄 연구, 맨해튼 계획의 시초였다.

그는 이스라엘 대통령으로 초빙되었지만 거절하고 오로지 과학자로서의 인생을 살다 1955년 4월 18일에 많은 사람들이 애석해하는 가운데 생을 마쳤다.

E=mc² 란 무엇을 의미하나?

'c'는 지금까지 살펴 보았던 것들과는 많이 다르다. 'E'는 에너지energy의 거대한 영역이며 'm'은 우주의 물질material에 관한 것이다. 하지만 'c'는 단지 빛의 속도다.

그것을 'c'라고 부르게 된 경위를 알기 위해서는 이탈리아가 과학의 중심지였고 라틴어가 과학의 언어로 선택받았던 1600년대로 거슬러 올라간다. celeritas는 '민첩함'을 뜻하는 라틴어로 영어 'celerity(속도, 속력)'의 어원이다.

상대성 원리

　　아인슈타인은 1905년 26세의 젊은 나이에 상대성 원리를 세상에 발표했다. 하지만 그것을 이해한 사람은 12명에 지나지 않았다.

원자폭탄의 시조는 아인슈타인이 아니었다

　　1939년 알버트 아인슈타인이 프랭크 루스벨트 대통령에게 보낸 원자폭탄 개발을 촉구하는 서한은 아인슈타인이 쓴 것이 아니라 콜럼비아 대학의 물리학과 레오 질라드에 의해 작성된 것으로 핵 시대의 첫 장을 연 유명한 서류였다.

　1939년에 질라드와 프린스턴의 과학자 유진 위그너는 아인슈타인에게 아주 중대한 요청을 하였다. 아인슈타인의 명성에 힘입어 핵에너지를 이용한 전쟁용품에 대한 연구와 원자폭탄을 구상하고 제조하는 데 아인슈타인의 이름을 빌려 쓰면 많은 도움이 되지 않을까 하는 생각에서였다. 아인슈타인은 핵의 연쇄 반응에 대한 연구에 그리 관심이 높지는 않았지만 그들의 제안에 동의하였다.

　8월 2일 질라드는 아주 큰 우라늄 덩어리 안에서 폭발된 핵의 연쇄 반응에 의하여 창출된 막강한 힘과, 이와 더불어 생겨난 수많은 라듐 같은 입자들에 관한 설계안을 작성하여 아인슈타인에게 서명하도록 제시하였다.

　그 내용은 드디어 루스벨트 대통령에게 전달되었고 아인슈타인이 첫 번째 설계안과 후속 안에 서명함으로써 1942년 원자폭탄을 개발하게 한 '맨해튼 계획'이 실현되었다. 질라드가 그 계획을 수립하게 한 장본인이었다면 결국 아인슈타인은 아무 것도 한 일이 없는 셈이었다. 후일 아인슈타인은 "나는 그저 우체통 노릇을 했을 뿐이다. 그들은 완성된 편지를 내게 가져 왔고 나는 그저 편지를 부쳤을 뿐이다."라고 쓰고 있다.

13인 중의 한 사람

아인슈타인 박사가 26세에 상대성 원리를 발표하자 세계의 이목이 그에게 집중되었다. 이 무렵 아인슈타인 부인은 신문기자들로부터 매우 당돌한 질문을 받은 것으로 알려져 있다.

"부인께서는 부군의 '상대성 원리'를 이해하십니까?"

"물론입니다. 상대성 원리를 이해하는 13인 중의 한 사람입니다."

이 말은 남편 아인슈타인을 은연중에 비꼬고 있는 신문기자들에 대한 부인의 재치 있는 답변이었다. 상대성 원리가 세상에 발표되자 이론을 이해한 사람은 12명밖에 없었다고 한다. 13인이라고 한 것은 가롯 유다를 포함한 예수 그리스도의 제자들을 의미하는 것이다.

젊은 여성과 아인슈타인

어느 디너파티에서 아인슈타인은 옆자리에 앉아 있던 젊은 여성으로부터 매우 당돌한 질문을 받았다.

"도대체 선생님의 직업은 무엇이죠?"

"나는 물리학 연구에 전념하고 있는 사람이오."

머리가 하얀 아인슈타인 박사의 얼굴을 쳐다보며 미모의 젊은 여성은 우습다는 듯 비아냥거렸다.

"아니 선생님처럼 늙은 나이에 물리학을 공부하고 계시다구요? 저는 1년 전에 벌써 대학에서 물리학을 끝냈다구요."

과연 I.Q가 두 자리인가?

아인슈타인은 하던 일을 끝내기 위해 클립clip을 찾고 있었다. 그는 서랍 속에서 사용하기에 매우 좋지 않은 구부러진 클립을 하나 찾아 냈다. 그리고 나서 그것을 바로 펴기 위한 도구를 찾고 있었다.

도구를 찾기 위해 다른 서랍을 열자 거기에는 한 번도 사용한 적이 없는 새 클립이 가득 들어 있었다. 그러자 그는 새 클립을 그대로 둔 채 계속해서 구부러진 클립을 바르게 펼 도구를 찾고 있었다. 도구를 찾아내 구부러진 클립을 바르게 펴는 데에도 상당한 시간을 소모하고 있었다.

이 광경을 처음부터 말없이 지켜보던 그의 조수가 딱하다는 듯이 말했다.

"박사님, 새 클립이 얼마든지 있는데 왜 그것을 쓸 생각을 안 하십니까?"

아인슈타인 박사가 천천히 대답했다.

"이런 어리석음이 아마도 '상대성 원리'를 찾아내게 하지 않았나 싶네."

88. 열대 아프리카 적도에서 얼어 죽은 사람들

1908년 2월 28일

태양이 작열하는 열대 아프리카 적도에서 20명이 얼어 죽었다. 바른 에곤 본 키르흐슈타인은 중앙아프리카 루안다의 비룽가 지역에 있는 세계에서 가장 웅대한 화산의 하나인 고도 4,420m의 카리심비산을 정복하기 위해 40명의 대원을 이끌고 1908년 2월 원정길에 올랐다.

선글라스를 낀 채 얼어 죽어가는 사람

며칠 동안 혹독한 추위에 떨며 해발 3,657m의 비앙카 분화구에 이르렀을 때 갑자기 얼음장 같은 바람이 휘몰아치기 시작했다. 머리 위에서 이글거리는 정오의 열대 태양볕에도 불구하고 추위는 살을 에듯 심해져 갔다. 경사진 땅은 폭풍의 기세를 더했고 이미 텐트 세우기가 불가능해졌다. 눈이 멀 것 같은 햇빛을 가리기 위하여 선글라스를 쓴 원정 대원들은 체온을 유지하기 위해 서로 무리지어 끌어 안았다. 영원 같은 시간이 흘렀다. 추위로 덜덜거리던 이가 죽음으로 조용해질 때까지 바람은 더욱 매서워져 갔다.

오후 6시가 되자 바람은 잔잔해지기 시작했고 생존자들은 피해 상황을 조사하였다. 원정 대원 중 꼭 절반이 석양빛을 받으며 어울리지 않는 선글라스를 쓴 채 땅과 함께 얼어붙어 있었다.

불타오르는 열대의 태양 아래 1908년 2월 28일 정오에서 오후 6시까지의 6시간 동안 20명이 얼어 죽은 것이다.

89. 빙산에 부딪혀 침몰한 타이타닉호

1912년 4월 14일

타이타닉호 - Titanic

영국의 화이트스타 회사의 대형 호화여객선 타이타닉호가 1911년 건조되었다. 총 톤수 46,328t. 길이 259.08m, 폭 28.19m, 깊이 19.66m이고 주기는 터빈의 삼연성기기의 조립으로 된 기관이다. 삼축 선으로 속력은 22노트이며 당시로서는 4만 톤 이상 객선의 개척선이었다.

상상할 수도 없는 일이 오늘 아침 북대서양에서 일어났다. '가라앉힐 수 없는 배'라고 이름 난 타이타닉호에 커다란 구멍이 뚫려 수백 명의 승객들과 함께 배가 바다 속으로 가라앉았다. 완벽함으로 칭송을 듣던 이 배도 자정이 조금 못 되어 빙산에 정면으로 부딪치는 사고가 나자 그런 자랑을 무색하게 만들었다.

영국의 사우샘프턴항에서 뉴욕으로 향하던 처녀 항해 도중 1912년 4월 14일 밤 11시 30분, 타이타닉호는 뉴펀들랜드 해역에서 부류빙산과 충돌하여 2시간 40분 만에 침몰하였다.

이것은 다수의 저명인사를 포함한 재선자 2,340명 중 1,595명이 희생

타이타닉호

되어 세계를 놀라게 한 사상 최대의 해난 사고이다.

구조대상의 우선권을 부여받은 것은 여자들과 어린이들이였는데 나머지 저명인사들을 포함한 성인들은 구조되기를 서로 양보하는 아름다운 모습을 보여 주었다고 구조된 사람들은 증언했다.

이 배에 탐승했던 존 제이콥 대령은 구조되기를 거부하고 새 신부를 용감하게 구명정에 올려놓고 담배에 불붙여 다른 여자들이 불을 보고 구명정으로 따라오도록 인도해 주었다. 그리고 그는 타이타닉과 함께 물속으로 들어가고 있었다.

수많은 여객을 구조하고 자신은 구조되기를 완강히 거부한 선장은 타이타닉과 운명을 같이 했다.

９０. 왜 프랑스는 파나마 운하 건설에 실패했는가 ?

1914년 - 파나마

파나마 운하를 건설케 한 우표

현재의 파나마 운하가 있는 지점이 정해지게 된 것은 아마도 프랑스의 건설 기술자였던 필립 장 부노바리야라는 한 집념의 사나이가 미국 국회로 보낸 니카라과 우표 한 장 때문이었을 것이다.

미국 국회는 애초에 이 지역 운하를 니카라과에 건설하려고 했었는데, 부노바리야는 프랑스 - 파나마 운하 건설 계획을 추진하다가 1889년에 그 계획이 수포로 돌아가자 운하 건설 권리를 미국에 팔 수 없을까 고심하였다. 수염을 기르고 우쭐대는 듯한 외모의 이 조그만 사나이를 테오도르 루스벨트 대통령은 '결투자의 외관'을 가진 사나이라고 말했다.

그때 당시 미국은 한시라도 빨리 북남미 대륙을 가로지르는 운하를 만드는 것이 급선무였다. 왜냐하면 전함 '오래곤'호가 스페인 - 미국 전쟁터로 긴급히 보내져야 했는데 샌프란시스코를 떠나 남미를 돌아서 카리브해까지 도달하는 데는 장장 68일이라는 항해 기간이 소요되었기 때문이었다. 미국 의회 내에서는 1899년경까지도 이 운하 건설에 대한 결정을 보류하고 있었다. 그것도 파나마가 아니라 니카라과에 건설하려는 계획안이었다. 이러한 상황이 보노바리야를 안절부절 못하게 만들었다.

그런데 갑자기 천재지변이 일어났다. 1902년 5월 8일 마르티크 섬의 펠레 산이 폭발하여 3만 명이 목숨을 잃은 것이다. 설상가상으로 약 1개월 후 니카라과의 모모톰보가 또 폭발하였다. 그런데 이런 불행한 일들이 부노바리야에게는 행운을 가져 왔다. 그는 화산 연기를 내뿜는 모모톰보의 모습이 담긴 1900년도 니카라과 우표 600장을 찾아내 미국 의회에 보냈다. 의미 있는 질문을 슬쩍 던진 것이었다. 화산이 없는 파나마 같은 곳에 운하를 건설하면 안전하지 않겠는가?

그리하여 1904년 미국 의회에서는 파나마를 운하 건설지로 선택하게 되었다.

1848년 미합중국의 캘리포니아주에서 금이 발견된 것을 계기로 미 대륙의 동해안으로부터 서해안으로 향하는 교통량이 부쩍 증가하게 되자, 대서양에서 태평양으로 직접 빠질 수 있는 보다 수월한 교통로가 절실히 요구되고 있었다.

그러던 중 수에즈 운하를 건설하였던 프랑스의 엔지니어 페르디난드 데 레세프스는 회사를 조직하여 파나마의 좁은 해협을 뚫어 수로를 만드는 운하 건설에 착수하였다. 그러나 1889년 부실 경영과 예산의 낭비 그리고 조직의 부패에 허덕이던 회사가 마침내 파산을 하게 되어 운하 건설 계획도 따라서 무산되고 만다.

당시 니카라과를 통과하는 운하 건설을 계획하고 있던 미국은 1899년 운하 건설 추진회를 조직하여 다양한 방도를 모색하기 시작했다.

1903년 그 당시 국기 형테를 공화국으로 바꾼 파나마가 운하 건설에 수용되는 3.2km폭의 땅을 미국에 팔겠다는 제안을 하였다.

조지 괴탈스 장군의 지휘로 추진된 이 파나마 운하는 본격적인 공사가 시작된 지 7년이 채 못 걸려 완성되었다. 공사 도중 운하 주변을 휩

쓴 황열병을 박멸한 윌리엄 고르가스 장군의 사업이 그 건설 공사가 남긴 두드러진 업적의 하나로 손꼽히고 있다. 1914년 8월 23일, 첫 증기선이 드디어 6.4km에 이르는 운하에 건설된 3개의 콘크리트 수문을 통과했다.

콜럼버스 시대 이후 신대륙에 획기적인 변화를 가져온 이 운하는 그 자체로도 훌륭한 해공 기지의 역할을 하였으며, 국제적으로도 중요한 전략 요충지로 발전하게 되었다. 20세기 건축 기술의 기념비적 위용을 자랑하는 이 파나마 운하는 지금도 여전히 대서양과 태평양을 연결하는 교통로 역할을 훌륭하게 해내고 있다.

파나마 운하는 사실상 가장 오래된 운하도 아니며 세계에서 가장 넓지도, 깊지도 그리고 가장 긴 운하도 아니다. 하지만 두 바다를 연결하는 유일한 수로라는 사실과 그리고 극심한 난관을 뚫고 완성되었다는 사실이 파나마 운하로 하여금 일찍이 인간이 이룩한 수로 공사 중 가장 위대한 인공 수로라는 명성을 얻게 하고 있다.

초기에 시도되었던 파나마의 좁은 해협을 뚫어 운하를 만드는 공사는 건축 역사상 가장 처참함 실책 공사로 끝나고 만다. 1881년 프랑스의 건축가 페르디난트 데 레세프스가 조직한 프랑스의 건설회사가 파나마의 해협을 뚫기 시작한 지 수년 후 수에즈 사막지대의 난관을 극복했던 데 레세프스가 파나마 모기에 손을 들고 만 것이다. 8년 동안 2만 명의 인부들이 말라리아로 죽어나가면서 3억 2,500만 달러의 손해를 보게 된 데 레스프스의 회사는 파산하게 되었다. 그리고 데 레세프스는 파나마를 떠났다.

1907년 드디어 괴탈스를 단장으로 한 미국 건설 단이 파나마로 건너가 프랑스 건설팀이 손을 뗀 건설 현장을 답사한 다음 그 공사를 이어받기로 결정했다. 파나마 정부로부터 운하 건설에 수용되는 16km폭의 긴

땅을 미국 정부에 팔겠다는 조건
을 수락받은 미국 건설팀은 먼저
말라리아를 퍼트리는 모기를 박
멸하는 대대적인 작업을 시작한
다.

프랑스 건설팀을 궁지에 몰아
넣었던 질병의 위험을 제거하여
안전한 작업 환경을 만드는 것이
최우선 과제로 등장하게 되었던
것이다.

파나마 운하 건설 장면

공사가 양쪽에서 동시에 시작
되어 빽빽한 열대 정글을 뚫고 나가기 시작하면서 오랫동안 '세계에서
가장 큰 웅덩이'라는 명성을 얻게 된 '가일라드 커트Gaillard Cut'라는 인
공호수가 수문과 함께 건설되었다.

201m 높이의 언덕을 파서 만든 이 공사에만도 300대의 열차가 각각
400톤의 흙을 매일 같이 실어 날라야 했다. 전체 운하 공사에 쓰인 흙의
양은 10조 톤이 넘는데 이것은 키아프스 피라미드의 무게를 모두 합친
것보다 무거운 것이다. 드디어 1914년 운하가 완성된다.

이 운하를 통과하는 선박은 그 높이가 26m의 차이로 조절된다. 즉 서
쪽으로 통과하는 선박들은 먼저 그 수위가 바닷물보다 높은 카툰호Lake
Gatun로 진입했다가 그보다 수위가 낮은 미라플로레스호Lake Miraflores
를 거쳐 바닷물과 같은 수위에 있는 태평양 쪽의 운하 끝으로 그 높이가
낮아지면서 통과하게 되어 있는 것이다. 물론 동쪽으로 통과하는 선박
들은 이와 정반대의 과정을 거친다.

미라플로레스호의 수문들은 세계에서 가장 거대한 구조를 갖고 있는

수문으로서 그 중 가장 큰 수문의 길이는 305m에 달하며 그 갑문閘門의 두께만도 2.1m 그리고 그 높이는 7층짜리 건물의 높이와 견주어진다.

'당나귀'라고 불리는 전기차들이 양쪽으로 선박을 끌어 운하를 통과시키고 있으며 수문의 물을 빼는 터널의 크기는 기차 터널의 크기와 맞먹는다.

91. 가장 혹독했던 전쟁

1919년 - 러시아

수백만 명의 남자와 여자, 그리고 꽃송이 같은 아이들이 추위로 죽었다. 그리고 5억 달러어치의 금이 얼음 광야에 버려졌다. 이와 같은 비극은 바로 추위 때문에 일어난 일이었다.

이것은 1919년 11월 13일 시베리아의 옴스크Omsk시에서 있었던 일이다. 러시아의 장군 콜착은 제정 러시아 제국의 유물을 모아 시베리아에서 8천km 이상 떨어져 있는 태평양 연안으로의 후퇴를 결심했다.

퇴각군은 5만 명의 병사와 동행한 75만 명의 피난민으로 구성되었다. 피난민 중에는 25명의 주교, 1만 2천 명의 성직자, 4천 명의 수사, 그리고 4만 5천 명의 경찰관과 20만 명 이상의 러시아 귀족 가문의 부녀들, 그리고 전 연령에 걸친 수많은 아이들이 포함되었다.

그러나 장군이 무엇보다 더 중요하게 여긴 것은 10억 달러 어치의 값이 나가는 500톤 가량의 금이 산적된, 28대의 무장한 기차였다.

역사상 가장 거대한 행렬이 8천km의 행로를 출발할 때 시베리아의 겨울은 그곳에서 오래 살았던 사람들도 놀랄 만큼 혹독했다. 평균 영하 40도 이하를 맴도는 추위는 60도 이하로까지 내려갔다. 울부짖는 바람과 눈보라는 직각으로 날이 선 톱으로 살을 에는 듯 했으며 그 거대한 인간 군단에게 말할 수 없는 고통을 주었다.

길은 곧 얼어 죽은 사람과 말의 시체와 버려진 썰매로 뒤덮여 갔고 그 위에는 끊임없이 내리는 눈이 덮여 중국의 만리장성이 시베리아 벌판에서 만들어지는 듯 했다. 이같이 믿어지지 않는 인간의 고난은 1920년 2월 어느 날, 군대가 많은 양의 금덩이를 버릴 것을 결정할 때까지 3개월 간이나 계속되었다.

장갑차의 연료가 모두 바닥났을 때 보물을 말 또는 썰매에 옮겨 실으려는 시도가 있었다. 하지만 혹독한 추위는 시베리아의 조랑말을 하나 둘씩 죽게 했고 마침내 마지막 남은 차르 황제의 보물까지도 버려야 했다. 이때 세상 사람들은 아무도 백만 파운드의 금이 퇴각군에 의해 버려지고 있다는 사실을 몰랐다.

희생자의 무리는 늘어만 갔고 행군하는 사람들도 최면에 걸린 듯 시체 같은 모습으로 조용히 움직였다. 눈은 계속 내려 전 세계가 마치 거대한 눈꽃이 소용돌이치는 우주로 보이게 했다.

지친 그들이 수천 미터의 눈길을 걸을 때 오도독오도독 들려오는 발자국 소리는 자장가를 연주하는 심포니처럼 들렸다. 그러나 그 소리에 굴복되어 한 순간 잠에 빠지는 사람은 다시 깨어나지 못했다.

혹독한 추위는 파멸에 이르러가고 있는 생존자들을 갉아먹을 듯 스며들어 왔다. 눈꺼풀에는 고드름이 달리기 시작했고 속눈썹에 어리는 물기는 그대로 얼음 덩어리가 되었다. 그리고 눈알을 덮고 있는 물기는 그대로 얼어서 특별 렌즈가 되었다.

눈보라는 미친 듯이 몰아쳐서 나보 니골라예브스크시 가까이 왔을 때는 하룻밤에도 20만 명의 사람들이 얼어 죽어갔다.

행렬은 2월 말쯤 바이칼 호수에 도착했고 처음 떠날 때 125만 명이던 인원 중 살아 남은 25만 명이 23km 깊이에 80km 폭의 얼어붙은 강을 건너기 시작했다.

이제 지난 3개월간의 고통을 능가할 만한 것은 아무것도 없는 듯 보였지만 바이칼 호수는 이곳을 건너지 못하고 돌아가야 할지도 모른다는 불안감을 주었다. 호수 표면에 얼어붙은 얼음은 마치 사교댄스 홀의 마룻바닥처럼 미끄럽고 반짝반짝 빛이 났다.

추위는 절정에 달해서 영하 69도의 혹한이 눈보라를 동반하여 뼛속까지 파고 들었다. 곰 가죽이나 물개 가죽으로 몸을 감싸는 일도 추위를 녹이기에는 소용없는 일이었다. 추위는 그들의 몸을 얼음 마스크처럼 감쌌다.

이제 그들은 또다시 수천 명씩 죽어가기 시작했다. 상상할 수도 없는 비극이 얼어붙은 호수 위에 펼쳐지기 시작했다. 빙판 위에서 막 아기를 출산키 위해 진통을 겪고 있던 한 육군 대장의 부인은 지나가는 사람들로부터 그녀를 가려주기 위해 인간 병풍이 되어 서 있던 그녀의 남편과 함께 얼어붙고 말았다.

바이칼 호수에서 살아남은 영혼은 하나도 없었다. 모든 사람이 죽고 그 위에 눈이 덮인 후 생존자 – 아마도 미친 수도사로 여겨지는 – 의 목소리가 눈보라치는 공동묘지 위로 외치듯이 들려 왔다.

"하나님께 인간의 심장을 더욱 강하게 만들어 달라고 기도하라."

마침내 그 목소리도 사라졌고 그곳에는 유령의 정적만이 감돌았다. 25만 명의 시체가 바이칼 호수 위에 그들이 쓰러진 자리에 여름이 올 때까지 그대로 남겨져 있었디. 여름이 와서 얼음이 녹았을 때 거대한 무게의 시체 더미들이 바닥으로 가라앉기 시작했다.

이 엄청난 혹한에 의한 희생자들의 몸은 오늘날까지도 그곳에 있을 것이다.

92. 건달들과 밀주꾼들

1920년 - 미국

흉터투성이 얼굴 알 카포네는 당대의 유일한 범죄단 두목은 아니었지만 가장 거칠었던 인물이었음에는 틀림없다.

이 시카고 갱단 두목은 "나는 사업가이다."라고 공공연히 주장하기를 좋아했다.

700명의 총잡이로 구성된 개인 군대를 거느린 알 카포네는 시카고 도시의 1만 여 명의 건달들을 고용해 도박과 매춘을 비롯한 온갖 불법 행위로 미국 중서부를 휩쓸고 있었다.

수많은 경찰과 정치인들의 이름이 그의 정기 상납자 명단에 올라 있었는데 그가 얼마나 많은 돈을 끌어 모으고 있었는지 정확히 아는 사람은 없었다. 믿을 만한 정보에 의하면 1년에 1억 달러를 상회하고 있었다고 한다. 술을 마시지 않는 사람들은 그를 악마로 생각했으나 시카고의 많은 주정뱅이들에게는 그가 마치 구세주와 같은 존재였다.

카포네가 암흑가의 두목이 되기까지 총에 맞아 몸이 벌집이 되어 죽어 간 시체들은 셀 수가 없다. 라이벌 갱단과의 싸움이 한창일 때는 쿡 카운티에서만도 1년에 400여 명의 갱들이 총에 맞아 죽어 나가다. 1929년

2월 14일 발렌타인 데이에 발생한 집단 살인이 그 대표적인 것이었다.

당시 시카고 북쪽 지역의 세력을 잡고 있던 갱단의 두목이었던 벅스 모란을 살해하라고 명령을 받은 카포네의 부하들은 그 갱단 중의 7명이 차에서 그들이 탈취한 술 상자들이 도착하기를 기다리고 있었다는 정보를 얻는다.

경찰로 가장한 카포네의 부하들은 그들에게 접근하여 무장을 해제시킨 다음 차고 벽을 향해 일렬로 세워 놓았다. 그리고 일제히 기관총을 꺼내어 그들을 향하여 난사하기 시작했다. 두목 모란은 겨우 목숨을 구해 달아났지만 그의 전성시대는 끝장이 나고 만다.

희생자들의 수가 늘어나자 카포네는 차츰 인기를 잃기 시작했으며 시카고 범죄 추방위원회가 대대적인 대외 홍보 활동과 함께 '대중의 적 명단' 을 작성하여 공개 발표한 것을 계기로 암흑가의 왕자 알 카포네는 급속이 몰락하기 시작했다. 드디어 1931년 10월, 카포네는 탈세 혐의로 구속되어 11년의 형을 살게 된다.

알 카포네의 몰락을 가장 기뻐했던 사람은 그를 감옥에 넣으려고 11년 동안 투쟁했던 엘리엇 네스 검사장이었다.

감옥으로 끌려가는 알 카포네는 여전히 반성의 기색이 전혀 없는 얼굴로 "내가 한 일이라고는 수요에 대한 공급뿐이었다."라고 말했다고 한다.

알 카포네의 직업

알 카포네는 기관총으로 수백 명을 살해했지만 미국 국세청에 제출한 서류에는 고물상 주인으로 올라 있었다. 그는 1927년 한 해 동안 1억 5백만 달러의 매상을 올렸으며, FBI가 이 악명 높은 갱단 두목을 잡아 넣을 수 있는 근거는 탈세 명목뿐이었다. 아이러니하게도 그의 동생은 네브래스카 주의 경찰이었고 그의 외아들 알버트 카포네는 꽃집을 운영했다.

알 카포네

93. 레바논 불명의 예언자

1931년 - 레바논

레바논 불명의 예언자이며 한 시대의 석학으로 전 세계에 널리 알려진 칼릴 지브란(1883~1931)은 레바논의 유명한 도시 브샤레에서 출생하였다.

1908년 파리의 미술학교에 입학한 지브란은 유명한 조각가 아우구스트 로댕의 지도와 감독을 받으면서 3년간 미술 공부를 하였다.

그때 이미 로댕은 지브란의 뛰어난 재능을 간파하고 그의 화려한 미래를 예견하였다. 지브란의 친구인 헨리 드 보포도 그의 천재성에 찬탄하면서 "20세기의 윌리엄 블레이크(1757~1827 : 영국의 시인이며 예술가)라 할 수 있는 이 레바논의 시인이며 예술가로부터 우리는 많은 것을 기대한다."고 하였다

지브란의 시, 소설, 서한 등에서 흔히 찾아보게 되는 슬픔과 비애는 그가 젊은 시절 겪어야 했던 슬픔과 불행에시 기인한다. 1902년 4월에 누이 솔타나가 죽고, 1903년 2월에는 형 피터가 꽃다운 청춘의 나이로 죽었다. 그로부터 3개월 후에 지브란이 숭배에 가깝도록 사랑했던 어머니가 돌아가셨다.

칼릴 지브란의 그림

지브란의 수많은 작품이 출판되고 나아가 여러 나라의 언어로 번역되어 읽혀지고 있음을 볼 때 지브란은 일찍이 그에게 기대되었던 바를 훌륭하게 성취한 예술가라고 할 수 있다. 이 책을 편찬하기 위하여 수집하고 번역한 아랍어로 씌어진 그의 서한집에서 우리들은 그의 문장의 특징인 상징적인 경향을 다시 찾아보게 된다. 이 서한집에는 지브란의 특성인 동양 철학과 서양 철학이 심오하게 결합되어 있음이 나타나 있다. 이러한 고차원의 세계를 서구인들은 이해하지 못하고 당혹해 한다.

지브란의 작품 속에서 표현된 사색과 정감은 너무 깊고 오묘하여 일상적인 사고에서 나왔다기보다는 그의 가슴 깊은 곳에 내재된 어떤 강제적인 힘에 의하여 역동적으로 분출된 것이 아닌가 하는 생각을 갖게 한다. 지브란은 오늘날 세계 문학과 철학의 정상에서 혼자 고독하게 서 있는 거인임에 틀림없다.

1931년 칼릴 지브란이 세상을 떠나자 그를 존경하고 사랑하는 수백만의 독자들은 슬픔을 감추지 못했다. 그의 장례식은 상상을 초월할 정도로 장엄하였다. 실제로 동구의 하늘 아래 모든 종파를 대표하는 종교적인 지도자들과 사제자들이 다 참석하여 이 세상을 잠시 살다 간 한 위대한 천재 작가의 죽음을 애도하였다.

지브란의 아포리즘

      바다의 비밀 : 나는 아침에 생긴 이슬방울 속에서 바다의 비밀을 발견했듯이 한 여인이 흘린 눈물 속에서 그녀의 진실을 발견한다.

94. 루스벨트 대통령 취임

1933년 3월 4일 - 미국

미국의 절망을 반영하듯 어두운 먹구름이 잔뜩 낀 오늘 미합중국의 대통령 취임 선서를 마친 루스벨트 대통령은 "우리가 오직 두려워할 것은 두려움 그 자체 뿐이다."라며 국가의 장래를 걱정하는 미국민들에게 자신감을 북돋워 준다.

창백하고 긴장된 모습이긴 하지만 또렷한 어조로 연설을 하는 51세의 민주당 출신 대통령은 미국 수도의 이스트 플라자에 모인 10만 명이 넘는 관중, 그리고 미국 전역에서 라디오를 듣고 있는 수백만의 미국인들의 숨통을 트이게 했다.

전 미국을 뒤덮고 있는 경제 공황의 어두운 먹구름에도 불구하고 오늘 성조기의 물결과 밴드의 행진곡이 울려 퍼지는 워싱턴 D.C의 가두에는 대통령 취임 선서를 마치고 백악관으로 향하는 루스벨트 대통령을 환영하는 인파로 들끓고 있다.

드디어 리무진에 탄 루스벨트 대통령이 50만 명으로 추산되는 인파의 환호와 갈채에 미소 띤 얼굴로 손을 흔들며 지나가고 있다.

이미 루스벨트는 취임 연설을 통해 국가 경제를 맡고 있던 각료들을

루스벨트 대통령 취임

'돈 바꾸는 기계들'이라고 비난하면서 그러한 작자들을 그들의 신전에서 추방하여 다시는 남의 돈을 잘못 사용하지 못하도록 해야 한다고 단호하게 주장하여 뜨거운 갈채를 받았다.

그가 가장 큰 갈채를 받았던 것은 역시 "미국이 적의 침입을 받았을 경우 대통령에게 주어지는 권한에 견줄 만한 권한을 국회에 요구할 준비가 되어 있다."라는 대목이었다.

루스벨트 대통령이 지적했듯이 현재 미국의 경제는 매우 심각한 상태였다. 전 미국 가장의 4분의 1이 실업자가 되었고, 후버 전 미국 대통령의 마지막 임기에는 수많은 은행과 공장들이 문을 닫았고, 수많은 농부들이 자신들의 땅에서 쫓겨나는 것은 물론 온 가족이 움막에 거주하면서 쓰레기통을 뒤져 하루하루를 연명하는 사례가 전국에서 속출하고 있었다.

이무도 이 미국의 전형적인 부유한 가문 출신의 나약하게 보이는 불구의 귀족이 미 대륙을 뒤흔든 경제 공황의 뒷덜미를 잡을 수 있으리라고는 믿지 않았다. 하지만 루스벨트 대통령은 이것을 해내고 말았다.

오늘 루스벨트 대통령이 의회를 설득하여 통과시킨 법령, 즉 국가 산업 복구 강령은 루스벨트가 대통령이 되기 전인 6개월 전까지만 해도 자본주의 국가에서는 상상도 할 수 없던 법령이었다.

이 법령은 대통령에게 산업 활동을 통제 조절할 수 있는 권력뿐만 아니라 노동조합과 고용주들을 한자리에 불러 근무 시간을 줄이거나 임금을 조정시켰으며 제품 생산을 통제할 수 있는 권력을 부여하고 있는 것이다.

자신에게 부여된 이 독재적인 권력으로 미국의 경제를 회복시킬 수 있다고 확신한 루스벨트 대통령은 우선 일부 은행들을 폐쇄하는 한편 확실한 기업체에만 융자를 주도록 감독을 하며 부채를 갚지 못한 농부들이나 가옥 소유자들을 구제하는 작업을 벌이기 시작한다.

이미 300만 달러라는 돈이 공공 건설 계획을 통해 전 미국 사회로 흘러 들어갔으며 테네시 골짜기에 물을 끌어들여 수림을 만드는 작업이 시작되었다. 또한 전국에 산재해 있는 '시민 자연 보호 단체'에서는 나무를 심는 작업을 시작하여 100만 명이 넘는 젊은 청년들에게 일자리를 제공할 예정이다.

루스벨트는 다른 대통령과는 달리 벽난로 앞에 모여 앉아 라디오에서 흘러나오는 환담을 듣고 있는 수백만 미국 서민들의 신뢰를 받고 있다. 자신 있는 어조로 '금지령'(금주령 포함)의 해제를 선언한 루스벨트 대통령이 "자! 지금이야 말로 맥주 한잔을 마실 때라고 생각합니다."라고 의호에서 말하자 전 국민들이 그의 건강을 위해 건배를 하기 시작한다.

지나친 관료주의의 형식을 배제하겠다고 약속한 루스벨트 대통령은 다가오는 겨울을 대비하여 극빈자들의 의복과 식량을 해결하라는 명령을 내렸다. 연방정부 관리들의 말에 의하면 다음 달에는 지역 기금과 연방 기금을 합한 700만 달러의 기금이 이 사업을 위해 풀릴 것이라고 한다.

현재 350만 명의 미국인들이 구호 명단에 올라가 있으며 연방 구호 기구 행정관은 이들에게 지급되는 구호 식량이 '소금에 절인 돼지고기와 콩'에 국한되지 않는 철저한 관리에 의한 '영양 식단'이며 대부분의 식량들은 미 농수산부의 잉여 농산물 창고에 보관되어 온 것이라고 설명했다.

그는 노후 보장을 위한 사회 안정제도Social Security와 저소득층을 위한 사회복지Welfare 보조금 제도를 만들어 안정된 사회를 만들어 낸 최초의 대통령이 되었다.

95. 베를린의 영웅, 제시 오웬

1936년 8월 16일 - 베를린

과연 히틀러의 기분은 어땠을까?

1936년 독일 베를린에 열린 올림픽 마라톤 경기에서 동양인으로서 최초로 우승한 유색인종인 한국의 손기정 선수에게 히틀러는 손을 내밀어 악수를 했다. 인종차별주의자인 히틀러는 흑인 제시 오웬이 4관왕이 되었을 때 기분이 어떠했을까?

베를린 올림픽은 53개국에서 모인 5천여 명의 선수와 동원된 관중의 수, 거두어 들인 수입과 대회 성적 등 모든 면에서 대성공을 거둔 대회였다.

23개의 육상 경기 종목 중에서만도 12개의 신기록이 수립되었으며 미국은 전 종목을 통하여 나머지 국가들의 금메달 수를 모두 합한 것보다도 많은 12개의 금메달을 땄다. 하지만 정작 국가 간의 평화와 화합으로 도모하는 올림픽 정신은 독일 수상 아돌프 히틀러의 행동으로 그 빛을 잃게 되었다.

많은 유대인들이 미국 올림픽
팀을 후원해주었을 뿐만 아니라
경기에 참가하고 있는 선수들을
격려하기 위하여 독일을 방문했
지만, 이는 유대인들을 극도로 경
멸하는 히틀러와 그의 반나치 정
권 당국을 난처하게 만들었다.

그 밖에도 히틀러 자신이 '열등
인종'이라고 공공연히 멸시하던

제시 오웬

흑인들이 장애물 경기와 넓이 뛰기를 비롯한 거의 모든 육상 경기 종목
을 휩쓸어, 히틀러의 입장을 또 한번 곤혹스럽게 만들었다.

그 중에도 가장 돋보이는 선수는 100m와 200m 그리고 400m 릴레이
와 넓이 뛰기에서 4개의 금메달을 획득한, 오하이오주 출신 제시 오웬이
었다. 이 금메달리스트는 히틀러가 연출하는 드라마의 한 부분에 등장
하게 된다. 대회가 시작되는 첫날, 독일 선수 한스 볼케가 포환던지기에
서 우승을 하자 히틀러는 독일의 역대 올림픽 챔피언들을 동원시켜 축
하 행진을 하는 등 화려한 치하를 해주었다. 하지만 오웬이나 그의 '검
은 잡동사니'(히틀러의 표현)들이 우승을 차지할 때는 전혀 다른 상황이
전개되고 있었다. 오웬이 100m를 10.2초로 달려 우승한 것을 시작으로
흑인들이 연달아 우승을 하자 히틀러의 입장이 곤혹스러워지기 시작한
것이다.

다른 우승자들처럼 이 흑인을 대중 앞에서 축하해 주어야 하느냐 혹
은 이들을 모른 체하여 세계의 비난을 받느냐라는 선택의 기로에서 히
틀러는 결국 지체되는 경기 일정과 비가 올 것 같은 날씨를 핑계 삼아
자리를 피해 버린다.

그 후 히틀러는 어떤 우승자도 대중이 보는 앞에서 치하를 해주는 일이 없었다. 하지만 독일 선수 두 명이 포환던지기에서 1, 2등을 차지하자 이들을 뒷전으로 불러 치하해 주었으며, 독일 선수 루츠 롱이 넓이뛰기에서 오웬의 뒤를 이어 2등을 했을 때도 오웬은 제쳐 놓고 루츠 롱만을 개인적으로 치하해 주어 세인들의 비난을 받기도 했다.

하지만 관중들은 오웬이 200m 경주에서도 20.7초를 기록하여 우승하자 관중들은 우레와 같은 기립박수로 미 흑인 올림픽 영웅에게 경의를 보냈다. 물론 이 때도 히틀러는 서둘러 경기장을 빠져 나갔다.

96. 문학적 수수께끼, 제임스 조이스

1941년 1월 13일 - 스위스

작가 제임스 조이스James Joyce가 58세의 나이로 세상을 떴다. 철학적 상징주의와 난해한 표현이 가득찬 작품으로 세상 사람들을 혼란에 빠지게 한 제임스 조이스가 가지고 있는 단 한 가지 확실한 것은 의심할 여지가 없는 그의 천재성이다.

1882년 2월 2일 더블린 근교에서 태어난 조이스는 어린 시절을 알코올 중독자였던 아버지 밑에서 보냈는데, 이 당시의 그의 생활이 1915년에 발표된 작품 『젊은 예술가의 초상』에 잘 묘사되어 있다.

그 후 더블린의 한 대학에서 현대어를 전공하는 한편 틈틈이 의학을 공부하던 조이스는 어려워지는 가정 형편으로 학업을 중단한 채 9명의 동생들을 돌보기 위해 직업을 갖게 된다.

더블린에서 교사 생활을 하던 조이스는 그 후 그의 작품에 등장하는 여주인공의 모델이 되는 노라 비니클이라는 여성을 만난다. 조이스와 26년 동안 연인 관계를 지속하던 그녀는 마침내 그의 정식 아내가 된다.

그의 인기가 높아질수록 조이스를 아끼던 아일랜드인들의 사랑은 식어 가는데 그것은 그의 시나 단편(대표적인 것으로는 1915년에 발표한 「더블린 사

제임스 조이스

람들」)을 통하여 아일랜드인들을 냉정하게 묘사하고 있었기 때문이었다. 이에 따라 조이스는 자신의 작품에 등장하는 주인공 리오폴드 블룸과 같이 조국을 떠나 파리와 스위스 사이를 방황하는 방랑생활을 한다.

1922년 그는 2명의 더블린 사람의 생활을 그린 작품을 발표했다. 거침없이 음탕한 성적 표현으로 가득찬 이 작품 「율리시즈」는 그 후 더 이상 그 작품은 음란 서적이 아닌 세기적 대가의 작품으로 인정받고 있다.

"천재는 실수를 하지 않는다."라고 조이스는 자신의 작품을 통해 말한 적이 있다.

「율리시즈」에서 블룸이 몰리에게 프로포즈 했을 때 그녀는 이렇게 말했다.

"Yes I said yes I will yes." 조이스는 이 구절을 이렇게 설명했다.

"이 장은 여성의 단어인 yes로 시작해서 yes로 끝난다. 그것은 축을 중심으로 천천히 확실히 평탄하게 도는 거대한 공과 같으며 그 네 개의 중요한 점은 여성의 젖가슴, 엉덩이, 자궁… 을 의미하고 yes라는 말로 대변된다."

*역주 : 김종건의 율리시즈 해설 참조.

모든 소설을 종식시킨 소설

　　　　　　「율리시즈」는 제임스 조이스가 특수한 수법인 '의식의 흐름'을 통해서 인간의 내면적인 갈등과 생활을 파헤친 20세기 최대의 소설이다. 1914년에 집필하여 1922년 완성될 때까지 8년에 걸쳐서 씌어진 900페이지 이상 되는 이 소설은 1904년 6월 16일 하루 동안에 일어난 사건을 기록한 것이다.

"Away a lone a last a long the"

　　　　　　11년이 걸린 1928년의 새로운 소설 「피네간스 웨이크」(Finnegan's Wake)에서 제임스 조이스는 문법을 완전히 무시하여 무의식에 잠겨 있을 때 인간이 사고하는 것을 나타냈다. 이 소설의 맨 마지막 단어는 정관사 'the'이다.

당신은 이 은행을 털 것 같소

　　　　　　조이스는 그가 가난했던 젊은 시절, 일자리를 구하기 위해서 은행에 이력서를 제출했다. 은행 지점장은 조이스를 면접했다.

"담배를 피우십니까?"

"아닙니다."

"술은 드십니까?"

"아닙니다."

"여자들과 데이트를 하십니까?"

"아닙니다."

"당구 게임을 즐기십니까?"

"아닙니다."

"포커 게임을 하십니까?"

"아닙니다."

조이스와 면담을 하던 지점장은 자기와 다른 세계의 사나이를 발견하고 나서는 이렇게 말했다.

"당신은 아마도 이 은행을 털 것 같소. 빨리 나가시오."

「율리시즈」 출판 기념회

제임스 조이스는 8년 동안의 노고 끝에 「율리시즈」를 탈고하고 이를 기념하기 위해서 각계각층의 인사들을 초빙하여 파티를 열었다. 제임스 조이스의 「율리시즈」 기념회에 참석한 모든 사람들이 한결같이 이 책에 대한 격찬을 아끼지 않았다.

당시 영국 문학 평론가인 웨이브스터는 이 작품에 대해서 다음과 같이 평했다.

"주인공 블룸의 독백은 여성 심리 묘사의 최고의 경지에 이르고 있습니다."

웨이브스터의 「율리시즈」에 대한 간단한 평론이 끝나자 우레 같은 박수가 터져 나왔다. 가만히 침묵만 지키고 있던 제임스 조이스의 아내 노라가 좀 화가 난 듯이 말했다.

"그이가 여성 심리를 최고로 잘 묘사한 작가라고요? 천만에요. 그는 여성 심리를 전혀 이해 못해요. 자기 아내의 단순한 여성 심리 하나도 이해 못하는 사람이 복잡한 여성 심리의 무의식의 흐름을 이해할 수 있다고 생각지 않아요."

97. 일본의 진주만 기습

1941년 12월 7일 - 하와이

비참하게 파괴되어 불타는 군함들, 고통에 신음하는 부상병들, 형체를 알아볼 수 없는 시체들… 비로소 미국은 전쟁의 한가운데 서 있는 자신의 모습을 발견한다.

12월 7일 하와이 군도를 기습한 360여 대의 일본 전투기들의 맹렬한 폭격으로 인해 진주만의 미 해군 기지가 철저하게 파괴되면서 수천 명의 사상자가 발생한 지 며칠이 지났다. 이에 미합중국은 드디어 필사승리의 각오로 세계대전에 뛰어들었음을 선포한다.

일본의 진주만 기습 직후에도 루스벨트 대통령은 "미합중국은 일본제국 해·공군의 기습을 받았습니다. 하지만 우리 미국인들은 기필코 승리할 것입니다. 신이시여, 우리들에게 가호를 내려 주십시오."라고 일본 제국을 향한 미국인들의 분노와 의지를 분명히 밝힌 적이 있었다.

진주만 기습 직후 즉시 소집된 미 의회는 몬타나주 대표이며 공화당 출신인 여성 의원 자넷 젠킨이 던진 단 한 표의 반대를 제외한 만장일치로 전쟁 선포안을 통과시켰다.

우레와 같은 박수 속에서 수차례 연설을 중단하던 루스벨트 대통령은 일본 제국의 만행이 벌어진 1941년 12월 7일을 영원히 기억하자고 국민들에게 호소했다. 그리고 11일에는 또다시 소집된 의회에서 일본의 동맹국인 독일과 이탈리아를 상대로 한 선전포고안이 통과된다.

그 동안 일본의 인도차이나(베트남 : 당시 프랑스령) 점령에 대한 문제를 놓고 미국과 협상을 하는 척하며 술수를 펴오던 일본 제국이 진주만 기습을 오래 전부터 계획하고 있었던 것은 분명한 사실이다.

"이것은 두려워 할 것이 전혀 없는 전쟁이며 동아시아의 국가들의 운명이 이 전쟁에 달려 있다."라고 주장해 오던 일본 수상 히데끼 도조가 드디어 그의 야망을 본격적으로 실행에 옮기기 시작한 것은 11월 26일이었다.

11월 26일 치우찌 나구마 부제독의 지휘 아래 폭격기를 가득 실은 6척의 항공모함은 잠수함과 전투함의 엄호를 받으며 쿠릴 섬을 떠나 하와이로 출발했다. 그로부터 12일 후 도조의 폭격기가 목표물을 향해 벌떼처럼 달려들었던 것이다.

무차별 기습이 개시된 지 2시간 만에 일본 폭격기는 유명했던 아리조나 호를 비롯한 5대의 구축함을 침몰시켰다. 14척의 소형 전함과 200대가 넘는 군용기를 파괴했는데, 희생자들의 숫자는 2천 명이 넘는 수병들이 전사한 것을 비롯하여 400여 명의 부상자를 기록하고 있었다.

이에 비해 일본군의 희생은 극히 미미했다. 사상자는 100명이 채 안 됐으며 29대의 전투기와 5척의 소형 잠수함을 잃었을 뿐이다.

그 후 이 기습 작전은 일본 전쟁 역사상 가장 위대한 성공을 거둔 작전 중의 하나로 기록된다.

루스벨트 미합중국 대통령은 독일과 이탈리아 그리고 일본의 3동맹이 현재 무시 못할 승리를 거두고 있다는 사실을 시인했다. 이와 함께 독일과 이탈리아가 일본 제국이 미국을 공격하리라는 사실을 미리 통보

받았을 것이라고 덧붙였다. 그는 "우리의 적은 가장 적당한 시기를 이용해 대단한 솜씨로 훌륭한 전과를 올렸다."고 하면서도 결코 진주만 기습으로 일본이 태평양의 주도권을 잡은 것은 아니라고 단호히 부인했다.

루스벨트 대통령이 짐작한 대로 일본의 작전은 우선 진주만을 기습하여 미 태평양 전단을 무력화시킨 다음 태평양의 주도권을 잡아 나가자는 것이었다. 미국이 전단을 재구

일본의 진주만 기습

성하는 동안 진주만 기습을 끝낸 일본은 즉시 말라야와 홍콩 그리고 북부 필리핀을 점령해 나가기 시작한다.

현재 맥아더 장군의 지휘 하에 있는 미 육군과 필리핀 병력으로 구성된 13만 명의 병력은 미 제5전투함대가 도착할 때까지만이라도 일본의 침공을 저지하려고 노력하고 있다.

유럽과 태평양 전역으로 확산되는 세계 대전을 지켜보던 많은 사람들은 일본 제국의 지속적인 침략이 예상되면서 한 가지 이해할 수 없는 점이 있었다. 갑자기 악화된 미국과 일본의 우호관계로 이미 전세계에 퍼져 있는 미군 사령부들이 왜 세계 최대 군사 강국인 미국이 그 귀중한 선함들과 비행기들을 한 군데에 방치해 두었나는 점이었다.

현재까지도 12월 7일 그 끔찍한 사건에 대한 책임을 추궁당한 미군 고위급은 없는 가운데 루스벨트 미합중국 대통령의 명령에 의하여 관계자들이 보다 정확한 정보를 수집하고 있지만 이미 몇 가지 사실은 명백

히 드러나고 있다. 진주만 사건이 미국을 전쟁으로 끌어들이는 구실을 만들어 준 동시에 미국의 전쟁 개입을 저지하는 반대파들의 입을 틀어 막아 주었다는 점이다.

진주만 기습이 없었더라면 미국의 전쟁 개입이 훨씬 늦어졌을 것은 의심할 여지가 없는 사실이지만, 이미 미국은 지금 전쟁의 물결에 몸을 싣기 시작했다.

진주만의 첫 포성은 미국이 울렸다

일본이 하와이 진주만에 있는 미국의 해군 기지를 몰래 습격하여 미국의 태평양 함대를 파괴시키고 미국으로 하여금 제2차 세계대전에 참여하게 만들었지만, 진주만에서 포문을 먼저 연 것은 일본이 아니라 미국이었다.

1941년 12월 7일 동트기 바로 전, 미국 소행정이 제1차 세계대전 때의 순양함 천 톤짜리 워드 호에 교신을 보냈는데 정체를 알 수 없는 잠수함이 진주만으로 들어오고 있는 것을 탐지했다는 것이다. 약 4시간 후, 워드호에서 초록빛 2인승 소형 잠수함의 전망탑이 미 화물선 뒤에 따라붙는 것을 발견하였다.

워드호의 선장인 윌리엄 W. 아우터브리지 대위는 선원들에게 전투태세를 준비시킨 후 발포 명령을 내렸다. 제3포의 포탄은 46m 떨어진 잠수함의 전망탑을 날려버렸다. 포탄을 맞은 잠수함은 미친 듯이 돌더니 폭발하면서 가라앉았다. 워드호는 잠수함의 흔적을 없애버리기 위해 4개의 수중 어뢰를 발사켰다. 이렇게 하여 진주만에서의 포성은 새벽 6시 45분에 미국에 의해 시작되었으며 희생자는 미리 계획된 습격의 임무를 띠고 침입하였던 일본 잠수함이었다.

1시간 10분 후 일본군 총력이 진주만으로 진격하여 폭격을 시작하였다. 급강하 폭격기, 어뢰 발사기, 전투기, 고공 폭격기 등으로 이루어진 353항공대가 두 줄로 전열을 갖추고 진주만을 뒤흔들어 놓았다. 그리하여 2,403명의 해군을 비롯한 미군이 사망하고, 19대의 미군 함정이 가라앉거나 못 쓰게 되었으며 지상에서는 150대의 비행기가 날아가버렸다. 루스벨트 대통령은 이날을 '영원히 불명예스러운 날'이라고 불렀다.

일본군은 정확히 3년 뒤에 워드호에게 당한 일을 만회하게 되었는데 1944년 12월 7일 가미가제 비행사들이 워드호를 공격하여 필리핀 군도 옆에서 침몰시켰다.

장교와 사병

1941년 7월 7일 하와이 카우큐 기지에 있는 미 제55토신대의 레이다 망에 220km 지점에서 접근해 오는 비행 물체를 잡아냈다. 근무병이 이것을 당직 장교에게 보고했지만 그는 자국 비행기일 것이라 생각하고 무관심하게 넘겨버렸다. 당시에는 레이다가 새로운 것이어서 전적으로 믿을 게 못 된다고 여겼기 때문이다. 그러나 이 일본의 '사나운 독수리'라 불리는 전투기 353대는 진주만에서 18척이 군함을 박살내고 2,403명의 목숨을 빼앗았다.

98. 노르망디 상륙 작전

1944년 6월 6일 - 프랑스

새벽의 여명과 함께 오랫동안 기다리던 '디-데이'가 되었다. 유럽을 탈환하는 이 '앵글로 - 아메리칸(영미)' 작전을 지휘하게 된 연합군 총사령관 아이젠하워 장군은 적이 포착할 수 있는 모든 정보를 차단하기 위하여 "막강한 공군의 지원을 받는 연합군 전함들이 연합군 병력을 프랑스 북부 해안에 상륙시켰다."라는 간단한 문구로 전세계에 연합군의 대대적인 작전이 개시되었음을 선언한다.

시간이 흘러가도 작전에 동원된 연합군 병력 숫자는 여전히 알려지지 않고 있었으나 특히 제르보르그에서 104km 떨어진 카엔 해안에 상륙한 대병력이 독일군 통신에 포착된 것을 시작으로 연합군의 상륙 지점이 하나둘 드러나기 시작했다.

네 차례로 나누어진 연합군의 상륙을 리드한 것은 거대한 낙하산의 물결이었다. 탄약을 메거나 가슴에 안은 채 C-47 수송기에서 낙하한 수만 명의 병력들 중 일부는, 후미를 교란시킬 목적으로 적진 깊숙이 투입될 특공대와 독일군 활주로 점령에 실패한 경우 새로운 활주로를 건설할 공병대였다.

곧이어 또 한 차례의 연합군 병력이 900대가 넘는 미 제 9공군 수송단의 수송기에 의해 해안에 상륙되자 바닷물과 땀으로 범벅이 된 병사들이 총과 탄약을 끌어안은 채 모래사장을 전진하기 시작했다. 거대한 휘발유통을 실은 트럭들과 각종 화기를 실은 트럭들 그리고 수많은 지프들이 그들을 에워싸고 나갔다.

노르망디 상륙작전 아이젠 하워

오늘밤과 내일 상륙될 3, 4차 연합군 병력들은 점차 강화되어가는 독일군 방어선 때문에 더욱 힘든 작전을 치를 것으로 예상되고 있다. 독일군의 저항은 아이젠하워 장군과 그 밖의 연합군 지휘관들이 미리 예상했던 것처럼 그리 만만치가 않았다.

그 동안 연합군 공군기의 2~3%가 추락한 것은 이미 예상했던 피해였다. 하지만 시간이 흐르면서 독일군의 탐조등이 증강되었고 모든 20밀리 기관총들이 모래사장을 힘겹게 전진하고 있는 상륙군을 향해 배치되기 시작했다. 또한 원시적이긴 하지만 날카롭게 깎은 말뚝들이 해안지역에 수없이 박혀 있는 것도 발견되었다.

상륙 작전이 치열해지면서 아이젠하워 장군의 음성이 라디오 전파에 실려 서부 유럽으로 퍼져 나가기 시작한다. 프랑스인들을 겨냥한 아이젠하워 장군은 주로 대대적이 연합군이 공격이 시작되었음을 알렸다.

"프랑스 시민들이여, 이미 프랑스 땅에 발을 딛는, 성공적인 연합군의 상륙이 이루어졌으며 나는 프랑스인들을 비롯한 독일 점령지의 모든 유럽인들에게 더욱 자신있게 이 메시지를 전할 수 있게 되었습니다. 하지만 아직 여러분은 여러분 지도자의 지시를 따르십시오. 성급한 봉기는 도움이 되지 않습니다. 인내를 가지고… 이번 상륙 작전은 서부 유럽을 해방시키는 첫 발걸음이며 우리는 앞으로도 수많은 전투를 치러야 할 것입니다. 자유를 사랑하는 모든 이들이 우리들의 편에 서 주기를 기원합니다.”

사상 최대의 상륙 작전에 동원된 미군과 영국군 그리고 캐나다군 병력들은 노르망디 해안 160km를 따라 12군데로 분산되어 상륙했다. 연합군 정보기의 분석에 의하면 파사 데 칼라이스에 주둔하고 있는 독일 병력이 가장 강력한 방어진을 펴고 있었으며 막강한 파워를 자랑하고 있던 그들의 기갑사단도 여전히 제 위치를 지키고 있었다.

본격적인 작전은 독일의 해안 방어 진지와 지뢰밭을 때리는 수많은 폭격기의 공습과 함께 시작되었다. 새벽 5시가 되자 해안에 가까운 바다 위에는 영국의 각 항구에서 끌어 모은 수천 대의 선박이 연합군 병사들을 실은 채 새카맣게 몰려 왔다. 곧 그 뒤쪽에 집결해 있던 전함들이 독일군의 방어 진지를 향해 수만 발의 포탄을 날리기 시작했고, 먼저 상륙한 공병 특공대원들은 탱크와 자주포의 엄호를 받으며 장애물을 폭파하기 시작했다.

작전이 시작되기 전부터 아이젠하워 장군을 비롯한 연합군 지휘관들을 괴롭혔던 것은 어떻게 해상을 통해 육로를 이용하는 독일군보다 빠른 지원을 할 수 있느냐 하는 문제였다. 그러나 작전이 시작되자 영국 공군과 미 공군은 적의 열차 선로들, 교량, 레이다 통신망 그리고 보급 창고들을 철저히 파괴하여 이 문제를 훌륭히 해결해 주었다. 이에 따라 독일군은 하룻밤에 상당한 양의 이동 능력과 보급품을 잃게 된 것이다.

　한편 영국 의회에 참석한 처칠 수상은 "작전은 만족스러운 성과를 올리고 있으며 피할 수 없었던 수많은 어려움들이 극복되었다."라며 작전이 성공하였음을 시사했다. 전체적인 연합군의 피해는 예상보다 훨씬 적었으며 독일군의 저항도 연합군 공군의 활약으로 차츰 기세가 약해지기 시작했다. 작전이 시작된 이 디-데이 저녁 무렵, 연합군은 독일군의 진지를 향하여 수 킬로미터 전진하는 성과를 올린다.

99. 나치의 만행

1945년 1월 27일 - 폴란드

수용소 현관

　　한때 폴란드의 대표적 산업 지구이던 아우슈비츠의 수용소에 러시아군이 진주했을 때 그 수용소 현관 위에는 아직도 '일은 당신을 자유인으로 만든다'라는 구호가 적힌 나무패가 달려 있었다.

　　비쩍 마른 몸을 드러낸 두 어린 쌍둥이가 멩글 박사의 실험대에 드러누운 채 불안에 떨고 있다.

　　쌍둥이 출산의 비밀을 캐기 위하여 혈안이 되어 있는 멩글 박사는 이미 수용소에 갇혀 있는 '열등 민족' 200쌍둥이를 상대로 생체 실험을 한 적이 있다.

　　'우수 민족'을 출산하는 독일의 어머니들에게 쌍둥이를 낳게 하여 직속상관 히믈러Himmler의 야망을 채워 주고 싶었던 것이다.

　　오늘 폴란드에 진격해 들어온 러시아 병사들이 나치의 만행에 희생된 수만 구의 유대인 시체를 발견한다. 아우슈비츠 수용소의 철조망을 헤치고 들어간 러시아 병사들도 5천 명의 뼈만 앙상하게 남은 모습의 유대인들을 발견하고 나치의 참혹성에 입을 다물지 못했다. 하지만 어쨌든 이들은 운이 좋은 생존자들이었다. 이미 수만 명의 유대인들이 이 아우슈비츠의 가스실에서 '우수 민족의 혈통을 지키기 위한' 나치의 구호 아래 처참하게 죽어 갔던 것이다.

아우슈비츠 수용소의 가스실은 마지막 유대인들이 베를린으로부터 보내진 직후인 지난 11월에 폐쇄되었다. 마지막으로 처형당한 유대인들은 폭발물을 숨기고 있었다는 죄로 처형당한 4명의 어린 유태 소녀들이었다고 한다.

러시아군이 쳐들어오고 있다는 사실을 알고 있었지만 대항할 능력이 없던 아우슈비츠 수용소의 나치 당국은 그들이 수용하고 있던 6만 명의 유대인들을 모두 끌어내 한 줄로 세운 다음 독일 땅을 향하여 행진을 시키기 시작했다. 행렬에서 지쳐 쓰러지거나 이탈하는 유대인들은 그 자리에서 처형당한 것은 물론이다.

히틀러가 자신의 '천년 공화국'에 스스로 죽음을 바치던 날, 연합군 병사들은 그가 12년 집정의 광기狂氣로 남긴 증거물들을 파헤쳐 내고 있었다. 수용소에 발을 들여놓은 연합군 병사들은 인간이 저질렀다고는 믿을 수 없는 처절한 살육 현장을 보고 있는 자신의 두 눈을 의심하였다.

수백만의 유대인들, 폴란드인, 집시, 동성연애자, 공산당원들이 나치에 의해 철저하게 조직적으로 살해당했다.

인근 마을의 이름을 따서 벨슨과 아우슈비츠 그리고 부켄발트라는 이름들이 붙게 된 이 유대인 수용소들에 벌거벗은 시체가 산더미처럼 쌓여 썩어가고 있다. 죽은 자들과 그 모습이 구별되지 않는 생존자들이 시체 더미 사이를 어슬렁거리는 광경은 차라리 20세기의 납골당을 연상시키고 있다.

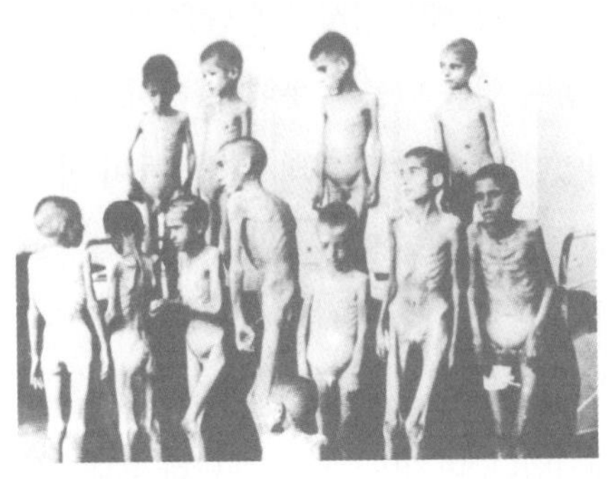

생존자들을 구출해 낸 연합군 당국은 이들을 살리기 위해 최선을 다하고 있으나 장티푸스와 결핵과 같은 전염병과 기아로 만신창이가 된 이들의 육체는 이미 때가 늦었다. 벨슨 수용소에서 구출된 4만 명의 생존자들 중에서 매일 600명이 죽어 나가고 있었다.

상상할 수 없는 잔인한 만행의 결과도 끔찍스럽지만 수용소를 직접 본 사람들을 더욱 소름끼치게 만드는 것은 나치들의 기계적으로 질서정연한 살육 방법이었다. 질서정연하게 전쟁을 이끌어가던 그들의 정책이 바로 이러한 수용소들에도 예외 없이 적용된 것이다.

차라리 '주검 공장'이라고 불러야 될 이 수용소에 전 유럽에서 체포된 유대인들은 가축을 운반하는 트럭에 실려 들어왔다. 이들은 수용소에 도착하는 즉시 살육 숙련공들에 의해 삽시간에 발가벗겨져 차가운 시체로 변하고 있었다.

사실상 연합군은 히틀러가 점령했던 유럽 지역으로 깊숙이 진군하기 전까지는 나치의 만행을 실감하지 못했다. 보는 사람들이 자신들의 눈을 의심할 그러한 만행이 인간 역사 한 페이지에 영원히 남게 된 이름이 붙은 수용소 안에서 은밀하게 자행되고 있었던 것이다. 하지만 나치들이 남긴 만행의 증거는 세계의 눈앞에 드러나고 있다.

세계는 천만 명이 넘는 인간이 나치의 '인종 멸공 공장'에서 조직적으로 죽어 나갔다는 소름끼치는 사실에 경악하고 있다. 나치가 사용하던 살육 방법도 악마처럼 잔인했다.

총으로 쏘아 죽이기, 목매달아 죽이기, 가스실 가두기, 굶겨 죽이기, 산 채로 태워 죽이기, 산 채로 땅에 파묻어 죽이기, 독약을 먹여 죽이기, 얼려 죽이기. 실험 대상으로 갈가리 찢겨 죽은 사람들을 비롯해 이들의 참혹한 모습은 전쟁의 참상에 익숙해진 노련한 병사들의 얼굴조차 돌리게 하고 있다.

미처 화장하지 못해 아직도 화장터 옆에 산더미같이 쌓여 있는 시체 더미 사이로 걸어 다니고 있던 생존자들도 죽은 자들과 다름없는 비참한 모습이었다. 나치 장교들의 숙소는 그들의 취미인 듯 인간 피부로 만든 등잔 갓과 해골로 만든 벽걸이로 장식되어 있었다.

생존자들의 증언에 의하면 나치 의사들이 포로들을 상대로 끔찍한 실험을 해 오고 있었다고 한다. 이들은 실험 대상에 많은 어린이들도 포함되었다고 증언하고 있다.

왜 전 세계는 나치의 만행을 보고도 침묵으로 일관했을까?

100. 얄타 회담

1945년 2월 11일 - 얄타

각각 세계 강대국들을 대표하는 3명이 회담을 위하여 오늘 얄타에 모였다. 그 중에서도 요즘 대단한 군사력을 과시하는 러시아의 대표 스탈린은 두드러지게 자신감이 가득한 표정이었다. 실제로 스탈린은 연전연승하는 러시아 군대의 눈부신 승리로, 전후의 세계정세를 의논하기 위해 이번 회담에 함께 모인 처칠과 루스벨트보다 단연 우세한 입장에 서 있었기 때문이다.

독일과의 전쟁이 완전히 끝나지는 않았지만 이제 독일이 항복하는 것은 다만 시간 문제라는 생각에는 이들 3국의 대표가 모두 동의하고 있다. 하지만 유럽 전선에 대한 문제, 그리고 앞으로도 전미군 병력을 동원하여 일본을 물리칠 생각에만 골몰하고 있던 루스벨트와는 달리 처칠과 스탈린은 군사적인 문제보다는 전쟁이 종료된 후의 유럽을 어떻게 나누느냐는 정치적인 문제에 더 많은 신경을 쓰고 있었다. 스탈린이나 처칠에게는 이러한 성격의 회담은 이미 익숙해진 게임이었다.

지난 10월, 모스크바에서는 루스벨트 없이 만난 두 사람은 노름방의 노름꾼들처럼 이미 은밀한 한판을 벌였다. 처칠이 종이 한 장을 책상에

얄타 회담

놓고 지도를 그려가며 루마니아를 러시아가 가져가는 대신 영국은 그리스를 갖겠다고 제안한 것이다. 이때 아무런 거부 의사를 나타내지 않던 스탈린은 귀국하자마자 헝가리와 불가리아까지 먹어치우기 시작했다.

얄타에 모인 루스벨트와 처칠은 스탈린의 막강한 세력을 부인하지 못하고 있었다. 특히 루스벨트는 스탈린이 얼마 전 테헤란에서 만났던 그 당시의 입장과는 비교가 되지 않는 엄청난 위치와 세력의 소유자가 되었다는 것을 절감하고 있다. 현재 동부 유럽을 파죽지세로 몰아붙이며 독일로 진격해 들어가는 러시아군의 위세와 대적할 수 있는 서방 세계의 세력이 없기 때문이다. 독일은 거의 멸망했으며 프랑스는 이미 지칠 대로 지쳐 있는 형편이라고 루스벨트는 혼자 생각하고 있었다.

공산당을 좋아하지는 않지만 스탈린에게 개인적으로 좋은 인상을 받게 돼 비교적 그를 신임하고 있던 루스벨트는 한때 이렇게 언급한 적이 있었다.

"모든 러시아 지도자들도 자국의 안전에 신경 쓰고 있을 뿐이다. 우리가 그 대가를 강요하지 않으면서 줄 수 있는 것을 모두 준다면 그들도 그 대가로 평화를 지키며 민주주의 국가를 건설하려는 우리들의 계획을 깨지는 않을 것이다."

회담에서는 최근에 발생한 러시아의 발칸 점령 문제는 거론조차 되지 않은 채, 그보다 더 심각한 이해관계가 걸려 있는 폴란드 문제가 논의되기 시작하였다.

더욱이 스탈린이 점령한 동부 폴란드 지역이 거의 우크라이나 사람들과 바일로러시아 사람들로 구성되어 있어 루스벨트와 처칠은 마치 러시아 내정 문제를 지적하는 것 같은 입장에 몰리게 되었다. 결국 스탈린의 폴란드 점령을 쿠루존 선상으로 제한하자는 데에만 동의하였으며 독일로부터 돌려받을 폴란드 지역 문제는 차후 결정하기로 합의했다.

이 밖에도 스탈린이 이번 회담에서 얻은 큰 수확은 새로운 폴란드 정부 구성이었다. 세 사람의 합의 끝에 영국에 망명해 있던 폴란드 임시정부는 완전히 무시되었으며 러시아의 꼭두각시인 루브린 위원회 소속의 인물들이 대거 임명된 것이다.

3국의 대표는 모두 독일을 응징하기로 동의하고 전후의 독일을 세 지역으로 나누어 3국이 점령하기로 한다. 다만 베를린 지역은 3국이 공동 관할하기로 의견을 모았으나 루스벨트와 처칠은 프랑스에게도 독일을 분할해주자고 제안했다. 이에 스탈린은 러시아 점령 지역을 건드리지 않고 영국과 미국의 점령 지역에서 그 일부를 떼어준다는 조건하에 제의를 수락한다. 하지만 스탈린은 독일을 공격하는 마지막 공격 전략 협조를 끝내 거절했다.

가장 예민하게 취급되던 전쟁 배상금 문제도 결국 독일로부터 2억 달러를 받아내되 러시아가 그 중 절반을 가져 가겠다는 스탈린의 주장에 처칠과 루스벨트가 동의하는 것으로 해결되었다.

또한 태평양에서 영국과 프랑스 세력이 커지는 것을 염려한 루스벨트는 일본과 싸우고 있는 태평양 전선의 협조 내용에 대하여 스탈린과 단둘이 논의하였다. 그 결과 러시아는 독일이 항복하고 3개월이 지나면 미군의 태평양 전선을 지원해 주는 대신 미국은 러시아에게 쿠릴 열도와

사할린을 떼어주고, 만주 지방의 철도권 확보를 협조해주기로 하였다. 루스벨트는 그의 동맹인 장개석과는 한마디의 상의도 없이 장개석의 재산을 스탈린에게 주어버린 것이다. 그리고 세 사람이 오랫동안 거론하였던 '유엔UN'이라는 국제기구를 설립하고 그 첫 회의를 샌프란시스코에서 열기로 합의했다. 이제 회담을 마친 이 '3상' 대표에게는 회담에서 제외되어 섭섭해하는 다른 우방 국가의 대표들을 달래는 일만이 남았다. 특히 프랑스의 드골이 가장 섭섭해하고 있을 것이다.

루스벨트 대통령의 죽음

1945년 4월 12일 책상에서 집무를 보던 프랭클린 루스벨트 대통령은 머리가 몹시 아프다면서 의자에서 쓰러졌다. 여류 초상화가 엘리자베스 소마토프가 그의 모습을 그리고 있다가 그의 마지막 말을 들었다.

전문가들은 1945년 2월 11일 스탈린과 처칠, 루스벨트 세 사람이 얄타 회담을 열고 크리미아 선언을 발표했는데 스탈린 쪽에서 천천히 생명을 죽이는 중국산 특수 한약을 음식에 넣었을 것으로 생각했다.

그때 처칠과 루스벨트는 모두 건강이 좋지 않았고 루스벨트 보좌관 해리 홉킨스도 암에 걸려 죽어 가고 있었다. 스탈린만이 건강했으므로 루스벨트 대통령은 스탈린에게 속아서 죽었던 것이다.

포로수용소에서 아들을 죽게 만든 스탈린

스탈린은 독일과의 포로 교환에 대한 제안을 거절하여 아들 제이콥을 독일 포로수용소에서 죽게 만들었다.

101. 벙커에서 자살하는 히틀러

1945년 4월 30일 - 독일

유럽을 전쟁 속으로 몰아넣었던 광기의 주인공이 오늘 사망했다.

독일 멸망의 냄새를 맡고 절망에 빠져 있던 히틀러가 베를린에서 스스로 목숨을 끊은 것이다.

한때 그의 정치적 세력이 절정에 달해 감히 그를 견제할 만한 세력이 없었고, 수백만의 희생자를 짓밟으며 독일을 유럽 경제와 정치의 주역으로 이끌어 나가던 히틀러 그는 독일 민족에게 절대적인 구원자로 받들어지고 있었지만 결국 그는 스스로 죽음을 택했다.

수백만의 독일 국민들로부터 '퓌러(Fuhrer : 총통)'라는 칭호로 불리던 히틀러는 오스트리아의 브라우나우에서 출생했다. 그는 당시 세관의 관리였던 아버지에게 잦은 폭행을 당하며 성장한 것으로 알려지고 있다. 한때 베토벤과 바그너의 음악에 심취했던 히틀러는 엽서를 만드는 일을 하며 비엔나에 거주하였다. 이때 그는 오스트리아 중산층에 만연되고 있던 마르크스주의를 반대하며 유대인들을 증오하는 사회 분위기에 젖게 된다.

히틀러는 1차 세계 대전이 발발하자 예술가Artist를 꿈꾸던 인생의 항로를 바꾸어 진정한 군인이 되기를 결심하게 된다. 그는 그 당시의 심정을 그의 자서전 '나의 투쟁 Mein Kampf' 에 이렇게 적고 있었다.

"나는 무릎을 꿇고 열정으로 끓어 넘치는 심정으로 하늘에 감사했다."

1차 세계 대전에서 독일이 패하자 후에 '나치당' 혹은 '독일 노동 사회당' 으로 불리게 되는 '독일

히틀러

노동국수國粹단' 에 가입한 히틀러는 타고난 웅변으로 베르사유(Versailles : 1차 세계 대전의 강화조약이 맺어진 파리의 서부 도시)에서 수모를 당한 독일의 영광을 되찾겠다는 자신의 야망을 독일의 재력가들에게 호소하여 이들의 지원을 얻기 시작한다.

곧 '돌격대' 라고 불리는 나치군을 조직한 그의 독일 정부 전복 계획의 실패와 함께 감옥에 갇히게 된 히틀러는 이때 그의 자서전 '나의 투쟁' 을 완성하며 절대 세력으로 향하는 전략을 세운다.

감옥에서 풀려 나온 히틀러와 그의 간부들의 인기가 차츰 높아지기 시작했고, 1933년 1월 30일 히틀러는 독일 대통령 힌덴부르크에 의하여 수상에 임명된다. 드디어 막강한 권한을 행사하게 된 '콧수염을 단 조그마한 체구' 의 인물은 반대파 세력을 무자비하게 누르며 전체주의적 세력을 키워 니기기 시작한다.

히틀러가 품고 있던 가장 위험한 야망은 독일을 순수한 아리안 민족으로 구성하자는 것이었는데 "우리는 독일을 가장 우수한 인종으로 구성된 세계의 주인으로 발전시켜야 한다."는 것이 그의 야망이었다.

유럽을 공포로 몰아넣기 시작하던 히틀러의 광기 어린 야망은 거대한 지옥의 불길에 점화되어 수백만의 유대인들을 살육해 왔다. 하지만 이제 하늘을 찌를 듯 하던 그의 기세는 연합군의 반격으로 나치주의와 함께 무너지고 말았다. 그리고 차가워진 그의 시체는 한줌의 재로 변했을 뿐이다.

히틀러는 에바 브라운과 함께 권총자살을 한 것으로 알려져 있다.

102. 히로시마를 잿더미로 만든 원자폭탄

1945년 8월 6일 - 일본

이미 며칠 전부터 히로시마 시민들 사이에는 대대적인 공습이 가까워지고 있다는 소문이 나돌고 있었다.

8월 6일 아침, 그날도 방공호에서 잠을 설치다 환히 밝아진 밖으로 나온 일본인들의 눈에는 도시의 하늘을 높은 고도로 날아가던 B-29 폭격기에서 떨어지고 있는 조그만 낙하산의 모습이 들어오고 있었다. 그리고 그것은 그들이 이 세상에서 보게 된 마지막 풍경이 되고 만다.

정확히 8월 6일 아침 9시 15분 조그만 낙하산에 매달려 떨어진 원자탄의 연쇄 폭발 반응은 섭씨 수백만 도의 열을 발산했다.

10만분의 1초라는 극히 짧은 순간에 무려 섭씨 30만 도에 이르게 된 불기둥은 1초 후에는 그 반경이 무려 250m로 부풀었다. 원자탄의 첫 희생지가 된 히로시마 도시는 뼈대만 앙상히 남은 몇 개의 건물을 제외하곤 완전한 폐허의 공터로 변하고 말았다. 30만 명의 시민들 중 3분의 1이 생명을 잃었다.

많은 사람들이 직접적인 폭발의 충격으로 사망했으며 폭발 직후 전도시를 휘덮은 열폭풍으로 더 많은 사람들이 사망했다. 치명적인 방사선

히로시마를 잿더미로 만든 원자폭탄

에 화상을 입은 사람들도 매일 수 없이 죽어 가고 있다.

충격에 넋을 잃은 생존자들은 한때는 화려했던 도시의 잔해 속에서 망연자실한 모습으로 방황하고 있다.

미 해군 소속 티베트 대위는 7km 상공까지 버섯구름을 솟구치게 한 이 거대한 원자탄 폭발을 상공에서 내려다보며 "폭발의 열 반응이 16km가 넘는 지역의 상공에도 미치고 있었다."라고 보고했다.

또다시 일본의 즉각적인 항복을 요구한 미국은 일본이 완전히 몰락할 때까지 지속적인 원자탄 공격을 하겠다는 자신의 의지를 밝힌다.

연합군의 원자폭탄이 오늘 또 한 번 일본에 투하되었다. 이번의 목표는 25만 명의 인구가 살고 있던 조선造船 산업 도시 나가사키였는데 종전에 67 %의 도시가 재로 변했던 히로시마에 맞먹는 피해를 입은 것으로 추산되고 있다.

나가사키로부터 400km 떨어진 곳에서 원자탄이 폭발하는 광경을 지켜보던 미 공군 관계자들의 증언에 의하면, "주황색의 불기둥이 2.5km 상공으로 치솟더니 곧 16km 반경을 뒤덮는 시커먼 버섯구름으로 변했다"고 한다. 아직도 16km가 넘는 반경의 도시에 불길이 솟아 오르고 있다.

나가사키가 '뚱보'라는 별명이 붙었던 이번 원자탄의 목표물이 된 것은 조종사의 원래 목표물이던 고쿠루의 군수 공장이 구름에 가려 보이지 않자 나가사키가 제2차 목표로 정해졌기 때문이었다.

곧 도쿄 방송은 이것을 잔혹 행위라고 비난하면서 평화 협상을 요구하고 나섰다.

원자폭탄

1945년 7월 16일 로스 알라모스에서 처음 원폭 실험이 있었다. 원자폭탄을 만든 사람은 오펜하이머 박사로서 1945년 8월 6일 일본 히로시마에서 투하된 우라늄 235 포탄을 '꼬마little boy'라고 하고, 8월 9일 나가사키에 투하된 플루토늄 239폭탄을 '뚱보fat man'라 불렀다.

히로시마에서는 건물의 67%가 파괴되거나 불탔고 6만 9천 명이 다쳤으며 6만 6천 명이 죽었다. 또 나가사키에서는 2만 5천 명이 다치고 3만 9천 명이 죽었다. 미국이 나가사키에 '뚱보'를 떨어뜨렸을 때의 원자탄 보유량은 단 한 개였다.

103. 인천 상륙 작전

1950년 9월 15일 - 인천, 한국

남한을 방어하던 유엔군 병력이 돌연히 서해를 돌아 적의 후방인 인천에 상륙하는 전격적인 공격 작전이 성공한다.

곧 서울의 인근 항구도시인 인천에는 디 - 데이를 숨 막히게 기다리던 한국 해병대 병력이 상륙하기 시작했고 그곳에서 얼마 떨어지지 않은 월미도에 미군 병력이 상륙하고 있다.

맥아더 장군에게는 한판의 큰 노름이었던 이 상륙작전이 이제 연합군이 인천의 전선을 뚫고 북으로 진격할 수 있도록 막대한 성과를 가져다주게 되었다. 이 작전에서는 한 명의 미군 병력도 목숨을 잃지 않았지만 구와달 운하 전투에 참가한 경험을 갖고 있던 일부 미 해병들은 이 작전이 가장 힘들었던 상륙 작전 중의 하나였다고 입을 모아 평가하고 있었다.

해안의 두꺼운 진흙에 깔아 놓은 지뢰밭을 피하기 위해 특별히 만든 알루미늄 사다리를 밟으며 절벽을 타고 넘어야 했던 초인적 상황과 정신력을 요구하는 인공적인 장애물, 천연적인 지리 조건이 그들을 가로막고 있었던 것이다.

인천 상륙 작전

절벽을 기어오른 미 해병대 병력은 악착같이 덤벼드는 적의 산발적인 저항에 부딪히기도 했으나 일부 공산군 진지에서는 자신들의 항복 의도를 분명히 알리기 위해서 사병들이 옷을 벗긴 상관들을 앞세우고 투항해 오는 진풍경이 벌어지기도 했다.

순양함과 구축함에서 적진을 향해 퍼붓는 이틀간의 포격으로 거의 모든 북한 인민군의 진지가 파괴되었으며 B-29 폭격기에서도 서울과 인천 지역에 쉬지 않고 폭탄을 투하하고 있는 것은 물론 후방과 차단된 금천의 공산군 진지 그리고 멀리는 평양까지 폭격하고 있었다.

기습적인 인천 상륙 작전과 때를 맞추어 남한의 타 지역에도 유엔군이 속속 상륙하기 시작했다. 서울에서 160km 떨어진 군산 항구에 연합군 병력이 상륙했으며 이미 차단된 적의 후방인 영덕과 포항에 한국군과 미군 병력이 상륙하고 있었다.

이 작전에서 3척의 미 구축함이 약간 부서지는 피해를 입은 유엔군 측은, 이것을 과장하여 "3척의 구축함을 침몰시켰다."고 주장하는 북한측 선전을 한마디로 부인하고 있다.

인천 상륙 작전을 계기로 사기가 높아진 연합군의 반격을 통해 적의 전선은 힘없이 허물어지기 시작했으며 오늘 맥아더 사령부는 대구에서 북쪽으로 16km 떨어진 괴산을 수복했다고 발표했다.

공산군의 수중에 떨어졌던 서울에 맥아더 장군이 영광스러운 입성을 한 것이다.

색이 바랜 모자와 카키색 군복을 입은 맥아더 장군 그리고 그 옆에 서울이 적에게 함락되기 바로 직전 부산으로 피신했던 이승만 대통령이 감격스러운 표정으로 서 있다.

곧 서울 수복을 알리는 이승만 대통령의 목소리가 라디오 전파를 타고 흘렀다. 아직도 북쪽에 남아 있는 우리 동포들을 구하기 위해서 많은 희생을 치러야 한다고 강조했던 이승만 대통령은 이어 "수많은 애국 시민들이 공산당들에게 희생당한 것을 생각하면 뼈가 깎이고 피가 끓어오르는 고통을 느낀다."라고 하면서 전쟁에 휘말려 무참히 희생된 죄 없는 시민들의 혼을 달랬다.

한국군 본진과 미군 병력이 서울 외곽에 도착한 것은 인천 상륙 작전이 끝난 바로 그 다음 날인 9월 6일이었다. 한국전이 발발한 이래 처음으로 공산군보다 많은 병력으로 본격적인 공격을 하게 된 유엔군의 기세에 눌려 사기가 떨어진 공산군 병력은 유엔군의 25일 서울 진압과 함께 밀려 도망쳤다. 이제 맥아더 장군은 기세를 몰아 남쪽에 갇힌 공산군 세력을 공격할 예정이다.

104. 33세로 사망한 에바 페론

1952년 7월 26일 - 아르헨티나

오늘밤 9시 42분 아르헨티나 전국의 라디오에서는 "우리의 정신적 지도자가 가셨다."라고 서두를 꺼낸 아나운서가 '작은 에비타' 에바 페론의 사망 소식을 알리고 있다. 자궁암으로 누워 있던 대통령의 부인이 오늘밤 사망한 것이다. 그녀의 나이 33세였다.

에바 페론의 사망 소식이 전해지자 아르헨티나의 빈민가에서는 슬픔을 애도하기 위한 준비가 이루어지는 한편, 중산층과 평소 그녀를 비난하던 반대자들은 비로소 안도의 한숨을 쉬고 있다.

간혹 난폭할 정도의 불같은 성격으로 정작 대통령이던 남편보다 더욱 독보적으로 아르헨티나를 대표하던 에바 페론이었던 것이다.

한 요리사의 사생아로 출생하여 줄곧 토르도스의 한 빈민가에서 성장한 에비타가 페론 대령을 만난 것은 그녀가 노래와 연기로 한창 솟구치는 인기 속에 있던 그녀 니이 15세 때였디.

그녀에게 한 눈에 매혹된 페론 대령은 노동청 장관이라는 그의 직함에도 불구하고 그녀를 정부로 삼는다. 하지만 그보다도 더 흥미로운 것은 그가 에비타와 결혼하게 된 사연이다. 1945년 10월, 페론 대령이 정

에바 페론

부 전복 혐의로 체포당하자 에비타는 자신의 인기를 이용해, 페론 대령의 석방을 요구하며 라디오를 통하여 군중들을 선동하기 시작했다. 결국 이에 당황한 당국에서 페론 대령을 석방하게 된 것이다. 이에 대한 페론 대령의 감사의 표시로 이들은 12월 결혼하게 되었으며 그로부터 1년 후, 대통령에 오른 페론의 곁에는 여전한 모습의 에비타가 서 있었다.

그 후 에비타는 남편의 일을 거들며 여성들과 노동자 그리고 빈민층의 권리 회복에 철저한 노력을 기울이기 시작했다. 특히 여성들의 투표권 그리고 이혼권을 보장하는 새로운 헌법 개정에 앞장섰다. 하지만 에비타는 어마어마한 모피를 수집하는 물욕 그리고 미망인이 된 자신의 언니를 장학관이라는 요직에 앉히려는 권력욕에 더욱 관심을 가지고 있었다. 그래서 자신의 눈에 거슬리는 상대를 가차없이 제거하는 횡포를 부렸다.

세월이 흐르면서 행방불명과 고문拷問 정치가 판을 치기 시작했으며 에비타는 위생국과 노동청을 직접 주무르며 이익 기금을 챙기고 있었다.

드디어 1951년, 부통령직에 출마하려는 그녀의 계획은 아르헨티나의 군부의 반대로 실패했고, 8월 22일 재차 도전했지만 결국 쓴 잔을 마시게 되었다.

결국 그 충격으로 병석에 눕게 된 에비타는 육체마저 허물어졌다. 오늘 사망한 에비타는 눈부시게 환한 드레스로 단장될 것이다.

에비타

한 기자가 물었다.

"사람들은 당신이 창녀라고 하는데, 사실입니까?"

"답답한 질문이군요. 15년 동안이나 바다 구경을 못해 본 나를 제독이라고 부르니 답답할 뿐이에요."

모순

부자들의 돈을 털어 빈민들을 도와주었던 에비타는 자신을 위해서 1년에 1,500만 달러에 달하는 보석을 산 적도 있다.

105 . 세계 최초의 인간을 태운 우주선을 띄운 소련

1961년 4월 12일 - 소련

소련은 세계 최초로 인간을 태운 우주선을 발사, 무사히 지구에 착륙시켰다. 화제의 비행사는 27세의 공군 소령 유리 가가린이다.

소련의 공식 통신사인 타스의 짤막한 전문에 의하면 가가린은 4,715kg이 나가는 스푸트니크, 일명 '보스토크'(혹은 '이스트')를 타고 지구 둘레를 돌았다고 한다. 또한 보스토크는 최대 300km와 최저 109.5의 고도에서 각각 지구를 돌았고, 지구를 한 바퀴 도는 데는 89.1분이 소요되었다.

유리가가린

모스크바의 한 라디오 아나운서는 10시에 시작되는 프로그램에 앞서 들뜬 목소리로 "러시아는 성공적으로 인간을 태운 우주선을 발사시켰습니다."라고 말했는데 이것이 소련 측에서의 첫 공식 발표였다.

그리고 소련 방송에서는 이와 같은 소식을 세 번 반복해서 알렸고, 이 소식이 전해지자마자 소련의 국가가 흘러 나왔다.

한편 가가린은 제동 장치를 이용한 후 1시간도 못 되어 소련의 소위 '정해진 지역'에 착륙하였다. 타스에 의하면 착륙하자마자 가가린은 다음과 같이 말했다고 한다.

"당, 정부, 그리고 개인적으로 니키타 흐루시초프에게 전해 주십시오. 무사히 착륙했다는 사실을, 그리고 저는 무사합니다."

그리고 역사적인 비행 동안 가가린은 "비행은 순조로웠습니다. 저는 잘 있습니다."라는 말만 했다고 한다.

타스에 의하며 미국도 그해에 소련과 같은 계획을 가지고 7명의 비행사를 훈련시켰는데 그들과 유사한 훈련을 받았다고 한다.

한편, 보스토크는 티우라 탐이라는 소련 비행장에서 로켓의 형태로 발사되어 궤도로 올라갔으며 비행 도중 가가린은 소련의 라디오 통신국과 지속적인 연락을 취했다고 타스 통신은 보도했다. 또한 텔레비전과 라디오 통신망을 통해 가가린의 상황은 시시각각으로 보도되었다고 전해진다.

"지구는 푸른 색"

세계 최초 우주 비행사 유리 가가린이 보스토크 1호를 타고 있을 때 어두운 우주 공간 속에서 빛나는 지구의 모습에 감탄한 말이다. 그는 300km 위의 공간을 29,000km 속도로 선회하고 지구에 귀환했다.

106. 달라스에서 저격당한 존 F.케네디

1963년 11월 22일

오늘 달라스에서 자동차 퍼레이드를 하던 중 미국의 케네디 대통령이 자객의 총탄에 맞아 죽었다.

케네디가 죽은 지 99분 만에 부통령 린돈 B. 존슨은 러브광장의 활주로에 서 있던 대통령 전용 비행기 안에서 미국의 36대 대통령으로 선출되었다. 그리고 죽어 가고 있는 케네디 대통령과 55세의 새 대통령을 태운 전용 비행기는 워싱턴 DC로 향했다.

죽음의 총탄이 발사된 지 얼마 후 미 경찰은 리 하비 오스왈드를 살인 용의자로 체포하였다. 24세인 오스왈드는 과거 소련으로 망명한 적이 있었으며 당시 쿠바위원회의 페어 플레이라는 단체에서 활동하고 있었다. 그는 적어도 총을 3번 쏘았을 것으로 추적하고 있다.

한편 자동차 퍼레이드에서 남편의 옆에 있었던 재클린 케네디 여사는 다행히 어떤 부상도 입지 않았다. 그러나 공군 기지에서 새 대통령 취임 선서를 할 때 옆에 서 있었던 재클린 여사의 스타킹은 여전히 남편의 피로 얼룩져 있었다.

그녀의 얼굴은 슬픔으로 가득 차 있었고 포트 워스와 달라스에서 환호하는 군중들에게 손을 흔들 때 입었던 짙은 자줏빛의 정장을 입고 있었지만 정장과 맞춰 착용했던 필박스 모자는 벗고 있었다.

또한 그녀의 머리는 바람에 뒤엉켜 있었다. 그리고 케네디의 관이 영구차로 병원에서 비행기로 옮겨질 때 그녀는 자신의 손을 관 위에 살며시 올려놓았다.

자동차 행렬 퍼레이드에서 다른 차에 타고 있었지만 다행히 부상을 당하지 않았던 존슨은 영부인과 비행기의 대통령 전용 조종실에 모인 26명 앞에서 대통령 취임 선서를 했다.

케네디와 같은 차에 탑승했던 텍사스의 주지사 존 B. 코네리 주니어는 복부, 갈비뼈, 팔 등에 심한 부상을 입었지만 다행히 생명에는 지장이 없을 것으로 전해졌다.

호텔의 파킹 랏에 있던 군중들에게 케네디 대통령은 미소를 지으며 말했었다.

"재키는 치장하는데 시간이 많이 걸린답니다. 그래서 우리보다 훨씬 예뻐 보이는 거랍니다."

후에, 포트 위스에서의 조찬에서도 케네디 대통령은 다음과 같이 부인의 존재를 인식시켰다.

"2년 전 파리에 갔을 때 '나는 케네디 여사와 같이 파리에 온 남자입니다.' 라고 나를 소개한 적이 있습니다. 그러나 지금 텍사스에서도 나는 그때와 비슷한 느낌을 받고 있습니다. 아무도 린돈과 내가 무슨 옷을 입었는지에는 관심을 가지고 있지 않으니까요."

케네디 부부는 대통령 전용 비행기를 타고 포트 위스에서 달라스로 움직였다. 8분이 소요되는 비행이었다. 당시 부통령이었던 존슨은 다른 비행기를 이용했다.

두 명이 한꺼번에 불미스러운 일을 당하는 것을 막기 위해 보통 대통령과 부통령은 함께 움직이지 않았다.

달라스에서의 자동차 퍼레이드는 16km 정도 되는 도로를 따라 진행하기로 되어 있었다.

좀처럼 정치 업무시에는 남편을 따라다니지 않았던 재클린 여사는 이번 여행을 즐거워하고 있는 것 같았다.

퍼레이드가 끝날 무렵 자동차 행렬이 케네디의 연설을 위해 머첸다이즈 마트로 향할 때 굉음의 총소리가 터진 것이다.

병원으로 가는 차 안에서 죽어가고 있는 남편을 껴안고서 케네디 영부인은 "안 돼요."라고 외치며 흐느꼈다.

미첸다이즈 마트에서 케네디 대통령은 우익 보수파들을 공격할 연설을 하기로 되어 있었다. 그러나 살아생전 케네디는 그 연설을 할 수 없었다. 다음은 그 연설 내용이다.

> "현실과 무관한 원리원칙, 60년대의 시대상과는 동떨어진 원리 원칙들, 욕설은 곧 승리이며 평화는 나약함을 상징한다는 원리원칙들을 주장하는 사람들이 있습니다. 그리고 그 목소리들은 전 미국을 뒤흔들고 있습니다."

이날 오후, 한 소년이 병정놀이를 하고 있었고 온 세계인들은 이를 지켜보며 눈물을 흘렸다. 존 휘처럴드 케네디의 관이 지나갈 때, 케네디의 세 살배기 아들 존 케네디는 의장대와 함께 아버지에게 경례를 했다. 모든 미국인들의 사랑을 한 몸에 받았던 케네디는 이제 영원한 안식처를 찾은 것이다.

11월 25일 그날은 맑았다. 11시 직전 케네디의 미망인 재클린 케네디 여사, 로버트, 그리고 에드워드 케네디는 국회의사당의 동쪽 홀 안으로

저격 당하는 케네디 대통령

입장했다. 이들 모두는 케네디의 관 앞에 무릎을 꿇고 케네디의 죽음을 애도했다.

곧 들려진 관은 거의 100년 전 아브라함 링컨의 영구차와 같은 모양의 영구차 위에 놓여졌다. 몇 분 후, 케네디 가족들은 숙연한 모습으로 동쪽 광장 쪽으로 몸을 움직였다.

군복을 입은 8인의 의장대들은 관을 들어 올린 후, 관을 들고 동쪽 홀의 계단을 조심스럽게 내려왔다. 그리고 나서 6마리의 회색 말들이 이끄는 영구마차에 관을 올려놓았다.

펜실베이니아가를 따라 영구차는 천천히 성 매튜 성당 쪽으로 움직였고, 케네디 형제들은 미망인 재클린 케네디 여사 양쪽에 서서 영구차의 뒤를 따라갔다. 그리고 이들보다 몇 미터 떨어진 지점에서는 새 대통령 존슨과 그의 부인 버드 여사가 뒤따라 걸었고, 그 뒤에는 외국 사절들이 뒤따라오고 있었다.

한편 1,100명 이상의 친척들과 조객들이 성당 안으로 들어왔다. 그들 모두가 자리에 앉고 백파이프 연주단원들에 의해 바깥에서 연주되었던 장송곡이 울려 퍼졌을 때, 경건한 엄숙함이 성당 안을 가득 메웠다. 12

시 30분경 필립 M. 해논 대주교는 송사를 낭송했다.

이때 대주교는 과거 케네디의 취임 연설 내용 중 한 부분을 인용함으로써 성당 안의 모든 사람에게 생전의 케네디의 약속을 떠올리게 했다.

"이제 등불은 새 세대의 미국인들에게 전해지고 있습니다."라는 대목이었다.

1시 15분 모든 장례식 절차는 끝났다. 케네디 가족들은 리무진에 탑승했고, 케네디 여사와 존슨 대통령은 함께 영구차에 탔다. 맨 앞에 선 영구마차는 링컨 기념관을 지나 코네티컷 가를 따라 알링턴 국립묘지로 향했다.

그리고 이를 뒤따르는 모든 사람들은 경건하고 숙연했다. 2시간 후 마지막 연설문과 기도문이 울려 퍼졌고 모든 이들의 슬픔은 가시지 않았다. 케네디 여사는 하루 종일 꿋꿋하게 서 있었지만 검은 베일에 가려진 그녀의 얼굴 위에 흐르는 맑은 눈물은 햇빛에 빛나고 있었다.

107. 누가 에이즈를 만들었는가?

에이즈AIDS**는 어디서 왔을까?**

일단 걸리면 신체의 면역기능이 떨어져 온갖 질병이 발작해서 급기야 죽고 마는 불치병 – 에이즈가 맨 처음 어디에서 시작해서 어디까지 갔는지 알아보자.

누가 에이즈를 만들었는가? 아마 생소한 질문일지 모른다. 왜냐하면 에이즈는 아프리카의 파란 원숭이The green monkey로부터 흑인에게 전염되었고 또한 동성연애자들로부터 발병했으며 그들에 의해 발생된 것이 '에이즈 바이러스'라는 사실을 완전히 뒤집어엎을 수도 있는 질문이기 때문이다. 만약 에이즈가 발병된 것이 아니라 사람에 의하여 만들어졌다면 누가 만들었고, 무슨 목적으로 언제, 어떻게 만들었는가를 알아야 하며 지금 전 세계의 에이즈는 과연 어디까지 왔는가를 알아야 할 필요가 있다.

이 자료는 미국 건강에 관한 월간지 ≪Health Freedom News Magazine≫에서 19년 동안 기고를 한 의학박사 윌리암 켐프벨 더글러스William campbell Douglass M. D의 논고와 세계 정부 비밀을 폭로한 저널리스트, 우스타스 멀린스Eustace Mullins의 저서 『주사기의 암살』(Murder by Injection)이란 책의 169페이지에서 인용하였다. 얼마 전에 전주에서 어느 목사가 에이즈에 걸려 세상을 놀라게 한 뉴스가 있었는데 이 글을 읽으면 충분히 이해가 될 것이다.

지금까지 세상은 에이즈의 발원지는 아프리카에 살고 있는 얼마 안 되는 파란 원숭이가 아프리카 흑인 원주민 마을에 침투하여 여인을 물어뜯거나 접촉한 이후 그 여인의 몸에 에이즈 바이러스가 나타난 것으로 알고 있었다. 그녀의 남편이 하이티로 가서 그 곳에 하이티를 방문한 미국 동성연애자들과 관계한 후 그 동성연애자가 미국에 에이즈AIDS를 퍼뜨렸다는 것이다. 그 후 그들이 뉴욕과 샌프란시스코를 전염시켜 전 세계에 퍼졌다고 알려져 있다. 그러나 이 이야기는 샌프란시스코에서 죽은 에이즈 환자가 "파란 원숭이로부터 전염되어 죽어 간다."라고 발표한 데서 유래한 것이다.

에이즈가 세상에 처음으로 알려진 때는 1976년이다. 그러나 이 무서운 죽음의 바이러스는 세상 사람들의 시선을 다른 곳으로 돌리기 위한 무서운 음모라는 사실을 세상은 모르고 있다.

'윌리엄 더글러스'에 의하면 '황열병Yellow fever'이란 모기에 의해 사람의 피부를 통해 전해지는 질병인데, 이는 에이즈 균보다 더 큰 것이다. '말라리아' 역시 모기에 의해 전염될 수 있으며, 에이즈 균보다 더 강하다고 한다. 결핵균 역시 에이즈 균보다 더 큰 균으로 사람의 피부와 호흡기관으로 전염될 수 있다.

그런데 왜 에이즈는 성적인 접촉으로만 전염된다고 말하는가? 이 치명적인 에이즈 균은 마른 접시 위에 떨어뜨려 놓아도 10일 동안이나 살아있을 정도로 생명력이 강하다고 한다.

그렇다면 에이즈는 동성연애나 성적 접촉 말고도 얼마든지 전염될 수 있다는 것이 증명된다. 이제 분명한 것은 황열병이나 홍역을 제외하고 동물에 의한 어떤 바이러스도 사람에게 직접 영향을 줄 수 없다는 것이다. 동물 안에서 발생하는 '암' 까지도 사람에게 직접적으로 영향을 미칠 수 없으며, 양Sheep의 몸에 있는 BLV라는 바이러스와 또 여러 가지 바이러스가 존재하고 있지만 인체에는 전혀 영향을 미칠 수 없다고 한다.

에이즈 바이러스가 발생하기 시작한 연도는 1972년쯤이며 실제로 세상에 알려지기 시작한 것은 1976년 경부터였다. 특히 초창기 에이즈 발생 지역은 아프리카의 우간다와 하이티, 브라질, 일본 등이었다. 아프리카의 파란 원숭이가 브라질까지 날아갈 리가 없는데 왜 거의 동시에 서로 다른 지역에서 발생하기 시작했을까? 이것은 사람들을 속이는 거대한 음모였기 때문이다.

에이즈가 인체에 퍼지게 되면 DNA 생명체를 파괴하여 T - 임파구를 파괴시킨다. T-임파구를 파괴시키면 면역이 결핍되어 그 사람의 생명 자체를 파괴시키기 때문에 '후천성 면역 결핍증' 이라고 불리는 것이다.

이 병은 피로, 식욕 부진, 폐렴 등의 증상으로 나타나기 시작하여 깊어지면 피부에 검은 반점이 나타나서 2~3년 안에 죽어가는 병이다.

미국의 유명한 배우 '록 허드슨' 도 이 병에 걸려 죽었는데 그는 더 많은 사람들에게 이 균을 전염시키기 위해 10대들과 수많은 성관계를 가졌으며, 동시에 피를 수혈해서 혈액은행에 보급하기도 하였다.

그러한 예로 미국 LA 에이즈 환자인 '제임스 마르코스키' 가 더 많은 사람들에게 에이즈를 전염시키기 위해 에이즈 균에 오염된 피를 팔다가 1987년 6월 23일 경찰에 체포된 일이 있었다. 그는 죽기 전에 가능한 많은 사람들에게 이 병을 전염시키려고 했다고 고백했다.

또 다른 에이즈 환자였던 '로버트 슈아브' 는 1987년 1월 7일 동성연애를 즐기며 동료 동성연애 회원들에게 피를 수혈하도록 호소했다. 그 역시 그 병으로 죽었다. 그러나 비록 그들이 동성연애를 했으나 에이즈는 동성애로 옮겨지기보다는 피의 수혈을 통해서 더 많이 전염되었다.

그러나 미국 정부나 '세계 보건 기구World Health Organization'는 에이즈가 동성연애자들, 마약 상습 복용자들과 하이티 사람, 그리고 아프리카 흑인 등에서만 퍼져 있는 병이라고 발표했다.

'윌리엄 해슬타인' 박사는 "오늘날 적어도 아프리카에서만 100만 명이 넘는 사람들이 에이즈 보균 환자(2004년 8월)"라고 발표했다. 그렇다면 그 수많은 흑인들이 전부 동성연애자들이란 말인가?

물론 그러한 자들에 의해서도 옮겨지는데 그것은 오직 피의 접촉이 있을 때만 가능하다. 또한 에이즈 균은 음식, 호흡, 상처 난 피부접촉과 모기, 빈대 등 사람의 피를 통해 전염시키는 곤충이나 기생충에 의해서도 얼마든지 가능하게 된다.

그래서 미국 워싱턴 D.C 에 있는 '존 그라워홀즈' 박사는 1983년 9월 "에이즈는 인류에게 있어 또 다른 흑사병일 수 있으며 전세계를 학살할 수 있는 전염병이 될 수 있다."고 조사 보고서를 발표했다. 만약 동성연애자들로만 발병한다면 이러한 보고서는 나올 수가 없는 것이다.

버지니아 주 리치머드 대학의 '존 실레' 박사는 어느 과학 위원회에서 "에이즈는 절대로 성적인 접촉으로만 생기는 병이 아니고 반드시 피를 통해 옮겨지는 질병이다."라고 단호하게 주장했다. 그러므로 아프리카의 파란 원숭이에 의해 에이즈가 전염된 것이 아니라는 사실이다.

실제로 파란 원숭이의 혈액을 분해해서 연구한 결과 어떤 경우에도 파란 원숭이가 사람에게 바이러스를 옮길 수 있는 가능성은 유전학적으로 불가능하다는 결론이 나왔다.

그렇다면 이제 에이즈 균이 옮겨지는 것은 성적접촉을 통한 피의 접촉, 수혈, 모기나 빈대를 통해 전염된다는 결론이 나오는데 에이즈가 주로 아프리카에 많은 것은 아프리카 지역에 피를 빨아 먹는 빈대가 많기 때문이다. 이러한 에이즈 보균자는 중앙아프리카에만 약 10만 명 가량 되며 그들은 모두 3~5년 사이에 죽게 될 것이다.

전혀 동성애와 상관없는 사람이라도 시궁창을 지나가다가 에이즈 환자의 피를 빨아 먹은 모기에 물리면 죽게 되는 것이다. 만약, 이대로 둔다면 전 세계 인구의 95%인 60억 명이 결국에는 에이즈로 죽을 수 있다는 무서운 결론이 나온다.

에이즈 균을 만드는 데 참여했던 과학자 중 '로버트 젤로' 박사와 '럭 몬테그니어' 박사는 말 못하는 아프리카의 파란 원숭이가 에이즈 질병원이라고 뒤집어 씌웠다.

에이즈는 1976년부터 1986년까지 소수의 동성연애자들로부터 전염된다고 알려져 있었기 때문에, 세상 사람들은 소수의 특정 동성연애자들에게만 한정된 질병이므로 큰 걱정을 할 필요가 없다고 알고 있었다. 혈액은행으로부터 수혈을 받아 에이즈에 감염된 사람들이 대부분 동성연애자들이었기 때문이다.

또한 혈액은행은 그들의 피를 사람들에게 수혈했다. 그래서 의사들은 에이즈가 동성연애자들의 암이라고 이름 지어 주었던 것이다. 그것은 '카포시' 박사의 사르코마 실험에서 발표된 때부터였다.

에이즈 발명에 참가했던 의학자 '로버트 겔로' 박사는 에이즈 균의 작전을 은폐하기 위해 에이즈 균의 발명원체는 'HIV'라고 선전하고 있다. 미국 에이즈 치료 센터는 매년 5천만 달러의 돈을 에이즈 치료 연구에 제공해 왔지만 'HIV'의 연구에만 쓰였지, 에이즈 균에 관해서는 이렇다할 성과가 없었다.

에이즈는 절대로 성적 접촉으로만 전염되지 않는다고 발표했던 다른 의학자인 '존 실레' 박사는 'HIV'는 절대로 에이즈의 병원체가 아니라

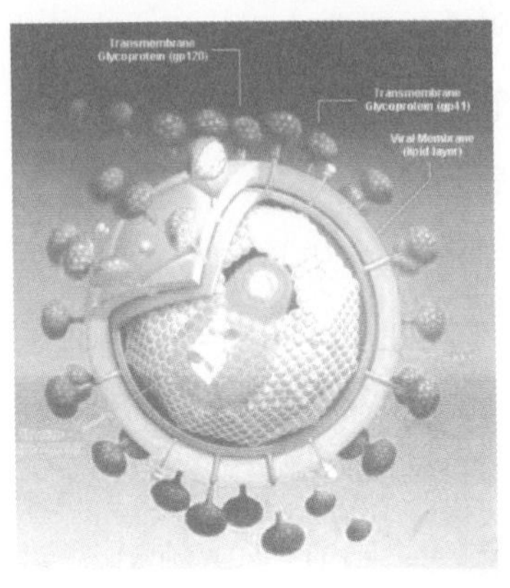

HIV 바이러스

고 연구논문을 발표했다. 또한 캘리포니아의 버클리대학교의 생물학 교수인 '피터 듀스버그' 박사는 레이건 대통령이 에이즈 해결을 위해 회의를 할 때에 '국제 과학 아카데미 후원'으로 참석해 "겔로 박사의 실험실에서 'HIV' 병원체를 연구한 결과 'HIV'는 질병을 일으키는 매개체의 범주에 해당되지 않는다"고 발표했다. 1987년 3월에 이 사실을 암 연구 과학 잡지에 게재했음에도 겔로 박사는 이에 대하여 전혀 대답이 없었던 것이다.

더군다나 에이즈가 'HIV'에서 발병한다는 연구가들에게는 엄청난 자금이 지원되면서도, 에이즈는 만들어진 균이라고 주장하는 자들에게는 압력이 가해질뿐더러 자금 지원은 전혀 없다는 사실이다. 이것은 그들의 당초 계획대로 에이즈에 의한 인구 소멸 작전을 은폐시키기 위한 것으로 볼 수 있는 것이다.

미국 질병 치료 센터 역시 에이즈는 절대로 곤충에 의해 전염될 수 없다고 주장함으로 은폐하고 있다. 가능한 한 흑인과 동성연애자, 마약 상습 복용자들만의 병이라고 국한시키고 있으나 1987년 5월 과학 잡지에서는 곤충학자들은 "연구결과 곤충들이 온 인류를 갉아 먹을 수 있는 에이즈 균 전염을 시킬 수 있다."고 발표했다. 또한 1986년 8월 25일 옥스퍼드 대학의 '장클로드 셔먼' 교수는 파리의 파스퇴르 협회에서 "에이즈는 아프리카의 곤충들에게서 발견되었고 모기들과 바퀴벌레 등 아프리카의 피를 빨아 먹는 벌레들에 고착되어 있다"고 발표했다.

과학자들은 오늘날 사자, 개미, 모기, 체체 파리, 딱정벌레들까지 에이즈를 옮길 수 있다고 했다.

샌프란시스코의 40세 된 에이즈 환자 '맨 터너' 씨는 동성연애도 하지 않았고 수혈을 받은 적도 없었는데 1984년 6월에 뉴욕여행 중에 에이즈에 감염되었고 그는 지금까지 식이요법 등으로 살아 있다.

데오돌 스트렉커Dr Thodore A. Strecker 박사는 세계보건기구W. H. O를 앞세워 동물들의 악성 바이러스를 추출하여 혼합 바이러스 에이즈를 만들 때 같이 동참했던 연구자다. 이 프로젝트가 세계정부에 의한 인구 축소 계획으로 흑인을 소멸시키기 위한 것이라는 설이 있었다. 그는 에이즈가 전 인류를 고통에 몰아넣게 되자 양심의 가책을 견디지 못한 나머지 이 엄청나고 충격적인 사실을 의학 잡지 기고가 '윌리엄 더글러스' 박사에게 고백하고 20층 빌딩 창문에서 떨어져 자살해 버렸다.

2000년 세계보건기구가 발표한 통계에 의하면 에이즈에 감염된 환자 수는 미국에만 10만 명 정도, 세계적으로는 500만 명 정도 된다. 그러나 'HIV' 양성 반응자수는 3천만 명에 다다를 것이다.

인간은 이기적인 유전자Selfish Gene에 의하여 창조된 기계에 불과한가?

108. 인간의 위대한 도약, 달 착륙

1969년 7월 20일 - 미국

1969년 7월 20일, 오늘 인간이 드디어 달에 착륙했다. 두 명의 미국인 우주 비행사 닐 암스트롱과 에드윈 E. 알드린 주니어는 '이글' 호라 명명된 아폴로 달착륙선을 타고 미국 동부 썸머 타임 시간으로 오후 4시 17분경 '고요의 바다'에 착륙한 후 6시간 만에 달 표면을 걸었다. 달착륙선이 달 표면에 착륙한 뒤 암스트롱에게서 나온 첫 마디는 "휴스턴, 여기는 고요기지다. 우리는 달 표면에 착륙했다."였다.

그리고 오후 10시 56분 착륙선의 계단을 밟고 내려와 세계 최초로 달 표면에 발을 디디며 암스트롱은 전세계 수십억 시청자들에게 말했다.

"이것은 한 인간의 첫 발자국이지만, 전 인류를 위한 위대한 도약이 될 것입니다."

암스트롱이 달에 착륙하자마자 처음 본 것은 우주인 E.T.I.의 모습 이었다(이 사실은 NASA와 미 CIA에 의해서 40년 동안 봉해졌었다).

19분 후 암스트롱은 달 표면에서 동료인 알드린과 만났으며, 아폴로

11호 팀의 다른 일원인 마이클 콜린즈는 주 우주선에 탑승한 채 달의 둘레를 돌고 있었다. 암스트롱과 알드린은 찰 착륙선에 떨어진 곳에 소형 텔레비전 카메라를 설치하고 달 표면에 성조기를 꽂았으며 주변의 흙과 돌멩이를 수집한 후 과학 실험 기구들을 설치했다.

달에 착륙한 모습

우주 비행사들은 무거운 우주복을 입었음에도 불구하고 쉽게 움직일 수 있었는데 이는 달의 중력이 지구의 6분의 1밖에 되지 않았기 때문이었다. 암스트롱은 달 표면에서의 기분을 "편안했다."고 말했으며 발자국의 깊이는 2.5cm도 채 못 되었고, 달 표면은 미세하고 고운 가루 같았다고 보고했다.

그들의 작업은 닉슨 대통령이 백악관에서 직접 축하 전화를 했을 때 중단되었는데, 이 때 닉슨 대통령은 "역사상 유례 없는 의미 있는 통화"라고 말했다.

한편 텔레비전에서는 흑백 화면으로 두 명의 우주 비행사들이 달 표면에서 걷고 뛰는 모습을 선명하게 지구촌에 방영하였다. 그들은 달착륙선의 뚜껑을 연 후 정확이 2시간 21분 만에 다시 달착륙선으로 돌아왔다.

아폴로 11호의 역사적인 비행은 4일 전 케이프 케네디의 39 - A 발사대에서 출발함으로써 시작되었다. 3일간의 순조로운 비행 이후 어제 달 착륙선과 연결된 우주선은 달의 궤도에 진입했다. 10번째의 달의 궤도 비행 중인 아침 7시에 우주 비행사들은 잠에서 깨어났다.

한편 암스트롱과 알드린은 11번째의 궤도 운항 시 달착륙선으로 옮겨 타 지구 본부로부터 계속 진행시키라는 명령을 받았던 오후 1시 50분, 일단 달착륙선을 주 우주선에 분리시켰다. 그리고 몇 분 후, 콜린즈는 수동 운전으로 주 우주선의 로켓을 발사시켜 주 우주선을 달착륙선에서부터 3.2km 떨어지게 움직였다.

달착륙선이 지구 반대편인 달의 뒤쪽에 위치했던 오후 3시 8분, 달로의 착륙 비행은 시작되었고, 동시에 지구와의 교신은 불가능해졌다. 그러나 오후 3시 46분에 우주선의 콜린즈와의 교신은 다시 이루어졌다.

콜린즈는 "모든 것이 순조롭습니다. 그리고 정말 아름답습니다."라고 지구 본부에 알렸다. 달착륙선의 컴퓨터를 작동하여 정확히 29.8초 동안 로켓의 힘으로 달착륙선은 목적지로 향하게 되었다.

그리고 나서 달로부터의 15.2km 상공에서 로켓 엔진은 자동 작동으로 달착륙선이 자갈이 많은 분화구 지역으로 움직이고 있음을 발견한 순간 두 우주비행사들 사이에는 긴장감이 돌았다. 그러나 암스트롱의 수동 조종으로 달착륙선은 미스클린 분화구의 19.2km 남서쪽으로 떨어진 평평한 지역에 안전히 착륙할 수 있었다. 달의 동쪽 지역이었다. 그리고 암스트롱은 순조롭게 착륙했음을 지구 본부에 알렸다.

당시 전세계는 달 착륙에 비상한 관심을 보였다. 호주에서 노르웨이까지, 캔자스에서 바르샤바까지, 세계 방방곡곡의 모든 사람들은 라디오에 귀를 기울이거나 텔레비전을 통해 감격적인 순간을 지켜보았다. 통계에 의하면 당시 6억의 인구가 텔레비전을 시청했다고 한다. 심지어 미국의 적대 국가들까지도 미국의 달 착륙 성공을 객관적으로 혹은 우호적으로 보도했다.

카이로 라디오 방송국은 아폴로의 달 착륙을 '가장 위대한 인간의 업적'이라 치하했고, 영국의 런던 방송 관계자들도 '경이로운 사실'이라고 감격해 마지않았다.

한편, 달에서 머무는 시간은 예정보다 하루 앞당겨 끝날 것으로 보인다. 달착륙선은 내일 오후 1시 55분에 달에서 이륙할 예정이다. 그러나 우주선이 지구로 귀환하기 전 달 착륙선은 우주공간에 버려지게 된다.

109. 남미 정글에서 행해진 자살극

1978년 11월 29일 - 남미

마지막 시체들이 가이아나Guyana에서 미국으로 호송되어 왔다. 법 관계 당국과 외교관들, 심리학자들, 그리고 가족들은 모두 고민스러운 질문과 싸우고 있다. 그들은 왜 한 캘리포니아 출신의 한 광신자를 추종하는 900명 이상 되는 미국인들이 남미의 정글에서 자살을 했는지 알고 싶어 한다.

제임스 워렌 존스

요란한 색깔의 옷을 걸친 광신도들의 시체가 가이아나의 수도 조지타운에 있는 소위 '인민사원' 으로 불리는 곳의 바닥에 깔려 있었다. 생존자들에 따르면 사원의 교도들은 쿨 에이드와 청산가리를 혼합한 음료수를 마시고 합동 죽음의 예식을 치렀다고 한다.

아기들 입 속에는 이 치명적인 독약이 국자로 퍼 넣어졌다. 어린 아이들은 스스로 이 음료수를 마시도록 명령이 내려졌다. 어른들은 기꺼이 이 음료수를 마시고 동료 교도와 팔을 감싸 안고 죽음의 품안으로 쓰러졌다. 일명 짐 존스 목사로 알려진 교주 제임스 워렌 존스는 머리에 총을 맞은 시체로 사원의 제단 위에서 발견되었다.

한 추종자의 말에 따르면 존스는 모든 사람들이 그를 신으로 믿기를 바랐다고 한다. 다른 사람들은 그를 편집광, 색에 미친 남자, 권력욕에 굶주린 사람이라고 표현하였다.

존스는 조지 타운에서 13km 떨어져 있는 포트 카이투마 공항에서 라이언과 그의 동행들을 기습 공격하라고 명령한 혐의를 받고 있다. 라이언의 시체는 흙으로 다져진 임시 활주로 위에 엎어져 있는 채로 발견되었다.

그 옆에서 NBC 기자 돈 해리스, 촬영 기사 로버트 브라운, 사진사 그레고리 로빈슨과 패트리셔 파크의 시체가 발견되었다. 브라운은 총소리가 울리고 난 뒤에도 계속 촬영을 하다 머리에 총을 맞아 촬영을 중단해야만 했다.

증인들은 라이언의 수행원 중 몇 명이 도망한 것으로 알게 된 존스가 추종자들에게 자살하라고 명령했다고 말했다. 그 전에 존스는 자신의 마을이 공격을 당하면 마을을 전부 파괴시켜 버리겠다고 말했다. 그는 추종자들에게 자살 의식을 연습시켰고 반항하는 사람은 거의 없었다고 한다. 세뇌당한 것이 명백한 추종자들은 "다른 세상에서 만날 시간이 도래하였다."라고 선언한 존스의 뒤를 따랐다.

110. 김일성의 돈줄

1985년 - 북한

몇 주에 한 번씩은 매끄러운 하얀색 배가 일본에서 북한의 원산항을 향해 출항한다. 배 위에는 친지들을 방문할 생각에 들떠 있는 수십 명의 한국인들이 타고 있다 - 그들이 소지하고 있는 짐에는 최근까지만 해도 컴퓨터와 같은 고성능 전자제품과 현찰 등 수출이 일본법에 저촉되는 것들이 많았다.

김일성 정부나 일본에 살고 있는 북조선 사람들과의 관계를 악화시키고 싶어 하지 않는 도쿄의 주저함으로 인해 세관 관리들은 전에는 못 본 채 눈을 감았었다.

김일성 정부를 경제적으로 목 조르려면 평양과 이 정기선의 후원자인 조총련 - 일본 거주 한국인협회의 비밀 회원 25만 명으로 이루어진 이 단체는 평양의 직접적인 지시를 받는다 - 과의 거래에 타격을 가해야만 할 것이다.

1년에 100억 달러에서 천억 달러에 달하는 돈을 - 주로 김일성 정권을 위해 쓰이지만 - 북한으로 보내기 위해 은밀한 노력을 하는 데 이 단체의 목적이 있다. 이 돈이 평양의 가장 주요한 현금 구입처이다. 조총련

은 북한의 핵시설과 미사일을 위한
기구들을 비밀리에 구입하고 있다
고 일본 정보부에서는 밝히고 있다.

조총련을 저지하려는 시도는 폭력
적인 보복, 또는 사보타주까지 야기
할지도 모른다고 일본 사람들은 걱
정한다. 최소한 그들은 일본이 다시
한국을 억압하려고 한다는 내용의
성난 가두시위가 일어날 것으로 예
상한다.

그것은 매우 민감한 문제이다. 왜
나하면 제2차 세계 대전 말기에 일

김일성 가족(김정숙, 김정일, 김일성)

본은 백만 명의 한국인을 강제 징용했었고 그들은 아직도 일본에서 차
별을 받으면서 살고 있기 때문이다.

1950년대와 60년대에는 혼란스러운 남한보다는 김일성의 북한이 한
반도의 미래에 도움이 될 것이라고 믿는 사람들이 많았다. 일본에 거주
하는 60만 명 조선인의 40%가 조선의 이익을 대변하는 존재로서 조총
련과 김일성에게 충성을 서약하였다.

그 후 조총련은 실직적인 세력으로 성장했다. 그들은 조선인 공동체
를 위하여 140개의 학교와 1개의 대학을 세워 2만 명의 젊은이들에게
기본적인 학문과 김일성에 대해 가르쳤다. 조총련은 막강한 신용조합을
세웠고 수 개의 출판사를 운영하였다.

1970년대 중반 조총련의 조선인들은 번창하기 시작하여 현재 그들은
일본의 거의 대부분의 '빠찡꼬'장을 운영하고 있다.

조총련의 전 임원 중 한 명의 말에 따르면 북한에 살고 있는 친지들의

복지는 일본에 있는 친척들이 얼마나 자주 - 또 얼마나 많이 - 김일성 정권에 헌금을 하느냐에 달려 있다는 점을 북한 측에서 확실히 밝혔다고 말했다. 협박으로 갈취된 돈은 조총련을 통해 북한으로 갔다.

조총련 임원들은 이러한 비난에 대해 부인하였지만, 일본 당국에서는 1970년대에 조총련은 북한의 정보 공작에 필수적 역할을 하였다고 주장한다. 한 관리는 또한 1980년대 초기에 조총련은 외화를 북한으로 흡수시키는 데 주력하는 방향으로 전환하였다고 말했다.

그러나 이러한 모든 원조에도 불구하고 북한에 있는 가족들의 신변 안전은 보장되지 않았다. 알려지지 않은 숫자의 사람들이 집단 수용소로 보내지거나 총살당하는 운명에 처해졌다. 일본에 있는 가족들이 그러한 사실들을 알게 되면서 조총련에서는 약간 느슨한 정책을 썼다. 상부에서의 위협에도 불구하고 요즈음 전직 조총련 임원들은 적은 수이긴 하지만 목소리를 높여 조총련에 대한 공격을 공공연히 하고 있다.

조총련은 워싱턴과 도쿄, 서울이 공동으로 음모하여 자기들의 후원자를 거세하려 한다고 주장함으로써 맞서싸우고 있다. 미국은 일본에 강한 압력을 가하여 수출 통제를 강화시켰었다.

만일 제재에 대한 인가가 내려지면, 도쿄는 돈과 기술을 보내던 줄을 끊어 버릴 직접적인 방법을 찾을 것이다. 정부의 한 관리는 조총련에서는 제3국을 통해서 돈과 화물을 보낼 수 있다고 시인하였다. 2004년 김정일의 돈줄은 아마도 핵무기와 화학무기 판매에 있지 않을까 한다.

111. 전세계인이 지켜보는 가운데 폭발한 챌린저호

1986년 1월 28일 - 세계

챌린저호를 기념하며

휴스턴에 있는 존슨 우주 센터에서 우주선 챌린저호와 일곱 명의 승무원을 잃은 슬픔을 기념하는 의식이 진행되었다. 레이건 대통령은 '챌린저호에 탔던 일곱 명의 영웅들'을 기념하는 연설을 하였고 또한 그들을 기념하기 위하여 우주 정복을 위한 거국적인 새 위원회를 만들겠다고 약속하였다.

챌린저호는 1986년 1월 28일 케너베럴에서 발사대를 떠나자마자 폭발하여 한 덩어리의 화염에 휩싸였다. 이것은 미국의 우주 개발 계획에 있어 가장 최악의 사건이었다. 플로리다에서 있었던 수천 명의 관중들과 텔레비전을 보고 있던 수백 만 시청자들이 이 사고를 눈으로 보았다.

사고로 죽은 사람들은 대장이었던 프란시스 R. 스코비, 조종사 마이클 J. 스미스, 우주 비행사 주디스 A. 레스닝, 로날드 E. 맥네어, 앨리슨 I. 오니주카, 그레고리 B. 자비스 그리고 크리스타 맥컬리프이다(맥컬리프는 뉴 햄프셔 주 콩코드의 한 고등학교 여선생으로 민간인으로서는 처음으로 선발된 우주

폭발하는 챌린저호

비행사였다). 맥컬리프 부인은 많은 신청자 중에 특별히 선출된 사람으로 그녀의 학생들 역시 오늘 텔레비전을 통해 이 사고를 지켜 보았다.

사고의 원인에 대한 단서는 아직까지 없고, 미국 항공 우주국 관리들은 조사가 진행되는 동안 모든 우주선의 비행은 무기한 중지될 것이라고 말하였다.

25번째 우주선이었던 챌린저호의 발사는 날씨의 관계로 3일이나 지연되었고, 오전 9시 38분으로 예정되었던 이륙 시간도 두 시간이나 지연되었었는데, 이는 낮은 기온으로 인해 우주선과 지면 보조대 위에 얼음이 얼었기 때문이다.

챌린저호는 오전 11시 38분에 아무런 문제점 없이 이륙했고, 74초 동안 아무 이상 없이 솟아올랐다. 그러다가 고도 16km 상에서 챌린저호의 주요 기관이 작동하여 총 속력을 내려고 할 때 갑자기 화염에 휩싸인 것이다. 우주선에서 마지막으로 들려온 말은 스코비가 우주 관제 센터에 전한 "총 속력으로"였다. 한바탕의 폭풍 속에서 두 줄기의 커다란 하얀색 기둥이 솟구쳐 나왔고 뒤이어 바스러진 잔해들이 비처럼 쏟아졌다. 우주 개발 관계자들, 기자들, 구경꾼들, 그리고 크리스타 멕컬리프의 남편과 두 아이, 부모를 비롯한 수천 명의 관람자들 중에서 무슨 일이 방금 일어났는지 알아차린 사람은 거의 없었다. 공중에 있던 오렌지 빛깔의 화염이 사그라지자 챌린저호를 환호하던 사람들은 갑자기 입을 다물어 버렸다.

폭발이 있고 나서 몇 시간 되지 않아 우주선 사업 담당국의 수뇌인 무어씨는 정식 조사위원회가 구성되기 전까지 이 우주선에 관련된 자료를 확인하고 간수할 임시 조사단을 발표하였다. 모든 컴퓨터 테이프와 기록, 서류들은 조사를 위해 압수될 것이라고 무어는 말하였다. 그는 발사되는 날 저녁에 있을 예정이었던 대통령의 연두 교서가 있기 전에 우주선을 발사시키기 위해 우주국에 압력을 가했을 가능성을 부인하였다.

"우주선의 안전에 만전을 기하는 것이 우리의 우주 개발 사업의 최고의 과제라는 사실을 명심하였다."라고 그는 말했다.

케너베럴의 추운 날씨가 사고의 원인이 되었을 수도 있다는 사실을 우주국 관리들은 무시하였다. 가능성이 높은 원인 중의 하나로 고려되고 있는 것은 38만 5천 갤런 이상의 액체 수소와 14만 갤런의 액체 산소를 담고 있는 연료 탱크 외부에 금이 갔거나 아니면 연료 수송관의 파열이었다. 망원 렌즈가 달린 사진기에 찍힌 폭발 장면을 슬로 모션으로 보면 연료 탱크 외부에 밑받침에서 시작된 작은 불꽃과 우주선이 불덩어리에 휩싸이기 전에 두 개의 연료 로켓이 분리되는 장면을 볼 수 있다.

우주국의 소함대와 해안 경비대는 폭발 후 한 시간 이상 비처럼 바다 위로 쏟아져 내리던 우주선의 잔해들을 수거하고 있다.

탐사 범위는 사고 지점으로부터 플로리다 해안을 따라 29~36km 밖까지이며, 이 탐사 작업은 앞으로 수 주일간 더 계속될 것으로 예상된다. 해안에 떠도는 우주선의 잔해를 발견한 사람들에게는 곧 모든 잔해물을 신고해 줄 것이 요망되었다.

올해는 우주선 발사의 가장 바쁜 한 해가 될 예정이었다. 15대의 우주선 발사가 계획되어 있었다. 그러나 우주국에는 발사 시설을 보충해 줄 가동 시설이 없으며, 이 폭발로 인해 미국의 우주 개발 사업은 한동안

정지 상태로 있을 것 같다. 한편, 나사NASA에서 근무하는 한국인 과학자
가 챌린저호 폭발 원인을 알아내어 화제가 되고 있다.

112. 5만 년 된 초신성의 모습이 드러나다

1987년 2월 24일

300년 만에 지구에서 비교적 가까운 곳에서 최초로 발생한 초신성 - 거대한 별의 무시무시한 폭발 - 이 세계의 천문학자들을 흥분시켰다. 망원경이 발견되기 바로 전인 1604년 이래 자세한 연구를 할 수 있을 만큼 지구 가까이에서 초신성이 발견되지 않았었다.

초신성

지구에서 약 5만 광년 떨어진 소은하계의 무리 중의 하나인 '대 마젤란 운동'에서 이 초신성이 관측되었다. 이것은 토론토 대학에 의해 운영되고 있는 칠레의 한 관측소에서 조수로 일하고 있는 얀 쉘튼에 의해 최초로 사진기의 감광판에 잡혔다.

초신성Supernova은 태양보다 몇 배나 더 큰 별로서 자신의 핵 원료를 다 써버린 다음 폭발하게 되는데 그때 엄청난 양의 가스를 뿜어내어 정상시보다 수천 배나 더 밝아지는 별이라고 믿어지고 있다.

초신성은 천문학자들로 하여금 별들의 일생을 설명하는 자신들의 이론을 확인해 볼 수 있는, 유례없는 절호의 기회를 제공한다.

수개의 천문 관측소에서는 폭발한 별이 어떤 것인지를 밝혀내려고 애쓰고 있다. 또한 초신성이 절정에 다다랐다가 사그라지는 동안 세밀한 관찰을 할 수 있도록 수많은 천문학적 탐험도 계획되고 있다.

별들은 태어나고 죽는다. 별들의 죽음을 초신성Supernova이라고 한다.

하나의 별이 폭발할 때

504년, 많은 사람들은 초신성이 성경 구절의 하나인 '최후의 심판의 날'을 예언한다고 믿었다. 그 초신성은 1049의 에너지를 낸다.

10,000,000,000,000,000,000,000,000,000,000,000,000,000,000,000,000

113. 누가 과연 대한항공 858기를 폭파시켰는가?

1987년 12월 14일 - 한국

대한항공 858기에 타고 있던 대부분의 한국인 승객들은 중동에서 고향으로 돌아가던 계약 노동자들이었다. 그러나 그들은 영영 집으로 돌아가지 못했다. 태국과 버마 국경 가까이에서 보내온 라디오 송신을 마지막으로 그 보잉 707기는 115명의 승객과 승무원을 태우고 사라져 버렸다.

바레인 당국에서는 바그다드에서 그 비행기를 탔다는 아부다비에서 내린 노인 한 명과 젊은 여성을 주요 목표로 하여 조사를 하고 있다. 위조된 일본 여권을 갖고 여행을 하던 그녀를 적발한 당국에서는 도쿄로 다시 돌아가라고 그녀에게 명령하였다.

"혼자 가는 것은 무익한 짓이다."라고 그녀의 동반자는 경찰에게 이야기했다. "내가 그녀와 함께 가겠다." 공항 대기실에서 두 사람은 담배를 피우게 해 달라고 요청하였다. 두 사람은 말부로 담배 안에 비밀리에 감춰두었던 독약이 든 캡슐을 깨물어 삼키고는 몸이 굳어져 바닥에 쓰러졌다. 남자는 곧 죽었다. 여자는 살아났으나, 삼엄한 그 공항의 경비를 어떻게 뚫고 도망칠 수 있었는지 말하기를 거부하였다.

이 테러범들의 활동 방식은 북한에서 온 명함을 판독하는 것과 같다. 4년 전 랑군에서는 버마를 방문 중이던 17명의 남한이 최고위급 관리들이 평양의 첩자들이 터트린 강력한 폭탄 폭발로 목숨을 잃었다. 그때 잡힌 북한의 범인들도 자살을 기도했었다. 지난 주에 일으킨 비극적 사태에 대해 평양측은 나름대로의 동기가 있었다.

12월 16일에 있을 예정인 한국에서의 선거와 내년에 있을 올림픽 경기에 동요를 일으키려는 것이다.

일본 수사당국은 바레인에서 잡힌 두 사람을 북한 공작원으로서 858기에 고도의 폭발 시설물을 장치한 인물로 의심하고 있다. 가장 안타까운 증거의 하나는 죽은 사나이의 여권으로서 신이치 하치야라는 이름으로 되어 있는 것이다.

도쿄 경찰은 실제의 신이치 하치야를 찾아내었는데, 그는 자기 여권과 개인 봉인을 4년 전에 아키라 미야모토라는 사업가에게 빌려 주었다고 했다.

그러자 한국에서 미야모토의 한국인 친구라는 사람이 나타났다.

이렇게 하여 미야모토는 실제로는 이경우라는 한국 사람인데 일본에 거주하는 첩자로서 북한 공작원을 위하여 가짜 신분증을 만들어 주는 일에 종사하는 사람으로 밝혀졌다. 바레인에서 죽은 사람은 1985년에 자취를 감춘 미야모토는 아니었지만 스파이일지도 모른다고 경찰은 의심하였다.

태국과 버마 당국에서는 비행기의 부서진 잔해가 외떨어진 정글에 떨어진 것으로 생각하고 있다. 그러나 그곳은 버마의 분리주의 폭도인 카렌족이 지배하는 산악지대로서 감히 들어갈 엄두를 내지 못하는 곳이다. 지역 관계 당국에서는 어부들이 보지 못하던 것들이 떠 다닌다고 신고한 것으로 미루어 보아 비행기의 잔해가 안다만 해로 떨어진 것으로 추측하고 있다.

폭파범들이 경비가 삼엄한 바그다드 공항을 어떻게 뚫고 폭발물을 숨겨서 들어갔는지는 아직도 수수께끼다.

세계 일주 여행을 하는 아버지와 딸같이 행동한 두 사람에게는 맡긴 수하물이 없었다. 두 사람은 북한 대사관이 있는 유고슬라비아에서 바로 몇 시간 전에 바그다드에 도착했었다.

김정일

미국의 테러 전문가들은 858기 폭발에 사용된 '스텔스' 폭탄은 소형화된 전자 장치와 냄새도 없고 색깔도 없는 C – 4와 같은 플라스틱을 사용하여 종래의 방법으로는 실질적으로 탐지할 수 없는 새로운 세대의 폭발 물질로 만들었을 것이라고 추측하였다. 뇌관은 성냥갑이나 혁대 조임 쇠에 넣을 수 있는 크기이다. 잘 싸기만 하면 이 플라스틱은 주머니에 넣을 수도 있고, 신발끈 대신 사용할 수도 있고, 머리카락 속에 숨기는 것도 가능하다.

의문에 싸인 두 사람은 폭탄 제조 물질을 간단하게 들고 비행기에 타고 가는 길에 폭탄을 제조했을 수도 있다.

지난 주에 일어난 비극적인 참사는 내년 9월에 서울에서 열릴 올림픽에 검은 구름을 드리웠다. 동구 유럽과 중국의 참여를 보장하기 위한 노력의 하나로서 서울은 평양과 일련의 행사를 공동으로 치르기로 이전에 합의한 이후 북한과 협상을 진행해 오고 있었다.

"만일 남한 비행기에 대해 폭력적인 공격을 한 것이 북한이라면, 우리는 더 이상 북한과 올림픽에 관해 협상하지 않을 것이다."라고 서울 올림픽위원회 위원장인 김종하는 선언하였다.

이제 북한은 아무것도 얻지 못하게 될지도 모르겠다. ─ 북한, 과연 주권 국가인가?

114. 지휘의 제왕 카라얀

1990년 - 오스트리아

1963년 10월 15일 밤 베를린 필하모니 홀은 열광의 도가니였다.

장엄, 숭고, 법열의 극치를 이루고 있는 베토벤(교향곡 9번)의 연주가 막 끝난 것이다. 이날의 주인공은 헤르베르트 폰 카라얀 마치 1824년 베토벤 자신에 의해 초연되었을 때의 열광이 재현된 것 같았다.

카라얀

누구도 그 명성을 따를 자가 없는 '지휘의 제왕' 자리에 오른 카라얀, 아마 세계의 지휘자들 가운데 카라얀만큼 신비의 대상이 된 사람도 없을 것이다. 전문 평론가들이라고 하는 몇몇은 카라얀의 예술은 너무나 독선적이고 현혹적이며 세속화되어 있다는 비평도 했다.

하지만 막상 그의 새로운 레코드가 나오면 듣지 않고는 못 배긴다. 그런가 하면 일단의 광신적인 카라얀 팬들은 전세 비행기까지 동원하여 카라얀이 가는 곳마다 따라다니며 그의 음악을 듣고 열광한다. 그래서 '카라얀 신드롬Karajan Syndrome'이라는 현상이 생겨나기도 했을 정도인 것이다.

카라얀 예술의 본령, - 그것은 오케스트라를 다루는 마술적인 지휘력에 있음은 말할 나위도 없다. 그의 피아노시모는 그 누구의 것보다 작고, 그의 포르테시모는 그 누구의 것보다 크다.

긴장되고도 팽팽한 현의 울림, 꽉 차오르는 관의 우렁찬 모습, 어느 한 군데도 흠 잡을 수 없는 세련된 흐름이야말로 카라얀 예술의 진수라 할 것이다.

이 같은 사실은 특히 "로시니의 서곡"을 들어보면 더욱 가슴 깊이 느끼게 된다. 그런가 하면 그의 바그너는 또 어떤가? 그건 차라리 음악이라기보다는 도저히 견뎌 낼 수 없는 힘이라는 표현이 적절할지도 모른다.

그는 끊임없이 솟아오르는 예술적 정열을 가진 사람이었다. 1978년 그는 다시 두 번째 베토벤 교향곡 녹음을 시작, 이번에는 스튜디오가 아닌 베를린 필하모니 홀에서 전곡을 녹음하여 금세기 최고의 걸작을 만든 뒤, 전 재산을 고아원에 기증하고 1989년 7월 16일 그의 생애를 마쳤다.

카라얀Karajan, Herbert von 1908-1989

오스트리아의 음악 지휘자 잘츠부르크 출생. 고향에서 중학교를 다니면서 피아노 공부를 시작했다. 1926년 빈으로 이사, 호프만 교수 밑에서 배우고, 선생의 권유를 따라 후란츠살크에게 지휘를 배웠다. 1928년 우르므 가극장에서 지휘자로 데뷔하고 1934~1939년 아헨 가극장의 음악 총감독을 역임, 1938~1945년 베를린 국립 가극장 상임 지휘자로 관현악단의 교향악 연주회의 지휘도 했다. 2차 대전 중에도 베를린에서의 인기는 높아, 후르트 벵그러가 지휘하는 베를린 필하모니와 대항, 카라얀 지휘하의 국립 가극장 관현악단은 활발히 움직였다. 1949년 밀라노 스칼라 좌의 상임 지휘자로, 1950년 로마 방송 협회와 제휴하여 같은 해 런던 필하모니 관현악단의 수석 지휘로, 이어 베를린 필하모니 관현악단의 수석 지휘자, 베를린 필하모니 상임 지휘자(1955), 빈 국립 가극장 총감독(1959)을 거치면서 그는 '유럽의 토스카니니'라고 지칭되었다. 그의 연주는 관객들의 반응을 충분히 고려해 연출된다고 평가되고 있다.

115. 인간 게놈 지도 속으로

2003년 - 전세계

게놈Genome은 유전자Gene와 염색체Chromosome의 합성어이다.

"인간 게놈 지도 속으로 들어가 본다면 한 인간이 운명이 적나라하게 보여진다. 우리는 생존하는 기계이다. 유전자라고 하는 이기적인 분자를 보존하도록 맹목적으로 프로그램 된 로봇에 불과하다. 이 사실은 나를 경악하게 했다."라고 이기적인 유전자의 저자 리처드 도키스는 말했다.

사람의 몸은 약 60조 개의 세포로 이루어져 있으며 대부분 세포의 지름은 0.1mm이하이다. 각각의 세포에는 검은색 덩어리인 핵이라는 구조가 있다. 이 핵 안에 완전한 게놈이 두 벌씩 존재한다.

"게놈이라는 책은 10억 개의 단어로 되어 있는데 이것은 이 책 정도 크기의 책 5천 권이나 성경 800권 정도에 해당하는 크기이다. 만약 내가 이런 책을 1초에 한 단어씩 매일 8시간씩 읽는다면 이것을 모두 읽는 데 한 세기가 걸린다. 만약 내가 이 책의 모든 문자를 1cm에 한자씩 적어 넣는다면 다뉴브 강(길이 2,860km)만큼이나 긴 길이가 된다. 이렇게 어마어마한 책이 바늘 끝보다 작은 크기의 세포 안의, 현미경으로나 관찰할 수 있는 핵이라는 작은 구조물 속에 모두 들어 있다.”

이 책에 기록돼 있는대로 결정되는 것이 우리의 운명이 아닐까 생각한다.

행복한 생활, 좋은 약, 건강한 음식, 사랑하는 가족, 엄청난 부, 그 어떤 것도 어찌할 수 없다. 당신의 운명은 당신의 유전자에 달려 있다. 아우구스티누스의 신봉자들이 주장하는 것처럼 하늘나라에 가는 것은 신의 뜻이며 당신의 선한 행동 때문이 아니다. 게놈, 그것은 우리에게 가장 어두운 지식을 주는지도 모른다.

마치 테이레시아스의 저주처럼 우리 운명에 대한 지식, 안다고 해도 어찌할 수 없는 지식을 주는지도 모른다. 인간이 추구하는 가장 중요한 것은 생명이 아니다. 생명은 우리를 어느 목적지까지 실어다 주는 배와 같은 역할을 하는 수단에 불과할 뿐이지 결코 목적은 아니다. 생명은 DNA 속에 기록된 디지털 정보에 불과하다.

유전자는 A,C,G,T의 4개의 화학글자Chemical letters로 이루어진 단어를 사용하여 만들어진다. A는 아데닌adenine, C는 시토신cytosine, G는 구아닌guanine, T는 티민thymine을 의미한다. 그리고 단어들은 평평한 종이에 쓰이는 것이 아니라, 당과 인산으로 이루어진 긴 고리에 염기가 가로대처럼 놓여 있는 형태의 이른바 DNA분자이다.

우리의 염색체는 쌍으로 배열된 매우 긴 DNA분자이다. 만약 세포 하나에 있는 모든 염색체의 DNA분자를 길게 이어서 늘어 놓으면 약 182.9cm가 된다.

우리 몸을 이루는 모든 세포의 염색체 DNA를 모두 이으면 약 1억 6,090만km로 광속으로도 약 2일을 달려야 하는 길이가 된다(빛은 하루에

DNA

6,436만km를 갈 수 있다). 전 인류의 DNA를 모두 더하면 96억 5,400만km의 1억 배에 달하며 이는 우리 은하계에서 다른 은하계까지 갈 수 있는 길이다.

이러한 복잡한 구형의 3차원 구조를 해부해 보면 염기서열 30억 개로 펼쳐지는 화학글자들인데 이것들의 연결고리는 너무나 세밀해서 조그마한 충격(스트레스 같은 것)에도 빠지거나 무너지고 만다.

그 반면에 무너진 혹은 빠진 연결고리가 아주 쉽게 다시 연결될 수 있는 것이 DNA의 뛰어난 특징이다.

인간 게놈 프로젝트는 단지 인체 설계도의 초안을 작성하는데 불과하다. 인간 게놈 지도의 초안이 완성됨으로써 맞춤 신생아 혹은 맞춤 인간 시대가 오게 될지 모른다.